龙门石窟文库

中國石窟寺

李裕群　著

科学出版社
北　京

内 容 简 介

石窟寺是开凿在河畔崖间的佛教寺院，起源于古代印度并在中国发扬光大，形成了具有中国特色的石窟寺艺术。中国石窟寺的开凿从4世纪左右的东晋十六国时期一直延续到14—15世纪的元明时期，是中国古代社会精神文化领域的一个缩影。本书展现了中国各区域石窟寺发现与研究的基本情况以及各石窟寺的时代特点，同时还包括石窟寺的发展历程、区域特色和石窟寺考古学的研究方法等，是一部全面阐述中国石窟寺发展演变过程以及石窟寺本土化的重要著作。

本书可供考古学、历史学及石窟寺研究的相关专家、学者参考使用，亦能满足一般爱好者对于石窟寺知识的需求。

图书在版编目（CIP）数据

中国石窟寺 / 李裕群著. — 北京：科学出版社，2022.7

（龙门石窟文库）

ISBN 978-7-03-072646-9

Ⅰ. ①中… Ⅱ. ①李… Ⅲ. ①石窟 – 研究 – 中国 Ⅳ. ①K879.204

中国版本图书馆CIP数据核字(2022)第110649号

责任编辑：孙　莉　李　茜

责任校对：邹慧卿

责任印制：霍　兵

书籍设计：北京美光设计制版有限公司

中国石窟寺

李裕群　著

科学出版社 出版

北京东黄城根北街16号

邮政编码：100717

http://www.sciencep.com

北京汇瑞嘉合文化发展有限公司 印刷

科学出版社发行　各地新华书店经销

2022年7月第　一　版　开本：787×1092　1/16

2025年5月第三次印刷　印张：28　1/2

字数：675 000

定价：298.00 元

（如有印装质量问题，我社负责调换）

2015年度国家社会科学基金重大项目：
“中印石窟寺研究”子课题二“中国石窟寺”
（项目号：15ZDB058）

目 录

第一章 绪 论

第二章 新疆地区石窟寺

第三章 河西地区石窟寺

第四章　甘宁黄河以东区石窟寺

第五章　陕西地区石窟寺

第六章　晋豫及以东地区石窟寺

第七章　江南地区石窟寺

第八章　西南川渝滇地区石窟寺

第九章　西藏地区石窟寺

第一章

绪论

一 佛教的传入

众所周知，佛教是世界三大宗教之一。它起源于古代印度，创始人是释迦族的悉达多·乔达摩，释迦牟尼则是佛教徒对他的尊称，意思是释迦族的圣人。释迦牟尼是古代北印度迦毗罗卫国（今尼泊尔南部提罗拉科特附近）国王净饭王的太子，母亲摩耶夫人是邻国拘利国的公主。摩耶夫人在回拘利国的途中，于蓝毗尼（尼泊尔鲁明代）生下释迦太子。按通常的说法，释迦牟尼生活的年代大约在公元前6世纪至公元5世纪间，相当于中国的春秋时代。据佛经记载[1]，悉达多太子为了寻求解脱之道，在29岁那年毅然抛弃了安逸舒适的宫廷生活，到山林中出家修行。经过六年的苦修，太子耗尽了精力，身体羸弱不堪，这使他感觉到所谓苦修并不能达到解脱的目的。于是太子放弃苦修，走到摩揭陀国（今印度比哈尔邦）的尼连禅河，洗尽多年的污垢。由于体力不支，昏倒在河边。这时有一名叫须阇多的村妇来到他身边，喂他牛奶，使他的体力渐渐恢复。体力恢复后，太子来到菩提伽耶的菩提树下，面朝高耸的正象山，结跏趺坐，静思冥索，终于觉悟成道，创造出一套比较完整的思想学说体系。太子成道后被称为佛陀。为了宣扬他的学说，他首先到迦尸国都城婆罗奈（今印度北方邦瓦拉纳西市）的鹿野苑向曾跟随他苦修的憍陈如五人宣讲佛法，使他们皈依佛陀，从而建立了最初的僧团。以后释迦牟尼率领弟子周游古印度诸列国，进行了长达45年的传教活动，最后在拘尸那迦城（今印度北方邦哥拉克普尔）附近希拉尼耶伐底河边的娑罗树林间涅槃，终年80岁。

佛教最初只流行于中印度恒河流域一带。到了公元前

3世纪孔雀王朝的阿育王时期，阿育王（Asōka，公元前273—前232年在位）奉佛教为国教，将他的法敕刻在崖壁和石柱上，并派遣传教士到周边国家进行传教活动，佛教的影响迅速扩大，使之成为世界性的宗教。大约到了公元1世纪初，即中国的两汉之际，伴随着丝绸之路的畅通和中印文化的相互交流，佛教亦传入到中国中原地区。相传东汉明帝时，天竺僧人摄摩腾、竺法兰白马驮经，千里迢迢来到洛阳。汉明帝在洛阳城西门外建立精舍安置他们，这就是中国历史上第一所寺院——洛阳白马寺。自佛教传入以来，人们对于外来宗教的了解、认识和接受也是有一个漫长的过程。大体上，佛教经历了从早期依附于中国传统的道家、方术和神仙思想，到逐步脱离依附关系而走向独立发展的历程。以后佛教在中国这块广袤的沃土里生根发芽，开花结果，逐渐走上了中国化的道路。

不过，佛教传入内地初始，作为佛教徒顶礼膜拜的偶像——佛像还没有出现。大约到了东汉晚期，在墓葬中开始出现与佛教艺术造型有关的遗物，如四川出土的东汉摇钱树上的佛像[2]和墓室中的壁画或画像石[3]。至三国两晋时期，这一类的遗物比较多地出现在墓葬中，如湖北鄂州孙吴永安四年（261年）墓内发现的青瓷佛像[4]；湖北襄樊（即襄阳）三国早期墓葬中出土的黄褐釉两层陶楼，楼顶上树立有五重相轮的宝刹，大概是受到佛塔塔刹形制影响的产物[5]。从出土的三国至六朝铜镜、魂瓶或谷仓罐等器物上常常可以看到佛、飞天等形象或者图案。有的甚至将佛的形象用于马具饰件、酒樽附件、香薰支足、唾壶装饰上。这种近似于亵渎的做法是与早期佛教尚处于神仙思想和早期道教附庸状态相吻合的[6]。由于早期佛教还没有作为一种独立的宗教而存在，因此人们往往将其视为外来神仙的一种而受到民间的信仰，这样表现在墓葬及随葬器物中，亦仅仅是作为神祇的一种出现的，而不是后来佛教信徒所供奉礼拜的佛教偶像。但无论如何，在佛教传入初期，佛教文化因素已经开始慢慢地浸透到当时的社会生活和信仰之中。到了东晋南北朝时期，佛教得到了统治者的大力提倡和扶持，走上了独立发展的道路，僧俗信徒日益增多，寺院及寺院经济获得了很大的发展。作为佛教徒顶礼膜拜的偶像——佛像当然不能像以前那样作为装饰图案随意使用在各类器物上。因此，东晋以后这一类器物的消失是同佛教发展有着密切关系的。关于这一点已为考古发现的资料所证实。所以，在佛教传入的初始阶段，是不可能出现佛教信徒专门为了礼拜、供养、禅修而开凿的石窟寺的。

近来一则爆炸性的新闻引起了学界的广泛关注：2021年12月9日，在陕西咸阳洪渎原墓地发掘的新闻发布会上，展示了陕西省考古研究院在东汉晚期墓葬（M3015）中出土的两件青铜佛像，一件为立佛，高10.5厘米，为中原风格的面容，而袈裟特征明显具有犍陀罗风格；另一件为五尊坐佛像，高15.8厘米。经金相测定，这两件佛像为中原铸造，表明在都城地区佛像艺术已经开始了本土化的进程。发掘者根据同一墓地（M3019）有东汉延熹元年（158年）陶罐上的朱书文字，此墓（M3015）当在延熹元年（158年）前后，由此断定佛像为同时之作品。这样的结论看似无懈可击，但该墓曾经被盗过，就不能排除后世混入的可能性。从佛教艺术发展的历史背景看，犍陀罗佛像约出现于公元1世纪，那么公元2世纪就在中原地区出现本土铸造的佛像的可能性究竟有多大？它的传播途径，即丝绸之路沿线有没有相应时代的造像实例？佛像的容貌是如何转变为中原样式？是不是应该为佛教在中土发展到一定阶段才可能出现的？这些都是要考虑的因素。从出土青铜佛像体态浑厚的样式看，确与十六国时期的青铜佛像十分相似，因此，其铸造年代定为十六国可能更合适些。

注释：

[1] 按高楠顺次朗、渡边海旭监修《大正新修大藏经》（东京：大正一切经刊行会印刷所，1924—1934年，以下简称《大正藏》）卷3本缘部佛传类佛典主要有：后汉西域三藏竺大力共康孟详译三国吴支谦译《佛说太子瑞应本起经》、西晋月支三藏竺法护译《普曜经》、刘宋天竺三藏求那跋陀罗译《过去现在因果经》等，可以参阅。

[2] 东汉时期的摇钱树在四川地区已发现不少实例，如绵阳何家山1号东汉崖墓和忠县涂井蜀汉墓所出随葬品中就有。参见绵阳博物馆何志国《四川绵阳何家山1号东汉崖墓清理简报》，《文物》1991年第3期，第1—8页，图版壹1、2。赵殿增、袁曙光《四川忠县三国铜佛像及研究》，《东南文化》1991年第5期，第55—61页。关于摇钱树的讨论，可参见宿白《四川钱树和长江中下游部分器物上的佛像——中国南方发现的早期佛像札记》，《文物》2004年第10期，第61—71页。

[3] 如内蒙古和林格尔壁画墓、山东沂南画像石墓中均有表现与佛教艺术有关的图像。

[4] 参见湖北省文物考古研究所、鄂州市博物馆《湖北鄂州市塘角头六朝墓》，《考古》1996年第11期，第1—27页，图一六，12。

[5] 襄樊市文物考古研究所《湖北襄樊樊城菜越三国墓发掘简报》，《文物》2010年第9期，第4—20页，图一二。襄樊市文物考古研究所《湖北襄樊樊城菜越三国墓发掘报告》，《考古学报》2013年第3期，图九，图版陆。罗世平《仙人好楼居：襄阳新出相轮陶楼与中国浮图祠类证》，《故宫博物院院刊》2012年第4期，第10—26页。

[6] 参见杨泓《跋鄂州孙吴墓出土陶佛像》，《考古》1996年第11期，第28—30页。

二 石窟寺的发展历程

所谓石窟寺，简单来说就是开凿在河畔崖间的宗教寺院，是古代人们进行宗教礼仪活动的场所，也是他们精神生活中的重要组成部分。在中国古代文献中往往将石窟视为寺院的一种表现形式，故称之为“石窟寺”[1]，如云冈石窟（武周山石窟寺，或北台石窟寺）、龙门石窟（南台石窟寺）、响堂山石窟（鼓山石窟寺、滏山石窟寺）。石窟寺以佛教开凿的洞窟为主流，当然还有其他宗教，比如摩尼教、祆教、景教等等，在个别地区晚期石窟寺中亦出现了一些释、道合开的石窟寺以及道教模仿佛教而单独开凿的石窟寺，甚至还有儒家开凿的，但数量极少，无法与佛教信徒开凿的石窟寺院相比拟，因此，不是中国石窟寺发展变化的主旋律。

石窟寺在建造形式上虽然与地面寺院有所不同，但仍然可以视作地面寺院的石化形式。换言之，石窟寺是模拟地面寺院而开凿的。规模较大的石窟寺大都具有一般寺院同样的功能。这在石窟寺不同使用功能的洞窟形制上是可以明显反映出来的。比如塔庙窟（中心塔柱窟），即在洞窟中设置佛塔，或中心塔柱的洞窟（图1-1），与寺院内的佛塔或塔院相类似，佛教信徒进入洞窟后，可以右旋绕塔礼拜供养；又如窟内雕塑龛像的佛殿窟和设置佛坛的佛坛窟，如同寺院大殿和殿内中心所设佛坛一样，佛教徒们可以在窟内瞻礼膜拜佛祖偶像；再如僧坊（僧房）窟[2]和禅窟与寺院内的僧舍和禅堂一样，供僧侣生活起居和禅修之用（图1-2）。不同功能的洞窟可以组合在一起，构成一个单元，相当于一座寺院；多个单元组合在一起，可能意味着寺院内不同院落或多个寺院。所以说，石窟寺本身

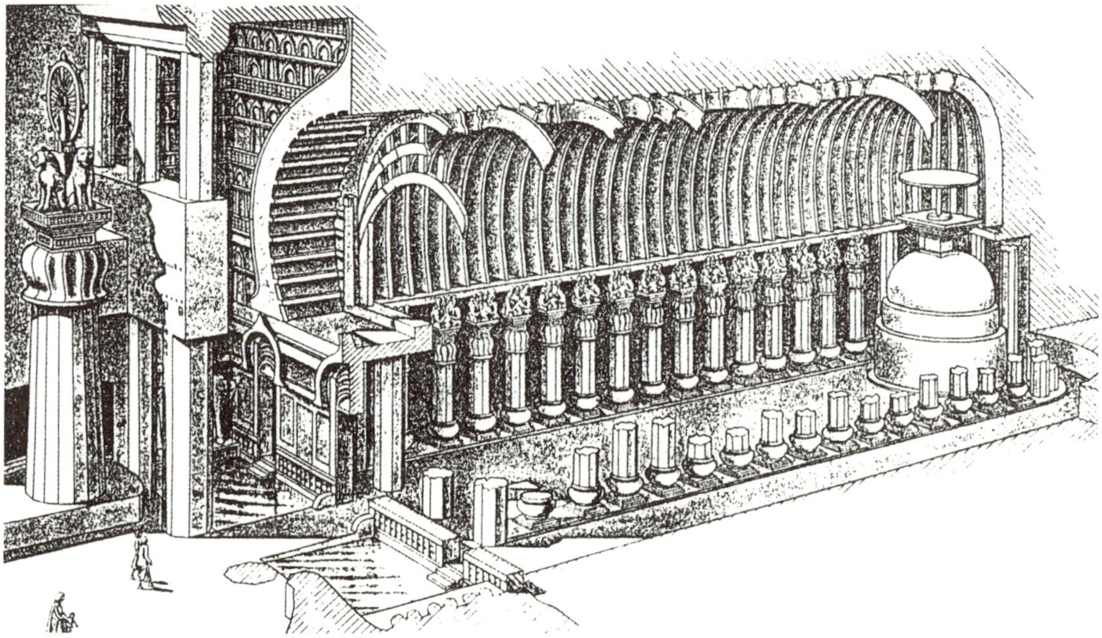

图 1-1 印度伽尔拉石窟第 8 窟

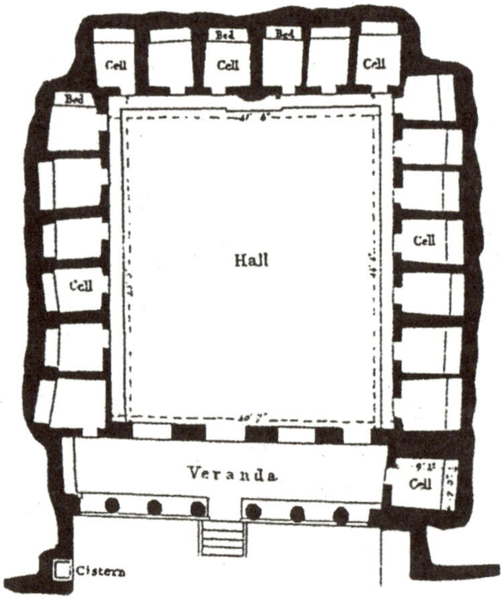

图 1-2 印度纳西克第 3 窟平面图

就是一座寺院，是僧俗信徒礼拜、供养、起居和禅修的场所。

佛教石窟寺的开凿地点一般选择远离城市喧嚣、依山傍水、环境幽静的地方。开凿石窟的目的与佛教徒的修禅有着非常密切的关系。禅定是佛教徒一种修行的方式。僧人习禅，要进行禅思，需要有安静的环境。这在佛经上有着明确的记载。如姚秦鸠摩罗什所译《禅秘要法经》中说："出定之时，应于静处，若在冢间，若在树下，若阿练若处。"[3] 说明修禅定的人应当住在郊外山林静处。北魏吉迦夜、昙曜所译《付法藏因缘传》则更加明确地说明僧人应在石窟中坐禅。经文是这样说的："山岩空谷间，坐禅而念定，风寒诸勤苦，悉能忍受之。"并说："南天竺国有二比丘，心意柔和，深乐善法。素闻尊者达摩蜜多比丘坐禅第一，即共相将往诣其所。于其住处有三重窟。尔时二人进至上窟，见向比丘已于中坐。”[4]由此可见，在僻静的山谷中开凿石窟是符合禅修需要的。故北魏高允《鹿野赋》中说：“凿仙窟以居禅，辟重阶以通述。”[5]按佛经的要求，修禅首先要入塔观像[6]，也就是要谛观佛的种种相好，这样静虑入定之后会出现种种见佛的幻境，达到心神与佛陀交融的境地。因此，许多石窟中又雕凿了配合禅定观像需要的佛教偶像。故佛教也被称为“像教”或“象教”，以像设教，便成为僧侣示教于人的通行做法。

开凿石窟除了与僧人习禅有关外，还有一点就是僧俗信徒为了修功德，祈福田，以便求得佛祖的保佑。十六国北朝时期，佛教界的末法思想十分流行，认为释迦佛入灭之后一千五百年，魔道兴盛，竞破塔寺，杀害比丘，佛教由此进入了黑暗的末法时期。在末法即将来临的时候，保护佛经佛像就是护法重要措施之一。地面的塔寺容易遭到毁灭，而石窟坚固耐久，不易毁坏。因此，选择开凿石窟来保存经像也是一条比较好的途径。中原北方地区的石窟寺就是在这样的历史背景下开凿的。例如云冈石窟是北魏太武帝毁灭佛法十余年之后，于公元460年由凉州禅僧昙曜主持开凿的。一方面可以习禅和做功德，另一方面将佛像雕刻成北魏皇帝的模样，宣称皇帝就是当今释迦如来，显然是利用帝王之尊达到护法目的。

石窟寺的开凿起源于古代印度。如果从古代印度再往前追溯，似与古埃及中王国时代（约公元前2040—前1786年）贵族们在尼罗河沿岸山崖开凿的岩窟墓有关。古埃及新王国时代（约公元前1567—前1085年），受岩窟墓的启发，出现了仿照神庙形制在山崖上开凿规模宏大的石窟。最有名的是第19王朝法老拉美西斯二世（Rameses Ⅱ）在埃及阿斯旺（Aswan）南部开凿的阿布·辛拜勒崖窟神庙（Abu Simbel Temple），整个建筑都按古埃及神庙的格局布置，规模宏大（图1-3）。神庙前还依悬崖雕刻出4尊高达23米的法老拉美西斯二世坐像，气势磅礴，被公认为是世界历史上第一次出现的巨型石窟造像。在神庙旁侧，拉美西斯二世为其妻子尼菲泰莉（Nefertari）开凿了小神庙，神庙正面雕6尊高达10米的拉美西斯二世和王后尼菲泰莉像（图1-4）。由此可知，在古埃及，石窟寺是由岩窟墓发展而来。

受古埃及影响，古代波斯帝国阿契美尼德王朝（公元前550—前330年）从大流士一世（Darius Ⅰ）开始，在首都波斯波利斯（Persepolis）西北约12千米的Naqsh-e Rostam山崖上修凿了4座规模宏大的王陵，其外观均为建筑结构形式（图1-5）：分别是薛西斯一世（Xerxes Ⅰ）、大流士一世（Darius Ⅰ）、阿尔塔薛西斯一世（Artaxerxes Ⅰ）和大流士二世（Darius Ⅱ）。

图 1-3 埃及阿布 · 辛拜勒神庙

图 1-4 埃及阿布 · 辛拜勒小神庙

图 1-5 伊朗 Naqsh-e Rostam 陵墓群

这种崖窟陵墓和神庙的形式传入印度以后，遂发展为印度的石窟寺。据说古代印度最早的石窟寺并不是佛教徒所开凿的，后来佛教徒借用了这种寺院的形式，而逐渐流行起来。根据以往的研究成果，在印度开凿石窟主要是因为那里气候炎热，酷暑难当，而岩窟具有冬温夏凉，适宜静居和夏坐的特点。再者早期洞窟开凿在僻静的山林间，环境幽静，适宜修行。从经济角度看，石窟寺的开凿似乎比修建地面寺院更能够节省资金，而且坚固耐久。在今天的印度西部德干高原仍保留着许多规模宏大、雕刻富丽的石窟寺，如著名的阿旃陀（Ajanta，图1-6、图1-7）、巴雅（Bhaja）、埃罗拉（Ellora）、奥莱伽巴德（Aurangabad）等石窟寺，都是印度古代佛教艺术的精粹所在。

随着佛教势力的扩展，佛教文化广泛传播，石窟寺及其建筑雕塑艺术通过闻名于世的丝绸之路这条国际大通道，由西向东逐渐传播到中国内地。因而新疆地区即古代的西域，在佛教东渐过程中起到了重要的桥梁作用。西域诸国大都信奉佛教，如于阗、龟兹都是当时佛教最盛的王国。以库车为中心的龟兹国是西域诸国中的一个大国，其地东邻焉耆，西接疏勒，控制丝绸之路北道中段。最迟在公元2世纪龟兹地区即有僧人东来中原进行传教活动。大约到公元3、4世纪龟兹已成为葱岭以东的一个佛教中心，僧人众多，塔寺林立。石窟寺

图 1-6 印度阿旃陀石窟

图 1-7 印度阿旃陀第 19 窟外观

的开凿亦大约开始在这一时期。因而以库车、拜城为中心的古龟兹地区是新疆地区石窟寺最为集中的一个区域。不仅开凿年代早、延续时间长，而且具有浓郁的地方特色。

到了两晋南北朝时期，佛教从逐步发展走向了繁荣。西域古龟兹地区开凿石窟寺的风气逐渐向东施展它的影响，约在公元4世纪后期至5世纪初，以凉州（今甘肃武威市）为中心的河西地区亦开始了石窟寺的开凿。如敦煌莫高窟就有前秦建元二年（366年）沙门乐尊创凿洞窟的记载，虽然这些早期遗迹现已难觅踪迹，但反映了河西地区石窟寺的开凿有了新的开端。现存十六国时期的石窟寺有北凉沮渠蒙逊所凿的武威天梯山石窟（即凉州石窟），此外还有一些同时期或稍晚的石窟寺，如张掖马蹄寺、金塔寺及酒泉文殊山石窟，共同构成了河西地区早期石窟寺的独特风貌，被称为“凉州模式”。河西走廊以东有西秦时期开凿的永靖炳灵寺石窟。公元5世纪前期，北魏灭北凉，统一了中原北方地区，凉州佛教遂即输入魏都平城（今山西大同市），使其成为中原地区政治、经济、文化和佛教的中心，这样平城地区聚集了全国的人力、物力和百工巧匠，为平城石窟寺的开凿创造了条件。北魏文成帝和平初复法时，即在平城之西武州山开凿了著名的云冈石窟，大型洞窟的开凿一直持续到北魏迁都洛阳，成为中原北方地区石窟寺开凿中心。云冈石窟对中原北方地区石窟寺的开凿，无论是洞窟形制，还是造像样式和造像题材都有很大的影响。从西面的敦煌一直到东部的辽宁义县万佛堂都可以追寻到云冈造像样式的踪迹。因而学术界称之为“云冈模式”。公元5世纪末北魏孝文帝迁都洛阳，在洛阳城南伊阙开凿了龙门石窟，由此带动了洛阳地区石窟寺的开凿，随之形成了以洛阳为中心的石窟寺群。公元6世纪前期，洛阳北魏统治集团土崩瓦解，取而代之是东、西魏两个互相对峙的封建王朝。北朝的统治中心分别转移到了邺城（今河北临漳县）和长安。随着中原局势的动荡，故都洛阳大规模的石窟开凿工程被迫中断，大量的人力、物力转而流入邺城，使石窟寺的开凿又选择了新的区域。在东部地区，从此形成了以邺城为中心的太行山东麓一线的石窟群和陪都太原为中心的石窟群。西部地区与前者相反，各石窟寺并没有受到政治动荡多大的影响。因而石窟寺的开凿主要还是在原有石窟寺地点继续进行，如天水麦积山、敦煌莫高窟等。在北朝盛凿石窟的影响下，南朝齐梁时期亦有规模较小的石窟寺的开凿，如南京栖霞山石窟和浙江新昌大佛。公元6世纪后期至8世纪，是隋唐统一王朝的鼎盛时期，石窟寺的开凿地点亦较以前有所增加，如长安附近在北朝时期并无石窟寺，这一时期新开凿了彬县大佛寺、麟游慈善寺等石窟寺。洛阳龙门石窟、太原天龙山石窟、固原须弥山石窟、敦煌莫高窟都有大规模的石窟寺开凿活动。公元8世纪中期以后，唐王朝经历了安史之乱，中原板荡，经济和文化遭受了极大的破坏。此后北方藩镇割据，战争频繁，中央政府再也无力控制全国政治大局。在这样的历史背景下，中原北方地区开窟造像的热潮受到了沉重打击，以财力为依托的石窟寺开凿活动也从此一蹶不振。这样石窟寺的开凿中心便转移到了政治、经济相对稳定，文化比较发达的四川地区。五代十国时期，北方朝代更替频繁，各个政权都对佛教采取严格的政策限制，佛教只能勉强维持。五代后周世宗显德二年（955年）采取更为强力的灭法措施，北方佛教愈加衰落。南方各割据政权历时都比较长久，经济有所发展，社会相对稳定，加之帝王崇信佛教，佛教有了一定的发展，石窟寺的开凿仍较普遍，如四川、浙江等地区都有数量较多的石窟寺。到宋、辽、西夏、金、元时期，各朝统治者都对佛教采取了扶持政策，佛教较五代有了明显的发展，石窟开凿活动也有一定的恢复。川渝、陕西延安、浙江杭州、云南大理、西藏阿里等地区都有规模较大的石窟摩崖造像的雕造，有的地区甚至到明清时期也有小规模的石窟寺开凿活动。

注释：

[1] 宋·赞宁《大宋僧史略》卷上创造伽蓝条中，将佛寺归纳为六种：窟、院、林、庙、兰若、普通。所谓窟，即石窟寺，“如后魏凿山为窟，安置圣像及僧居，是也。”《大正藏》卷54，第237页。

[2] 按唐·慧琳《一切经音义》卷22所记：“僧坊：坊，甫亡反。《韵林》曰：坊，区也，谓区院也。”（徐时仪校注《一切经音义三种校本合刊》修订版，上海：上海古籍出版社，2012年，第878页）僧坊的概念是一座院落，但文献中往往与僧房混淆，僧房即是僧坊中的供起居的建筑而已。

[3] 《大正藏》卷15，第251页。

[4] 《大正藏》卷50，第304、315页。

[5] 唐·道宣《广弘明集·统归篇》卷29，《大正藏》卷52，第339页。

[6] 入塔观像，这在佛经中有很多的记载。如东晋佛陀跋陀罗译《观佛三昧海经》卷9《观像品》云：“佛灭度后现前无佛，当观佛像。观佛像者……，先入佛塔，以好香泥及诸瓦土涂地令净，随其力能烧香散华供养佛像，说已过恶礼佛忏悔。”《大正藏》卷15，第690页。

三 石窟寺的区域特色

根据中国石窟寺的发展和演变，大致可分四个区域，即新疆地区、中原北方地区、南方地区以及西藏地区[1]。这四个区域的石窟寺都是根据当地自然环境和地质条件状况，就地取材，因地制宜地进行开凿活动的。各区时代有早有晚，各有自己发展、变化的规律，但又相互影响、相互吸收。

新疆地区石窟寺主要集中在三个区域：第一，古龟兹地区。以新疆库车、拜城为中心，现存主要石窟地点有拜城克孜尔石窟、库车库木吐喇石窟、森木塞姆千佛洞和克孜尔尕哈石窟等，是新疆地区石窟寺最为集中的一个区域。第二，古焉耆地区。在新疆焉耆回族自治县七格星一带，主要有七格星石窟。第三，古高昌地区。在新疆吐鲁番附近，主要石窟寺地点有吐峪沟石窟和伯孜克里克石窟等。其中古龟兹的克孜尔石窟开凿年代最早，大约从公元3世纪后期开始，一直延续到13世纪。古高昌地区石窟寺开凿年代略晚，大约从公元5世纪开始，最晚的洞窟可能延续到13世纪。古焉耆地区现存石窟开凿年代较晚，如七格星石窟约开凿于公元7世纪以后，洞窟数量少，破坏严重，洞窟形制与题材更接近于吐鲁番地区。新疆地区的石窟寺具有浓郁的地方特色。由于地质条件所限，洞窟的构造一般采用泥塑和壁画相结合的制作方法，甚至有的还采用土坯垒砌来建造洞窟。洞窟形制多塔庙窟、大像窟、僧房窟、禅窟，以及以塔庙窟、大像窟为中心的不同形制洞窟组成的洞窟组合，也有少量的禅窟群。塑画题材在公元6世纪以前主要流行小乘佛教的释迦、交脚弥勒和表现释迦的本生、佛传、因缘故事。绘画技法为西域流行的晕染法。公元6世纪以后，绘画题材和技法受到中原文化的影响，出现了大乘佛教题材的千佛、卢舍那佛、阿弥陀佛净土等。

中原北方地区石窟寺数量较多，分布很广，是中国石窟寺的主要部分。按自然区域，可分为四小区：第一，河西区。主要位于甘肃黄河以西河西走廊的敦煌、酒泉、张掖、武威附近。敦煌附近以莫高窟规模最大，延续时间最长。现存洞窟的开凿年代从5世纪一直延续到14世纪，是中国石窟寺发展的一个缩影。莫高窟以东的重要石窟寺地点还有西千佛洞、安西榆林窟等。酒泉附近主要有文殊山石窟、玉门昌马石窟。张掖附近主要有马蹄寺和金塔寺石窟。武威附近有天梯山石窟。这些石窟寺地点亦大多开凿于公元5—6世纪。由于自然条件的限制，无法对洞窟内的佛教造像进行精雕细刻，因此，河西地区的石窟寺一般以泥塑和壁画相结合的方法修造，有的洞窟也采用石胎泥塑的方法。洞窟形制主要流行塔庙窟和佛殿窟，有少量禅窟、僧房窟和大像窟。塑画题材多释迦、交脚弥勒、倚坐佛、三佛、七佛、释迦多宝、千佛，以及本生、因缘和佛传故事。公元6世纪以后敦煌莫高窟流行各种经变画，公元8世纪以后密教题材开始流行。绘画技法，公元5—6世纪初受西域晕染法的影响，公元6世纪中期前后受中原绘画技法的影响。第二，甘宁黄河以东区。主要有甘肃永靖炳灵寺石窟、天水麦积山石窟、庆阳南北石窟寺、泾川王母宫石窟，宁夏固原须弥山石窟等。炳灵寺和麦积山石窟以泥塑或石胎泥塑与壁画相结合的方法为主，也有纯石雕者。开凿年代约为公元5世纪初。其中炳灵寺石窟第169窟第6龛有公元420年墨书题记，是中国现存最早有明确纪年的龛像。南北石窟寺、王母宫石窟和须弥山石窟皆为石刻。开凿年代略晚些，大约为公元5世纪末至6世纪初。洞窟形制多佛殿窟，也有利用天然洞穴进行雕造者，有少量塔庙窟和禅窟群。公元6世纪中期以后，麦积山出现大量仿木式殿堂建筑样式。麦积山和须弥山石窟还出现仿木式佛帐结构的洞窟。造像题材流行无量寿佛、维摩文殊、三佛、七佛、千佛等。公元6世纪中期壁画中出现西方净土变、涅槃变等。第三，陕西区。以西安附近及陕北地区最为集中，石窟寺的规模一般较小。主要有彬县大佛寺、麟游慈善寺石窟、耀县（今铜川耀州区）药王山石窟、宜君福地石窟、安塞大佛寺石窟、黄陵万佛寺石窟、延安万佛洞石窟、子长钟山石窟、志丹城台石窟等。多为石雕。陕西地区石窟寺开凿年代较晚，安塞大佛寺石窟可早到公元6世纪的北魏晚期。公元7世纪石窟开凿地点增多，公元11—13世纪陕北地区风气较盛。洞窟形制流行大像窟、佛殿窟、佛坛窟等。造像题材为无量寿佛、释迦、弥勒佛、三佛、千佛等，也有佛道合开的洞窟。第四，晋豫及其以东区。这是石窟寺开凿的中心地区，以皇家经营开凿的石窟寺为主流，主要有公元5—6世纪开凿的大同云冈石窟、鹿野苑石窟、洛阳龙门石窟、巩县石窟寺；公元6—7世纪开凿的邺城响堂山石窟、太原天龙山石窟等，受主流石窟影响而开凿的有河北张家口下花园石窟，辽宁义县万佛堂石窟，河南渑池鸿庆寺石窟、偃师水泉石窟、洛阳吉利万佛洞石窟、安阳宝山石窟、小南海石窟，山东青州驼山、云门石窟。这些石窟的开凿年代在公元5—6世纪。这一地区均以精美的石刻作品闻名于世。洞窟形制多大像窟、塔庙窟和佛殿窟以及成组的双窟，也有少量的禅窟或禅窟群。年代较晚的洞窟出现佛坛窟和摩崖大龛像。洞窟外观较多地模拟佛寺建筑，如云冈、响堂山、天龙山都有仿木式殿堂建筑样式。响堂山石窟则在窟檐之上设置覆钵式顶，构成独特的塔形窟。山东地区多摩崖龛像，以隋代和初唐最盛。公元5世纪至6世纪前期，造像题材主要流行释迦、释迦多宝、三世佛、七佛、交脚弥勒菩萨、交脚佛、维摩文殊以及连环画式的佛传、本生故事画。公元6世纪中期开始流行西方无量寿佛、西方净土变、倚坐弥勒佛、思惟菩萨以及卢舍那、阿弥陀佛、弥勒佛或释迦、阿弥陀和弥勒佛为组合的三佛题材。邺城地区石窟内还刊刻佛经，甚至出现纯刻经洞窟。公元7—8世纪，反映各佛教宗派信仰的题材较为流行，如反映净土信仰的阿弥陀佛、弥勒佛、药师佛、观世音菩萨，华严信仰的卢舍那佛及华严三圣，密宗供奉的十一面观音、多臂观音等，以及与禅宗有关的罗汉群像等，还有三阶教所奉的地藏菩萨像比较多见。

南方地区主要指长江流域及其以南地区，分布地点较广，江南、四川和云南较为集中。年代较早的是公元5—6世纪开凿的南京栖霞山石窟、浙江新昌大佛。公元6世纪开凿的四川川北的广元千佛崖和皇泽寺石窟。公元7世纪开凿的巴中西龛等石窟。公元8世纪以后四川石窟寺的开凿由北向南扩展，梓潼、大足、安岳、资中等地都有大量发现。此外还有公元7—8世纪开凿的广西桂林摩崖石刻、公元9—11世纪云南剑川石窟、公元10—14世纪杭州西湖周围石窟。与中原北方石窟不同的是，南方地区石窟主要以摩崖龛像为主，洞窟开凿较少。栖霞山无量寿佛龛和新昌大佛龛原都前接木构殿阁。川北广元千佛崖和皇泽寺石窟多佛殿窟和佛殿窟内中央设佛坛的佛坛窟，也有少量的塔庙窟。摩崖龛一般流行双重或三重龛形，有的为屋形龛。各地的造像题材各具特色。栖霞山南朝石窟主要流行无量寿佛、倚坐弥勒佛、三佛等题材。四川地区流行阿弥陀佛、倚坐弥勒佛、菩提瑞像、观世音菩萨像、天龙八部等题材。西方净土变题材较为流行。公元8世纪中期以后密宗题材广为流行，主要有毗卢遮那佛、药师琉璃光佛和药师经变题材、圣观音、如意轮观音、四臂观音、十一面观音、救苦观世音等。另外北方毗沙门天王和地藏菩萨像也是四川石窟中较为流行的题材，同时出现了刻经洞窟、也有佛道合开或纯道教的窟龛。杭州西湖周围有较多的天然洞穴，所以许多龛像是利用这些溶洞雕造的。吴越国和两宋时期开凿的龛像主要流行阿弥陀佛西方三圣。另有弥勒佛、文殊、普贤、地藏菩萨像、罗汉群像和手持长柄钺的天王像。入元以后流行毗卢遮那佛、无量寿佛、文殊菩萨、各种佛母、麻曷葛剌佛等藏密题材。云南剑川石窟流行弥勒佛、阿弥陀佛、释迦佛、华严三圣、观音菩萨、毗沙门天王、大黑天神和八大明王以及最具地方特色的帝王窟、阿嵯耶观音、梵僧观音等。

西藏地区是中国晚期石窟寺主要区域之一，分布区域较广，日喀则、拉萨、山南、林芝、昌都地区以摩崖造像为主。西部阿里地区主要开凿石窟寺。现存年代最早的是拉萨查拉路甫石窟，为一塔庙窟，四面单层开龛式。由吐松赞干布的藏妃茹雍主持开凿。阿里地区石窟寺主要集中在札达县古格故城附近东嘎村和皮央村附近。石窟开凿于公元11—16世纪，主要窟形有佛殿窟、佛坛窟、僧房窟、仓库窟、禅窟等。窟中塑像一般都已不存，但保存了大量色彩鲜艳的壁画。四壁多分层绘制，主要位置都绘各种藏密佛像、菩萨像、曼荼罗、护法神像以及各宗派的高僧像。阿里地区的石窟寺明显受到外来文化的影响，如壁画的晕染法、对兽纹和环形联珠纹，都是西域及河西一带所流行的。

注释：

[1] 关于石窟寺分区，参见宿白《中国石窟寺考古》，《中国大百科全书·考古学》，北京：中国大百科全书出版社，1986年，第698—699页。后收入宿白《中国石窟寺研究》，北京：文物出版社，1996年，第16—20页。

四 石窟寺考古学的研究对象与方法

中国石窟寺考古是中国考古学的一个重要分支和组成部分。石窟寺考古学是运用考古学方法来研究石窟寺及其相关遗迹的一门学科，是通过其遗迹和遗物的研究来揭示宗教历史发展的轨迹的，属于历史考古学的范畴。

中国石窟寺考古学应当包括传统考古学和历史学两个方面。传统考古学最基本的方法论是地层学和类型学，是通过遗址的发掘，根据地层叠压关系来揭示各种遗迹现象的相对年代早晚关系；通过对出土遗物的分类排比，结合地层叠压关系，来确定遗物的组合关系和发展系列。地层学和类型学在石窟寺考古的调查、发掘和研究中亦广泛使用。在石窟寺考古调查时，不仅仅要完成各种测绘图纸（包括每个洞窟的平面、剖面、立面，石窟群的连续平面和立面遗迹等）、详细而完整的洞窟记录、拍摄相关的图片资料。同时还要对与石窟寺相关的遗迹，包括窟前遗迹和寺院遗址等等，进行传统的考古发掘，以获得完整的石窟寺考古资料。这些都是传统考古学的基本要求。在具体操作层面上，如地层学，在石窟调查中首先必须注意各种遗迹现象，如洞窟群在崖面的分布状况和整体布局（包括洞窟开凿前的斩山遗迹）、洞窟的重修与改建，洞窟间或窟内各造像龛之间的打破关系，壁画的重层叠压关系以及窟前遗址的地层叠压打破关系，以便确定各洞窟开凿的年代次序和组合关系，或者确定某个洞窟内不同龛像的先后开凿关系，即考古学中的相对年代。又如类型学，以典型洞窟作为标尺，按照洞窟使用功能的不同进行分类。每类洞窟按形制的差异分出型和式，型表示共存和共时，即横向的关系；式则相反，表示纵向的关系，结合地层学，就可以从中排比出洞窟形制发展变化的序列来。类型学还可以进行洞窟组合、造像特点、题材内容和装饰纹样的分类排比，确定其相对的年代，从而排比出整个石窟寺发展变化的序列。石窟寺的绝对年代则运用有关古代文献的记载以及有明确开凿纪年或有年代可考的石窟造像作为标尺和判断年代的依据，有条件的还可以运用碳十四等现代科学技术手段来确定大致的年代范围，为石窟寺绝对年代的判定提供参考。然而地层学和类型学仅仅是我们研究石窟寺的手段，是撰写石窟寺考古报告的基础，也是研究工作的起点，但非终极目标。这就涉及石窟寺考古学的另一个层面，即历史学的层面。首先，大型的石窟寺往往见诸古代文献、碑刻铭记或出土文书等等的记载，对于这些文献资料的梳理和研究，有助于我们解释或者解读这些石窟寺遗迹的各种现象，建构起石窟寺发展演变的时空框架。其次，中国有完备的佛教藏经和道藏以及其他宗教的文献资料，如佛教大藏经，包括经律论三藏以及各种僧传，是我们解读石窟寺的形制、题材内容及其演变的重要资料。再者，石窟寺的产生和发展毕竟是历史的产物，历史上的重大事件或多或少会对其产生不可忽略的影响，如中国历史上的“三武一宗”灭法、北魏孝文帝的汉化改革、唐代安史之乱等等，这些重大事件往往改变了石窟寺发展的进程。所以，石窟寺考古最终目的是通过解读石窟寺的发展变化，从另一个侧面来探究和解决中国历史，包括佛教史上的各种问题，这应该是石窟寺考古学的优势所在。因此，传统考古学与历史学相结合应是石窟寺考古最基本的方法。就目前石窟寺考古学科发展而言，大型石窟寺的考古学分期与年代问题，如云冈、龙门、敦煌诸石窟已经基本解决，学术研究重点也应该放在更大的时空框架内进行，比如石窟寺从印度到中土的传播、发展及其流变究竟如何？石窟寺中国化的进程是如何推进的？中国石窟寺是在什么样的历史背景下开始开凿的？开窟的动机和目的是什么？石窟寺具有什么样的功能和作用？各区域具有什么样的特点以及之间的相互关系如何？造像题材的演变反映了什么样的信仰和宗教仪规等等问题，这都需要进行深入解读和研究。

五
石窟寺的发现和研究概况

宗教活动是中国古代人们精神生活中的一个重要组成部分，人们通过宗教活动所遗留下来的遗迹和遗物包括石窟、造像、寺院、佛塔、法器、经卷等。其中保留下来的石窟寺数量最多。与一般意义上的地下考古发现不同的是：石窟寺大多保存在地面上，有的甚至一直被人们沿用着。较为重要的石窟寺则见诸古代文献、地方志和金石著作中，也散见于古人的游记等记述中。近代学者往往根据文献记载的线索就找到了石窟寺。因此，大多数石窟寺考古的重新发现主要是针对学术界而言的，是学术调查成果的再现。当然，也有些石窟由于自然因素等客观原因被掩埋了，经过考古发掘而重见天日。

石窟寺的调查和研究工作起步较早，大约从19世纪末至20世纪初即已开始。在半殖民地半封建的旧中国时代，这些工作大多是由西方列强的探险家和一些学者打着科学考察的幌子进行的。调查的重点主要围绕着西北和华北地区，时间主要集中在20世纪30年代以前。如英国的斯坦因（Aurel Stein，1862—1943）从1900—1916年，三次在新疆和敦煌莫高窟等地探险和考察。1902—1914年，德国柏林民俗博物馆曾四次组织普鲁士皇家考察队，先后由格伦威德尔（Albert Grünwedel，1856—1935）和勒柯克（Albert Le Coq，1860—1930）率领到新疆进行考察。1902年，日本的伊东忠太（1867—1954）对云冈石窟进行了考察。由大谷光瑞（1876—1948）组织的日本大谷探险队于1902—1914年三次到新疆考察石窟。1906—1908年，法国的伯希和（Paul Pelliot，1878—1945）考察了新疆和敦煌石窟；沙畹（Édouard Chavannes，1865—

1918）从1907年开始，陆续调查了云冈、龙门、巩县和山东济南石窟造像。1909—1910年和1914—1915年，俄国的奥登堡（S. F. Oldenburg，1863—1934）组织的中亚探险队对新疆的考察。1914年，法国的谢阁兰（Victor Segalen，1878—1919）等考察了四川广元、巴中一带的石窟寺。1918—1924年，日本的常盘大定（1870—1945）、关野贞（1868—1935）调查了中原北方和南方地区的石窟寺和佛教寺院。1918—1929年，瑞典的喜龙仁（Osvald Sirén，1879—1966）多次到中原北方地区考察石窟和造像。1923—1924年和1925年，美国的华尔纳（Langdon Warner，1881—1955）二次到西北考察，主要在敦煌和安西榆林窟。在调查工作的基础上，国外学者对新疆克孜尔石窟的洞窟形制和多种壁画风格的艺术源流、敦煌壁画的艺术特点、云冈石窟造像样式的渊源以及中原地区佛教造像时代与区域特色作了不少研究工作。虽然早期的调查为我们保存了许多珍贵的历史图片和文字资料，但他们的工作大多是伴随着对石窟文物野蛮的掠夺和肢解而进行的，使许多石窟寺及其附属文物遭受了空前的浩劫和残酷的破坏，其中最典型的是对敦煌藏经洞发现的大量文书、写经、绢画等珍贵文物的巧取豪夺，对新疆、敦煌等石窟壁画和塑像的揭取偷盗，对云冈、龙门、响堂山、天龙山石窟造像盗割肢解，使得大量的珍贵文物流入到了国外的博物馆、私人收藏家和古董商手中。20世纪30—40年代，水野清一（1905—1971）、长广敏雄（1905—1990）等对龙门石窟和响堂山石窟作了详细调查，特别是1938—1944年在云冈进行了实测、记录和部分洞窟窟前遗址的考古发掘，20世纪50年代陆续发表了16卷本《雲岡石窟》考古报告，这是50年代前期这一研究领域的代表作。

大约从20世纪30年代起，中国的学术机构和学者们也开始了石窟寺的调查和研究工作，如西北科学考察团对新疆石窟的考察，北平研究院对邺城地区石窟的调查，中国营造学社对龙门、巩县和响堂山石窟的记录，向达（1900—1966）对南京栖霞山石窟的考察都是这一时期比较突出的工作。40年代也有学者对新疆、甘肃、四川、云南、广西和江苏等地石窟寺作过考察，发现了天水麦积山等重要的石窟寺遗迹。特别是对敦煌莫高窟的调查、实测和壁画临摹取得了可喜的成绩，并于1944年在敦煌莫高窟建立了中国第一个石窟保护与研究的专门结构——国立敦煌艺术研究所。

中华人民共和国成立以后，文物考古事业获得了新生，石窟寺也得到了政府的格外重视。全国各重要石窟寺大都被列为全国重点文物保护单位或省级重点文物保护单位，并且陆续设立了专门的文物保护和研究机构。从20世纪50年代初开始，文物部门全面开展了文物普查和宣传工作。1950年，中央人民政府文化部文物局组织了雁北文物勘察团和东北考古团，对大同云冈石窟和辽宁义县万佛堂石窟作了考察。1951—1953年，文化部等有关部门又先后组织了敦煌石窟勘察团、麦积山石窟勘察团和炳灵寺石窟考察团，对相应的石窟寺进行了详细的调查、测绘、摄影和部分洞窟壁画的临摹工作。随着对西北地区主要石窟寺调查的展开，文物工作者又先后在新疆、内蒙古、山西、河北、河南、山东、四川、云南、江苏、浙江等地进行了大量调查工作。如阎文儒（1912—1994）从1961—1965年三次率领石窟调查组对全国各地重要石窟寺作了全面系统的调查，记录了大量的石窟调查资料，成果颇丰。又如陈明达（1914—1997）先后考察了敦煌、巩县和四川等地石窟。敦煌文物研究所考察了西千佛洞和河西走廊的石窟。新疆文物调查组调查和部分清理了克孜尔石窟。这些都是20世纪50—60年代比较重要的调查工作。50—60年代的全面勘察，重新发现了许多湮没已久的石窟寺地点。比较重要的有甘肃永靖炳灵寺、武威天梯山等河西走廊的早期石窟，宁夏固原须弥山石窟、甘肃庆阳北石窟寺以及陕西地区的石窟寺等。这些发现对于研究中国石窟寺的分区与分期提供了新的材料。但总的来说，50—60年代的调查工作做了不少，也大致弄清了主要石窟寺的分布区域和特点。但从考古学的角度来看，这些工作仍然显得比较粗疏，记录不够完备，缺少洞窟平面、剖面、连络平面和立面图。一些洞窟的遗迹现象也没有引起足够重视。

20世纪50—60年代也是中国石窟寺考古的草创时期。中华人民共和国成立以后，随着石窟寺考古工作的全面展开，以前纯粹从美术史和佛教史角度来研究的方法已明显感到不足，难于对石窟寺的各种遗迹现象以及发展演变规律做出比较科学合理的解释，研究工作受到了一定的局限。石窟寺是历史的产物，是人类通过活动遗留下来的实物，它随着历史的发展而不断变化，如何研究和揭示石窟寺发展变化的规律？中国学者在石窟寺考古实践和探索中逐渐认识到需要有新的研究手段。50年代初，考古学家夏鼐（1910—1985）虽然并不从事石窟寺研究，但他谈到了考古学如何在敦煌石窟研究中的应用问题[1]。1947年，宿白（1922—2018）在参加整理北京大学图书馆善本书籍时，发现了缪荃荪传抄的《永乐大典》天字韵《顺天府志》条所引《析津志》文内的《大金西京武州山重修大石窟寺碑》（以下简称《金碑》）。1956年，宿白发表了《〈大金西京武州山重修大石窟寺碑〉校注》一文[2]，通过对《金碑》所述云冈十寺等内容的研究，排列出第二阶段洞窟开凿的先后次序以及第三阶段中止的年代。这是石窟寺考古学的一次尝试。1956年，宿白首次运用考古类型学方法对敦煌最早的纪年洞窟第285窟壁画作了分类排比，并以此为标尺，对敦煌北魏洞窟作了详细的比较研究，提出了北魏洞窟的分期问题[3]。1957和1962年，宿白率北京大学考古专业学生分别到响堂山和敦煌石窟实习，指导学生用考古学方法进行石窟的实测和记录工作。这是两次石窟寺考古的实践活动。1962年，宿白在敦煌文物研究所作了《敦煌七讲》学术专题报告，正式提出了中国石窟寺考古学的问题，并对石窟寺考古学的基本问题和研究方法进行了阐述，开创性地将考古学方法引入到石窟寺调查和研究中，使石窟寺正式纳入中国考古学的研究范畴，从而创立了中国石窟寺考古学，开创了中国石窟寺考古的新时代[4]。

除了石窟寺考古学研究之外，学者们从各个学科、不同角度对石窟寺作了比较深入的研究，呈现出百花齐放的局面，取得了可喜成果。如梁思成（1901—1972）对敦煌石窟中反映的古代建筑作了专题研究，也对中国雕塑艺术史作了探讨[5]。刘慧达对北魏石窟中的三佛题材和三佛窟的演变作了分析探讨，同时研讨了北魏石窟与禅修的关系和北魏石窟的性质问题[6]。谢稚柳（1910—1976）、潘絜兹（1915—2002）等对敦煌的佛教艺术作了探讨[7]。阎文儒对敦煌莫高窟的洞窟形制和塑像的发展演变作了分析研究[8]。史岩对麦积山雕塑不同的风格和流布情况作了分析探讨[9]。另外还有许多学者对石窟寺作了较多的研究，不再赘述。

20世纪70年代以来，中国石窟寺考古进入了发展和繁荣时期。首先更加注意对石窟寺窟前遗址的发掘工作。由于窟前遗址往往与洞窟关系密切，是研究洞窟崖面的变化和复原洞窟外观最为直接的材料，因而窟前遗址的发掘在中国石窟寺考古中是必不可少的。早在20世纪60年代，敦煌文物研究所为了配合南区洞窟危崖加固工程，对窟前遗址进行了大规模的发掘，全面测绘了窟外崖面的各种遗迹。“文化大革命”中发掘工作中断，1979—1980年又作了补充发掘。二次考古发掘发现了一批五代至元朝的窟前殿堂遗址和一些新的洞窟。这些殿堂遗址与洞窟的开凿或重修有密切关系，是研究莫高窟营造史和复原各个时期洞窟外观的重要资料。又如20世纪70年代和90年代，云冈石窟保管所就云冈石窟的窟前遗址作了部分清理发掘工作，最重要的是第3窟发掘的遗迹揭示了石窟的开凿程序、方式等前所未知的情况，对于研究像云冈这样大型洞窟的开凿次序、操作方式以及综合利用等方面具有重要的学术意义。2010年，云冈石窟窟顶北魏寺院遗址的发掘，又为云冈石窟的分区与功能的探讨提供了新的视角。1989—1990年，新疆文物部门对克孜尔石窟谷西区部分洞窟窟前遗址进行发掘清理，新发现了一批洞窟。这对于研究窟崖原貌以及洞窟形制、组合、分期均有重要的价值。2010年以来的新疆吐鲁番鄯善县吐峪沟石窟的发掘，新发现了一批被掩埋的早期洞窟和壁画，是我们重新认识吐峪沟石窟的开创年代、壁画题材提供了极为重要的资料。

其次，这一时期石窟寺的勘察主要转向过去工作做得比较少，又是晚期石窟寺最集中的四川、西藏等地区，如中国社会科学院世界宗教研究所对四川广元、巴中地区石窟寺的调查，西藏文管会和四川大学对西藏地区石窟寺的调查都是比较重要的工作。随着文物普查工作的深入进行，新的石窟寺地点亦有所发现。比较重要的有大同鹿野苑石窟、太原蒙山大佛和童子寺大佛，西藏拉萨查拉路甫石窟、阿里东嘎皮央石窟，四川安岳卧佛沟刻经洞窟等。

再次，用考古学的方法对石窟寺进行调查实测和综合研究方面都取得了重大的进展，获得了丰硕成果。如1979—1980年北京大学考古系对克孜尔石窟谷西区部分洞窟作了实测和详细记录。20世纪80年代以来，北京大学考古系又陆续在宁夏固原须弥山石窟、河北邯郸南响堂石窟、甘肃河西走廊的早期石窟以及云南剑川石窟进行了测绘和调查工作，同时对龙门石窟、麦积山石窟的部分洞窟也作了测绘和调查工作，上述这些工作取得了一定的成果。虽然，洞窟的测绘工作是纯手工的，耗费了研究者大量的时间和精力，但人工测绘对于研究者来说，是一个仔细观测的过程，对于正确理解所绘对象，包括洞窟的重修与打破关系、壁画的重层与重绘、造像的时代特征等等，是很有裨益的。近几年来，随着现代科学技术的长足发展，敦煌、云冈、龙门、大足等研究单位开始利用三维扫描等科技手段，对洞窟进行精确的测绘，形成正射影像图和洞窟的三维建模，还可以完成洞窟的各种平剖面和立面图，极大地提高了考古调查工作的效率，为石窟寺考古报告的编撰提供了有利条件，但最终测绘成图，还需要有从事石窟寺考古专业人士的密切合作，这样才能做出符合考古规范的图纸，达到比较圆满的效果。目前从事三维扫描的单位很多，各行其是，尚缺少统一和规范的标准。

在石窟寺考古综合研究方面，考古学方法广泛应用于石窟寺研究中，有一大批研究成果问世，从而使石窟寺考古学的研究达到了一个新的高潮。石窟寺的分期与年代是石窟寺考古学首先要解决的问题，也是进行多学科研究的基础。但分期与年代的探讨并不是最终目的，而是通过分期与年代来解决社会历史、佛教史乃至于美术史上的问题。在这一方面，宿白贡献最大，成绩斐然。如对云冈石窟的研究，宿白先后撰写了《云冈石窟分期试论》《平城实力的集聚和“云冈模式”的形成与发展》等文章。前者根据对云冈石窟的全面考察，将云冈石窟分为三期。后者根据云冈石窟的三个发展阶段与北魏历史发展结合起来，证实云冈的分期正是北魏历史的具体表现，提出了“云冈模式”的概念。在全面考察研究中国石窟寺的基础上，宿白在《中国石窟寺考古》一文中对中国石窟寺的分区与分期作了阐述，指出中国石窟寺可以分为新疆、中原北方、南方和西藏四个地区，每区石窟寺各具特色，但又互相影响。各地石窟寺尽管都有地方特色，但都不同程度地受到全国政治中心或文化中心所盛行的内容的影响。虽然这篇文章是纲领性的，但为我们今后的石窟寺考古研究提出了新的课题[10]。这一阶段还有许多重要的石窟寺考古论文发表，如樊锦诗、马世长（1939—2013）、刘玉权、关友惠等分别对敦煌石窟北朝、隋唐和西夏洞窟作了分期与年代的探讨。温玉成和丁明夷分别从龙门北朝和唐代纪年小龛的类型入手，对龙门北朝和唐代洞窟的分期与年代作了比较科学的推断。另外还有许多学者对麦积山、炳灵寺、须弥山、天龙山等重要石窟寺作了考古学的分期与断代研究。这样基本上完成了主要石窟寺考古学的分期研究工作，为进一步作多学科的综合研究提供了年代学依据。虽然，20世纪70年代以来，石窟寺考古取得长足的进展，但我们也看到石窟寺考古仍然有许多课题需要我们去做，如石窟寺考古研究的理论和方法论还应当有所突破或者进展，应当从中西方文化交流的大背景下，来探讨中国石窟寺与印度石窟寺的关系（即外在的因素），以及中国石窟寺本土化发展的规律及原因（即内在的因素）。石窟寺的社会功能，图像与功德，信仰与仪式等等问题也还需要进一步研究。中国石窟寺分布区域广大，各区域特点明显，因此，石窟寺的分区研究十分重要，如各区域石窟寺的特点，各区域间石窟寺的关系，区域内石窟寺间的关系，都需要我们去作具体而深入的研究。

20世纪70年代以来，有关石窟寺的图书得以大量出版，尤其是文物出版社和日本平凡社通力合作出版的十七卷本《中国石窟》丛书，重庆出版社出版的十卷本《中国石窟雕塑全集》，以及文物出版社和人民美术出版社合作出版的《中国美术全集》有关石窟方面的书为我们提供了丰富的石窟资料。因为石窟寺考古的综合研究是以石窟寺考古报告为基础的，虽然各文物部门在努力进行，但进展缓慢，并不尽如人意。到目前为止，大型石窟寺的考古报告仅出版了《新疆克孜尔石窟考古报告》《敦煌莫高窟第268—275窟考古报告》《龙门石窟考古报告——东山擂鼓台区》《皮央·东嘎遗址考古报告》《须弥山石窟考古报告·[壹]圆光寺区》等，显然还远远不能满足研究者的需要。2018年大足石刻研究院则出版了国内首部大型石窟考古报告《大足石刻全集》，这是令人振奋的大事。在石窟寺考古报告大多还不能及时出版的背景下，相关石窟寺研究单位与考古研究机构也加强了石窟寺内容总录和调查报告的编撰与出版，如新疆龟兹研究院编撰的龟兹石窟内容总录系列、陕西考古研究院等编撰的《陕西石窟内容总录》、四川省文物管理局等单位编撰的《广元石窟内容总录》和《巴中石窟内容总录》等。另外，四川省文物考古研究院等单位出版了《绵阳窟龛：四川绵阳古代摩崖造像考古调查研究报告集》《仁寿牛角寨石窟：四川仁寿牛角寨石窟考古调查报告》《夹江千佛岩：四川夹江千佛岩古代摩崖造像考古调查报告》《四川散见唐宋佛道龛窟总录》（广元卷、自贡卷、达州卷）等考古调查报告集与内容总录，这些成果的出版，为我们提供了石窟寺的基本信息，算是权宜之计吧。

注释：

[1] 夏鼐《漫谈敦煌千佛洞和考古学》，《文物参考资料》1951年第2卷第5期，第72—75页。

[2] 宿白《“大金西京武州山重修大石窟寺碑”校注—新发现的大同云岗石窟寺历史材料的初步整理—》，《北京大学学报·人文科学》1956年第1期，第71—84页。后收入宿白《中国石窟寺研究》一书，北京：文物出版社，1996年，第52—75页。

[3] 宿白《参观敦煌莫高窟第285号窟札记》，《文物参考资料》1956年第5期，第16—21页。

[4] 徐苹芳《中国石窟寺考古学的创建历程——读宿白〈中国石窟寺研究〉》，《文物》1998年第2期，第54—63页。

[5] 梁思成《敦煌壁画中所见的中国古代建筑》，《文物参考资料》1951年第2卷第5期，第1—49页。

[6] 刘慧达《北魏石窟中的“三佛”》，《考古学报》1958年第1期，第91—101页。刘慧达《北魏石窟与禅》，《考古学报》1978年第3期，第337—352页。

[7] 谢稚柳《敦煌艺术叙录》，上海：古典文学出版社，1957年。潘絜兹《敦煌莫高窟艺术》，上海：上海人民出版社，1957年。

[8] 阎文儒《莫高窟的石窟构造及其塑像》，《文物参考资料》1951年第2卷第4期，第140—178页。

[9] 史岩《麦积山石窟北朝雕塑的两大风格体系及其流布情况》，《美术研究》1957年第1期，第13—33页。

[10] 以上诸文均收入宿白《中国石窟寺研究》，北京：文物出版社，1996年。

第二章

新疆地区石窟寺

新疆地区在中国古代历史上称为西域，在天山南麓、昆仑山以北的茫茫戈壁沙海中，分布着大大小小的绿洲国家。佛教东渐，首及西域诸国，进而影响到中国内地。石窟寺艺术的传播亦同样如此。因此，新疆是石窟寺艺术东传路线上的一个重要地区，在古代印度和中原佛教文化艺术的交流中起着桥梁的作用。从艺术源流上说，新疆佛教艺术是在融汇了西方佛教艺术和当地传统文化的基础上发展起来的，与中原佛教艺术相比，无论是塑画风格，还是绘画技法，都具有浓郁的异域情调。可以说，在中国石窟寺中独树一帜，自成体系，因而颇受学界的普遍关注。新疆石窟主要集中在塔里木盆地北缘，丝绸之路北道沿线的绿洲地区。从西面的古代疏勒（今喀什一带）到中部的龟兹（今库车一带）和东部的高昌（今吐鲁番一带），石窟寺呈线状分布在漫长的丝路古道上[1]。其中古龟兹地区石窟寺最为集中，洞窟数量多，规模大，而且延续时间长，是新疆地区石窟寺的精华所在。新疆地区各石窟寺都采用了塑像和壁画的表现手法。塑像占据洞窟中显要位置，是佛教信徒礼拜的主要偶像；壁画则绘于诸壁及窟顶。由于塑像泥胎含沙量大，胎中又缺少具有黏合作用的植物纤维，加之自然环境、气候和人为破坏等因素，窟内塑像一般都很难保存下来。在历史上，新疆地区石窟寺还由于石窟自然的崩塌和人为的破坏，特别是19世纪末到20世纪初，外国列强肆意盗窃，石窟内的壁画保存状况也不好。

一
拜城
克孜尔石窟

古代龟兹是汉唐时期西域诸国中的大国，也是佛教最盛的国家。大约在公元3、4世纪之间，就有很多龟兹佛教徒来到内地翻译佛经。南朝梁僧祐所撰的《出三藏记集·鸠摩罗什传》记载：公元4世纪中，龟兹已有僧众1万余人[2]。不仅有众多的僧寺，还有专为王室贵族妇女而建立的比丘尼寺。可以想象当时龟兹佛教已相当繁盛。在龟兹国，小乘佛教说一切有部受到特别重视。所谓小乘是大乘佛教兴起后，对原始佛教和部派佛教的贬义称呼。乘是“车辆”“运载”的意思，在梵文中有“道路”和“事业”的意思。在小乘佛教看来，佛陀是历史人物，但又增添了神化的色彩，现在世界的教主是释迦牟尼，继释迦入灭后，弥勒出世，故崇拜过去现在未来三世佛。在修行方面，小乘主张利己，强调自我修习，求得自身的解脱，最终达到阿罗汉果。在大乘佛教看来，除了释迦牟尼佛外，在四维空间，每一个世界都有佛陀存在，这些佛陀都是崇拜的对象。在修行方面，认为达到阿罗汉果是不够的，应当进一步达到佛果，至少也要达到菩萨果。菩萨作为佛的接班人，担负着普度众生的重任。因此，大乘提倡普度众生。龟兹地区虽然以小乘佛教为主，但也有大乘佛教的流传，这大概是受到了罽宾（今克什米尔地区）、于阗（今新疆和田）大乘佛教的影响。

由于龟兹地区小乘佛教占统治地位，讲究个人的修行，与流行大乘的于阗地区大兴塔寺的情况有所不同。所以，从公元3、4世纪开始，龟兹境内开凿了许多适合于修行的石窟寺。这里共有27处石窟寺，833个洞窟，地点集中，数量庞大，是新疆地区石窟寺艺术的精华所在。公元13世纪伊斯兰教传入该地区后，佛教寺院和石窟寺才完全废弃。

古龟兹地区诸石窟寺中，以克孜尔石窟规模最大，年代最早，是古龟兹地区最具代表性的石窟。克孜尔石窟，也称为克孜尔千佛洞，克孜尔是维语的音译，是红色的意思。该石窟寺位于拜城县城东约60千米，东距库车约21千米。洞窟主要开凿在木札提河北岸悬崖峭壁上。按窟群的分布，分为谷西区（图2-1）、谷内区、谷东区和后山区，现有编号洞窟236个。

早在清朝晚期有人记述过克孜尔、库木吐喇等新疆石窟寺院，如19世纪的徐松（1781—1848）曾到此巡游[3]。20世纪初以来，外国探险家纷纷涌入新疆进行考察，如英国的斯坦因从1900—1916年，三次在新疆探险和考察，到过库车、焉耆和吐鲁番地区考察石窟[4]。由大谷光瑞组织的日本大谷探险队于1903、1909、1913年三次到新疆库车、吐鲁番考察石窟[5]。1906—1908年，法国的伯希和考察了新疆喀什、库车、焉耆一带佛教遗址和石窟[6]。1909—1910年和1914—1915年，俄国的奥登堡在吐鲁番、焉耆、库车的调查和发掘，揭走了壁画和塑像[7]。20世纪初至30年代，对克孜尔石窟的考察与研究主要是德国人进行的[8]。1902—1914年，德国柏林民俗博物馆曾四次组织普鲁士皇家考察队，先后由格伦威德尔和勒柯克率领到克孜尔进行了详细的考察[9]。他们先清理洞窟积沙，发掘出大量的塑像、木雕、写本等

图 2-1 克孜尔石窟谷西区部分洞窟外观

珍贵文物。然后绘制测图、拍摄照片和洞窟的文字记录，并对部分壁画作了临摹和线图的绘制。工作期间，盗割了大量的壁画。由于克孜尔石窟残破的洞窟较多，他们认为意义不大，对保存壁画的洞窟则根据洞窟形制与壁画特点来定名。调查工作完成后，陆续编写考察和研究报告。比较重要的有：勒柯克1907年撰写的《中国新疆考察纪行》，报道了新疆考察经过、佛教遗址的性质与年代，引起了学术界对新疆古佛寺遗址的重视[10]。1909年，格伦威德尔撰写的《德国第三次考察队的考古成果》报告了考察成果，并对新疆石窟壁画五种不同风格的画风作了叙述[11]。1912年，格伦威德尔在第三次考察结束后，在柏林出版了《中国新疆古代佛教寺院》一书，对库车、焉耆和吐鲁番地区的石窟寺院作了详细描述，并附有不少洞窟的实测图和壁画白描图，其中关于克孜尔石窟占了较大篇幅[12]。由勒柯克主编的《中亚与新疆古代晚期的佛教文物》七卷本，1922—1933年陆续出版[13]。该书全面叙述了考察经过，并对壁画的题材内容、洞窟建筑的用途、分期与年代、文化类型和历史背景等问题做了较深入的探讨，特别是对壁画的题材内容的考释尤见功力，识别出许多本生、佛传、因缘等题材，认为克孜尔石窟壁画主要是围绕着释迦牟尼佛展开的，僧徒重视禅修，说明这里信奉小乘佛教。上述诸书是20世纪30年代前德国人研究新疆石窟的集中体现，是研究新疆石窟寺的重要参考书。当然由于时代的局限，在今天看来，德国人的研究还有许多不足之处，如关于克孜尔石窟的分期与年代主要依据壁画中五种不同风格的画风，即犍陀罗画风、武臣画风、早期和晚期突厥画风、喇嘛教画风。格伦威德尔认为这五种画风依次代表从早到晚的不同时期。从地域方面看，西部早东部晚。克孜尔只有第一、二种画风的壁画，最早的洞窟壁画作于公元4世纪中叶，最晚的洞窟为公元7—8世纪。勒柯克根据画风则认为克孜尔洞窟年代为公元6—8世纪。这种以画风断年的方法存在着较大缺陷。他们并没有考虑到洞窟的改建、壁画的重绘，以及两种画风在某一时期可能并行存在的诸多因素。另外没有考虑新疆各地的历史包括佛教流传的历史背景以及新疆以东石窟寺的情况，因此仅以画风断年缺少足够的说服力。又如德国人主要按照洞窟的形制作了分类研究，并探讨了洞窟的用途。这样的分类将类型相同而使用功能不同的洞窟混合在一起，很难阐明不同类型和使用功能不同的洞窟在寺院中的作用和地位。

1928—1929年，由中国学术团体协会与瑞典探险家斯文赫定（1865—1952）联合组成的中瑞西北科学考察团在西北进行考察。黄文弼（1893—1966）主持在新疆的罗布淖尔、吐鲁番和塔里木盆地的考古调查，1958年科学出版社出版的《塔里木盆地考古记》记录了对石窟遗迹的调查情况，主要有焉耆锡科沁明屋、库车库木土拉千佛洞（即库木吐喇石窟）、克内什佛洞（即森木塞姆石窟）、苏巴什克城佛洞（即雀离大寺）、拜城特特尔佛洞（即台台尔石窟）、克子尔明屋（即克孜尔石窟）等，其中对克孜尔石窟的调查工作做得较为细致。他对石窟进行了分区编号，并绘制了全部洞窟的分布示意图和测绘了一部分洞窟的平面和立面图，同时对一些洞窟进行了清理，发现了不少重要遗迹和遗物。如在第220窟发现唐“天宝十三载”纪年题记；在第105窟发现有唐“贞元七年”残纸等，都是研究克孜尔石窟衰落时期的资料。这是中国学者对新疆石窟寺进行科学考察的第一人。1946—1947年，韩乐然（1898—1947）二次到克孜尔石窟临摹壁画，并进行了克孜尔石窟壁画分期对比的探讨[14]。

1953年，西北文化局新疆文物调查组对天山南路进行了调查，并对克孜尔石窟作了编号，武伯纶（1902—1991）撰写调查简报《新疆天山南路的文物调查》，文中对龟兹各石窟的地理位置、石窟数量及残存壁画文字题记等作了简单的叙述。这是中国学者比较全面介绍新疆石窟的一篇文章，文中还将新疆石窟分为以库车为中心的龟兹区和以吐鲁番为中心的高昌区，这是很有见地的[15]。1955年，王子云（1897—1990）《新疆拜城赫色尔石窟》简单介绍了克孜尔石窟的概况[16]。1961年，中国佛教协会与敦煌文物研究所联合组织了新疆石窟调查组，由阎文儒率领对天山以南各石窟作了调查，根据这次调查的资料，1962年，阎文儒发表了《新疆天山以南的石窟》一文[17]，文章将新疆石窟分为两个区域，即天山以南、银山以西的古龟兹地区和银山以东的吐鲁番地区。所调查的龟兹地区石窟寺主要有：第一，龟兹地区拜城克孜尔石窟、库车库木吐喇石窟、森木塞姆千佛洞和克孜尔尕哈石窟等。第二，焉耆地区七格星石窟。第三，吐鲁番地区吐峪沟和伯孜克里克石窟。文中并对各个石窟寺作了分期研究。这是一篇20世纪60年代国内比较全面介绍新疆石窟寺概况和进行分区分期的重要文章。70年代以后，对龟兹地区石窟的考察日趋频繁。1979年以来，北京大学历史系考古教研室宿白带领佛教考古研究生马世长、丁明夷、晁华山、许宛音多次到新疆考察石窟，重点是克孜尔石窟的调查、测绘与记录工作，另外还调查了库木吐喇、森木塞姆、克孜尔尕哈、台台儿石窟。80年代以后，这次调查和研究成果陆续发表。如宿白在《新疆拜城克孜尔石窟部分洞窟的类型与年代》一文中，在排比洞窟形制的基础上，探讨了分期与年代，并结合北京大学历史系考古教研室实验室所做的碳十四年代数据，将克孜尔部分洞窟三个阶段的大致年代推定为：第一阶段：大约接近于310 ± 80—350 ± 60年；第二阶段：大约接近于395 ± 65—465 ± 65年，以迄6世纪前期；第三阶段：大约接近于545 ± 75—685 ± 65年及其以后。文中并阐述了克孜尔石窟的历史背景以及在中亚和东方石窟中的重要地位。丁明夷、马世长、雄西《克孜尔石窟的佛传壁画》和马世长《克孜尔中心柱窟主室券顶与后室的壁画》分别对克孜尔石窟的佛传、本生和因缘故事画的题材、布局和发展演变作了考释和研究[18]。晁华山《克孜尔石窟的洞窟分类与石窟寺院的组成》[19]，按使用功能的不同，将克孜尔石窟的洞窟分成佛堂、讲堂、杂房、僧房等类型，进而分析了洞窟组合的特点，推断一组五佛堂洞窟可能就是一所五佛堂寺院。季羡林（1911—2009）《弥勒信仰在新疆的传布》一文，根据克孜尔第17、38、92、173窟、库木吐喇石窟等洞窟窟门上方的弥勒菩萨像，以及克孜尔石窟出土的梵文文残卷中只有弥勒一个菩萨的名字出现，由此认为：弥勒信仰在龟兹和焉耆十分流行[20]。李崇峰《克孜尔主室正壁画塑题材及有关问题》一文，主要探讨了中心柱正壁帝释窟题材的相关问题[21]。廖旸则从壁画内容与布局、样式与风格入手，探讨了重点洞窟的年代与分期问题[22]。关于洞窟组合的最新研究，可参见魏正中2004年发表的《克孜尔谷西的石窟寺院》一文[23]。魏正中在2013年出版的《区段与组合——龟兹石窟寺院的考古学探索》一书中[24]，提出了区段的概念，即遗址中同类洞窟或洞窟组合集中分布的区域。一个典型的区段仅包含一种类型的洞窟或洞窟组合，其他类型洞窟或洞窟组合的出现多来自于后世的续凿和改建。基于这一概念，作者较全面地探讨了包括克孜尔石窟、库木吐喇石窟在内的龟兹石窟。2020年，由新疆龟兹研究院、北京大学中国古代史研究中心和中国人民大学国学院合作，编著出版了《龟兹石窟题记》[25]，对古代龟兹国境内的克孜尔、库木吐喇、森木塞姆等7处石窟的胡语题记进行了详细记录，有不少新的发现，如龟兹王和纪年题记等，这对于重新探讨龟兹石窟的洞窟组合、塑画题材以及中外佛教文化交流具有重要的学术价值，尤其是洞窟的年代与分期有望获得新的突破。

上述诸篇文章和专著在分期与年代、壁画题材和洞窟形制与组合方面的研究都有了突破性的进展。

石窟考古报告的编撰，则由北京大学考古系和克孜尔千佛洞文物保管所合作在1979年调查的基础上进行的。20世纪80—90年代，北京大学考古系晁华山、马世长又多次前往实地修改补充，1997年终于完成了第一部克孜尔石窟考古报告《新疆克孜尔石窟考古报告》（第一卷）[26]。1993年，由龟兹石窟研究所等单位编撰的《克孜尔石窟志》一书，从石窟营建、洞窟形制、雕塑与壁画，以及题记和内容总录等诸项，比较全面地介绍克孜尔石窟的概况[27]。2000年，龟兹石窟研究所又编著出版了《克孜尔石窟内容总录》，对石窟进行了更加全面系统的介绍[28]。在后续石窟考古报告未完成之前，这两部书仍然是克孜尔石窟重要的参考资料。2018年，龟兹研究院又有个别洞窟的调查简报发表[29]。

另外应当提及的是，1973年9月，在谷西区中部因雨水冲刷，偶然发现了1座掩埋已久的洞窟，克孜尔千佛洞文管所随即进行了清理，编号为新1窟[30]。该窟属于塔庙窟，平面纵长方形。前室两侧壁设低坛，右壁坛上现存2尊立佛像的下半身，佛像身侧还绘有胁侍菩萨像（图2-2）。中心柱正壁开一龛，塑像无存。后室后壁设涅槃台，台上完好地保存着长5.65米的大型涅槃像（图2-3），涅槃像上方绘有菩萨众举哀图像，券顶上保存着绘制精美的三身飞天（图2-4）。从洞窟形制来看，其开凿年代约在7世纪中期。这一新的发现，弥补了克孜尔石窟没有塑像的缺憾，特别是表现大乘佛教多佛多菩萨的题材，说明克孜尔石窟早期洞窟主要表现小乘佛教题

图 2-2 克孜尔新 1 窟立佛

图 2-3 克孜尔新 1 窟涅槃像

图 2-4 克孜尔新 1 窟飞天

材到了晚期洞窟有了重要的转变。

20世纪80—90年代，窟前遗址的发掘清理也开始进行。主要是为了配合石窟的加固与维修工作，在工程开始前，新疆文物部门于1989—1990年对克孜尔石窟谷西区部分洞窟的窟前遗址进行了发掘，新发现洞窟30余个。这批洞窟位于现编号洞窟以下，因崖面崩塌而致掩埋。这次发掘为研究窟崖原貌提供了依据。这些洞窟的形制有佛堂窟、僧房窟、仓库窟等，而且有一些洞窟存在打破关系和改建的现象，这对于研究克孜尔石窟的分期与断代有重要的价值[31]。

克孜尔石窟大致可分为三个阶段。第一阶段约公元4世纪初到4世纪中，第二阶段公元4世纪末到6世纪前期，第三阶段公元6世纪中到7世纪后期。前两个阶段属于早期石窟，而第三阶段已属于克孜石窟的衰落阶段，在新疆地区也是属于后期石窟。

第一阶段的洞窟主要分布在谷西区，主要有塔庙窟、大像窟、僧房窟。其中僧房窟数量最多。各类洞窟间组合关系不明显。塔庙窟一般分主室，后室和中心柱三部分。个别有前室，但大都已崩毁。典型洞窟有第13窟和38窟（图2-5）。主室纵券顶，前左右壁与顶部相接处有简单的叠涩出檐。后室低窄，券顶，中心柱平面为方形，是佛塔的象征，其前壁开一大龛。龛内原有一坐佛像。大像窟数量较少，平

图 2-5　克孜尔第 38 窟中心柱前壁

图 2-6　克孜尔第 47 窟

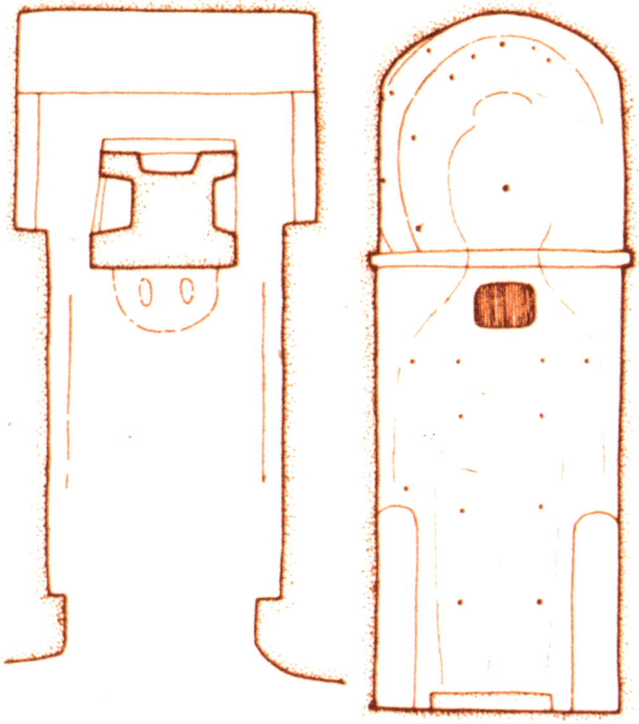

图 2-7 克孜尔第 47 窟平剖面图（采自《中国石窟 · 克孜尔石窟》）

面形制与塔庙窟相同，只是将窟室加高，便于在中心柱正壁塑造大立佛。因此，所谓大像窟可以视作塔庙窟的变例。洞窟一般无前室，仅有主室、后室和中心柱三部分。典型洞窟有第47窟，主室窄于后室，券顶（图2-6）。左右壁前砌列像台，台上各塑佛像七身。后室券顶，左右通道口无装饰，后壁有涅槃台，原塑大涅槃像。中心柱平面方形，左右后三壁开龛，后壁龛内原塑坐佛像，其上塑涅槃像。前壁依壁原塑高达10米左右的大立佛像，现壁前存有半圆形大像台（图2-7）。僧房窟一般分主室、门道二部分，门道为长条形平顶或券顶，一般在门道后壁有设一小室，左或右壁设短甬道与主室相通。主室方形，券顶，壁顶相接处也有简单的叠涩出檐，前壁中部开窗户。

壁画题材和布局：一般塔庙窟的主室前壁窟门上方中心绘交脚弥勒兜率天说法，其左右后为诸听法菩萨及天人（图2-8）。后壁（即中心柱正壁）龛外绘菱格山峦或听法菩萨（图2-9）。左右壁不分栏或分上下栏，各栏绘二或三铺因缘佛传类故事，近顶处绘天宫伎乐（图2-10）。窟顶壁画分为三部分，券顶正中，即中间纵向的中脊部分绘制天象图，有日神、风神、立佛、金翅鸟、月等分别排列（图2-11），有的日月神作人形。左右券腹弧壁处绘以菱格山峦为背景的本生，或本

图 2-8 克孜尔第 38 窟窟门上方弥勒菩萨说法图

图 2-9 克孜尔第 13 窟右甬道善爱犍闼婆王归佛

图 2-10　克孜尔第 38 窟伎乐天

图 2-11　克孜尔第 38 窟窟顶壁画

图 2-12 克孜尔第 38 窟窟顶弧壁故事画

图 2-13 克孜尔 205 窟阿奢世王复苏

图 2-14 克孜尔第 38 窟涅槃图

图 2-15 克孜尔第 38 窟甬道侧壁佛塔

生、因缘、佛传故事相间布置。每个菱格绘一个故事情节（图2-12）。左右甬道亦绘有故事画（图2-13）。后室前后壁分别绘释迦佛涅槃和焚棺或舍利塔（图2-14），左右壁绘舍利塔（图2-15）。大像窟以第47窟为例，主室左右壁分上下五栏绘有佛像，最上栏绘供养天人（图2-16）。僧房窟则无塑像和壁画。壁画的绘制手法采用西域流行的晕染法，即脸部和肌肉裸露部分采用高光透视的方法，由浅至深，层层涂抹，使得平面的绘画作品具有明显的凹凸立体效果。这种绘画特点延续时间很长，在克孜尔石窟从早到晚均是如此。作为教化众生的辅助题材——故事画表现十分丰富，如讲述和颂扬佛祖释迦牟尼一生事迹的佛传故事、讲述佛前生累世行善的本生故事（梵文为阇陀迦，Jataka）（图2-17、

图 2-16 克孜尔第 47 窟供养比丘

图 2-17 克孜尔第 38 窟左壁须大拏太子

图 2-18 克孜尔第 38 窟券顶左侧壁萨和檀王本生

图2-18），以及佛陀讲述的各种因缘、果报、比喻的因缘故事。从壁画绘有表现释迦牟尼前身和今世修行、教化、说法的本生、因缘和佛传故事，以及塔庙窟和大像窟主尊原塑有坐佛和立佛的情况看，壁画和塑像表现的主题是释迦佛。主室前壁交脚弥勒兜率天说法则表现了佛法的传承关系[32]，这种题材与龟兹地区小乘佛教占主导地位有密切关系。

第二阶段洞窟数量较多，在克孜尔石窟各个区域都有分布。洞窟类型有塔庙窟、大像窟、僧房窟。新增加了方形窟，而且数量很多。各种类型洞窟之间有明显的组合关系。塔庙窟的平面形制与前段相似，有主室、后室和中心柱。因窟前崩塌严重，前室情况不清。典型洞窟有第17、104、171窟。除有前段主室与后室等宽或窄于后室形制外，主室宽于后室的形制比较流行。券顶，壁面与顶连接处的出檐线，较普遍地在叠涩之外使用枭混线。后室亦为券顶，左右通道口有的开始作出装饰线。第104窟后壁有涅槃台。台前两侧各置立像台。中心柱平面为扁方形，均前壁开一大龛。此外第17窟后室两端各凿一小龛。大像窟数量仍较少，一般无前室，仅有主室、后室和中心柱三部分。典型洞窟有第77、139窟。第77窟后室作梯形顶，后壁前有涅槃台，台上原塑大涅槃像。中心柱平面略呈方形，四壁无龛，前壁依壁原塑大立佛像。第139窟则无涅槃台。僧房窟形制略同前期，一般分主室、门道二部分，但较多洞窟增加了前室。门道后壁无小室的洞窟增多，出现了大型僧房窟，门道为长条形平顶或券顶，左或右壁设短甬道与主室相通。主室方形，券顶，壁顶相接处也有叠涩出檐枭混线。方形窟一边有前室，但多崩毁，主室平面方形和横长方形。前壁正中开门，或一侧开门一侧开窗。券顶，壁顶相接处也有叠涩出檐的枭混线。但有的更繁缛复杂。主室正中有的砌佛坛，其上塑像。

壁画题材和布局：塔庙窟的主室前壁窟口上方绘兜率天说法（图2-19），左右壁分上下二栏，各栏绘二或三铺因缘佛传类故事（图2-20）。窟顶绘画与第一阶段略同，中脊绘天空，有日神、风神、立佛、金翅鸟、月神等。不过本期的日神一般作人形，头戴珠冠，身着甲胄，乘坐在双轮马车上（图2-21）。这种表现形式大概受到来自西方的影响。左右绘以菱格山峦为背景的本生、因缘、佛传（图2-22）。后室后壁绘或塑涅槃像，前壁绘舍利塔，左右壁绘舍利塔或立佛。第17窟后室左右壁龛内原塑坐佛一身，左壁绘卢舍那立佛（图2-23）。第27窟和第99窟新出现千佛龛。大像窟主室左右壁上下分栏绘立像、坐像，上栏绘或塑供养天人。窟顶正中部分分格绘伎乐，左右格内影塑伎乐。后室后壁塑或绘涅槃像，主室左右壁绘伎乐，右壁伎乐中有交脚弥勒菩萨兜率天说法图。方形窟前壁绘兜率天说法，左右壁多分栏绘分格连环画似的佛传故事画；或绘因缘佛传故事（图2-24）；壁顶绘天宫伎乐（图2-25）。方形窟内不设坛的洞窟，其后壁一般都绘菩萨像或高僧为中心的大幅壁画。绘画特点承袭前一阶段。卢舍那佛和千佛的出现，反映了这一阶段大乘佛教

图 2-19　克孜尔第 171 窟前壁弥勒菩萨说法图

图 2-20　克孜尔第 17 窟壁面

图 2-21　克孜尔第 17 窟窟顶人形日神和立佛

图 2-22　克孜尔第 171 窟窟顶本生故事

图 2-23 克孜尔第 17 窟卢舍那佛

图 2-24 克孜尔第 76 窟佛传故事

图 2-25 克孜尔第 76 窟天宫伎乐

图 2-26 克孜尔第 205 窟焚棺图

图 2-27 克孜尔第 205 窟龟兹王和王后

开始流行。

第三阶段洞窟大多分布在谷东区和后山区，洞窟的类型大体与第二阶段相同，但洞窟形制和绘画与塑像内容有明显简化的趋势。另外新出现了小型窟。塔庙窟的正壁一般开龛，龛内原塑坐佛或立佛，洞窟后室的后壁凿出涅槃台，其上塑或绘涅槃像（图2-26）。大像窟较前两个阶段有了明显的变化，窟内取消了中心柱，从残存的遗迹看，大立佛像中部以上依崖壁塑造，下部两侧向里凿进成横长方形低窄的后室，这样朝拜者可以直接右绕大佛做礼拜了。这种形制与巴米扬东西大立佛窟十分相似。类似的洞窟在库木吐喇石窟中也有发现。洞窟的组合多为小型洞窟。

壁画题材和布局：塔庙窟的前后室及左右壁出现大量的千佛题材，有的千佛身着汉式的双领下垂式大衣，这是本阶段最显著的特点。左右壁还绘有说法图以及龟兹贵族供养人行列（图2-27）。供养人的服饰上新出现具有断代意义的联珠纹图案，内绘猪头或团花。窟顶有的绘千佛，有的绘以菱格山峦为背景的本生、因缘、佛传。多数洞窟已不见后室涅槃像，个别洞窟后室前壁绘舍利塔。这些题材与前期的明显变化，反映了大乘佛教对龟兹石窟的影响逐渐加深，而这种影响应来源于盛行大乘佛教的于阗和中原地区。

注释：

[1] 关于现存新疆佛教遗迹的整体面貌，可以参见新疆维吾尔自治区文物局《新疆维吾尔自治区第三次全国文物普查成果集成——新疆佛教遗址》，北京：科学出版社，2015年。

[2] 梁·僧祐《出三藏记集》卷14《鸠摩罗什传》，苏晋仁、萧錬之点校本，北京：中华书局，1995年，第531页。

[3] 徐松在《西域水道记》卷2就记述了克孜尔和库木吐喇石窟。参见徐松著、朱玉麒整理《西域水道记》，北京：中华书局，2005年，第96—98页。

[4] 1900—1916年，斯坦因三次在新疆和敦煌莫高窟等地考察，主要专著有《古代和阗》（Aurel Stein, *Ancient Khotan: Detailed Report of Archaeological Explorations in Chinese Turkestan*, Oxford: Clarendon, 1907）、《西域考古记》（*Serindia: Detailed Report of Archaeological Explorations in Central Asia and Westernmost China*, Oxford: Clarendon, 1921. 中译本参见：斯坦因著、中国社会科学院考古研究所译《西域考古图记》5卷本，广西师范大学出版社2019年修订版）、《亚洲腹地探险记》（*Innermost Asia: Detailed Report of Archaeological Explorations in Central Asia, Kan-su and Eastern Iran*, Oxford: Clarendon, 1928），均由牛津克拉兰顿出版社出版（Oxford at the Clarendon Press）。

[5] 参见上原芳太郎编《新西域記》，東京：有光社，1937年。

[6] 伯希和著、耿昇译《伯希和西域探险记》，昆明：云南人民出版社，2001年，第14—15页。伯希和著、耿昇译《伯希和西域探险日记（1906—1908）》，北京：中国藏学出版社，2014年。

[7] 参见艾米塔什博物馆《千佛洞：俄罗斯丝绸之路探险（纪念亚洲博物馆190周年）》，艾米塔什博物馆，2008年。克孜尔石窟的壁画收藏于俄罗斯国立艾米塔什博物馆。该馆所藏除了奥登堡所劫取的壁画外，还有二战结束以后，苏联红军从德国柏林运回的德国考察队取走的文物。参见赵莉《俄罗斯国立艾米塔什博物馆藏克孜尔石窟壁画》，《文物》2018年第4期，第57—96页。俄罗斯艾尔米塔什博物馆、西北民族大学、上海古籍出版社编《俄藏龟兹艺术品》，上海：上海古籍出版社，2018年。该书收录了1905年至1907年俄罗斯别列佐夫斯基考察队和1909年至1910年奥登堡所劫取龟兹文物263件。

[8] 关于德国人的考察与研究，可参见晁华山《二十世纪初德国人对克孜尔石窟的考察及尔后的研究》，《中国石窟·克孜尔石窟（三）》，北京：文物出版社，1996年，第196—213页。

[9] 格伦威德尔在第三次考察结束后，1912年，在柏林出版了《中国新疆古代佛教寺院》（Albert Grünwedel, *Altbuddhistische Kultstätten in Chinesisch-Turkistan*, Berlin: Druck und Verlag von Georg Reimer, 1912）。勒柯克主要著有1913年出版的《高昌图录》（Albert Le Coq, *Chotscho*: *Facsimile-Wiedergaben der Wichtigeren Funde der Ersten Koniglichen Preussischen Expeditions*, Berlin, 1913），1922—1933年陆续出版的《中亚与新疆古代晚期的佛教文物》（Albert Le Coq, *Die Buddhistische Spatantike in Mittelasien*），二书均由德国柏林雷迈尔（Berlin, G. Reimer）出版社出版。

[10] 勒柯克《中国新疆考察纪行》，刊于《人类学、人种学与远古史杂志》，柏林，1907年（Albert Le Coq, "Bericht Uber Reise und Arbeiten in Chinesischen Turkistan", *Zeitschrift Fur Anthropologie Ethnologie und Urgeschichte*, Berlin, 1907）。

[11] 格伦威德尔《德国第三次考察队的考古成果》，刊于《人种学杂志》，柏林，1909年（Albert Grünwedel, "Die Archaologische Ergebnisse der Dritten Turfan Expeditiong", *Zeitschift Fur Ethnologie*, Berlin, 1909）。

[12] 格伦威德尔《中国新疆古代佛教寺院》（Albert Grünwedel, *Altbuddhistische Kultstätten in Chinesisch-Turkistan: Bericht über archäologische Arbeiten von 1906 bis 1907 bei Kuča, Qarašahr und in der Oase Turfan*, Berlin, 1912），柏林，1912年。1920年，格伦威德尔还出版了《古代龟兹》的考古报告（Albert Grünwedel, Alt-Kutscha, Berlin, 1920）。

[13] 勒柯克主编《中亚与新疆古代晚期的佛教文物》（Albert Le Coq, *Die Buddhistische Spatantike in Mittelasien*, Berlin, D. Reimer, 1922—1933），柏林，1922—1933年。

[14] 参见宿白《克孜尔部分洞窟阶段划分与年代等问题的初步探索——代序》，文刊新疆维吾尔自治

区文物管理委员会、库车县文物保管所、北京大学考古系编《中国石窟·克孜尔石窟（一）》，北京：文物出版社，1989年，第10—23页。此文后更名为《新疆拜城克孜尔石窟部分洞窟的类型与年代》，收入宿白《中国石窟寺研究》，北京：文物出版社，1996年，第21—38页。

[15] 武伯纶《新疆天山南路的文物调查》，《文物参考资料》1954年第10期，第74—88页。

[16] 王子云《新疆拜城赫色尔石窟》，《文物参考资料》1955年第2期，第97—101页。

[17] 阎文儒《新疆天山以南的石窟》，《文物》1962年第7、8期合刊，第41—59页。文中将克孜尔石窟分为四期。第一期为后汉；第二期为两晋；第三期为南北朝至隋；第四期为初唐。

[18] 丁明夷、马世长、雄西《克孜尔石窟的佛传壁画》，刊于前引《中国石窟·克孜尔石窟（一）》，北京：文物出版社，1989年，第185—222页。马世长《克孜尔中心柱窟主室券顶与后室的壁画》，新疆维吾尔自治区文物管理委员会、库车县文物保管所、北京大学考古系编《中国石窟·克孜尔石窟（二）》，北京：文物出版社，1996年，第174—226页。

[19] 文刊北京大学考古系《纪念北京大学考古专业三十周年论文集》，北京：文物出版社，1990年，第341—371页。

[20] 季羡林《弥勒信仰在新疆的传布》，《文史哲》2001年第1期，第5—15页。

[21] 李崇峰《克孜尔主室正壁画塑题材及有关问题》，巫鸿主编《汉唐之间的宗教艺术与考古》，北京：文物出版社，2000年，第209—233页。后收入李崇峰《佛教考古——从印度到中国》，上海：上海古籍出版社，2014年，第107—130页。

[22] 廖旸《克孜尔石窟壁画年代学研究》，北京：社会科学文献出版社，2012年。廖旸将重点洞窟分为四期。第一期，第76、77、92、116、117、118、207、212—214窟，约为4世纪晚期至5世纪中；第二期，第7、13、14、17、38、171、172窟，约5世纪中至6世纪中；第三期，第175—179、184、186、188、189、192、193、195、196、198窟，以及第4、8、27、34、58、63、67、80、110、114、161、163、205、206、219、224窟，约6世纪中至7世纪上半叶；第四期，第60、69、新1窟、123、123、129、160、199、227、229窟，约7世纪中。

[23] 魏正中《克孜尔谷西的石窟寺院》，《燕京学报》新十六期，北京：北京大学出版社，2004年，第197—214页。

[24] 魏正中《区段与组合——龟兹石窟寺院的考古学探索》，上海：上海古籍出版社，2013年。

[25] 赵莉、荣新江主编，新疆龟兹研究院、北京大学中国古代史研究中心、中国人民大学国学院合编《龟兹石窟题记》，上海：中西书局，2020年。

[26] 北京大学考古学系、克孜尔千佛洞文物保管所编《新疆克孜尔石窟考古报告》，北京：文物出版社，1997年。

[27] 龟兹石窟研究所、拜城县史志编纂委员会、阿克苏地区史志编纂委员会编《克孜尔石窟志》，上海：上海人民美术出版社，1993年。

[28] 新疆龟兹石窟研究所编著《克孜尔石窟内容总录》，乌鲁木齐：新疆美术摄影出版社，2000年。

[29] 新疆龟兹研究院《新疆拜城县克孜尔石窟第38至40窟调查简报》，《中国国家博物馆馆刊》2018年第5期，第26—47页。新疆龟兹研究院《新疆拜城县克孜尔石窟第205窟调查简报》，《中国国家博物馆馆刊》2018年第5期，第48—63页。

[30] 朱英荣《新疆拜城克孜尔千佛洞新1号窟》，《文物》1984年第12期，第1—3页；许宛音《克孜尔新1窟试论》，同期，第4—13页。前者将该窟的年代推定为5—6世纪；后者推定为500—600年之间。但从洞窟前室两侧壁设像坛的情况看应属于较晚阶段（即第三阶段）出现的洞窟形制，因此，推定为7世纪中叶较为合适。

[31] 自治区文化厅文物保护维修办公室《1989年克孜尔千佛洞窟前清理简报》，新疆文物考古研究所《1990年克孜尔石窟窟前清理报告》，均收入王炳华主编《新疆文物考古新收获（续）1990—1996》，乌鲁木齐：新疆美术摄影出版社，1997年，第639—664页；第665—715页。新发现的洞窟单独进行了编号。

[32] 唐·道宣《集神州三宝感通录》卷中亦记载“今西域释迦弥勒二像辉用若真。”（《大正藏》卷52，第419页）也说明西域主要供奉释迦和弥勒。

二 库车库木吐喇石窟

库木吐喇位于库车县城西21千米木札提河东岸，洞窟分谷口区和大沟区二部分，共有112个。谷口区附近还有二处规模较大的寺院遗址，即乌什吐尔遗址和夏哈吐尔遗址。早在清朝晚期有人记述过库木吐喇，如18世纪的谢济世（1689—1755）和19世纪的徐松都曾巡游到此[1]。1903和1906年，德国格伦威德尔率领第一次和第三次普鲁士皇家考察队，曾到达这里考察，对十多个保存有壁画的洞窟进行了清理、测绘和壁画题材的记录，并描绘了数十幅壁画轮廓线图，割走了一些壁画[2]。1913年，勒考克率领第四次德国考察团到库木吐喇，测绘了部分洞窟，同时盗割了大量的壁画[3]。1903年，日本大谷探险队渡边哲信到达库木吐喇，清理了一些洞窟，发掘出古写本残塑像等。1907年，伯希和调查了库木吐喇石窟，拍摄了许多照片。1928年，黄文弼作为西北科学考察团的成员考察了库木吐喇石窟[4]。1953年，西北文化局新疆文物调查组对天山南路进行了调查，并对库木吐喇石窟作了编号。1962年，阎文儒在调查的基础上，对库木吐喇石窟进行了分期，并注意到库木吐喇石窟的汉人开凿的洞窟[5]。20世纪70年代末至80年代初，在沟口区和大沟区又发现一些洞窟，比较重要的有GK20、21窟，第75、79窟。其中有的洞窟保存了精美的壁画和塑像。这批洞窟的发现为深入研究库木吐喇石窟的洞窟形制、题材内容和年代演变提供了新的资料[6]。80年代，北京大学马世长、晁华山分别对库木吐喇石窟的洞窟形制、洞窟的族系、开凿年代和汉风洞窟作了综合研究[7]。吴焯则对库木吐喇壁画的风格演变与龟兹的历史背景相结合作了分析与研究[8]。2008年，新疆龟兹石窟研究所在全面调查的基础上，编撰出版了《库木吐喇石窟内容总录》，总录附有窟群分布图、洞窟平面和剖面图，方便读者了解。因此，在正式考古报告尚未出版之前，内容总录仍然是重要的参考书[9]。

库木吐喇石窟并没有始凿年代的记载，从洞窟形制与壁画特点等分析，应略晚于克孜尔石窟的开凿。根据洞窟和壁画的变化特征，一般将库木吐喇石窟的开凿历程分为三个阶段。

第一阶段，开凿年代约为公元5—7世纪。洞窟主要有塔庙窟、大像窟和方形窟。塔庙窟为主要的礼拜窟，洞窟一般有前室、主室、中心柱及后堂。稍早的洞窟主室多为纵券顶，塔庙窟中的中心柱流行克孜尔第一阶段的正壁一龛制。库木吐喇石窟第17窟略特殊，主室平面方形，左右壁各开一龛，后壁（即中心柱前壁）开一龛，窟顶平顶，中部隆起成穹隆顶式。大像窟的形制与克孜尔石窟一致，为纵券顶，主室正壁，即中心柱前壁塑大立佛。像高一般都在10米以上。中心柱左右后三面设有甬道，可供人绕塔礼拜。后室左右后壁凿涅槃台或像台。有的大像窟内则无中心柱，佛像依崖壁塑造，佛像下部两侧有隧道后接后室。方形窟一般有前室和主室，穹隆顶。尤其是穹隆顶内绘有莲花及条幅状的立佛和菩萨七身至十一身，如库木吐喇新发现的沟口区GK第20、21窟（图2-28、图2-29）。库木吐喇流行一种主室正中设像台，台上原塑有佛像的洞窟形制，以GK第20窟为例，前室不存，有长通道与主室相连，通道两侧各开一小龛，右龛内现存新疆早期石窟中唯一完整的塑像（图2-30）[10]。主室正中有像台，原塑佛坐像及护法狮子。窟顶为穹隆顶（图2-31）。洞窟组合与克孜尔石窟比较相似，有多座塔庙窟和其他类型的洞窟组成的寺院，有的研究者根据佛经律藏的记载，将这种组合的洞窟称为五佛堂[11]。在壁画题材与布局方面，塔庙窟、大像窟和方形窟一般都保存有壁画，但塑像已基本不存。有迹象表明，当时塑像和壁画是有机的统一体，以库木吐喇第17窟为例，中心柱正面开一龛，龛内原塑有释迦像。龛外壁面绘有供养主尊塑像的四身菩萨像。可知正壁采用塑像与壁画相结合的手法。由于这种关系，往往可以通过壁画内容来推定主尊塑像的名谓。塔庙窟现存壁画主要分布在主室、中心柱和后室壁面及窟顶。一般主室前壁绘弥勒兜率天宫说法，窟顶中脊绘有天宫，有日神（图2-32）、月神、金翅鸟、立佛等。左右绘以菱格山峦为背景表现释迦牟尼前身和今世修行、教化、说法的本生、因缘和佛传故事（图2-33）。后室后壁以涅槃像为中心，绘出佛传故事。方形窟穹隆顶画立佛和立菩萨像，侧壁多绘佛传故事。从洞窟形制、壁画风格和绘画技法看，与克孜尔石窟第二阶段洞窟十分接近，具有显著的龟兹特色。

第二阶段，开凿年代约为公元8—9世纪。在洞窟形制大体延续了第一阶段的窟形，主要是塔庙窟、大像窟和方形窟。方形窟多作券顶式。在壁画题材与内容上，除了龟兹系壁画外，出现并流行与中原地区唐代洞窟相似的壁画内容，如在塔庙窟主室两侧壁为通壁一铺经变画。内容有药师经变、西方净土变（包括观无量寿经

图 2-28 库木吐喇沟口区第 21 窟窟顶

图 2-29 库木吐喇沟口区第 21 窟窟顶局部

图 2-30 库木吐喇沟口区第 20 窟泥塑佛像

图 2-31 库木吐喇沟口区第 20 窟窟顶

图 2-32 库木吐喇第 23 窟券顶坐双轮车的人形日天

图 2-33 库木吐喇第 43 窟窟顶佛说法图

变），其构图形式、人物形象、绘画技法等方面均与敦煌石窟唐代经变画一致，而且有汉文书写的榜题。塔庙窟甬道和后室侧壁绘有立佛、立菩萨像，榜题有“南无阿弥陀佛”“南无救苦观世音菩萨”等。在其他类型的洞窟中，还出现千手千眼观世音菩萨像。这表明库木吐喇石窟有汉僧及汉寺，他们带来了中原地区的佛教文化和佛教艺术。

第三阶段，开凿年代约为公元10—11世纪或稍晚。这是回鹘高昌统治龟兹时期开凿的，洞窟数量较少，保存较好的有第75窟和79窟。第75窟是1977年新发现的，长方形，纵券顶窟，窟内正壁绘一持钵高僧，高僧两侧绘出六道轮回的场面。左右壁下方绘有男女供养人行列，身着回鹘装，像旁附有汉文题名。第79窟是1982年发现的一座方形穹隆顶窟，洞窟形制似早些，壁画为回鹘时期重绘的。窟内中央有坛基，窟内正壁绘有回鹘高僧及世俗供养人像，侧壁为地狱变及乾夷王施头本生。窟门右侧前壁画身着回鹘装的男女供养人像，像旁有汉文、回鹘文题名，像上有龟兹文题名。汉文题名中有“颉利思力公主”等（图2-34）。这种附三种文字的供养人榜题是前所未见的，是研究洞窟的开凿年代、龟兹文使用下限的珍贵资料。

图 2-34 库木吐喇第 79 窟回鹘供养人

注释：

[1] 谢济世《戎幕随笔》记载了他在18世纪30年代游历库木吐喇的情况。徐松在《西域水道记》卷2也记述了库木吐喇石窟。参见徐松著、朱玉麒整理《西域水道记》，北京：中华书局，2005年，第96—98页。

[2] 格伦威德尔《中国新疆古代佛教寺院》（Albert Grünwedel, *Altbuddhistische Kultstatten in Chinesisch-Turkistan*, Berlin, 1912），柏林，1912年。

[3] 关于德国人对库木吐喇石窟考察与研究的情况，可参见日本中野照男《二十世纪初德国考察队对库木吐喇石窟的考察及尔后的研究》（第231—242页）；其他国家对库木吐喇石窟的考察与研究，可参见晁华山《库木吐喇石窟初探》二“石窟考察史”（第173—177页），二文均刊于新疆维吾尔自治区文物管理委员会、库车县文物保管所、北京大学考古系编《中国石窟·库木吐喇石窟》，北京：文物出版社，1992年。

[4] 参见前引《塔里木盆地考古记》。

[5] 阎文儒《新疆天山以南的石窟》，《文物》1962年第7、8期合刊，第41—59页。文中将库木吐喇石窟分为三期。第一期为两晋；第二期为南北朝至隋；第三期为唐代。阎文儒《龟兹境内汉人开凿汉僧住持最多的一处石窟——库木吐喇》，《现代佛学》1962年第4期，第24—29页。

[6] 梁志祥、丁明夷《新疆库木吐喇石窟新发现的几处洞窟》，《文物》1985年第5期，第1—6页。

[7] 马世长《库木吐喇的汉风洞窟》（第203—230页）；晁华山《库木吐喇石窟初探》（第170—202页），均刊于前引《中国石窟·库木吐喇石窟》，北京：文物出版社，1992年。晁文对该石窟的洞窟分布、石窟考察史、洞窟种类、石窟寺院及年代等作了较为详细的论述。

[8] 吴焯《库木土拉石窟壁画的风格演变与古代龟兹的历史兴衰》，《中亚学刊（第三辑）》，北京：中华书局，1990年，第77—94页。

[9] 新疆龟兹石窟研究所编《库木吐喇石窟内容总录》，北京：文物出版社，2008年；新疆龟兹石窟研究所编《克孜尔尕哈石窟内容总录》，北京：文物出版社，2009年。

[10] 参见前引《中国石窟·库木吐喇石窟》，图版188，该像服饰与河西地区早期石窟塑像和北凉石塔佛像是一致的。如大衣衣边有折带纹，右肩大衣衣边绕右肘臂后再上绕左肩的做法在河西石窟中颇为流行。可以看出新疆地区塑像样式对河西地区石窟的影响。

[11] 参见前引晁华山《库木吐喇石窟初探》一文石窟寺院一节（第193—197页）。

三
库车森木塞姆石窟

森木塞姆千佛洞位于库车东北约40千米库鲁克达格山口东西两侧的山腰上，是古代龟兹王国东境最大的一处石窟寺。原有编号洞窟52个[1]。2000年，经新疆龟兹石窟研究所核查后，增补为57个[2]。洞窟的分布在龟兹石窟中别具特色，在直径约800米的范围内分成东南西北中五区，其中中区土丘上有长近80米、两端有高大建筑遗迹的地面寺院遗址，很显然这是一处以地面寺院为中心、围绕着寺院开凿洞窟的特殊布局[3]，这在龟兹地区石窟寺中是比较罕见的实例。在森木塞姆石窟中可以判别窟形的有39个，其中塔庙窟18个，大像窟4个，方形窟15个，僧房窟2个（包括大型禅堂1个）。可以看出这些洞窟主要以礼拜窟为主。在这里与克孜尔石窟最大的区别是僧房窟很少见，这种情况与森木塞姆石窟的布局特点有密切关系，即地面寺院和洞窟是一个完整的组合，中区大寺院则是修禅和起居的主要场所。因而窟群区多凿礼拜窟，而少僧房窟。

森木塞姆石窟以塔庙窟为主要礼拜窟，洞窟一般有前室、主室、中心柱及后室。稍早的洞窟主室多为纵券顶，中心柱流行克孜尔第一阶段的正壁一龛制，略晚的个别洞窟窟顶出现穹隆顶样式，如第40窟。同时出现正左右后壁各开一龛的新形制，如第30窟。其次为大像窟，典型洞窟有第11、23、43窟，洞窟形制与克孜尔石窟一致，为纵券顶，主室正壁，即中心柱前壁塑大立佛。像高一般都在10米以上。如第11窟原塑立佛高达15米，中心柱左右后三面设有甬道，后室左右后壁凿涅槃台或像台。大像窟的规模一般都比较大，数量虽然不多，但在石窟中具有重要地位。从洞窟群布局看是各以两个大像窟（其中北崖第11窟和43窟）为中心，陆续开

图 2-35 森木塞姆第 48 窟帝释窟说法图

凿的。这种大立佛的塑造，与《出三藏记集》卷十一《比丘尼戒本所出本末序》记载“拘夷国（即龟兹国）寺甚多，修饰至丽。王宫雕镂立佛形象，与寺无异”的情况一致[4]，表明龟兹地区寺院乃至于王宫都以雕镂大立佛为主，作为石窟寺院当然亦不能例外。另外有方形窟，一般有前室和主室，与克孜尔石窟相比窟顶形式多样化，有斗四式套斗顶、平綦顶和穹隆顶。尤其是穹隆顶内绘有莲花及条幅状的立佛和菩萨七身，与库木吐喇石窟较为相似。

在壁画题材与布局方面，塔庙窟、大像窟和方形窟一般都保存有壁画，但塑像已基本不存。塔庙窟现存壁画主要分布在主室、中心柱和后室壁面及窟顶。主室前壁一般绘弥勒兜率天宫说法，中心柱正壁有帝释窟说法等（图2-35），窟顶中脊绘有天宫，有日神、立佛等。左右绘以菱格山峦为背景的本生、因缘和佛传故事（图2-36）。本生故事主要有舍身饲虎、须达拏本生、月光王施头等；因缘故事有梵志燃灯供养、沙弥守戒自杀等；佛传故事有初转法轮、佛涅槃图等。后室后壁绘或塑涅槃像，前壁绘舍利塔，左右壁绘舍利塔或立佛。大像窟主室左右壁上下分栏绘立像、坐像，上栏绘或塑供养天人。窟顶中脊绘有天相图（图2-37），有的正中部分分格绘伎乐，左右格内影塑伎乐。后室后壁塑涅槃像，或绘涅槃像，主室左右壁绘立佛和伎乐，右壁伎乐中有交脚弥勒菩萨兜率天说法图，有的还绘有龙王像（图2-38）。方形窟前壁绘兜率天说法，左右壁多分栏分格绘连环画似的佛传或因缘故

图 2-36 森木塞姆第 11 窟天相图

图 2-37 森木塞姆第 41 窟因缘故事

图 2-38 森木塞姆第 44 窟龙王

事。方形窟内不设坛的洞窟，其后壁一般都绘菩萨或高僧为中心的大幅壁画。这种主要表现释迦、弥勒以及本生、因缘和佛传故事的题材与龟兹地区盛行小乘佛教有密切关系。大约到6世纪以后出现中原地区流行的大乘佛教的千佛题材，表现了中原佛教文化对西域的影响。

龟兹石窟群除了克孜尔、森木塞姆和库木吐喇石窟外，还有许多比较重要的石窟寺，如位于库车县西北12千米的克孜尔尕哈石窟，洞窟开凿于一小山沟的东西两崖上，现有编号洞窟46个[5]。保存较好的洞窟有39个，其中塔庙窟11个，大像窟3个，方形窟13个，僧房窟17个。这些洞窟明显可以分为五个组群，每组包括塔庙窟、僧房窟（或禅堂）和方形窟，都具有礼拜、讲经、坐禅和居住的功能，可见克孜尔尕哈石窟的洞窟组合关系也是比较明显的。克孜尔尕哈第23窟（大像窟）原塑立佛高达10余米。克孜尔尕哈石窟的早期洞窟是在中心区克孜尔石窟的影响下产生的，开凿年代略晚于克孜尔石窟第一阶段，而相当于第二阶段。又如位于拜城东60千米的台台尔石窟，现残存洞窟18个[6]。其中塔庙窟4个，方形窟2个，僧房窟5个，其他窟形不明。壁画题材包括菱格画中的本生、因缘、佛传故事，天相图、大型立佛、菩萨、龟兹供养人、装饰纹样等。第14窟券顶上的驾四马双轮车的日神十分罕见，在龟兹石窟中日神和月神一般都是以车轮来表示马车，或仅有绘双马无车轮，如克孜尔第14窟。依据石窟形制及题材内容、风格等判断，台台尔石窟的年代约开凿于7—10世纪，相当于龟兹石窟的繁盛期至晚期前段。又温巴什石窟位于拜城县温巴什乡阿瓦提村南约3千米的吉格代力克肯沟两侧。编号洞窟26个，其中窟形较为完整的有19座，有塔庙窟、方形窟、僧房窟、禅窟和瘗窟等。其中第9、11和第14窟为塔庙窟，均保存有精美壁画。现存壁画题材内容可见有菱格因缘故事、坐佛、立佛、金刚力士等形象[7]。另外在森木塞姆石窟附近还有玛扎伯哈石窟[8]，位于库车县东北30千米玛扎伯哈村西南。编号洞窟44个，石窟开凿于4世纪，延续到回鹘时期，窟形有塔庙窟、僧房窟和禅窟。其中5个洞窟保存有壁画，题材主要为菱格画中的本生、因缘和佛传故事，还有身绘“三界六道”图像的卢舍那佛、人面千秋鸟图像。这些石窟都是龟兹石窟的重要组成部分。

属于龟兹石窟系统的还有托乎拉克艾肯石窟。石窟位于新和县大尤都斯乡肖尤鲁克村以西约20千米处，“托乎拉克艾肯”，维吾尔语，即胡杨沟之意。与森木塞姆石窟寺院布局十分相似，峡谷中部的高台地上为寺院遗址，围墙残存，东西长约30米，南北宽约25米。洞窟则围绕寺院开凿，共有编号20个，约开凿于6世纪，延续到唐代。由于自然风化崩塌严重，大多洞窟已不完整。根据调查，洞窟包括塔庙窟（7个）、方形窟（7个）和僧房窟（5个）等[9]。其中第18窟（塔庙窟）上方还残存有较大的佛塔基座。大多数塔庙窟和方形窟中还残留壁画，其中第15号窟（塔庙窟）壁画保存稍好。该窟平面纵长方形、纵券顶窟，窟内后部设中心柱，形制与克孜尔石窟塔庙窟一致。正壁开龛，龛内正壁绘出佛的项背光和方形座。两侧壁共绘二列8幅说法图，窟顶两侧弧腹处绘菱格因缘、本生故事画（图2-39）。中脊绘白色大雁其间绘风神和雨神。后甬道绘涅槃图和焚棺图（图2-40）。绘画风格与克孜尔是石窟一致。

值得提及的是，1999年，在库车县阿格乡依地克村东北发现的阿艾石窟十分重要[10]，洞窟仅一座，开凿于唐代。平面长方形，纵券顶。窟内中央设佛坛，但坛上塑像早已不存。现存窟内壁画题材十分丰富（图2-41），有观无量寿经变、药师琉璃光佛（图2-42）、卢舍那佛（图2-43）、文殊菩萨及千佛等，均为典型的中原唐代壁画的风格，并附有汉文和西域文榜题，反映了中原佛教文化的深刻影响[11]。

图 2-39 托乎拉克艾肯第 15 窟佛塔

图 2-40 托乎拉克艾肯第 15 窟涅槃图

图 2-41 阿艾石窟壁画

图 2-42 阿艾石窟药师佛

图 2-43 阿艾石窟卢舍那佛

注释：

[1] 丁明夷《记两处典型的龟兹石窟——森木塞姆与克孜尔尕哈石窟》，文载新疆龟兹石窟研究所编《龟兹佛教文化论集》，乌鲁木齐：新疆美术摄影出版社，1993年，第356—378页。

[2] 参见新疆龟兹石窟研究所编《森木塞姆石窟内容总录》，北京：文物出版社，2008年。同书附有贾应逸《森木塞姆石窟概述》（第8—25页），可参考。

[3] 参见前引《森木塞姆石窟内容总录》所附“森木塞姆石窟分布示意图”。

[4] 梁·僧祐《出三藏记集》卷11《比丘尼戒本所出本末序》，苏晋仁、萧錬之点校本，北京：中华书局，1995年，第410页。

[5] 参见新疆龟兹石窟研究所编《克孜尔尕哈石窟内容总录》，北京：文物出版社，2009年。

[6] 参见许宛音《台台尔石窟踏察记》，《中国石窟·克孜尔石窟一》，北京：文物出版社，1989年，第223—235页。据2009年新疆龟兹研究院对台台尔石窟的考察，洞窟数量为22个，参见新疆龟兹研究院《台台尔石窟调查简报》，《吐鲁番研究》2010年第1期，第6—20页。

[7] 新疆龟兹研究院《新疆拜城温巴什石窟调查简报》，《新疆文物》2008年第1期，第1—9页。

[8] 参见新疆龟兹研究院《库车玛扎伯哈石窟调查简报》，《吐鲁番研究》2010年第1期，第21—36页。

[9] 参见新疆龟兹研究院《托乎拉克艾肯石窟考古勘察简报》，《吐鲁番研究》2010年第1期，第37—53页。洞窟与寺院遗址的分布，可以参见图一，托乎拉克艾肯石窟分布总平面图。

[10] 新疆龟兹研究所《库车阿艾石窟第1号窟清理简报》，《新疆文物》1999年第3期，第6—74页。

[11] 霍旭初《敦煌佛教艺术的西传——从新发现的新疆阿艾石窟谈起》，《敦煌研究》2002年第1期，第26—33页。

四　鄯善吐峪沟石窟

吐鲁番地区，即古代高昌。今吐鲁番市东约40千米有一座规模宏伟的都城遗址——高昌古城，曾经是这一地区的政治和文化中心。两晋十六国时期，中原王朝和河西地方政府在此设高昌郡，后来成为麴氏高昌国的都城、唐代西州的治所和回鹘高昌国的都城所在。古代高昌是西域通往东方的门户，东来弘法的高僧和西去拜谒圣迹的和尚都云集于此，佛事兴盛，成为东西方佛教文化荟萃之地。

在古代龟兹开凿石窟风气的影响下，大约在公元5世纪，高昌地区也开始石窟寺的开凿，成为新疆东部石窟寺分布最为密集的区域。高昌诸石窟寺中以吐峪沟石窟开凿年代最早、规模最大，可以说是丝绸之路上一处重要的佛教石窟，也是西域与中原石窟寺艺术传播、交融的关键节点。

吐峪沟石窟位于新疆吐鲁番市东约60千米的鄯善县吐峪沟乡麻扎村，地处火焰山东段，西南距高昌故城10余千米。石窟始凿于公元5世纪左右的高昌郡时期，经麴氏高昌（公元5世纪末—7世纪前期），一直延续到唐西州（公元7—8世纪）至回鹘高昌时期（公元9—13世纪）。现存洞窟约有150座，开凿在吐峪沟南段东西两侧的断崖上。

在唐代，吐峪沟石窟寺称为“丁谷寺”，敦煌文书P.2009号《西州图经》记载：“山窟二院：丁谷窟有寺一所，并有禅院一所。右在柳中界至北山廿五里丁谷中，西去州廿里。寺其（基）依山构，揆巇疏阶，鹰塔飞空，虹梁饮汉，岩蛮（峦）纷虬，丛薄阡眠，既切烟云，亦亏星月。上则危峰迢遰，下[则]轻溜潺湲，实仙居之胜地，谅栖灵之秘域。见有名额，僧徒居焉。”[1] 可以想象唐西州时期吐峪沟佛寺的盛况。

自19世纪末起，众多外国探险家纷纷涉足吐峪沟。比较重要的考察有：1898年，俄国考古学家克莱门兹（D. A. Klementz，1848—1914），他从吐峪沟劫取了大量壁画和文书，其成果刊布于《1898年圣彼得堡俄国科学院吐鲁番考察报告》[2]。1909年，由俄国科学院院士奥登堡率领的探险队也曾至吐峪沟考察[3]。吐鲁番是德国新疆考察队劫掠的重点，他们曾三次造访吐峪沟。作为德国第二次新疆考察队（即普鲁士皇家第一次新疆考察队）成员之一的勒柯克于1904年在吐峪沟发现了大量极为珍贵的文书、纸画等物[4]。1906年底至1907年初，格伦威德尔率领德国第三次新疆考察队（即普鲁士皇家第二次新疆考察队）在吐峪沟停留12天，进行详细的测绘[5]。日本大谷光瑞探险队也先后四次到吐峪沟劫掠文物。1903年，橘瑞超（1890—1968）和野村荣三郎从吐峪沟盗走一批佛经，包括著名的《诸佛要集经》写本残片。1907年，日本橘瑞超和野村荣三郎再次光顾，雇佣民工盗掠了大批文书、佛像等。1908年，野村荣三郎第三次到吐峪沟窃取文书。1912年，吉川小一郎亦到此地盗宝。大谷探险队从吐峪沟窃取的文物，载于香川默識所编《西域考古図譜》[6]。1907年、1914年，英国斯坦因两度到吐峪沟。他测绘并清理了部分遗址，带走了一批珍贵的汉文、回鹘文写本和壁画[7]。

1928年和1930年，黄文弼曾两度到吐峪沟考察[8]。1953年秋冬季节，西北文化局新疆文物调察组考察了吐峪沟。这是新中国成立之后由政府组织的首次调查。根据武伯纶的记录，当时吐峪沟石窟百分之九十以上的石窟均已坍毁[9]。1961年，北京大学阎文儒等人受中国佛教协会委托，对吐峪沟石窟做了更进一步的调查记录[10]。20世纪80年代以来，吐鲁番地区文物局对洞窟进行了编号[11]，也有中外学者进行了相关研究[12]。

由于吐峪沟所在的火焰山山脉东段，地质结构松散，加上气候及人为破坏等多方面原因，特别是1916年，吐鲁番地区发生6级地震，遗址遭受大面积严重损毁。近百年来，洞窟自然损毁情况日益严重，处于极度的危险中，如吐鲁番文物局编号第1窟因山体崩塌而不存，保护形势极为严峻。为了配合丝绸之路（新疆段）申报世界文化遗产项目和危岩加固工程，从2010年开始，中国社会科学院考古研究所、吐鲁番研究院等单位组成联合考古队，对吐峪沟石窟遗址群进行了持续多年的保护性考古发掘，新发现了保存有壁画的两座早期塔庙窟、回鹘时期地面寺院遗址等；除了洞窟之外，还清理出许多重要的窟前遗迹，包括窟前殿堂、门道、登山梯道；出土了大量的多种语言文字的文书残片，还有绢画、木器、石器、陶器、雕塑、文具、生活用品等珍贵文物[13]。对于我们重新认识吐峪沟石窟的开创年代、形制布局、洞窟组合以及与新疆库车古代龟兹石窟、和田佛教寺院和甘肃河西走廊早期石窟的关系等问题，具有重要的学术意义。

吐峪沟石窟可以分为沟东（图2-44）、沟西和沟口区，洞窟上下多层分布，另

图 2-44 吐峪沟石窟沟东区外景

外沟两侧山坡上有许多地面佛寺遗址。根据新发现的早期洞窟壁画和塑画题材（沟东区北部第18窟和沟西区北部NK2），表明沟东区北部和沟西区北部窟群是吐峪沟石窟最早开凿的区域，即公元5世纪左右[14]。吐峪沟石窟曾经出土过晋元康六年（296年）《诸佛要集经》等早期佛经[15]，特别重要的是多件北凉残余政权凉王沮渠安周供养经的出土，可以表明吐峪沟石窟的开凿与北凉政权有着密切的关系[16]。

从洞窟形制看，各区均有塔庙窟、方形窟、僧房窟和禅窟。以塔庙窟（包括正壁设大型立像的大像窟）为主要礼拜窟，规模较大。以沟东区第18窟为例，平面纵长方形，分前后室，中心柱略靠后部，平面近方形，窟内围绕着中心柱的左右后三面均为券顶式甬道，可以绕塔礼拜（图2-45）。中心柱正（西）壁微内弧，通壁塑大型舟形背光，背光前原塑一尊4米以上的大型立佛像，是窟内礼拜、供养的中心。大像早已毁掉，现残存大型的背光及莲座。此窟虽然可以称作大像窟，但与龟兹石窟大像窟相比，窟室明显低矮。沟西区NK2塔庙窟前部已经坍塌，平面形制不清。中心柱平面呈方形。窟内围绕着中心柱的左右后三面均为低矮的券顶式甬道。

图 2-45 吐峪沟第 18 窟俯瞰

有的则是用土坯砌筑的塔庙窟，如沟西区第22窟（图2-46）。另外有绘制壁画的方形礼拜窟，规模稍小，窟顶为龟兹式的穹隆顶（图2-47），也有中原形制的覆斗顶（图2-48），可以看出吐峪沟石窟受到来自龟兹和中原的影响。与龟兹石窟不同的是，许多方形窟内中心设有小型佛塔，亦象征了塔庙的性质，如第50窟（吐编第44窟）、第30窟（吐编第40窟）。塔庙窟和方形窟表现了石窟寺院主要是以佛塔为中心的空间布局。僧房窟一般平面纵长方形，券顶。有的附有耳室，个别附有龟兹式侧廊。禅窟平面纵长方形，券顶。正壁开1小室，左右壁各开2至3个小禅室，属于典型的禅窟。各区洞窟组合关系明确，一般塔庙窟或方形窟周围配置僧房窟和禅窟，构成一个独立的单元。如第18窟南侧附有带侧廊的大型僧房窟（第20窟）；NK2塔庙窟西侧上层似为禅窟（残存后禅室），下为僧房窟群；开凿于麴氏高昌时期的沟西区中部高台窟群，则以第33窟（吐编第12窟）塔庙窟为中心，左右各配置5座具有上下层的僧房窟，紧挨北侧僧房窟者为一大型禅窟。

在壁画题材方面，K18中心柱正壁塑立佛外，中心柱左右壁及甬道外壁绘有大型的一佛二菩萨三尊立像（图2-49），甬道南壁还有龟兹石窟中常见的龙王像。原甬道顶部绘斗四式平綦。NK2左右和后甬道的内外壁均绘成排的立佛群像（图2-50、图2-51），甬道顶部绘莲花，表现出与丝绸之路南道和田的密切关系，如和田热瓦克佛寺塔院围廊的成排立佛。沟东区第50窟（吐编第44窟）壁画题材较为特殊，窟内左右后三壁上部满绘千佛。千佛中央为一铺说法图，均为一交脚佛二胁侍

图 2-46　吐峪沟沟西中部第22窟

图 2-47　吐峪沟第 50 窟前壁和窟顶

图 2-48　吐峪沟第 31 窟窟顶立佛

图 2-49 吐峪沟第 18 窟菩萨像

图 2-50 吐峪沟 NK 第 2 窟后甬道

图 2-51 吐峪沟 NK 第 2 窟后甬道立佛之一

图 2-52 吐峪沟西中部第 22 窟出土菩萨壁画

图 2-53 吐峪沟西区回鹘佛堂供养菩萨

菩萨[17]；前壁窟门上绘交脚弥勒菩萨二胁侍菩萨说法图，这样，该窟壁画的主尊图像构成是：三交脚佛和一交脚弥勒菩萨。窟内三壁下部则绘本生或因缘故事，窟内四角上部各绘一佛塔，窟顶四角各绘一护法天王像。穹隆顶则绘龟兹式的佛像，以条幅相隔。第33窟（吐编第12窟）围绕着中心柱的甬道外壁三壁均绘成排的一佛二菩萨说法图。沟西区第22窟出土有龟兹风格的菩萨头像（图2-52）。早期洞窟的壁画中佛像和菩萨像流行龟兹式的晕染方法。唐西州和回鹘时期，壁画题材出现了净土禅观图像、文殊骑狮像、千手观音像、供养菩萨群像、千佛、回鹘贵族供养人等，明显受到中原佛教图像的影响。

另外应当提及的是，2016年在沟西区中部临河位置的崖面上新发现一处回鹘时期的佛堂[18]。平面方形，室内中心设横长方形佛坛。后室四壁及门道两侧壁均满绘壁画。后室正壁原绘有一尊坐佛，现残存束腰须弥座。佛座左侧尚存衣着华丽的回鹘上层贵族男女供养人像。南北两侧壁有上下三排菩萨群像（图2-53）。前壁门道两侧各有一身供养菩萨像。门道侧壁则绘护法神像。整个佛堂壁画主要以蓝为底色调，人物贴金彩绘，色彩艳丽，表现了回鹘时期高超的绘画艺术，十分罕见。以往学术界一般认为，回鹘王室开凿石窟和礼拜的中心转移到了柏孜克里克石窟，但这一新发现，结合吐峪沟存在众多回鹘时期地面佛寺的情况，可以说明回鹘时期吐峪沟石窟仍然是回鹘王室贵族供养、礼拜的中心场所之一。

注释：

[1] 唐耕耦、陆宏基编《敦煌社会经济文献真迹释录（第一辑）》，北京：书目文献出版社，1986年，第55页。上海古籍出版社、法国国家图书馆编《法国藏敦煌西域文献》第1册，上海：上海古籍出版社，1997年，第77页。近年来的考古发掘，吐峪沟出土了丁谷寺的寺院文书。

[2] D.A. Klementz, *Nachrichten uber die von der Kaiserlichen Akademie der Wissenschaften zu St. Petersburg in Jahre 1898 ausgerustete Expedition nach Trufan*, St. Petersburg, 1899.

[3] S. F. Oldenburg, *Russkaya Turkestanskaya Ekspetsiya 1909-10*, St. Petersburg, 1914.

[4] 勒柯克著、赵崇民译《高昌——吐鲁番古代艺术珍品》，乌鲁木齐：新疆人民出版社，1998年，第41—43页。勒柯克著、陈海涛译《新疆的地下文化宝藏》，乌鲁木齐：新疆人民出版社，1999年，第87—90页。

[5] 格伦威德尔著，赵崇民、巫新华译《新疆古佛寺——1905—1907年考察成果》，北京：中国人民大学出版社，2007年，第581—610页。德国吐鲁番考察队先后三次在吐鲁番地区进行考察。考察队共窃取文物433箱，总计3.5万余千克，切割壁画630余幅，包括17种语言、24种不同文字的写本，涉及佛教、摩尼教、景教的大量资料。

[6] 香川默識《西域考古図譜》，東京：國華社，1915年。探险队的考察成果还有：上原芳太郎編《新西域記》（東京：有光社，1937年）、小田義久編《大谷文書集成》（壹）（貳）（叁）（東京：法藏館，1984年、1990年、2003年）和日本西域文化研究會編《西域文化研究》（1962年）。

[7] 斯坦因在吐峪沟两次考察的情况，分别见于A. Stein, *Detailed Report of Explorations in Central Asia and Westernmost China*, vol.3, pp.1159-1176, Oxford: ClarendonPress,1921；*InnermostAsia,DetailedReport of Explorations in Central Asia, Kan-Su and Eastern Iran*, pp.710-718, Oxford, vol.2, 1928.

[8] 黄文弼《吐鲁番考古记》，中国科学院印行，1954年，第2—3页。

[9] 武伯纶《新疆天山南路的文物调查》，《文物参考资料》1954年第10期，第74—88页。

[10] 阎文儒《新疆天山以南的石窟》，《文物》1962年第7、8期合刊，第41—59页。

[11] 20世纪90年代，吐鲁番文物局对吐峪沟石窟从沟西区由南往北开始编号，再以从北到南的次序对沟东区进行编号。共编号46窟，其中沟西区为第1—25窟，沟东区为第26—46窟。

[12] 贾应逸《吐峪沟石窟探微》，收入新疆艺术编辑部编《丝绸之路造型艺术》，乌鲁木齐：新疆人民出版社，1985年，第274—289页。贾应逸《吐峪沟石窟第44窟与敦煌北凉洞窟比较研究》，收入敦煌研究院编《敦煌石窟研究国际讨论会文集·石窟考古编》，沈阳：辽宁美术出版社，1990，第184—197页。柳洪亮《高昌石窟概述》，收入中国壁画全集编辑委员会《中国新疆壁画全集·6·吐峪沟·柏孜克里克》，沈阳：辽宁美术出版社、乌鲁木齐：新疆美术出版社，2006年，第1—23页。宫治昭著、贾应逸译《吐峪沟石窟的壁画与禅观》，上海：上海古籍出版社，2009年。

[13] 参见中国社会科学院考古研究所边疆民族考古研究室、吐鲁番学研究院、龟兹研究院《新疆鄯善县吐峪沟东区北侧石窟发掘简报》，《考古》2012年第1期，第7—16页；同前《新疆鄯善县吐峪沟西区北侧石窟发掘简报》，同期，第17—22页。李裕群、陈凌、王龙、夏立栋《新疆吐鲁番吐峪沟石窟沟西区高台窟群》，国家文物局编《2016中国重要考古发现》，北京：文物出版社，2017年，第144—149页。中国社会科学院考古研究所边疆民族考古研究室、吐鲁番学研究院《新疆鄯善县吐峪沟西区中部高台石窟发掘报告》，《考古学报》2020年第3期，第429—460页。

[14] 李裕群《吐鲁番吐峪沟石窟考古新发现——试论5世纪高昌佛教图像》，石守谦、颜娟英主编《艺术史中的汉晋与唐宋之变》，台北：石头出版社，2014年，第95—126页。

[15] 参见池田溫《中國古代寫本識語集錄》，東京：東京大學東洋文化研究所，1990年，图1。

[16] 参见贾应逸《鸠摩罗什译经和北凉时期的高昌佛教》一文中“高昌出土的北凉佛经”，收入贾应逸《新疆佛教壁画的历史学研究》，北京：中国人民大学出版社，2010年，第318—321页。

[17] 参见前引中国壁画全集编辑委员会《中国新疆壁画全集·6·吐峪沟·柏孜克里克》，图18、20。

[18] 中国社会科学院考古研究所边疆考古研究中心、吐鲁番学研究院《新疆鄯善县吐峪沟沟西区中部回鹘佛寺发掘简报》，《考古》2019年第4期，第59—76页。

五 吐鲁番柏孜克里克石窟

柏孜克里克石窟（即伯孜克里克千佛洞）位于吐鲁番城东北约40多千米火焰山木头沟谷中，南距高昌故城10千米。地理环境与吐峪沟石窟相似，洞窟主要开凿在木头沟河西岸的悬崖峭壁上，现有洞窟编号83个。这是吐鲁番地区保存壁画最多的一处石窟寺。

19世纪末，俄国人克莱门兹就到吐鲁番调查了石窟，盗取了一些精美的壁画和塑像[1]。1902—1914年，先后由格伦威德尔和勒柯克率领德国普鲁士皇家考察队的四次考察，都到了吐鲁番，盗走了大量的文书、经卷、雕像和洞窟壁画[2]。勒柯克在吐鲁番地区发现了一些摩尼教寺院壁画和柏孜克里克石窟的摩尼教壁画。在《高昌图录》中刊布了20多幅柏孜克里克石窟的壁画，并认为：柏孜克里克菩萨像既有犍陀罗式的，也有笈多式的。日本野村荣三郎（1908年），吉川小三郎（1912年），英国斯坦因（1914年）都曾到柏孜克里克盗取了大量珍贵的壁画及其他文物[3]。因此在20世纪初这一段时间，洞窟壁画遭受了最为严重的破坏。1928年，参加西北科学考察团黄文弼对柏孜克里克石窟的考察，记录了18个洞窟的形制、尺寸和简单内容[4]。1961年，阎文儒对柏孜克里克石窟57个洞窟作了全面调查、编号和测绘[5]。1980年至1981年，吐鲁番地区文管所对洞窟及窟前遗址作了一些清理，新发现12座洞窟、佛塔3座。这次清理还出土了一些塑像和大量文书[6]。2009年，为了配合洞窟抢险加固工程，新疆文物考古研究所又作了一次全面清理[7]。20世纪90年代，新疆维吾尔自治区博物馆编辑出版了《吐鲁番伯孜克里克石窟》图录，书中附有贾应逸《伯孜克里克石窟初探》一文，对洞窟形制、壁画内容及其绘画艺术、洞窟的年代作了探索[8]。

柳洪亮（1954—2003）则根据调查，发现有20多个洞窟绘有回鹘供养人像，根据回鹘供养人的特点，对回鹘高昌时期的洞窟作了分期研究，认为：9世纪末柏孜柯里克成为回鹘高昌的王家寺院，这一时期的洞窟年代，从10世纪到14世纪。其中第32窟约开凿于10世纪，是回鹘高昌王室皈依佛教后最早开凿的洞窟之一。10至11世纪是兴盛期，壁画绘制精致，具有典型的唐代风格，与敦煌唐风壁画西传有着密切的关系[9]。

柏孜克里克石窟没有明确的开凿纪年，一般认为始凿于麴氏高昌时期（499—640年），1980年在窟前遗址中出土有麴氏高昌建昌五年（559年）《法华经 · 观世音菩萨普门品》残卷，可以作为这种观点的佐证。据敦煌所出P.2009《西州图经》，柏孜克里克，唐初时称为“宁戎寺”“宁戎窟寺”[10]。1984年在窟前遗址中发现了《杨公重修寺院碑》，据研究杨公为唐贞元（785—805年）年间，北庭大都护、伊西北庭节度使杨袭古，可知在唐代柏孜克里克石窟是西州重要的石窟寺院之一[11]。公元9世纪中叶，回鹘人建立了以高昌为中心的高昌国。公元9世纪末以后，回鹘人皈依佛教，柏孜克里克成为回鹘高昌的王家寺院，并对石窟进行了大规模的改凿和改建。因此，除了一些洞窟尚保留早期洞窟的形制外，主要是回鹘高昌时期的（公元10—14世纪）。柏孜克里克的洞窟形制主要有塔庙窟、纵长方形券顶窟、影窟和禅窟。塔庙柱平面纵长方形，券顶。窟内设中心柱，有的中心柱正壁开龛，有的四壁开龛，围绕中心柱有隧道式的礼拜道，其形制与龟兹地区塔庙窟比较相似。纵长方形券顶窟均为大型洞窟，数量较多，有的洞窟后壁凿涅槃台，台上塑涅槃像，或绘出涅槃像，窟内中心有的筑佛台。影窟平面横长方形，券顶，窟内设土台，上置舍利盒。禅窟仅有一座，平面纵长方形，后壁有二个小禅室，左右壁各三个小禅室。壁画内容较为丰富，有初转法轮、涅槃变等佛传故事（图2-54）、西方净土变、法华经变等，这些壁画场面宏大，人物生动。除了佛像外，周围绘有护法天部、金刚、菩萨、比丘、国王、童子等，其背景则为城池、宫殿、寺院、塔庙等。在许多洞窟中还绘有供养人礼佛行列，人物包括回鹘国王（图2-55）、王后、王室贵族（图2-56）及其侍从以及高僧。最富有特色的是第15窟回鹘时期绘制的誓愿图，多达15幅，表现了释迦前世的故事，构图和人物形象具有显著的唐风（图2-57、图2-58）。可惜的是誓愿图大都被西方探险队所窃取，收藏在西方的博物馆中。个别洞窟正壁还保留了回鹘皈依佛教之前所绘的摩尼教壁画。因此，柏孜克里克石窟是研究回鹘高昌时期佛教和摩尼教共存的最重要的石窟寺。

在吐鲁番地区还有一些规模较小的石窟寺，如雅尔湖石窟有7个洞窟，奇康湖石窟有10个洞窟，胜金口石窟残存9个洞窟，伯西哈尔石窟有10个洞窟。这些石窟大多以塔庙窟为主要洞窟，配以僧房窟。个别洞窟可以早到公元5—6世纪，大多数为回鹘高昌时期开凿或者改凿而成。这是研究吐鲁番地区佛教发展演变的重要资料。

图 2-54　柏孜克里克第 33 窟举哀图

图 2-55　柏孜克里克第 45 窟回鹘王像

图 2-56　柏孜克里克第 20 窟回鹘公主像

图 2-57 柏孜克里克第 15 窟
（《西域考古图记》）

图 2-58 柏孜克里克第 15 窟
（《西域考古图记》）

图 2-59 雅尔湖石窟外景

雅尔湖石窟位于吐鲁番市交河故城西南河谷南岸高台上，现存7个编号洞窟（图2-59）。约开凿于麴氏高昌时期，沿用至高昌回鹘时期[12]。根据第5窟游人题记：“乙丑年十月廿……到此西谷寺”，由此可知，雅尔湖石窟寺在古代曾称为“西谷寺”。洞窟坐南面北，左右并列。窟前有宽阔的平台，从河谷底可以沿着平台西端的梯道即可登临。窟前崖面垂直整齐，洞窟上方有成排的椽孔和梁孔，构成面宽六间前廊式的木构建筑。从遗迹现象看，整组洞窟是统一规划设计的。洞窟形制均为长方形、纵券顶。其中第4窟规模最大，面宽4.3、进深14.7、高4.2米。洞窟的后部正壁开一禅室，左右壁各开二个小禅室。据此，该窟实际上是禅窟。窟内壁画有内外两层，内层情况不清，外层壁画为回鹘时期绘制。左右壁绘上下两排佛说法图（图2-60）。说法图与柏孜克里克石窟说法图较为相似，佛作坐姿，周围为闻法菩萨、弟子众。另外窟内还绘有比丘供养人、回鹘男女供养人像等，窟顶绘附有汉文佛名的千佛像。这种以禅窟作为主窟，并且绘有壁画十分罕见。在吐峪沟石窟中也可以见到绘有壁画的禅窟，这样坐禅与观像在窟内即可完成，这或许是吐鲁番地区禅窟的一个特色吧。西端的第1窟较为特殊，其西侧附有一僧房窟，有甬道相连。僧房平面横长方形，前壁开一窗户。据此，第1窟属于僧房窟，形制与龟兹石

图 2-60 雅尔湖第 4 窟说法图

窟的僧房窟相似。第2、3、5、6窟均未绘制壁画，有的窟内汉文、突厥文题记等。第7窟绘制千佛像，正壁和左右壁千佛中间绘制一佛二菩萨说法图。窟顶绘有莲花和莲蕾。从千佛形象看，肌体丰满，身着通肩大衣和双领下垂式大衣两种。脸部和身体裸露部分可以清晰地看到采用晕染法绘制，这种千佛形象大约流行于公元5世纪至6世纪前期，如果考虑到整个窟群是统一规划的，那么，雅尔湖石窟的开凿年代有可能早到麴氏高昌时期。

七康湖石窟，也称奇康湖，位于吐鲁番市胜金乡排孜阿瓦提村西南6千米火焰山北坡中段一冲沟内。俄国克莱门兹（1898年），德国格伦威德尔（1906年）都曾考察过。洞窟开凿在冲沟南北两侧，共有10个洞窟。其中南区6窟东西并列，窟前两侧和北面均有围墙，构成一个完整的院落。洞窟上方还有佛塔2座；窟群以塔庙窟（第4窟）为中心，配以僧房窟，组合关系十分清楚。第4窟窟内坍塌严重，中心柱正壁开一龛，围绕着中心柱为低矮的甬道。窟内保存了部分壁画，如右甬道千佛像中一铺一佛二菩萨的说法图（图2-61），构图形式与吐峪沟早期洞窟比较相似。佛身着袒右式大衣，菩萨的项饰等表现复杂多样。佛、菩萨和千佛均采用晕染法绘制。甬道顶部则绘斗四平棊和连续忍冬纹（图2-62）。构图与克孜尔石窟、河西走廊敦煌莫高窟、酒泉文殊山早期石窟十分相似。据此，南区洞窟大约开凿于公元5世纪末至6世纪初的麴氏高昌时期。北区4座，洞窟上方有1座佛塔。洞窟前也有围墙围合成一个院落。其中第9窟为塔庙窟，保存了部分壁画，有弟子像和金翅鸟

图 2-61 七康湖第 4 窟说法图

图 2-62 七康湖第 4 窟窟顶平棊

等，绘制年代约在回鹘高昌时期。

胜金口石窟在吐鲁番市东40千米三堡乡木头沟口。石窟分南寺与北寺，中部为生活居址，约建于唐西州时期（640—791年），沿用至高昌回鹘后期（13世纪）。19世纪末至20世纪初，俄国克莱门兹（1898年）、德国勒柯克（1902年）、俄国奥登堡（1909年）、大谷探险队（1912年）、斯坦因（1914年）等都曾做过调查或发掘。2009年和2012年，新疆文物考古研究所两次对遗址和洞窟进行了清理[13]。北寺外观为一座城堡式建筑，上下四层，有梯道或过洞可以登临。洞窟分布在第一至三层，共9个窟，下层洞窟被掩埋。其中第6窟为主窟，为塔庙窟，平面方形，中心塔柱布列成组塑像，现残存像座。第5窟则为禅窟，洞窟后壁左右壁均开禅室。正壁和左右壁均绘有圣树，可能与摩尼教题材有关（图2-63）。南寺依崖构筑，主要分上下二层，有3座洞窟。下层窟室土坯砌筑；上层洞窟前室土坯砌筑，后壁依崖凿窟。洞窟附近还有地面寺院建筑遗址。胜金口石窟是摩尼教曾在高昌地区流行实物见证，有重要学术意义。

伯西哈尔石窟位于吐鲁番市胜金乡木日吐克村火焰山北坡一条冲沟内。德国格伦威德尔（1906年）、日本大谷探险队（1912年）、英国斯坦因（1914年）都曾调查过。现存洞窟分布在沟的东西两端，共有10座，由东向西编号。窟群北面有寺院遗址，可知这是一处洞窟与地面寺院为一体的遗址群。东区洞窟6座，以第3窟塔庙窟为礼拜中心，左右各配2座僧房窟（第1、2窟和第4、5窟），这组洞窟前有围墙构成一个院落。第6窟则位居围墙外西侧。第3窟平面纵长方形，券顶。窟内设方形中心塔柱，左右后礼拜道。窟内保存回鹘时期的壁画（图2-64），右壁绘有维摩诘经变；前壁残存有举哀菩萨众；中心柱正壁还有灌顶图；窟顶绘藤蔓缠枝中的月神

图 2-63 胜金口第 5 窟内景

图 2-64 伯西哈尔第 3 窟前壁

和菩萨众（图2-65），其他还有回鹘供养人等。其他洞窟也保存了部分壁画，如第4窟左右壁绘有经变画，其中右壁可能是西方净土变。从供养人和壁画风格看，洞窟的开凿年代应在回鹘高昌时期。

此外在吐鲁番以西、拜城以东的焉耆是丝绸之路上一个重要的佛教国家。但现存的佛教遗迹并不多，石窟寺遗迹有焉耆县西25千米处的七格星明屋（也称锡格沁、锡格星等），主要分为南、北大寺和石窟寺三个部分。1906年1月和1907年2—3月，德国格伦威德尔和勒柯克作了调查与发掘，重点即是遗址北部石窟寺[14]。同年，12月，英国斯坦因作了12天的考古发掘，盗走了许多精美的塑像和壁画[15]。1909年7月，俄国奥登堡对石窟寺和地面寺院作了发掘，所获大量文物包括唐代佛和菩萨头像、闻法菩萨比丘群像壁画、回鹘供养人群像等。至此，七格星佛寺遗址几乎被盗挖一空。奥登堡所获文物现存于俄国圣彼得堡艾米塔什博物馆，但详细资料直到1995年由该馆佳科诺娃整理发表[16]。以后中国学者黄文弼（1928、1957年）[17]、阎文儒（1960年）[18]、晁华山（1979、1981年）等都曾考察过[19]。1974年，该遗址还出土了极其珍贵的吐火罗A（焉耆语）本《弥勒会见记剧本》残卷[20]。2016年，西北大学历史文化学院对寺院遗址作了发掘清理，出土了较多的塑像，相关发掘资料尚未发表。南、北寺院规模较大，现存遗址中包括了殿堂、塔殿、大型讲堂、佛塔、僧房等建筑遗迹[21]。石窟居北大寺西北南北向的西山坡上和山脚下，现残存11个洞窟，与南面寺院遗址遥相呼应。开凿年代明显晚于克孜尔石窟，约为公元7—8世纪左右，一直延续到回鹘时期。其中以龟兹式的塔庙窟为主要礼拜窟，数量多达7座。洞窟平面呈纵长方形，券顶。窟内设横长方形的中心塔柱，中心柱的正壁

图 2-65 伯西哈尔第 3 窟顶部菩萨

主要塑造大型立佛，故可视作大像窟。围绕着塔柱两侧和背后为低矮的礼拜道，这种形制与北大寺遗址所见塔殿一致，属于典型的龟兹式塔庙窟，反映了龟兹石窟的影响。除了个别洞窟窟顶残存一些晚期花卉纹样的壁画之外，窟内现已空无一物。奥登堡编号第1窟是石窟群中唯一的禅窟，现已不存，从发表资料可以看出：洞窟平面纵长方形，正壁开一禅室，左右壁各三个禅室[22]。这种窟形与吐鲁番地区吐峪沟、雅尔湖和胜金口石窟的禅窟基本相同，表现了古代焉耆与高昌之间佛教艺术的密切关系。

注释：

[1] D. A. Klementz, *Nachrichten uber die von der Kaiserlichen Akademie der Wissenschaften zu St. Petersburg in Jahre 1898 ausgerustete Expedition nach Trufan*, St. Petersburg, 1899.

[2] 勒柯克《高昌图录》（Albert Le Coq, *Chotscho*: *Facsimile-Wiedergaben der Wichtigeren Funde der Ersten Koniglichen Preussischen Expeditions*, Berlin, 1913），柏林，1913年。格伦威德尔著、管平译《高昌故城及其周边地区的考古工作报告》（Albert Grünwedel, *Bericht über Archäeologische Arbeiten in Idikutschari und Umgebung im Winter 1902-1903*, Munich, 1906），木头沟遗址（即伯孜克里克石窟），北京：文物出版社，2015年，第159—163页。孟凡人《新疆柏孜克里克窟寺流失域外壁画述略》，《考古与文物》1981年第4期，第43—61页。

[3] Aurel Stein, *Serindia*: *Detailed Report of Archaeological Explorations in Central Asia and Westernmost China*, Oxford at the Clarendon Press, 1921.

[4] 西北科学考察团由中国学者和瑞典探险家斯文赫定联合组成，其中黄文弼等考察了塔里木盆地的石窟寺。参见黄文弼《塔里木盆地考古记》，北京：科学出版社，1958年。黄文弼《吐鲁番考古记》，中国科学院印行，1954年，第5—7页。

[5] 阎文儒《新疆天山以南的石窟》，《文物》1962年第7、8期合刊，第41—59页。

[6] 吐鲁番地区文物管理所《伯孜克里克千佛洞遗址清理简记》，《文物》1985年第8期，第49—65页，图二，伯孜克里克千佛洞平面图。

[7] 新疆文物考古研究所《新疆柏孜克里克千佛洞窟前遗址发掘简报》，《文物》2012年第5期，第32—62页。

[8] 新疆维吾尔自治区博物馆编《吐鲁番伯孜克里克石窟》，乌鲁木齐：新疆人民出版社、上海：上海人民出版社，1996年。

[9] 柳洪亮《柏孜柯里克石窟年代试探——根据回鹘供养人像对洞窟的断代分期》，《敦煌研究》1986年第3期，第58—67页。

[10] 前引唐《西州图经》在丁谷窟之后，续记："宁戎窟寺一所，右在前庭县界山北廿二里宁戎谷中，峭巘三成（层），临危而结……"王仲荦《敦煌石室地志残卷考释》，北京：中华书局，2007年，第213页。

[11] 柳洪亮《柏孜柯里克新发现的〈杨公重修寺院碑〉》，《敦煌研究》1987年第1期，第62—63页。

[12] 柳洪亮《雅尔湖千佛洞考察随笔》，《敦煌研究》1988年第4期，第45—50页；插图一，雅尔湖千佛洞平面图。作者认为，雅尔湖石窟的开凿年代应在车师前部时期（327—450年）。此推论沿袭了阎文儒之旧说（阎文儒《新疆天山以南的石窟》，《文物》1962年第7、8期合刊，第41—59页），并无实物依据证明。

[13] 新疆文物考古研究所《新疆吐鲁番胜金口石窟考古发掘新收获》，《西域研究》2012年第3期，第133—135页。新疆文物考古研究所《新疆吐鲁番胜金口石窟发掘报告》，《考古学报》2016年第3期，第385—416页。

[14] Albert Grunwedel, *Altbuddhistische Kultstatten in Chinesisch-Turkistan*, Berlin, 1912. pp.191-211. 所劫塑像和壁画现存德国柏林亚洲艺术博物馆。

[15] 前引Aurel Stein, *Serindia*: Oxford, 1921. pp.1177-1229. 所劫塑像和壁画现存英国大英博物馆。

[16] 奥登堡所劫塑像和壁画现存俄罗斯圣彼得堡国立艾米塔什博物馆。2011年，上海古籍出版社出版的《俄藏锡克沁艺术品》，即是在1995年俄文版的基础上编撰而成，参见俄罗斯国立艾米塔什博物馆、西北民族大学、上海古籍出版社《俄藏锡克沁艺术品》，上海：上海古籍出版社，2011年。图版57—81是石窟寺的图版和实测图，可以看到当时洞窟内还存留大量的佛、菩萨等塑像。该书附有盛洁《锡克沁遗址的考察与研究》一文（第19—26页），可参阅。

[17] 黄文弼《塔里木盆地考古记》，北京：科学出版社，1958年，第3—4页。他提到当时"各洞皆被外人盗掘，空无所有"。

[18] 阎文儒《新疆天山以南的石窟》，《文物》1962年第7、8期合刊，第28—32页。

[19] 晁华山《新疆焉耆锡格星石窟》，《十世纪前的丝绸之路和东西文化交流——沙漠路线考察乌鲁

木齐国际讨论会》，北京：新世界出版社，1996年，第475—500页。

[20] 李遇春、韩翔《新疆焉耆县发现吐火罗A（焉耆语）本〈弥勒会见记剧本〉残卷》，《文物》1983年第1期，第39—41页。

[21] 参见林立《焉耆锡格沁地面寺院》，《西域研究》2004年第1期，第40—53页。林立《西域古佛寺——新疆古代地面佛寺研究》第五章“焉耆锡格沁地面佛寺”，北京：科学出版社，2018年，第69—88页。

[22] 前引《俄藏锡克沁艺术品》，图版58—59。

第三章

河西地区石窟寺

自西汉凿通丝绸之路以来，河西走廊便成为沟通西域与内地的重要通道，同时也是佛教东传的主要途径。受西域开凿石窟的影响，公元4—5世纪的十六国时期，河西迎来了开凿石窟寺的高潮，成为新疆以东最早开凿石窟寺的地区，是石窟寺艺术东传中原的一个重要纽带。这些石窟寺主要集中在敦煌、酒泉、张掖和武威四镇附近，如著名的敦煌莫高窟、酒泉文殊山石窟、张掖马蹄寺石窟群、武威天梯山石窟等，这些是研究中国早期石窟寺的重要地区。

一 敦煌莫高窟

1. 敦煌莫高窟的概况

敦煌莫高窟坐落在甘肃省敦煌市东南25千米鸣沙山之东麓。因雨水冲刷，将鸣沙山东麓切割成高数十米的断崖，石窟即开凿于断崖峭壁上，南北绵延1.5千米。敦煌是古代丝绸之路上的重镇，是佛教文化及其艺术传播的主要中转站。《魏书》卷一一四《释老志》是这样记载敦煌佛教之盛况的："凉州自张轨后，世信佛教。敦煌地接西域，道俗交得其旧式，村坞相属，多有塔寺。"由此可知，十六国时期的敦煌佛教已经深入民众心里，修塔建寺蔚然成风。正是在这种历史背景下，敦煌莫高窟的开凿历史翻开了新的一页。莫高窟的创建充满着神秘色彩，原存于莫高窟第332窟武周圣历元年（698年）李克让之《李君莫高窟佛龛碑》是这样记载它营造历史的："莫高窟者，厥初（前）秦建元二年（366年）沙门乐僔，戒行清虚，执心恬静，尝杖锡林野，行至此山，忽见金光，状有千佛，遂架空凿险，造窟一龛。次有法良禅师从东届此，又于僔师窟侧更即营建。伽蓝之起滥觞于二僧。后有刺史建平公、东阳王等各修一大窟，自后合州黎庶造作相仍，实神秀之幽岩，灵奇之净域也。"[1]可知莫高窟最初的开凿在4世纪中期以后，北魏、西魏、北周、隋、唐、五代、宋、西夏、元诸代又相继开凿，形成了现在规模宏大的石窟群。不过现存最早的洞窟大约为北魏时期，而碑刻所记4世纪中期沙门乐僔、法良禅师所开凿的洞窟早已踪迹难觅，无从考知了。莫高窟现存洞窟分为南北两区，共有洞窟735个，保存壁画4.5万多平方米，彩塑2400余尊，唐宋木构窟檐5座。由于北区主要是僧人和工匠居住之

图 3-1 莫高窟南区窟群外景

地，保存塑像和壁画的洞窟很少，所以原有编号492个洞窟大多集中在南区，是莫高窟的精华所在，尤其是南区中部洞窟密如蜂窝，上下达5层之多，非常壮观（图3-1）。根据洞窟形制、题材内容和塑画特点的演变，莫高窟可分为四个大的发展时期，即北朝，隋唐，五代、宋，西夏、元时期，前后延续了一千年，这在中国石窟寺中是绝无仅有的。敦煌莫高窟为我们保存了各个朝代的塑像和壁画，是中国石窟寺发展演变的一个缩影。

北朝时期：现存北魏、西魏和北周洞窟数量达36个。现存最早的为第268、272和275窟。这三个窟位于南区中部，南北毗邻，自成一组。但规模并不大，窟龛形制也各不相同。第268窟平面纵长方形，平顶，其上浮塑出斗四平棊。后壁开一龛，龛内塑一身交脚佛，龛外绘有供养菩萨和飞天。南北两侧壁各有两个小禅室，分别编号第267、269窟，第270、271窟。第268窟是一座典型的禅窟，最初泥面上涂白粉，并无壁画。后期所绘壁画情况也十分复杂，包括多次重绘[2]。第272窟平面方形，顶似穹隆，浮塑斗四平棊，后壁开一龛，龛内塑一身倚坐佛。壁画三段布局，上段为天宫伎乐，中段为千佛及说法图，下段为装饰纹样。第275窟平面纵长

图 3-2 莫高窟第 275 窟交脚弥勒像

图 3-3 莫高窟第 275 窟南壁

方形，纵向式的人字披顶，后壁塑一身交脚弥勒菩萨像（图3-2）。两侧壁上下分段，上段各开二个阙形龛和一个对树形龛（图3-3）。龛内分别塑交脚菩萨和思惟菩萨，这种汉式的阙形龛可能象征着弥勒菩萨所居的兜率天宫，是敦煌早期洞窟富有特色的龛形；中段绘佛传或本生故事，故事画下面绘供养人和供养菩萨；下段为三角垂帐纹。从这一组洞窟看，塑像表现的均是弥勒（第268窟交脚佛、第272窟倚坐佛、第275窟交脚弥勒菩萨），表现了敦煌地区弥勒信仰的流行。上述三座洞窟的三种窟形均为敦煌其他北朝洞窟所不见，故敦煌研究院推断其开凿年代为十六国北凉时期，但也有学者认为是北魏时期开凿的。

较上述洞窟稍晚的北魏洞窟主要有第259、254、251、257、263、260、431、435、437等窟，洞窟的规模较早期三窟明显增大。第487和265窟亦开凿于此时，但经后代改画和重修。西魏北周时期重要的洞窟有第285、248、249、290、428等窟。北朝时期主要流行塔庙窟，到隋唐时期则很少使用。北魏时期以塔庙窟为主，洞窟平面均纵长方形，前室多作人字披形，浮塑出仿木结构的脊椽（图3-4）。后室为平棊顶。后室中央凿出方形塔柱（图3-5），中心柱有基座，塔身单层，四面开龛，一般正壁开一龛，其他三面上下各开一龛，龛内塑主尊佛像，龛外两侧塑胁侍菩萨像，龛外壁面一般有浮塑千佛或供养菩萨像（图3-6）。窟内壁面多上下分段，中段开一排和二排列龛，上段天宫伎乐，下段有本生因缘等故事。第259窟比较特殊，仅在窟内正壁雕出半个中心柱，中心柱正面雕一龛，龛内塑半跏坐的释迦多宝像。但从左右相邻的第257窟和第260窟看，第259窟如果按计划开凿的话，势必将

图 3-4 莫高窟第 435 窟内景

图 3-5 莫高窟第 251 窟前室侧壁

图 3-6 莫高窟第 254 窟平剖面图

左右两窟打破，很显然是出于避让的考虑，并没有完整地雕凿出中心柱来，由此可以判断，第259窟应晚于第257窟和第260窟。西魏北周时期塔庙窟减少，但属大型的洞窟。如第428窟是敦煌莫高窟北朝时期规模最大的塔庙窟，被推定为北周时期任瓜州刺史的建平公于义所开凿[3]。可知这一时期仍是以塔庙窟为主，洞窟形制与北魏相似，平面均纵长方形，前室多作人字披形，后室为平棊顶。塔庙窟新出现四壁均开一龛的布局，龛内主尊佛像旁出现弟子像，有的洞窟龛外无浮塑。约在北魏晚期新出现三壁一龛窟，即窟内仅正壁开一龛的形制。西魏北周时期数量增多，成为莫高窟最流行的洞窟形制。洞窟平面均为方形，正壁开一龛，龛内塑主尊佛像。窟顶主要流行覆斗顶，其次为前部人字披，后部平顶或前部平顶，后部人字披。个别洞窟只有人字披顶。典型的洞窟有第249、293窟等。第249窟为西魏时期开凿，可能是瓜州刺史东阳王元荣所开凿的[4]。此外还有禅窟，数量少，仅有第487、285窟二例。第487窟平面长方形，中部偏西有方形低坛，窟顶前部为浮塑脊椽的人字披，后部为平顶。两侧壁各凿出四个小禅室，窟内原绘有壁画。第285窟有西魏大统四年和五年（538、539年）题记，洞窟平面方形，覆斗顶，正壁正中开一大龛，龛内塑倚坐佛；两侧各开一小龛，龛内各塑一身坐禅僧像，龛外绘诸天、外道等。窟内中央设低坛。南北两侧壁各凿出四个小禅室，禅室上方北壁绘有七铺说法图，南壁绘释迦多宝和因缘故事，前壁各绘一铺说法图，顶部四披绘有飞天、异兽等。特别是四披下部近壁面顶部处绘一排山中坐禅僧，与正壁小龛坐禅僧相辉映，表现了禅观的意境。在禅窟中塑主尊佛像、绘制壁画，表明坐禅与观像已经融汇一体。方形禅窟的形制，与新疆所见禅窟不同，似乎与古代印度石窟和寺院遗址中的僧房窟和僧院更加接近，因此，有可能来自印度的影响。北朝以后这种形制的禅窟则消失了。

窟内主尊塑像一般为释迦佛和弥勒佛或弥勒菩萨，主像两侧大都有二胁侍菩萨像，此外还有释迦多宝对坐像、释迦苦修像、菩萨像和禅僧像。北周时期则出现一佛二弟子二菩萨像的新组合。塑像背部多与壁面相连，个别较小的菩萨像是头部模制后接在躯干上的。有的中心柱和四壁上部贴有模制的影塑千佛、供养菩萨和飞天等像。北魏时期塑像身体均较健壮，佛像面相浑圆，身着袒右式大衣，或通肩大衣，左臂处有大衣衣边。衣纹一般作突起泥条式，有的用阴线刻出衣纹。年代稍早的佛像衣纹有分叉。菩萨像头戴宝冠，脸庞浑圆，颈下戴项圈，双肩披挂璎珞，披巾从头后沿双臂外侧下垂，绕双肘后，下垂身体两侧。有的上身袒露，有的斜披络腋。稍早的交脚菩萨像袒露的胸前塑出双蛇样式。菩萨下身均着羊肠大裙，下肢有明显的动态。与西魏第249窟比邻的第251窟前室说法图中的胁侍菩萨像，出现披巾敷搭双肩，于腹部交叉的新样式，已显露出中原地区流行的菩萨样式的影响。影塑供养菩萨像身着通肩大衣。飞天姿态呈“U”字形，显得僵硬而稚拙。西魏时期

图 3-7 莫高窟第 249 窟正壁及窟顶

图 3-8 莫高窟第 296 窟窟顶微妙比丘尼出家缘局部

新出现中原地区流行的“秀骨清像”人物形象，最早出现这种样式的是第249窟，窟内壁画和塑像显示出与北魏时期开凿的洞窟截然不同的艺术风格。佛像面相清瘦，身着褒衣博带式大衣（图3-7）。菩萨像双肩敷搭宽博披巾，于腹部交叉。飞天姿态显得清秀而优美。西魏大统四年前开凿的第285窟壁画中的佛和菩萨像也显示出同样风格。到了北周后期，塑像和壁画中的人物形象又出现了新的变化趋势，即由清瘦向体格丰满的形象转变，佛像面相方圆，头部比例明显增大，下身较短，一般身着褒衣博带式大衣，也有着通肩大衣的。除了塑像外，窟内四壁及顶部均满绘壁画，窟顶一般绘有飞天，四壁壁画上下分栏，上栏天宫伎乐、凹凸凭台；下栏忍冬纹装饰带、药叉或供养人。中栏除千佛及一铺说法图外，有的后壁绘富有敦煌特色的白衣佛，还在重要位置绘有佛传、本生和因缘故事。到了北周时期，这类故事画题材明显增多，而且还画到人字披或窟顶四披上。佛传故事主要是乘象入胎、夜半逾城、降魔成道，初传法轮等片段，但也有内容连续的长幅佛传故事画。本生类故事有萨埵那太子舍身饲虎，须达拏太子施舍，尸毗王割肉贸鸽，毗楞竭梨王、快目王施眼，虔阇尼婆梨王本生（剜身燃千灯），乾夷王施头，独角仙人，善事太子人海求宝，睒子深山奉养盲父母，须阇提太子搬兵复国，九色鹿舍己救人等。因缘类故事有沙弥守戒自杀缘品、施身闻偈、五百盲贼得眼成佛、微妙比丘尼现身说法缘品等（图3-8）。故事画的构图大多为横卷式连环画形式，个别为单幅式。另外西魏洞窟第285窟出现了北魏洞窟

图 3-9 莫高窟第 285 窟正壁龛外诸天

所无的新题材，如洞窟后壁绘有菩萨装和武士装的护法诸天和外道形象（图3-9），有日天（伏羲）、月天（女娲）、三面六臂骑青牛的摩醯首罗天、三头八臂的毗瑟纽天、四臂骑孔雀的鸠摩罗天、象首人身的毗那夜迦天以及四天王等。同时期开凿的第249窟窟顶则有帝释天（东王公）、帝释天妃（西王母）和阿修罗天等。虽然对这些题材学术界有不同的看法，但总的来说，它受中原传统文化艺术的影响是毫无疑问的，很可能是东阳王元荣从中原带来的。北朝壁画的绘画方式前后也有一定的变化，北魏时期，多以土红色为底色，用青绿、赭、白等色敷彩，色调艳丽。人物面部和身体肌肉裸露部分一般采用西域地区流行的晕染法。西魏以后多用白色为底色，色调趋于清新雅致。人物面部采用中原地区流行的染色块的晕染方法。

隋唐时期（包括吐蕃占领和归义军张义潮统治敦煌时期）：隋唐帝国的统一，为佛教提供了南北文化和中西文化进一步融合和发展的契机。洞窟数量达300多个，其中隋代达101个。表明这一时期是莫高窟开凿洞窟的全盛期。

在隋代，三壁一龛窟成为最流行的窟形，窟顶有的窟内前部人字披顶，后部平顶，亦有少数洞窟为后部平顶，前部人字披，还有覆斗顶。这种窟形虽然承袭了北朝同类洞窟的特点，不过隋代新出现龛平面呈“凸”字形，使龛口成重形样式，内龛口一般绘莲叶柱，柱头覆莲，梁尾龙头穿火焰宝珠式。这一时期塔庙窟已不再流行，数量较少。在形制上，大体沿用敦煌地区北朝塔庙窟传统构造，主室顶部前为人字披形、后为平顶的塔庙窟，在中心柱的四面有的开龛，有的绘画。但也出现与北朝塔庙窟差异很大的洞窟，如隋代开凿的第302（隋开皇四年，584年）和303窟，前室人字披，后室平顶，中部设中心柱。中心柱下为基座，中部四壁各一龛，上部为须弥山式，须弥山下方有四龙缠绕。这是前所未有的新形制，很可能受到来

图 3-10 莫高窟第 427 窟前室天王像

图 3-11 莫高窟第 427 窟中心柱正壁三尊像

自东部石窟寺的影响[5]，但隋代以后并不见这种形制了。又如隋代开凿的第427窟具有前后室，前室人字披顶，前室南北壁塑四天王（图3-10），后壁窟门两侧各塑一力士像。主室前部人字披顶，后部平顶，正壁塑立佛和二菩萨像，前室二侧壁各塑一立佛二菩萨像，构成三佛组合（图3-11）。中心柱左右后三壁各开一龛。这样洞窟主尊题材表现在中心柱正壁与前室侧壁。这种中心柱正壁塑立佛的做法可能与新疆克孜尔石窟的大像窟有一定关系。另外新出现了三壁三龛窟，即左右后三壁各开一龛的形制。洞窟平面方形，覆斗顶，前室作人字披。有的整个窟顶作人字披式。这种窟形在中原地区出现较早，且广为流行，敦煌这种形制洞窟的出现，当是受东部石窟的影响。敦煌隋代开凿的第420、401窟和开皇五年（585年）开凿的第305窟就是这种窟形，不过第305窟比较特殊，似具有地方特色，如窟内正中设方形佛坛，坛上塑像。这为敦煌唐代后期流行的方坛背屏式洞窟开了先河。

窟内塑像一般为一佛二弟子二菩萨，或一佛二弟子四菩萨的组合。有的洞窟还增加了二力士和四天王的组合。此外有的洞窟出现一佛二菩萨为一组的立像和三组九身立像的新组合。隋代塑像主要延续了北周的特点，但塑像头与身体比例趋于和谐。佛像面相方圆，一般身着双领下垂式大衣，新出现钩钮式大衣的新型样式，即左肩处有带将大衣衣边束起的样式。菩萨像出现并流行上身着背带式僧祇支的服饰（图3-12），披巾多横于腹膝二道，很少见到北朝时期披巾于腹部交叉或交叉穿环的样式。隋代壁画题材与布局，一般壁面上下分三栏，上栏天宫伎乐、凹凸

图 3-12 莫高窟第 276 窟说法图中观音和迦叶像

凭台；下栏忍冬纹装饰带、药叉或供养人。中栏千佛及一铺说法图，有的出现整壁大幅多铺说法图或故事画。方形覆斗顶窟大都有斗四藻井，四披大幅人物或故事画。这一时期莫高窟壁画中题材种类较多，内涵丰富，大致有本生、佛传、经变等类。佛传多乘象入胎、夜半逾城成组分布。经变类主要有涅槃变、维摩变、法华变（《序品》《方便品》《见宝塔品》《观世音菩萨普门品》《譬喻品》等）、弥勒变、药师经变、阿弥陀净土变和福田经变。本生类有萨埵太子舍身饲虎、须达那太子本生、独角仙人、善事太子、尸毗王本生、毗楞竭梨王、快目王施眼、婆梨王本生（剜身燃千灯）、乾夷王施头等本生故事。但与北朝相比，隋代壁画题材有了明显的变化，因缘类故事消失，本生类故事数量和种类都明显减少，新出现经变类，且大量流行。净土变题材非常引人注目，尤其是弥勒变题材较阿弥陀净土变更盛行，这种情况与中原地区阿弥陀信仰居于主导地位是不一样的。弥勒变与药师变或阿弥陀净土变分别绘于窟内左右壁的布局对敦煌唐代壁画题材有较大的影响。壁画组合有其特殊之处，即三壁一龛窟中正壁龛内塑主尊佛像，左右壁一般各绘一铺说法图，这是一种塑壁结合的特殊组合。敦煌三壁一龛窟一般都采用壁塑相结合的方法。正壁龛内塑像，左右壁各绘一铺说法图。一般正壁为结跏坐佛，左或右壁一铺倚坐菩萨，相对一铺为坐佛说法图。这样的题材可以解释为三世佛。另外有三结跏坐佛说法图；正壁倚坐佛，左右壁各一倚坐菩萨和倚坐佛说法图；三倚坐佛或三倚坐菩萨。北朝晚期以来，倚坐佛和倚坐菩萨都是弥勒的形象。这样三倚坐佛或菩萨的组合，应该解释为三弥勒像，反映了敦煌弥勒信仰的流行。另外，敦煌隋代石窟与中原其他地区不同的是：由于窟内壁面多为绘画来表现，故壁面的装饰纹样特别丰富，如许多洞窟窟内四角及窟顶都绘有联珠纹，用作壁面的分界线或一幅壁画的分界线。最有特色的是新出现的西方流行的环形联珠，内有对鸟、对兽等图案，说明了外来文化的影响。

唐代基本延续了隋代洞窟的形制，主要流行三壁一龛窟。不过唐代正壁重龛龛口与隋代相比有所变化，如初唐时期的龛平面多作梯形，龛顶上仰，龛口向左右敞开，以便展示龛内塑像，增加了观像礼拜者在视觉上的效果。唐代后期龛平面多作横长方形，覆斗顶。龛内设倒凹字形坛基，坛基上塑像。典型的洞窟如第45窟方形，小覆斗顶，正壁大龛内塑一铺七身像，左右壁各绘观音经变和观无量寿经变，窟门处绘有观世音和地藏菩萨像。这一时期塔庙窟数量较少，大体上沿用隋代塔庙窟的形制，平面纵长方形，前部人字披，后部平顶。如武周圣历元年开凿的第332窟中心柱正壁和前室侧壁各塑一铺像的做法与隋代第427、292窟十方相似。但第332窟后部凿出横长方形龛，龛内塑涅槃像。盛唐时期开凿的第39窟中心柱正壁开龛，其他三壁均绘千佛，窟内三壁三龛式，后壁也凿涅槃像龛，内塑涅槃像，这种后壁设涅槃龛的做法为北朝和隋代洞窟所不见，而与龟兹石窟中心柱正面雕大立

图 3-13 莫高窟第 130 窟大佛

佛、窟内后壁凿涅槃龛的传统有一定关系，很可能受到西域地区石窟寺的影响。盛唐时期开凿的第44窟中心柱正壁开一龛，左右壁各开二龛也与隋代塔庙窟不同[6]。晚唐时期开凿的第9、14窟窟顶略有变化，顶部前为覆斗形、后为平顶，中心柱正壁开一龛。晚唐以后，塔庙窟消失。另外还有方形覆斗顶的三壁三龛窟，但数量并不多。在唐代出现了大像窟、涅槃窟和佛坛窟等新型的洞窟形制。大像窟是唐前期新出现的，如著名的武周延载二年（695年）开凿的北大像窟（第96窟）和唐开元九年（721年）开凿的南大像窟（第130窟，图3-13）[7]。窟高30米以上，其中南大像高23米，北大像高33米。大像窟分前后室，后室平面作方形，后壁贴壁为一身石胎泥塑倚坐弥勒佛大像，像两侧及后部凿出隧道式的礼拜道，可供佛教信徒绕佛巡礼。甬道上方凿出2—3个明窗，用以采光，前室依崖建多层木构窟檐建筑。卧佛窟（或称涅槃窟），规模较大，平面为横长方形，券顶或覆斗顶。主室后部设涅槃台，上塑大型卧佛像。在莫高窟共有二座，即第148窟和第158窟。佛坛窟是盛唐以后受两京地区石窟的影响而出现的。佛坛窟有带背屏和无背屏两种，大多属于大型洞窟。前者典型的洞窟如唐景福年间（892—893年）开凿的第196窟以及第138、94窟，洞窟纵长方形或方形，窟内正中略靠后侧设佛坛，坛上塑成铺的塑像，在主尊佛像后部有直通壁顶的背屏。后者典型洞窟有第76、85、161、234窟，方形覆斗顶，中心佛坛上不设背屏。这种佛坛窟形制应是模仿地面寺院殿堂内建筑形式，但中心佛坛的设置也有可能与密教宗教活动有关[8]。

唐代塑像一般为一佛二弟子二菩萨像二天王或二力士的组合。在正壁一龛制洞窟中，雕塑家往往从礼拜供养者的角度来表现成铺的塑像，即佛、弟子、菩萨等像，其目光和身体的转动都集中在龛前礼拜者这一焦点上，这样礼拜者在龛前礼拜、供养时，诸神慈祥的目光似乎都在注视自己，使人们充分感受到佛国的庄严肃穆和强大的震撼力，而心悦诚服。如果说初唐时期雕塑艺术还较多地承袭了隋代风格，不够成熟，那么盛唐时期的塑像则达到了艺术的巅峰，塑造水平高，表现手

图 3-14 莫高窟第 45 窟弟子菩萨天王像

图 3-15 莫高窟第 103 窟维摩变

法细腻。最为典型的是第45窟等一批洞窟（图3-14），佛像面相浑圆，宽肩细腰，胸部及肢体丰满健美，而不显臃肿。服饰主要流行袒右式大衣，其右肩披覆偏衫衣角，其次为双领下垂式大衣，通肩大衣。衣纹作突起泥条状，衣褶稠叠下垂，紧裹身体及双腿，呈“曹衣出水”之式，并且显露足形，衣裙下摆遮覆于佛座上，呈倒山字形，并衬托出仰莲的外形，具有很强湿纱贴座之感。菩萨像雕刻生动，富有活力。菩萨头束高发髻，颈戴华丽的项圈，肌体柔润而饱满。菩萨的身姿扭成“S”的弯曲，体现了女性柔美的动感。菩萨上身斜缠着天衣，头两侧冠带如长长的飘带一样从双肩搭下，伴随着身体的扭动而飘然下垂，充分体现了盛唐吴道子“吴带当风”的风韵。菩萨下身穿长裙，裙子紧贴着臀部和双腿，衣纹雕成“U”字形，圆形的衣褶表现出柔和贴体质感。

初唐时期造像题材最大的变化是反映各佛教宗派信仰的题材开始流行，如反映净土信仰的阿弥陀佛和弥勒佛题材都是非常流行的。在初唐后期的则天朝，密宗题材开始出现并流行开来。洞窟内的塑像和壁画大多经过周密的设计，正壁龛内一般塑成铺塑像，龛内绘菩萨、弟子、龙天诸神，龛口两侧绘维摩变（图3-15）、文殊普贤（图3-16）或佛传乘象入胎、逾城出家。南北壁绘大型经变画，经变画主要有

图 3-16 莫高窟第 103 窟维摩变中文殊像

图 3-17 莫高窟第 112 窟无量寿经变中的反弹琵琶舞女

图 3-18 莫高窟第 237 窟双头瑞像

阿弥陀经变、法华经变、观无量寿经变（图3-17）、弥勒经变、维摩诘经变、东方药师经变、涅槃经变。西方净土变明显较隋代增加许多，并居主导地位，弥勒经变相对减少，新出现观无量寿经变，这充分反映了西方净土信仰在敦煌广泛流行[9]。初唐以后新出现了不少新的内容，如天请问经变、金刚经变、报恩经变、金光明经变、华严经变、楞伽经变、思益梵天问经变等。中唐时期观无量寿经变和西方净土变仍居主导地位，弥勒经变、东方药师经变数量略有增加。晚唐时期，东方药师经变则占主导地位，这充分反映了净土信仰在敦煌流行之盛[10]。中唐时期新出现各种瑞像图（图3-18）、佛教史迹画以及屏风画。晚唐时期密宗图像大量流行，如十一面观音、千手千钵文殊、千手千眼观音、不空绢索观音、如意轮观音等，反映了中原两京地区流行的密教图像对敦煌的影响。供养人行列在唐代亦出现明显变化，供养人形体高大，占据甬道和窟内较显著的位置。最为典型的是第156窟的晚唐归义军节度使张仪潮出行图（图3-19）和宋国夫人出行图，为横卷式，有仪仗、音乐、舞蹈、随从护卫等人物，组成浩浩荡荡的出行行列，其场面之宏大，构图之精细，实属罕见。这为敦煌莫高窟洞窟内绘制为个人歌功颂德的壁画开创了先例。

五代、宋时期：后梁乾化四年（914年）曹议金取代张氏执掌归义军政权，到景祐三年（1036年）西夏占领敦煌为止，曹氏政权历经100余年。曹氏诸代均崇佛法，在敦煌还仿照中原设立画院，在莫高窟和榆林窟开凿了许多规模巨大的洞窟。据统计，曹氏统治敦煌时期的洞窟有55个，其中10余个洞窟有纪年。如第98窟是

图 3-19 莫高窟第 156 窟张议潮出行图局部

曹议金为其婿于阗国王李圣天所开凿，表明了敦煌与于阗之间的密切关系。曹氏家族的曹元深、曹元忠、曹延恭、曹延禄等都修建了大窟。尤其是曹元忠执政时期，石窟的开凿达到了顶峰[11]。这一时期的洞窟承袭了晚唐时期出现的佛坛窟，典型的洞窟有第55、61、98、108等窟。平面略呈方形，覆斗顶，窟顶四角均有凹入的浅窝，画四大天王。中部靠后设凹字形佛坛，佛坛后部有背屏与窟顶相连，坛上塑像。个别洞窟仍为方形覆斗顶，三壁一龛式，如第100窟。下层的大型洞窟前还建有木构殿堂建筑，构成了前殿后窟的格局。塑像大部分遭受毁坏，保存较好的有第55和261窟。第55窟主尊为三倚坐佛，配以弟子、菩萨和天王像。第261窟为一坐佛二立菩萨二半跏菩萨二天王像。第61窟塑像虽毁，从残迹看，原有主尊为文殊菩萨像，这是比较特殊的。塑像基本上保留了晚唐的风格，但表现技法不如唐代精湛。这一时期的壁画大体承袭了唐代风格，但内容上较唐代更为丰富。在经变画中，东方药师经变、维摩诘经变、弥勒经变占主导地位，其他有华严经变、天请问经变、观无量寿经变、法华经变、思益梵天问经变、密严经变、梵网经变、报恩经变、金光明经变、楞伽经变等。屏风故事画和佛教史迹画也是这一时期所流行的，特别是佛教史迹画中的五台山图尤为引人注目。如第61窟通贯后壁的五台山图是莫高窟最大的一幅壁画，画面上画有从河北道镇州经五台山至太原数百里的山川形势、城池、寺院、桥梁、亭阁和人物活动的场面（图3-20），堪称是一幅辉煌的巨作，说明作为文殊菩萨道场的五台山信仰及五台山图的粉本也西传到了敦煌。供养人行列

图 3-20 莫高窟第 61 窟五台山局部

和出行图较以前有了发展，如第98窟曹议金父子、于阗国王（图3-21）及王后人物形象都十分高大。第100窟的曹议金和回鹘公主出行图亦气势恢宏。

西夏、元时期：西夏（1036—1227年）和元代（1227—1368年）统治河西近三百年。在敦煌莫高窟修建洞窟约80余个，其中西夏77个，元代10余个。西夏洞窟大多数为改造和修缮前朝洞窟，在洞窟形制上很少有西夏特点，在壁画和塑像上主要沿袭了前期的风格，经变画和供养人的表现手法趋于程序化、简单化，少有创新之作[12]。经变画的种类很少，仅有阿弥陀净土变和药师变等数种。西夏中期出现了回鹘王及其眷属的肖像画，表明有些洞窟的开凿可能与回鹘人有关[13]。西夏的后期藏传密教佛画和题材开始流行。元代洞窟都是新开凿的。洞窟形制有方形覆斗顶窟和塔庙窟，新出现方形窟中设圆形佛坛的形制，佛坛上塑像，四壁满绘密教图像，这是敦煌典型的藏密系统的洞窟。重要的元代洞窟有位于北区的第465窟，这是一座方形覆斗顶的大窟，后室四壁和窟顶满绘藏密曼荼罗、各种明王愤怒像以及欢喜金刚像（图3-22），这种形象被认为是受尼泊尔和印度影响的藏传佛教萨迦派的独特艺术[14]。开凿于元至正年间的第3窟表现出另一种风格，壁画中有甘州画师史小玉的墨书题记，壁画内容以密宗的千手千眼观世音菩萨像为主，人物均以铁线勾

图 3-21 莫高窟第 98 窟于阗王礼佛图

图 3-22 莫高窟第 465 窟欢喜金刚

勒形体，用兰叶描和折芦描表现衣纹和披巾的转折顿挫，用高超的线描技巧来表现不同的质感，使人物形象更加生动感人，显示了元代绘画艺术的高度发展。另外第61窟元代所绘的巨型炽盛光佛和黄道十二宫的天象图也是敦煌莫高窟壁画中仅见的题材。

2. 敦煌莫高窟的发现与研究

莫高窟在明代曾一度荒废，到了清代，虽有文人游览莫高窟，其记述亦为学术界所重视，但并不是真正学术意义上的调查[15]。19世纪后期，俄国人曾在敦煌莫高窟作过一些调查，但未见考察资料发表。清光绪二十六年（1900年），敦煌道士王圆箓在清扫第16窟甬道北壁时偶然发现藏经洞，此窟原为唐河西僧洪謽的影窟，现编号为第17窟，窟内储藏有经卷文书三万余件及其他大量珍贵文物，这一惊人的发现揭开了敦煌莫高窟的调查和研究工作的序幕。1907年，在新疆考古的斯坦因已闻敦煌藏经洞事，即赴敦煌，在敦煌进行了两个多月的考察，并以厚礼诱骗王道士，从中劫去经卷文书九千余卷，其中完整者达三千余卷，另有绢画绣品等物五百余件。敦煌的工作结束后，斯坦因又到了安西考察了万佛峡（榆林窟）[16]。1908年2月，伯希和到达莫高窟，与先期到达的法国中亚探险团摄影师努埃特等会合（努埃特已作了洞窟的编号和洞窟遗址的草图），开始了对石窟的考察工作，伯希和对考察过的182个洞窟按洞窟位置、布局、外观、壁画内容、题记和彩塑几项作了详细的笔记。在敦煌期间，伯希和进入藏经洞对劫余的经卷作了初步统计，将其精华部分掳掠而走。伯希和拍摄了大量的图片，还劫走了大量的壁画、幢幡、彩塑等珍贵文物。1920—1926年出版了六卷本《敦煌石窟图录》，书中共发表了努埃特所拍摄的图片376幅，这是关于莫高窟最早的一本图片记录，至今仍是研究敦煌石窟重要的参考书[17]。但伯希和并没有将他的调查笔记及抄录的题记及时整理出版。1945年，伯希和去世后，原稿为法国吉美博物馆收藏。1981年以后，法兰西学院亚洲研究所中亚和高地亚洲研究中心陆续整理刊布了六卷本《伯希和敦煌石室笔记》，这部书是作为《吉美博物馆所藏伯希和探险团文献》第11卷出版的[18]。由于自然和人为破坏，伯希和当年所录的许多内容尤其是很多题记已经消失或者模糊不清了，因此伯希和的调查笔记显得十分珍贵[19]。1923—1924年和1925年，美国的华尔纳两次到西北考察，主要在敦煌和安西榆林窟，其中第一次组织的西北考察团在敦煌莫高窟停留时间长达10天，并盗割了部分敦煌壁画[20]。1936年，日本松本荣一（1900—1984）在出版的《燉煌畫の研究》一书中，对伯希和《敦煌石窟图录》以及伯希和、斯坦因劫往巴黎和伦敦的敦煌绢画、纸画等艺术品的题材内容作了详细考证，并叙述了敦煌的历史、佛教和艺术源流[21]。这是20世纪30年代很有影响的研究成果。

自敦煌藏经洞发现以来，中国学者也开始关注敦煌石窟发现的遗书。从1909年开始，罗振玉（1866—1940）、蒋斧（1866—1911）等先后整理和刊印了部分敦煌出土文书[22]。1925年，陈万里（1892—1969）参加美国哈佛大学华尔纳第二次西北考察队去敦煌、安西调查石窟，这是中国学者首次对敦煌莫高窟、安西榆林窟和东千佛洞的实地考察。他在《西行日记》一书中对敦煌石窟的现状作了记录和介绍，引起了国内学术界的注目[23]。1931年，贺昌群（1903—1973）发表的《敦煌佛教艺术的系统》（《风土杂志》1931年1月号）一文，在伯希和《敦煌石窟图录》的基础上，运用史料和敦煌文书的资料对整个敦煌和莫高窟的历史、佛教艺术进行了较全面的研究和介绍。20世纪40年代，向达[24]、张大千（1899—1983）[25]、谢稚柳（1910—1997）[26]、史岩（1904—1994）[27]、何正璜（1914—1994）[28]等大批中国学者都到敦煌进行了学术考察和研究。但真正运用考古学方法对敦煌石窟进行调查的是石璋如（1902—2004）和劳干（1907—2003）。1942年，石璋如参加西北史地考察团对敦煌的考察活动，在两个多月的时间里，将张大千所编的305个洞窟及附属小窟，共计456个洞窟进行了测绘和简单记录。但这项重要的考古工作所获得的资料并没有及时发表，直到50多年以后的1996年，台湾“中研院”历史语言研究所作为“田野工作报告之三”才出版了石璋如的《莫高窟形》[29]。可能与当时的分工有关，文字记录由劳干负责。可惜的是，劳干移居美国后，详细的文字记录已经找不着了，这是本书留有缺憾的地方。全书共分三册，第一册为洞窟形制的文字记录，采用逐窟分项的方式，记录有关形制的尺寸和洞窟简要内容。第二册为“窟图暨附录”，每个洞窟均有平面和剖面图，并在图上标注重要尺寸。第三册为图版，是石璋如和劳干当年拍摄的437幅黑白图版。该书是迄今为止能够完整地提供莫高窟洞窟测图和数据的一部专著，是研究莫高窟洞窟形制及相关问题的重要参考书。

1951年，文化部等有关部门组织了敦煌石窟勘察团，对莫高窟地理环境、保存现状进行了详细的调查，并提出了地理环境对莫高窟的影响以及莫高窟保护和修缮的建议[30]。国内外学者对莫高窟的形制、石窟的编年、洞窟的塑像与壁画、出土文书等进行了专题研究，取得了丰硕的成果。如阎文儒对敦煌莫高窟的洞窟形制和塑像的发展演变作了分析研究[31]。金维诺（1924—2018）对敦煌的壁画艺术和题材内容等问题做了部分考述[32]，并根据敦煌研究所所藏《辛亥年腊八燃灯分配窟龛名数》（文书编号：0322-1）文书所述的莫高窟十个燃灯区的窟龛名号与现存洞窟的对应关系作了分析与研究[33]。日本学者福山敏男（1905—1995）对敦煌石窟的编年作了论述[34]。从20世纪50年代开始，考古学的方法被引入到敦煌石窟研究中，使敦煌石窟的分期与排年方面有了新的突破[35]。1956年，宿白首次使用考古学方法，以第285窟纪年洞窟为标尺，对魏窟（北魏、西魏、北周）进行了分期排年，提出了北魏洞窟的分期问题[36]。1962年，宿白在敦煌文物研究所作了《敦煌七讲》学术专题报告[37]，其内容是：一、敦煌二千年。二、石窟寺考古学简介。三、石窟寺研究的业务基础知识。四、有关敦煌石窟的几个问题（包括索靖题壁问题、从乐僔所联想的问题、试论敦煌魏隋的性质、唐窟性质的逐渐变化、密教遗迹及其他）。五、敦煌研究简介。六、石窟记录与排年。七、佛像的实测和《造像量度经》。这次学术报告对于推动敦煌石窟考古学的调查与研究具有指导性意义，敦煌以后的石窟考古研究工作就是在此基础上进行的。用考古学方法对石窟进行分期排年，是石窟考古的基础性研究工作。1962年，正是在宿白的指导下，敦煌研究所的刘玉权对莫高窟和榆林窟一批过去被认为是宋代的洞窟中，区分出西夏洞窟，并进一步做了排比和分期，这在西夏石窟研究中是有很大贡献的[38]。刘玉权还对沙州回鹘洞窟也做了划分，认为敦煌莫高窟以及西千佛洞和榆林窟等23座洞窟属于沙州回鹘洞窟[39]。20世纪80年代以来，一批用考古学方法对莫高窟进行分期的文章相继问世。如1982年，敦煌研究所的樊锦诗、马世长、关友惠发表了《敦煌莫高窟北朝洞窟的分期》[40]，文中将北朝洞窟分为四期。第一期约相当于十六国北凉统治敦煌时期（421—439

年）。第二期相当于北魏中期，465—500年左右。第三期相当于东阳王元荣一家统治敦煌时期，即北魏孝昌元年以前至西魏大统十一年（525—545年）。第四期相当于西魏大统十一年至隋开皇四年（545—585年），主要洞窟的开凿在北周时期。此是作者长期在敦煌从事石窟考古工作，充分掌握第一手资料的基础上，通过对洞窟形制、塑像、壁画、装饰图案等项的类型排比，比较全面地分析它们各自在内容和表现形式上的差异、变化，以及它们之间的共存关系，揭示了其发展和演变的过程。限于篇幅，这篇文章仅仅发表了结论部分，省略了考古类型学排比等重要内容。1984年，樊锦诗、关友惠、刘玉权又发表了《隋代洞窟的分期》，对莫高窟塑像和壁画保存较好的80个隋代洞窟进行了分期研究，指出敦煌"隋代石窟处于石窟寺由产生向成熟期发展的过渡阶段。它直接继承了北朝石窟艺术，并吸收了中原和西域文化的丰富营养，不断地进行着探索和创造。时间虽短，却发生了很大的变化，它酝酿着更加辉煌灿烂的唐代石窟艺术"[41]。1983年，樊锦诗、刘玉权完成了《莫高窟唐前期洞窟的分期》，文章以唐建中二年（781年）吐蕃攻陷沙州为界，将唐代洞窟分为前后二个时期。前期莫高窟继承了隋代佛教艺术传统，又受中原两京地区文化艺术的影响，使石窟艺术的发展达到了顶峰[42]。同年，樊锦诗、赵青兰对莫高窟唐代吐蕃占领时期的洞窟进行了分期研究，将这一时期的洞窟分为早晚二期，并对各期的洞窟形制、题材内容、塑像样式、供养人服饰等特点作了详细的分析与研究[43]。1989年，李崇峰将被定为第四期的15个西魏、北周和隋初时期的洞窟作了进一步的分期研究工作[44]。薄小莹、赵青兰分别对莫高窟隋唐时期的装饰图案、塔庙窟进行了分期研究[45]。可以说20世纪80年代，敦煌研究院对莫高窟十六国至西夏的分期排年工作基本完成，这为多学科、多方位的研究莫高窟石窟艺术提供了年代标尺，具有重要的学术意义。当然对他们的个别洞窟的排年学术界也有不同的看法，如被定为第一期的第268、272和275窟，开凿年代约相当于十六国北凉统治敦煌时期（421—439年）。宿白在《莫高窟现存早期洞窟的年代问题》一文分析了莫高窟早期洞窟的洞窟形制、造像题材和壁画布局的特点，提出早期洞窟的开凿年代在北魏太和八年至十八年间（484—494年），而且明显受到首都平城云冈石窟的影响[46]。

敦煌石窟分期排年的基础是洞窟考古报告，也是多年来敦煌研究院重点抓的项目。经过20年来的努力，2011年，莫高窟第一部考古报告《敦煌莫高窟第268—275窟考古报告》终于出版[47]。报告详细刊布了这组洞窟的文字记录、实测图和图片，充分注意到了洞窟的重修，包括壁画的重绘等诸多遗迹现象，如第268窟的禅室最里层是没有壁画的，壁画则是后来绘制的，这些遗迹现象十分重要，对于我们研究敦煌早期洞窟的功能意义重大。敦煌研究院后续的考古报告亦将陆续刊布。

20世纪50年代以来，敦煌研究所在史岩《敦煌石室画像题识》的基础上，博采前人所录的莫高窟供养人题记进行了多次整理、校对和增补，1986年，出版了《敦煌莫高窟供养人题记》[48]。同时，敦煌研究院对洞窟作了细致的调查、增补、修订，于1982年出版了《敦煌莫高窟内容总录》。1996年再版时，改为敦煌研究院编《敦煌石窟内容总录》，增加了敦煌西千佛洞、安西榆林窟、安西东千佛洞、肃北五个庙石窟内容总录[49]。虽然这两部书并不是很完善，但仍是目前研究莫高窟的重要参考资料。

窟前遗址的发掘是敦煌莫高窟的一项重要考古工作。1962年，敦煌莫高窟危崖加固工程开始实施。从1963年起，为了配合洞窟危崖加固工程，实测了莫高窟几乎全部崖面遗迹。同年7月开始，在中国科学院考古研究所的协助下，敦煌文物研究所在窟前南北长380米的范围内进行了大规模的发掘。“实测崖面遗迹和窟前建筑遗址的发掘，扩大了石窟寺考古的范围，考古学田野工作方法也开始被介绍到石窟寺考古的领域内。”[50] 1966年，“文化大革命”开始后，窟前遗址的发掘工作被迫中断。1979—1980年又作了第二次发掘工作。二次发掘共发现五代、宋、西夏和元殿堂遗址22个和一批新的洞窟，这与洞窟的开凿或重修有密切关系，是研究莫高窟营造史的重要资料。这些殿堂遗址没有早于五代以前的，说明唐代以前大多数洞窟是凌空开凿的；第487窟等一批位于现地面4米以下的北魏洞窟，则提供了北魏时期崖面的状况，为复原早期洞窟外观提供了依据[51]。1988—1995年，敦煌研究院对北区洞窟进行全面清理和发掘，清理了243个洞窟，对北区洞窟的性质和内涵有了新的认识[52]。从清理情况看，严重残毁的洞窟为56个，大体保存完好的洞窟187个。这批洞窟的形制主要有僧房窟、禅窟（包括单室和多室禅窟）、僧房窟附设禅窟、瘗窟、礼佛窟和仓廪窟，还有一些用途不明的洞窟。以僧房窟、禅窟为主，数量多达152个，占了绝大多数。其中编号北113窟的禅窟是正壁开一小禅室，左右壁各开二个小禅室的形制，与新疆吐鲁番吐峪沟石窟的禅窟一致，可以看到两地石窟的密切关系。从年代上看，北区洞窟从北朝一直延续到元代。洞窟开凿次序以中段为早，以后陆续向两侧开凿。这次发掘可以表明北区洞窟与南区礼拜供养的洞窟性质并不同，主要是供僧众生前生活、居住、禅修，死后瘗埋的区域，但仍是莫高窟不可分割的组成部分，同样具有重要的学术价值。

注释：

[1] 此碑现存敦煌研究院，石已破损，北京大学图书馆藏有旧拓本，参见宿白《〈李君莫高窟佛龛碑〉三种拓本与两种录文合抄》，刊于宿白《中国石窟寺研究》附录三，北京：文物出版社，1996年，第355—356页。

[2] 参见敦煌研究院编《莫高窟第266—275窟考古报告》，北京：文物出版社，2011年。编者认为：第268窟“其底层仅在泥面上涂白粉，未见绘画，为窟内最早的遗迹。底层壁面之上覆盖约1厘米厚的泥层，于其上绘第一层（下层）壁画。”（第95页）

[3] 宿白认为建平公有可能在558—560年之间或564—578年之间出任瓜州刺史，并开凿了第428窟。参见《东阳王与建平公（二稿）》，《敦煌吐鲁番文献研究论集（第四辑）》，北京：北京大学出版社，1987年。后收入宿白《中国石窟寺研究》，北京：文物出版社，1996年，第244—259页。

[4] 宿白根据敦煌出土文书中有关元荣写经的尾题，以及与元荣有关的写经尾题，比照第249窟主要题材内容，从而确定第249窟为元荣所开凿的一个大窟（参见前引《东阳王与建平公（二稿）》）。敦煌研究院贺世哲则认为东阳王元荣所修大窟应是第285窟（《从供养人题记看莫高窟部分洞窟的营造年代》，《敦煌莫高窟供养人题记》，北京：文物出版社，1986年，第194—236页）。

[5] 如辽宁义县万佛堂石窟的西区第1窟中心柱窟，中心柱四角上方小塔下即有盘龙缠绕的须弥山。参见刘建华《万佛堂北魏石窟窟龛形制之研究》，图九，文刊吉林大学考古系编《青果集·吉林大学考古系建系十周年纪念文集》，北京：知识出版社，1998年，第342—350页。

[6] 第39、44窟被定为盛唐洞窟，参见史苇湘《关于敦煌莫高窟内容总录》，文刊敦煌文物研究所《敦煌莫高窟内容总录》，北京：文物出版社，1982年，第177—202页。

[7] 据第156窟晚唐人所书《莫高窟记》记载：“（武周）延载二年（695年），禅师灵隐共居士阴祖等造北大像，高一百四十尺。开元中（为开元九年，721年）僧处谚与乡人马思忠等造南大像，高一百二十尺。”参见宿白《〈莫高窟记〉跋》，原刊于《文物参考资料》1955年第2期，第113—119页，后收入《中国石窟寺研究》一书中。

[8] 关于这些中心佛坛的用意，学者们根据窟内的佛教内容作出了种种推测：莫高窟第305窟与龙门的擂鼓台南洞都含有密教的内容，它们的中心矮坛有可能是用作密教曼荼罗的。参见宿白《敦煌莫高窟密教遗迹札记（上）》，《文物》1989年第9期，第45—53页；阎文儒、常青《龙门石窟研究》第十章“伊水东岸之擂鼓台三洞、看经寺区与万佛沟”，北京：书目文献出版社，1995年，第123—127页。

[9] 据段文杰统计初唐经变画主要有八种，其中阿弥陀经变28铺、法华经变20铺、观无量寿经变17铺、弥勒经变17铺、维摩诘经变11铺、东方药师经变6铺、涅槃经变5铺、劳度叉斗圣变1铺。参见段文杰《唐代前期的莫高窟艺术》，《中国石窟·敦煌莫高窟（三）》，北京：文物出版社，1987年，第161—176页。

[10] 参见段文杰《唐代后期的莫高窟艺术》，《中国石窟·敦煌莫高窟（四）》，北京：文物出版社，1987年，第161—174页。

[11] 贺世哲、孙修身《瓜沙曹氏与敦煌莫高窟》，《敦煌研究文集》，兰州：甘肃人民出版社，1982年，第229—269页。曹元忠修建的洞窟有第256、25、61、469、53、55窟。

[12] 刘玉权《瓜、沙州西夏石窟概论》，《中国石窟·敦煌莫高窟（五）》，北京：文物出版社，1987年，第175—194页。

[13] 刘玉权《关于沙州回鹘洞窟的划分》，《1987年敦煌石窟研究国际讨论会文集·石窟考古编》，沈阳：辽宁美术出版社，1990年，第1—29页。刘玉权根据回鹘供养人题记以及回鹘佛教艺术的特点，对莫高窟、榆林窟和西千佛洞进行比对，区分出23个回鹘洞窟，其中敦煌16个，西千佛洞5个，榆林窟2个。

[14] 参见段文杰《莫高窟晚期的艺术》，敦煌文物研究所编《中国石窟·敦煌莫高窟（五）》，北京：文物出版社，1987年，第161—174页。

[15] 如清嘉庆年间著名的西北史地专家徐松曾游历了莫高窟，其所著《西域水道记（卷3）》中即对石窟作了记述，并较详细地记载了有关碑碣资料和建窟年代。参见徐松著、朱玉麒整理《西域水道记》，北京：中华书局，2005年，第148—158页。

[16] 斯坦因《西域考古图记》，牛津克拉兰顿出版

社，1921年（Aurel Stein, *Serindia: Detailed Report of Explorations in Central Asia and Westernmost China*, London: Oxford at the Clarendon Press, 1921）。

[17] 伯希和《敦煌石窟图录》，巴黎，1920—1926年（Paul Pelliot, *Les Grottes de Touen-houang*, Paris: Librairie Paul Geuthner, 1920-1926）。

[18] 伯希和《伯希和敦煌石室笔记》（Paul Pelliot, *Grottes de Touen-houang, Carnet de Notes de Paul Pelliot*, Paris: Collège de France, Instituts d'Asie, Centre de recherche sur l'Asie centrale et la Haute Asie, 1981-84），1981—1984年陆续出版。伯希和著、耿昇译《伯希和敦煌石窟笔记》，兰州：甘肃人民出版社，2007年。

[19] 关于该书的学术价值，可参见耿昇《〈伯希和敦煌石室笔记〉及其学术价值》，《1987年敦煌石窟研究国际讨论会文集·石窟考古编》，沈阳：辽宁美术出版社，1990年，第556—569页。

[20] 第一次考察是1923年7月至1924年4月；第二次为1925年2月至6月。参见Langdon Warner, *The Long Old Road in China*, New York: Doubleday Page & Company 1926. 该书有中译本：兰登·华尔纳著，姜洪源、魏宏举译《在中国漫长的古道上》，乌鲁木齐：新疆人民出版社，2001年。书末还有附录：①华尔纳《万佛峡——一个九世纪佛教壁画洞窟的研究》，②陈万里《西行日记》，③王冀青《华尔纳与中国文物》，可参阅。华尔纳第一次在敦煌莫高窟盗取壁画一事，引起了公愤，故第二次考察队到敦煌受到了官方和民众的阻止，只在莫高窟待了一天，华尔纳本人也并未到达现场，随后考察队转向安西榆林窟考察。直到1938年，华尔纳才出版榆林窟的调查报告，参见Langdon Warner, *Buddhist Wall-Paintings: A Study of a Ninth-Century Grotto at Wan Fo Hsia*. Cambridge, Massachusetts: Harvard University Press, 1938.

[21] 松本榮一《燉煌畫の研究》，同朋舍，1936年。

[22] 如罗振玉编《敦煌石室书目》（1909年）、《鸣沙石室佚书》（1928年）等，罗振玉、蒋斧等辑《敦煌石室遗书》（1909年）。

[23] 陈万里经北京大学举荐，参加了美国华尔纳组织的第二次西北考察队，当然也负有监督考察队的责任。时间从1925年2月16日至7月31日。5月21—23日，在敦煌千佛洞考察，其收获，可参见陈万里《北京大学研究所国学门实地调查报告——西行日记》，附录一敦煌千佛洞三日间所得之印象（第135—146页）；附录三万里校碑录（第159—175页）；附录四官厅调查表①敦煌千佛洞（第177—206页），②安西万佛峡（第206—210页），③安西东千佛洞（201—211页），（北京）朴社，1926年。

[24] 向达《西征小记》，原刊《国学季刊》第7卷第1期，1950年，后收入向达《唐代长安与西域文明》，北京：生活·读书·新知三联书店，1957年，第337—372页。此次考察后，向达还撰有《莫高、榆林二窟杂考》，《文物参考资料》1951年第5期，第76—95页。后收入向达《唐代长安与西域文明》，第393—416页。

[25] 张大千《张大迁先生遗著莫高窟记》，台北故宫博物院，1985年。

[26] 谢稚柳《敦煌艺术叙录》，上海：古典文学出版社，1957年。该书以张大千编号为序，对415个洞窟按窟、塑像、壁画、供养人题记等项目逐一记录，并附有尺寸。

[27] 史岩《敦煌石室画像题识》，成都比较文化研究所石印本，1947年。

[28] 何正璜《敦煌莫高窟现存佛洞概况之调查》，《说文月刊》第3卷第10期，1943年5月。文中记录了莫高窟305个洞窟的内容，但较简略。

[29] 石璋如《莫高窟形》，台北："中研院"历史语言研究所，1996年。参见同书劳干为《莫高窟形》出版所撰之序。

[30] 参加考察的有赵正之、莫宗江、宿白、余鸣谦等，陈明达执笔撰写了《敦煌石窟勘察报告》，文刊《文物参考资料》1956年第2期，第39—70页。

[31] 1944年，阎文儒参加了西北科学考察团历史考古组对西北的调查，调查完成后先后撰写了《安西榆林窟调查报告》（《历史与考古》1946年第1期）和《莫高窟的石窟构造及其塑像》（《文物参考资料》1951年第2卷第4期，第140—196页）。

[32] 金维诺《敦煌本生图的内容与形式》，《美术研究》1957年第3期，第70—76页。

[33] 金维诺《敦煌窟龛名数考》，《文物》1959年第4期，第50—54页。金维诺《敦煌窟龛名数考补（提要）》，《1987年敦煌石窟研究国际讨论会文集·石窟考古》，沈阳：辽宁美术出版

社，1990年，第32—39页。
[34] 福山敏男《敦煌石窟编年试论》，《佛教艺术》第197号（1953年），第24—39页。
[35] 马世长《敦煌石窟考古的回顾与反思》，《文物》2000年第8期，第46—51页。
[36] 宿白《参观敦煌第285窟札记》，《文物参考资料》1956年第2期，第16—21页。
[37] 1962年敦煌文物研究所油印本。《敦煌七讲》未能正式出版，有关题目宿白先后整理专文发表。如"敦煌二千年"改为《两汉魏晋时期的敦煌》，"有关敦煌石窟的几个问题"分别撰写为《敦煌莫高窟早期洞窟杂考》（第214—225页）、《莫高窟现存早期洞窟的年代问题》（第270—278页）、《敦煌莫高窟密教遗迹札记》（第279—310页），均收入于宿白《中国石窟寺研究》一书中，北京：文物出版社，1996年。
[38] 刘玉权《敦煌莫高窟和安西榆林窟西夏洞窟分期》，敦煌研究院编《敦煌研究文集》，兰州：甘肃民族出版社，2000年，第317—359页。
[39] 刘玉权《关于沙州回鹘洞窟的划分》，敦煌研究院编《敦煌研究文集》，兰州：甘肃民族出版社，2000年，第294—316页。
[40] 文刊敦煌文物研究所编《中国石窟·敦煌莫高窟（一）》，北京：文物出版社，1982年，第177—189页。
[41] 樊锦诗、关友惠、刘玉权《莫高窟隋代洞窟分期》，敦煌文物研究所编《中国石窟·敦煌莫高窟（二）》，北京：文物出版社，1984年，第171—186页。文中将保存较好的80个洞窟进行了分期。根据4个有纪年的洞窟，将隋代洞窟分为三期。第一期7个窟，隋开皇初至开皇九年（584左右—589年）。第二期34个窟，开皇九年至大业九年（589—613年）。第三期39个窟，大业九年至唐武德年间（613—626年）。
[42] 樊锦诗、刘玉权《莫高窟唐前期洞窟的分期》，文刊敦煌研究院编《敦煌研究文集·敦煌石窟考古篇》，兰州：甘肃民族出版社，2000年，第143—181页。
[43] 樊锦诗、赵青兰《吐蕃占领时期莫高窟洞窟的分期研究》，《敦煌研究文集·敦煌石窟考古篇》，兰州：甘肃民族出版社，2000年，第182—210页。2013年出版的沙武田《吐蕃统治时期敦煌石窟研究》（北京：中国社会科学出版社）一书，则对这一时期的洞窟从多角度进行了研究，如洞窟供养人画像的变化，洞窟营造思想与功能的变化等等，可以参阅。
[44] 李崇峰《敦煌莫高窟北朝晚期洞窟的分期与研究》，《敦煌研究文集·敦煌石窟考古篇》，兰州：甘肃民族出版社，2000年，第29—111页。文中将北朝洞窟分为三期。第一期西魏大统十一年至北周武成二年（546—560年）。第二期北周武成二年至建德三年（560—574年）。第三期北周大象元年至隋开皇四年（579—584年）。
[45] 薄小莹《敦煌莫高窟六世纪末至九世纪中叶的装饰图案》，《敦煌吐鲁番文献研究文集（第五辑）》，北京大学出版社，1990年，第355—436页。赵青兰《莫高窟中心塔柱窟的分期研究》，《敦煌研究文集·敦煌石窟考古篇》，兰州：甘肃民族出版社，2000年，第211—293页。
[46] 宿白《莫高窟现存早期洞窟的年代问题》，《中国文化研究所学报》第20卷，1989年，第15—31页。后收入《中国石窟寺考古》一书中，北京：文物出版社，1996年，第270—278页。
[47] 敦煌研究院编《敦煌莫高窟第268—275窟考古报告》，北京：文物出版社，2011年。
[48] 敦煌研究院编《敦煌莫高窟供养人题记》，北京：文物出版社，1986年。
[49] 敦煌文物研究所编《敦煌莫高窟内容总录》，北京：文物出版社，1982年。敦煌研究院编《敦煌石窟内容总录》，北京：文物出版社，1996年。但总录缺少洞窟平剖面图，也没有洞窟的具体尺寸，这是非常遗憾的。因此，要了解莫高窟的洞窟情况，包括洞窟尺寸，还得参考1942年石璋如的考察报告《莫高窟形》。
[50] 宿白《石窟寺考古的回顾》，《文物》1979年第10期，第7—10页。
[51] 参见潘玉闪、马世长《莫高窟窟前殿堂遗址》，北京：文物出版社，1985年。
[52] 彭金章、沙武田《敦煌莫高窟北区洞窟清理简报》，《文物》1998年第10期，第4—21页。彭金章、王建军，敦煌研究院编《敦煌莫高窟北区石窟》第1卷，北京：文物出版社，2000年；第2、3卷，北京：文物出版社，2004年。彭金章主编《敦煌莫高窟北区石窟研究》，兰州：读者出版集团、甘肃教育出版社，2011年。

二
安西榆林窟

属于敦煌莫高窟艺术体系的石窟寺，还有安西榆林窟、东西千佛洞等，这是敦煌石窟的重要组成部分。20世纪初，斯坦因曾到了安西考察了万佛峡（榆林窟）。20年代，美国的华尔纳和中国学者陈万里也曾到安西榆林窟进行考察。40年代，向达、张大迁、阎文儒等作过调查和编号工作[1]。50年代初，敦煌文物研究所对榆林窟进行了较为详细的考察[2]。80年代，敦煌研究院编著出版了《中国石窟·安西榆林窟》，对榆林窟的壁画艺术和西千佛洞石窟的概况做了研究和叙述[3]。尤其是霍熙亮在莫高窟和榆林窟发现了根据《梵网经》绘制的梵网经变，并对这一题材作了详细的考证和画面的释读，这是敦煌石窟壁画题材考释上的突出成果[4]。

榆林窟，也称万佛峡，位于安西县（今瓜州县）西南75千米踏实河东西两岸的断崖上。现存洞窟42个，其中东岸31个分上下二层分布，西岸11个。两岸洞窟隔河相望。榆林窟始凿于何时，并没有明确的开凿纪年，故学术界仍有分歧。向达认为榆林窟的塔庙窟，“以莫高窟形制证之，皆元魏遗制也，颇疑榆林窟创建年代与莫高窟应相去不远”[5]。马世长也认为榆林窟始凿于北魏时期，但缺少足够的证据[6]。段文杰认为最早的塔庙窟，在莫高窟唐代洞窟中也存在，不是北朝所特有，所以他认为榆林窟开创于初唐时期[7]。从洞窟的形制看，榆林窟中心柱均四面开龛，这种形制与莫高窟唐代中心柱正壁开龛是不同的，而与北朝洞窟一致。榆林窟有的中心柱左右后甬道为券顶式，则与玉门昌马石窟、酒泉文殊山石窟北朝中心柱一致。因此榆林窟的塔庙窟应开凿于北朝时期，不过现存的塑像与壁画是唐及以后重修的了。

从塑像和壁画看，榆林窟现存洞窟为初唐至元代时期。

主要窟形是方形或长方形窟，窟内中心设佛坛的佛坛窟，从唐到元各代都有。塔庙窟仅有3座（第17、28、39窟），平面方形或长方形，有人字披或一面坡的前室。另外有1座榆林窟规模最大的大佛窟（第6窟），洞窟平面椭圆形，穹隆顶，为唐代开凿的大佛窟，窟内塑倚坐弥勒大佛，高达23米。唐宋时期洞窟中有的凿出与左右洞窟相连的前室和长甬道，这种形制是其他石窟寺中所罕见的。初盛唐时期的壁画大都在五代宋初时期被覆盖，保存较好的只有吐蕃占领敦煌时期开凿的第25和15窟，其中第25窟最为完整。主室内绘制了大幅经变画，正壁为八大菩萨曼荼罗和药师佛立像；左右壁分别为观无量寿经变和弥勒经变（图3-23）；前壁窟门两侧绘有文殊变和普贤变。窟内壁面下部为供养人行列。这些经变画构图完整、场面宏大、形象生动、色泽艳丽，与同时期的莫高窟壁画十分相似。在归义军曹氏家族统治瓜沙时期，莫高窟和榆林窟的开凿都达到了鼎盛，在榆林窟曹氏家族开凿的洞窟共达28座。窟内壁画内容十分丰富，有药师变、西方净土变、弥勒经变、维摩诘经变、

图 3-23　榆林窟第 25 窟观无量寿经变

图 3-24 榆林窟第 2 窟西夏水月观音

图 3-25 榆林窟第 3 窟西夏冶炼锻铁图

法华经变、降魔变、地狱变、报恩经变、梵网经变等。甬道两侧绘有曹氏家族供养人行列，形体高大，占据甬道显要位置。西夏和元代时期，榆林窟出现了显密结合的壁画内容。多种形式的曼荼罗、水月观音（图3-24）、唐僧取经和冶炼锻铁图（图3-25）等都是极富特色和生活气息的题材。此外，西夏和蒙古贵族的供养人题名也是研究这一时期佛教发展的重要资料。

西千佛洞位于敦煌城西南约30千米处，洞窟开凿于党河北岸的峭壁上，保存着北魏至五代各个时期的洞窟22个[8]。洞窟形制、塑像壁画等与莫高窟同时期的洞窟基本一致。北朝以塔庙窟为主，如北魏开凿的第7窟，单层四面开龛，龛内塑主尊佛像，龛外两侧塑胁侍菩萨立像。四壁绘千佛，其上凹凸凭台和天宫伎乐；其下为神王、力士一类的形象。西魏、北周塔庙窟，如第8、9、12窟中心柱均正壁开一龛，有人字披的前室。北周时期开凿的第11窟则为平面近方形正壁一龛窟。隋以后洞窟大多方形覆斗顶窟，正壁一龛制。壁画内容有本生故事、观无量寿经变、观音菩萨普门品等。比较特殊的是五代开凿的第19窟正壁龛内塑倚坐弥勒佛，侧壁坛上塑有十六罗汉像，这是敦煌所仅见的。

东千佛洞位于安西县东南约90千米处，与榆林窟相距40千米。洞窟开凿于一条干枯的河谷两岸山崖上，现存23座：东崖9座，分为上下两层；西崖14座，也分为上下两层。其中西崖第1—5窟和东崖第6—8窟，共8个编号洞窟尚存有壁画、塑像，其余洞窟则未编号[9]。洞窟始凿于西夏时期，现存西夏洞窟有第2、4、5、7窟；第6窟为元代开凿，其他为清代所凿。西夏诸窟皆为塔庙窟，平面纵长方形，窟内前部作穹隆顶或覆斗顶，后部设中心柱。与敦煌莫高窟塔庙窟不同的是，东千佛洞的中心柱体较大，这样围绕着中心柱甬道十分狭窄。洞窟壁画以密教题材为主，兼有汉密、藏密成分。壁画内容丰富，主要有涅槃经变、东方药师经变、西方净土变以及文殊普贤、布袋和尚、曼陀罗等。特别引人注目的是各种观音经变，包括菩提树观音、水月观音（图中有唐僧取经画面）、二臂观音、四臂观音、十一面八臂观音、三面四臂观音、三面八臂观音变等。另外还有西夏文题名的供养人行列（如第5窟南、北壁）。壁画绘制精细，艺术水平较高。西夏时期，瓜州是统管河西地区军政中心所在，因此，东千佛洞是研究西夏瓜州地区佛教艺术与信仰的十分重要的实物资料。

注释：

[1] 向达考察过榆林、西千佛洞。参见《西征小记》，《国学季刊》第7卷第1期，第1—24页，1950年，后收入向达《唐代长安与西域文明》，北京：生活·读书·新知三联书店，1957年，第337—372页。阎文儒《安西榆林窟调查报告》，《历史与考古》第1期（1946年10月）。

[2] 敦煌文物研究所《安西榆林窟勘察简报》，《文物参考资料》1956年第10期，第9—21页。

[3] 敦煌研究院编《中国石窟·安西榆林窟》，北京：文物出版社，1997年。书中附段文杰《榆林窟的壁画艺术》（第161—176页）、张学荣、何静珍《西千佛洞概说》（第177—187页）。

[4] 霍熙亮《敦煌地区的梵网经变》，文刊敦煌研究院编《中国石窟·安西榆林窟》，第188—227页。

[5] 向达《莫高、榆林二窟杂考》，《文物参考资料》1951年第5期，第76—95页，后收入向达《唐代长安与西域文明》，北京：生活·读书·新知三联书店，1957年，第394—416页。

[6] 参见马世长撰写的《中国大百科全书·考古学》榆林窟条，北京：中国大百科全书出版社，1986年，第626页。

[7] 段文杰《榆林窟的壁画艺术》，文刊前引《中国石窟·安西榆林窟》，第161—176页。

[8] 西千佛洞的图版，参见前引《中国石窟·安西榆林窟》，图版195—240。另外亦可参见敦煌研究院编《敦煌石窟内容总录》，北京：文物出版社，1996年。

[9] 张伯元《东千佛洞调查简记》，《敦煌研究》创刊号（总第三期），甘肃人民出版社，1983年，第108—118页。张宝玺《东千佛洞西夏石窟艺术》，《文物》1992年第2期，第81—94页。

三
武威
天梯山石窟

武威，即古代的凉州，乃河西走廊一大都会，是政治、经济和文化的中心所在。十六国时期，凉州又成为西北地区的佛教中心，塔寺林立，高僧云集，佛教兴盛。开窟造像亦肇始于这一时期。唐道宣所撰《集神州三宝感通录》卷中描述道[1]：

凉州石崖塑瑞像者。昔沮渠蒙逊以晋安帝隆安元年（397年）据有凉土三十余载，陇西五凉，斯最久盛。专崇福业，以国城寺塔，修非永固，古来帝宫，终逢煨烬，若依立之，效犹斯及。又用金宝，终被毁盗，乃顾眄山宇，可以终天，于州南百里，连崖绵亘，就而斫窟，安设尊仪，或石或塑，千变万化。

这便是学者们非常熟悉的凉州石窟，研究中国佛教美术史常常会提到它。在河西走廊早期诸石窟中，凉州石窟具有举足轻重的地位。《魏书》卷一一四《释老志》记载，北魏灭北凉后，“徙其国人于京邑，沙门佛事皆俱东，像教弥增矣”。可见凉州佛教的输入对北魏平城佛教的兴盛具有深远的影响。而云冈石窟也是来自凉州的禅僧昙曜主持开凿的，很显然，云冈石窟与凉州石窟是有渊源关系的。但凉州石窟在唐代以后的文献中已不见记载。那么凉州石窟到底在哪里？它的整体面貌又是什么呢？在石窟艺术发展史的地位究竟如何？这是学术界最为关注的事。因此只有找到凉州石窟，这些困扰学术界的诸多问题才能迎刃而解，于是寻找凉州石窟便成了当时一代学者的梦想。1942年，向达应国立中央研究院之邀，参加西北史地考察组，在去敦煌考察途经武威时，曾以凉州石窟之所在叩问郝仁甫，郝并不知道凉州石窟，但提到武威城南近百里的张义堡山中有大佛寺（即天梯山石窟），佛为石镌，寺左右石崖上有石窟遗迹。1927年武威大地震，石崩崖摧，多不可辨。向达便怀疑它是凉州石窟之所在，但遗憾的是未能到现场进行考察[2]。1952年5月，冯国瑞（1901—1963）由兰州到武威，听说唐榴亭（唐发科）副县长曾推测天梯山便是凉州石窟，于是与朱祖鳌同行对天梯山石窟作了试探性的踏查，同年5月14日，在《甘肃日报》上发表《记武威境北凉创始石窟及西夏文草书墨迹与各种刻本》的简单报道，提出武威天梯山石窟即历史上著名的凉州石窟[3]，由此引起了国家相关部门和文物考古界的极大关注。根据种种迹象，学术界似乎看到了破解凉州石窟之谜的曙光。1954年3月，史岩参加中央美术学院敦煌文物考察队去西北，7月工作结束后由敦煌返回途中，“抱了彻底了解石窟现存内容解决美术史上一大问题的决心到了武威”，在武威县唐榴亭副县长的帮助下，用了六天时间调查了天梯山石窟，作了比较详细的记录、测绘和摄影。根据洞窟形制等特点，史岩认为天梯山就是唐道宣所记北凉沮渠蒙逊开凿的凉州石窟。由于天梯山最大的洞窟第18窟已在地震中坍塌，并被泥沙所掩埋，这次考察史岩只是听说到大塔庙窟的存在，并没有实际看到，所以怀疑这座淹没的洞窟为沮渠蒙逊所创，但推测洞窟现在已经不存在了[4]。1959年11月，因在天梯山西侧修建黄羊河水库，而设计水位估计会将石窟群淹没（实际上蓄水后仅仅淹没了唐代摩崖大佛龛像下半部及龛前下方的大佛寺，窟群并未受到影响），故由敦煌文物研究所和甘肃省博物馆联合组队对石窟内塑像和壁画进行了搬迁和清理工作。1960年4月，搬迁工作结束，揭取的塑像和壁画入藏于甘肃省博物馆。这次搬迁在剥离洞窟重层壁画时，发现了第1、4窟底层北凉时期的胁侍菩萨和供养菩萨、帝释天与大梵天、莲花化生、忍冬纹带等壁画。同时发现并清理了北凉最大的洞窟——第18窟，但窟内中心塔柱龛内的塑像并未搬迁，这是现在唯一能够看到北凉原貌的洞窟[5]。据此，可以确定所谓凉州石崖就是今天的武威城南50千米黄羊川小盆地东侧山崖上的天梯山石窟。2000年，由敦煌研究院和甘肃省博物馆将20世纪50年代的这批资料共同整理出版了《武威天梯山石窟》一书[6]。该书详细介绍了天梯山石窟清理、揭取和搬迁的过程，记录了每个洞窟保存状况，包括原建和重修的情况，附有洞窟的总平面和立面图以及各窟的详细测图。同时对天梯山北凉洞窟的特点、渊源，以及与北凉石塔和其他有关石窟的关系进行了较为深入的探讨。这是天梯山石窟最为完整的资料，是目前最为重要的唯一的参考书。

天梯山石窟是由北凉皇室经营的，开凿石窟的目的除了做功德外，最重要的是石窟造像可以长久保存下来，以备法灭的，这与《涅槃经》在凉州的翻译以及末法思想在凉州的流行有密切关系。在某种程度上，凉州石窟的开凿受到了末法思潮的影响。天梯山原有洞窟26个，现存洞窟18个，摩崖大佛龛1处（图3-26、图3-27），开凿年代从北凉延续到唐代。属于北凉时期洞窟有第1、4、15—18窟，约开窟于北

图 3-26 天梯山石窟全景图

图 3-27 天梯山石窟全景

凉统治者沮渠蒙逊自张掖迁姑臧（今甘肃武威市）之后（412年），到蒙逊去世以前（433年）。北凉窟群相对集中，以第18窟为中心，其上有第17窟，左侧第1、4、15窟三窟垂直排列。第18窟规模最大，居窟群西部最显要位置。该窟分前后室，前室较宽，平面横长方形，面宽14.9、进深5.5、高5.5米。前壁和窟顶已坍塌，从侧壁残迹可以看出原来窟顶作人字披式，前壁地面残留有三个可供出入的门道遗迹。后室略窄，平面方形，覆斗顶。面宽10.5、进深8.6、高5米。后室正中凿出中心塔柱，上下三层，每层均上大下小，呈倒梯形，这是河西塔庙窟的特点之一。由此可以确定，河西地区塔庙窟的形制源于凉州石窟，因而它的发现具有重要的学术价值。下面二层每面开三个稍大的圆拱尖楣龛，上层每面开五个稍小的圆拱尖楣龛。龛梁下为龛柱，这种是较为原始的圆拱龛样式。每个龛内均为一石胎泥塑的结跏坐佛。佛像曾经明代重妆，但泥皮剥落后露出塑像原貌，佛像身体宽厚，身着袒右式大衣，右肩处留有偏衫衣边，这种形象与出土的北凉石塔中佛像是一致的。第17窟位居第18窟之上，两窟规模相当，构成塔庙窟与佛殿窟的组合。遗憾的是第17窟大部分已毁，从残迹看，洞窟平面横长方形，面宽15.4、进深约9.2米。窟顶形制不清，正壁正中现残存有木骨泥塑像，两侧转角处及左右壁各有一像坛，推测原应有五尊大像。左壁还残留菩萨立像壁画，左手持净瓶，身体健壮，被认为是北魏时期[7]，但也有可能早到北凉。这组规模超大的洞窟应是北凉主沮渠蒙逊所开凿。

第1、4、15窟构成了塔庙窟与大像窟的组合形式。三窟规模均较小，紧邻第17、18窟。洞窟呈上下层分布，但前壁均已崩塌，是否有前室不得而知。下层第4窟和中层第1窟均为方形，覆斗顶。窟内中央设中心塔柱，形制与第18窟相仿。第4窟中心塔柱为二层塔式，第1窟为三层塔式。每层上宽下窄，均开一龛。窟内三面均有千佛影塑。第15窟窟顶、右壁及前壁已毁，正壁雕一石胎泥塑的立佛像，无首，残高3.4米。佛像两侧各残留有莲座和木骨遗迹，应是一铺三身的组合。这种形制的大像窟与新疆古龟兹地区石窟寺的大像窟是不同的，但塔庙窟与大像窟的组合可能受到来自古龟兹地区石窟寺的影响。尤其是第1、4窟壁画中剥出的北凉菩萨像、飞天都十分精美，如第4窟的胁侍菩萨像头束低平的发髻，发辫垂搭于后背及双肩上，脸庞浑圆，细眉上挑，大眼尖鼻，双唇较厚。披巾从身后前绕双臂下垂。菩萨颈下垂挂有珠饰的项圈。宽肩细腰，胯部扭向左侧，表现出优美的体态。上身袒露，下身着紧身长裙，左手上举，右手下垂持净瓶（图3-28）。这种形象与古代印度石窟造像中的菩萨十分相似，颇有异域情调，反映了古代印度佛教艺术对河西走廊的深刻影响。第1窟的供养菩萨亦同样如此（图3-29），而与同时期的甘肃永靖炳灵寺第169窟的西秦菩萨像不太相同。北凉壁画中的人物均采用印度、西域流行的晕染法绘制，表现了与印度和西域佛教艺术之间的密切关系。上述壁画作品造型之生动，绘画水平之高超，堪称北凉时期杰出的艺术佳作。

图 3-28 天梯山第 4 窟菩萨像

图 3-29 天梯山第 1 窟供养菩萨像

图 3-30 天梯山第 8 窟千佛

图 3-31 天梯山第 3 窟唐代佛三尊像

属于北魏至西魏时期的洞窟有第5—9窟，均小型洞窟，平面方形、覆斗顶，正壁开一龛。后代重修情况突出，但第6—8窟均发现有底层壁画，题材有千佛（图3-30）、说法图、供养人等。其余唐代洞窟则以摩崖大佛龛（第13窟）最为壮观，龛内正壁主尊倚坐弥勒佛，身着交领大衣，右手施无畏印，左手施降魔印。与常见的单尊摩崖弥勒大佛不同，左右壁配有二弟子二菩萨二天王像作为胁侍（图3-31），这可能受到洛阳龙门唐高宗开凿的卢舍那大像龛组像形式的影响。另有方形、覆斗顶，三壁三龛窟（第3窟），龛内塑一佛二菩萨像（图3-32）。

天梯山石窟是河西走廊现存有年代可考的最早的石窟寺之一，它对河西早期石窟影响较大。如作为主要窟形的塔庙窟，在河西地区延续时间较长。年代略晚于天梯山石窟的金塔寺和马蹄寺等，塔庙窟基本上承袭了凉州石窟[8]。敦煌早期塔庙窟第251、259窟等前室都使用了天梯山第18窟人字披结构，这种做法在敦煌石窟中延续时间很长，可以说与凉州石窟是一脉相承的。云冈第二期开凿的第11、6、1、2窟，中心柱作方形，二或三层楼阁塔式，其形制也与凉州石窟有关。因此凉州石窟的发现对于研究这一地区的石窟寺以及与云冈石窟的关系均具有重要的学术意义。

图3-32 天梯山第13窟摩崖大佛龛左侧胁侍像

注释：

[1] 《大正藏》卷52，第417、418页。道宣接着此条记载，“北凉河西王蒙逊，为母造丈六石像在于山寺，素所敬重。”此寺在“杨述山”（第418页）。梁·慧皎《高僧传》卷2《昙无谶传》只是记载：“蒙遜先為母造丈六石像。”未记载地点（汤用彤校注本，中华书局，1992年，第78页）。

[2] 向达《西征小记》，原刊《国学季刊》第7卷第1期，第1—24页，1950年，后收入向达《唐代长安与西域文明》，北京：生活·读书·新知三联书店，1957年，第337—372页。按1927年的大地震，对石窟影响很大。第18窟上方山体整体崩落，将第17窟等遭到破坏，第18窟则被掩埋。

[3] 据张宝玺《河西北朝石窟》（上海：上海古籍出版社，2016年，第25页）一书中提到，那次考察后，冯国瑞著有《天梯山石窟图录》（未刊稿）。张氏书中图一天梯山石窟外景，明确标示为1952年冯国瑞所摄的。但图片可见：第18窟中心塔柱、第19窟头已失的唐代摩崖大佛以及双腿以下经过水浸残存的石胎，显然与50年代情况不符，所以应该是1958年水库修成后才有可能拍摄，张氏误以为是冯氏当年所摄的图片。

[4] 史岩《凉州天梯山石窟的现状和保存问题》，《文物参考资料》1955年第2期，第76—96页。从第80页天梯山石窟立面图，第81页天梯山石窟外景图片看，第18窟的位置一堆乱石，故史岩没有标注。

[5] 第18窟中心柱龛像经明代重妆，但部分佛像明代泥层脱落后露出北凉原塑。

[6] 参见敦煌研究院、甘肃省博物馆编著《武威天梯山石窟》，北京：文物出版社，2000年。

[7] 敦煌研究院、甘肃省博物馆编著《武威天梯山石窟》，图版七十三，1。

[8] 张宝玺《河西北朝中心柱窟》，《1987年敦煌石窟研究国际讨论会文集·石窟考古》，沈阳：辽宁美术出版社，1990年，第123—164页。

四

张掖金塔寺与马蹄寺石窟

张掖是丝绸之路上的重镇之一，经济文化发达，佛教同样繁盛。在张掖南面的祁连山一带分布许多早期石窟寺，如金塔寺石窟、马蹄寺石窟、上下观音洞石窟等，统称为马蹄寺石窟群。早在20世纪40年代，学术界已经注意到张掖地区的早期石窟寺，如1942年，西北史地考察团地理组吴印禅（1902—1959）、李承三（1899—1967）、周廷儒（1909—1989）曾考察过马蹄寺石窟，但未见考察资料发表。50年代史岩曾作过许多调查工作，发现了散落在祁连山中的石窟寺[1]。1963年，甘肃省文物工作队又组织考古人员进行了详细的考察[2]。80年代，甘肃省文物考古研究所在1963年调查的基础上又作了勘察与研究，编著了《河西石窟》一书，发表了20世纪60和80年代所拍摄的石窟造像和壁画的图片[3]。这批资料的刊布对于研究河西早期石窟的发展演变以及与中原和新疆石窟的关系具有重要意义。1994年，北京大学考古系重新作了调查、实测、记录和摄影工作，有不少新的发现。2004年，李玉珉《金塔寺石窟考》一文对金塔寺作了详细的考证，认为：东窟约开凿于5世纪50或60年代；西窟则为5世纪70年代或稍晚[4]。2016年，张宝玺《河西北朝石窟》一书对马蹄寺石窟群有详细的记叙和研究。书中还刊布了马蹄寺千佛洞维修前的图片，极为珍贵[5]。2020年，敦煌研究院、甘肃省文物局、肃南裕固族自治县文物局编著的《肃南马蹄寺石窟群》披露了较为完整的调查资料，可以参考[6]。

金塔寺石窟位于张掖城南约60千米的肃南裕固族自治县境内临松山西面的崇山峻岭中，北距南古镇20余千米，南古镇即十六国北魏时期临松郡郡治所在。临松山高峻挺拔，洞窟所在海拔在2830米。山上云杉茂密，白云缭绕，气候寒冷，即使在盛夏，亦能感受到阵阵寒意。山前峡谷中大都麻河缓缓流过，洞窟即开凿在西岸的红砂岩崖壁上。洞窟共有2个，东西并列，故称为东窟和西窟。两窟均为北魏平城时期的塔庙窟，平面方形、覆斗顶，前壁已坍塌。窟内保存塑像大体完整，这在河西走廊早期石窟中十分难得。

东窟面宽11.6、残深10.5、高6米，是河西早期石窟中规模最大的洞窟之一。中心柱上下两层四面开龛（图3-33）。下层每面正中开一圆拱龛，龛楣下端塑出反顾的龙头。龛内塑一身结跏坐佛像（图3-34），北壁龛外两侧为迦叶（图3-35）、阿难二弟子，其余均塑二胁侍菩萨像。龛外上部塑一排六身飞天，向中心飞翔。佛

图3-33 金塔寺东窟中心柱西壁立面图

图 3-34 金塔寺东窟中心柱西壁龛佛像

图 3-35 金塔寺东窟中心柱北壁下层迦叶弟子像

像圆形高肉髻，面相丰满圆润，身体健壮，但服饰改动较大，已失原貌。胁侍菩萨保存较好，以西壁为例，菩萨头束蘑菇形的低发髻，长发披肩，脸庞圆润，双肩宽厚，披巾从双肩搭下，绕肘后下垂。上身袒露，下身着裙，双足叉立（图3-36）。飞天大多上身袒露，下身着裙，也有着通肩大衣者，身姿呈“V”形，双臂张开，手中有花朵，表现散花奉佛（图3-37）。上层每面各开三个圆拱形浅龛（图3-38），龛内塑佛像，龛之间塑胁侍菩萨立像或坐佛像。龛楣之间塑半身菩萨像。龛上塑像分上下层，下层塑十佛，有的坐佛旁还留有西夏文佛像题名，上层塑十一菩萨像。但有的塑像已毁，西夏时期重塑，如西壁上方以大日如来为主尊的五方佛。其中东西壁中龛内为交脚佛，西壁南龛为释迦苦修像。佛像身着通肩大衣或袒右式大衣，体格健壮；菩萨流行蘑菇形发髻，服饰变化多样，有着通肩大衣者，也有斜披络腋和身着铠甲者，十分生动，特别是东壁南侧菩萨立像为背身裸体形象，极为罕见（图3-39）。菩萨头梳披肩长发，披肩裹着后背和臀部，这种裸体形象应来自于西方文化因素的影响。窟顶西披还绘有成排立佛像，佛像脸部有西域流行的晕染，东披为后代所绘立佛像。

图 3-36　金塔寺东窟中心柱西壁下层菩萨像

图 3-37　金塔寺东窟中心柱西壁下层龛楣飞天

图 3-38　金塔寺东窟中心柱西壁上层龛

图 3-39　金塔寺东窟中心柱东壁上层佛和裸体胁侍像

西窟规模略小，面宽8.1、残深4、高4米。中心柱亦上下层，布局与东窟大体相似。下层每面各开一龛，龛内塑一结跏趺坐佛，龛外塑胁侍像（图3-40）。其中东壁二胁侍为帝释天和大梵天（图3-41）；北壁东侧胁侍菩萨较为特别，长发披搭于肩，形似戴帽。身着袒右式大衣，露出右腿下裙，这种佛装的菩萨像是河西比较流行的做法（图3-42）。中层依壁塑佛像，正壁主尊为明代塑菩萨像，北壁交脚佛、西壁半跏菩萨（图3-43）、东壁倚坐佛（图3-44）。这种造像组合形式比较特殊，似以多种形式来表现弥勒。如交脚佛和倚坐佛均可认定为弥勒，施说法印的半跏菩萨，亦应是弥勒菩萨，如此便可推测正壁上层已毁之像为交脚弥勒菩萨，这样中心柱四面上下层龛像均表现为释迦与弥勒的组合，弥勒信仰则包括了上生和下生。窟内北壁和西壁还有晚期千佛和说法图，透过晚期壁画，可看到早期千佛和北魏特征的说法图。最引人注目的是：窟顶下缘绘出一排侧身的供养菩萨像，顶部则绘有成排的飞天，绘画方式均先用赭色勾出身体轮廓，再涂其他颜色。供养菩萨头束髻，侧脸右面，双手合十，或持供物，作半跪状。飞天头束髻或似戴帽，亦为侧身和侧脸，深目高鼻，下巴突出，所表现的明显为胡人的形象。飞天身着袒右式大衣，或上身袒露，下着长裙，体格魁伟，身姿呈“U”形（图3-45）。这些人物形象与敦煌早期洞窟壁画有明显的差异，而与新疆古龟兹的石窟寺比较接近。

就金塔寺洞窟规模而言，其功德主绝非一般人物，由于相关文献的缺乏，这一谜团尚待揭晓。

图 3-40 金塔寺西窟中心柱

图 3-41 金塔寺西窟中心柱东壁下层塑像

图 3-42 金塔寺西窟中心柱北壁东侧胁侍菩萨像

图 3-43 金塔寺西窟中心柱西壁上层半跏菩萨像

图 3-44 金塔寺西窟中心柱西壁中层倚坐佛

图 3-45 金塔寺西窟窟顶飞天

图 3-46 马蹄寺千佛洞第 1 窟中心塔柱正壁立佛

马蹄寺石窟位于张掖市马蹄区公署马蹄山及其附近，可以分为千佛洞、南寺、北寺三个区域。南、北寺开凿年代较晚，大部分洞窟属于蒙元时期。千佛洞区属于早期洞窟，开凿于距离马蹄山北面3千米陡峭的红砂岩崖面上，前临马蹄河，视野十分开阔。洞窟共有8个，主要开凿于北朝时期。保存稍好的有第1—4窟和第8窟。年代稍早的为第1、2窟，约在北魏时期。第1窟为大像窟，具前后室。前室横长方形，人字披窟顶，后室方形，窟内中央设中心柱。中心柱仅正壁开一大型浅龛，龛内雕一尊立佛像，佛像经后代重妆，已失原貌（图3-46）。左右后三壁稍低，凿成券形顶，这样构成隧道式的礼拜道。这种窟形与新疆地区大像窟有相似之

图 3-47 马蹄寺千佛洞第 1 窟地神供养

图 3-48 马蹄寺千佛洞第 2 窟中心塔柱

图 3-49 马蹄寺千佛洞第 8 窟中心柱交脚弥勒菩萨和释迦多宝

处，而人字披的前室又明显承袭了天梯山第18窟。窟内诸壁及中心柱左右后三壁原均有壁画，但为后代泥皮所覆盖。从中心柱右壁暴露出的壁画看，该壁左侧榜题有“地神奉花供养”和世俗供养人形象，均面朝壁面中央，可能与降魔成道图像有关[7]（图3-47）。第2窟紧邻第1窟，为方形塔庙窟，窟室前部已坍塌。中心柱分上下四层，下层每面各开一龛，龛内塑一身佛像。龛外塑胁侍菩萨像（图3-48）。上面三层每面无龛，均塑三身坐佛像。右壁上层上方，发现了附有榜题的十方佛壁画题材。窟内三壁外层均为明代所绘壁画，剥落处可见早期千佛像。第4和8窟也为方形塔庙窟，开凿年代约为北魏晚期。与天梯山塔庙窟不同的是，窟内左右壁前侧各凿一龛。第8窟为平顶，中心柱分上下二层，下层四面各开一圆拱龛，束腰藤座式龛柱，柱头上为回首反顾的龙。龛内原塑主尊佛像。20世纪60年代正壁龛外尚有身着通肩大衣的立像。右壁龛内绘有释迦多宝对坐像和交脚弥勒菩萨像，属于北魏晚期秀骨清像样式（图3-49）。上层塑上下三排小佛像。第4窟前部为人字披，围绕中心柱为券顶式的甬道。中心柱为单层，仅正壁一龛，龛内塑结跏趺坐佛。龛边泥皮剥落处可见北魏时期所绘供养菩萨像、弟子像以及世俗供养人行列，人物形态十分生动。左右壁前侧龛内各塑一立佛像，与中心柱正壁构成三佛组合。第3窟为三壁三龛式洞窟，保存有北魏晚期的壁画。三壁三龛窟是中原地区流行的洞窟形制，河西地区较为少见。从这一点可以看出，北魏时期河西石窟也受到中原地区的很大影响。

注释：

[1] 史岩《散布在祁连山区民乐县境的石窟群》，《文物参考资料》1956年第4期，第37—44页。

[2] 甘肃省文物工作队《马蹄寺、文殊山、昌马诸石窟调查简报》，《文物》1965年第3期，第13—30页。

[3] 甘肃省文物考古研究所《河西石窟》，北京：文物出版社，1987年。

[4] 李玉珉《金塔寺石窟考》，《故宫学术季刊》第22卷第2期（2004年），第33—66页。

[5] 张宝玺《河西北朝石窟》，上海：上海古籍出版社，2016年。

[6] 敦煌研究院、甘肃省文物局、肃南裕固族自治县文物局编著的《肃南马蹄寺石窟群》，科学出版社，2020年。

[7] 宋天竺三藏求那跋陀罗译《过去现在因果经》卷三记载：魔王以三天女诱惑菩萨，菩萨不为所动。“魔语菩萨：我之果报，是汝所知。汝之果报，谁复知者？菩萨答言：我之果报，唯此地知。说此语已，于时大地，六种震动。于是地神，持七宝瓶，满中莲花，从地踊出……时彼地神，礼菩萨足，以花供养。”姚桂兰、张善庆《马蹄寺石窟群千佛洞地神图像研究》（《敦煌研究》2010年第5期，第53—58页）对地神图像作过相关的研究，提出其神格属于护法，但并没有注意到《过去现在因果经》的记载。

五 酒泉文殊山石窟

文殊山石窟位于酒泉城西南26千米的肃南县祁公乡政府附近，是河西走廊一处十分重要的石窟。窟群分前山区和后山区两个部分，约有洞窟130余座，迄今尚无系统的洞窟编号。1954年，史岩曾作过调查工作，共发现了6个塔庙窟，将其定为北朝时期[1]。1963年甘肃省文物工作队又进行了考察，对前山区的千佛洞和万佛洞作了详细报道[2]。1994年，北京大学考古系进行了详细的调查，新发现了2个塔庙窟及禅窟等早期洞窟，这样塔庙窟共有8座，另外还有100余座不易判断年代的洞窟。前山区洞窟较少，塔庙窟主要有前山万佛洞、千佛洞及其比邻的一座毁坏严重的塔庙窟，前山区靠近公路处的文殊寺中还有一座塔庙窟；后山区是文殊山的中心区域，洞窟多层分布，数量庞大，包括后山千佛洞和其右侧一座塔庙窟，千佛洞上面一层的古佛洞和其左侧一座规模更大的塔庙窟。其中前山万佛洞、千佛洞和后山古佛洞、千佛洞保存有塑像和壁画。由此看来，文殊山是以塔庙窟为主要礼拜窟的石窟群。

塔庙窟平面均方形，围绕中心柱为券顶式的甬道。中心柱分上下二层，或单层，下有高基座。各层均上宽下窄，是河西地区塔庙窟流行的做法，但券顶式窟顶则与武威天梯山、张掖金塔寺等早期洞窟不同，而与龟兹石窟和高昌吐峪沟石窟相似。中心柱每面一般开一圆拱尖楣龛，龛柱为圆形，柱头饰覆莲。有的仅中心柱正壁开一龛。保存较好的有前山千佛洞，中心柱上下二层，龛内均塑一结跏趺坐佛，龛外两侧塑胁侍菩萨像（图3-50）。佛像头均毁，身体宽厚，双手施禅定印。身着通肩大衣，左肩外有偏衫衣角，大衣上用细阴线刻划出田相格。菩萨像上身袒露，披巾绕双臂外

图 3-50 文殊山前山千佛洞中心柱龛像

图 3-51 文殊山前山千佛洞说法图

扬，有刻折带纹，下身着裙，亦刻划出田相格。窟内右壁保存一幅完整的释迦说法图（图3-51），释迦头上有伞盖，身后为火焰背光，身着袒右式大衣，右肩有偏衫衣角。双手施说法印。两侧菩萨头扎上飘的宝缯，颈下戴项圈，上身斜披络腋，下身着裙，手持拂尘和净瓶，或双手捧花盘，身体有明显的扭动，表现出优美的体

图 3-52 文殊山前山千佛洞立佛

态。说法图旁为世俗供养人。前壁壁画分成三栏，下栏为忍冬纹带，其下为三角垂饰；中栏一列立佛像（图3-52），据榜题可知为十方佛。佛像下为身着汉装的世俗供养人行列，上为千佛；上栏为凹凸平台及甬道顶部的飞天（图3-53）。佛、菩萨、飞天的脸部均采用西域流行的晕染法。

前山万佛洞中心柱上下两层，四面各开一龛，龛内佛像，龛外两侧二胁侍菩萨像，均为北魏所塑。正壁下层龛外两侧剥落出北魏壁画，为十大弟子像和二胁侍菩萨像（图3-54），可推知正壁龛内佛像为释迦佛。上层龛左侧也剥落出一弟子一菩萨像。弟子身着袒右式大衣，有的右肩有偏衫；菩萨头戴冠，宝缯上扬，上身斜披一串璎珞，下身着裙。弟子和菩萨采用中原绘画方法，以线条来表现，色彩清新淡雅，形态各异，身体略瘦，体态优美。两种不同风格的绘画汇聚一窟，或许存在年代的差异。值得注意的是中心柱

图 3-53 文殊山前山千佛洞窟顶飞天

图 3-54 文殊山前山万佛洞中心柱正壁下层龛壁画

图 3-55 文殊山前山万佛洞中心柱正壁上层龛

正壁上层龛为阙形龛（图3-55），与敦煌莫高窟的阙形龛类似，表明文殊山与敦煌的密切联系。洞窟内周壁则为西夏时期的壁画，正壁大日如来说法，左右壁分别为弥勒上生经变和西方净土变，壁面转角绘有四天王像，场面宏大，绘制精细，是研究西夏时期绘画和题材的重要作品。

后山千佛洞仅中心柱正壁开龛，塑像已毁，但整个窟内保存着大量壁画，虽然经西夏、蒙元时期重绘，但透过外层，隐约可见最早的壁画内容。如中心柱四壁上层各绘有一排七身天宫伎乐像，窟内四壁上栏每排绘十身伎乐像，中栏似为说法图和千佛，下栏不明。天宫伎乐的构图与敦煌早期洞窟相似，下为凹凸平台，上为圆拱形龛，龛柱作“T”字形，龛内为半身伎乐像，有圆形头光，菩萨形象，样貌古朴。甬道顶部保存着原有斗四平棊的壁画图案（图3-56），每个平棊的中心为莲叶翻转的莲花图案，边饰的植物花纹种类繁多，有波状忍冬纹、环形忍冬纹、四出忍冬纹等[3]。尤其是后甬道两转角处分别绘有二身飞天和对鸟图案（图3-57），非常引人注目。飞天头束髻，脸形丰满，大眼厚唇，丰乳细腰宽臀，身体健壮，颇有西域风情。对鸟的构图为二鸟相对，鸟首均朝向一面，颈部似扎绶带，长尾，双足立于莲叶上。这种图案是西域流行的样式，为研究河西走廊早期石窟的渊源提供了新的资料。

后山古佛洞位居千佛洞上方，中心柱四面各开一圆拱龛，龛内残存北魏时期坐佛，龛外有二胁侍像的残迹。壁画约为元明时期重绘，中心柱正壁龛上有涅槃

图 3-56 文殊山后山千佛洞窟顶平棊

图 3-57 文殊山后山千佛洞窟顶飞天

像，其余三壁绘说法图。窟内四壁绘有经变画和曼陀罗，是研究晚期壁画的重要资料。后山区古佛洞和千佛洞斜对面小山包前有一块较大的平台，平台后壁依山包凿禅窟1座，平面纵长方形，券洞式窟顶。窟内后壁开二个小禅室，左右壁各开四个小禅室。这种三壁附有小禅室的形制渊源于古代印度的石窟寺，在新疆地区石窟寺中较为多见，如库车苏巴什佛寺遗址、吐鲁番吐峪沟石窟。但在河西地区，以前仅见于敦煌莫高窟北魏时期的第268窟、第487窟和西魏开凿的285窟，敦煌以东则未有实例。这座禅窟的发现说明：5世纪在河西地区已经出现这种形制的洞窟，也说明文殊山后山区根据洞窟使用功能的不同，存在着分区分布的情况。

注释：

[1] 史岩《酒泉文殊山的石窟寺院遗迹》，《文物参考资料》1956年第7期，第53—59页。

[2] 甘肃省文物工作队《马蹄寺、文殊山、昌马诸石窟调查简报》，《文物》1965年第3期，第13—30页。

[3] 张宝玺认为："我们从层位上仔细观察，窟顶图案和窟壁壁画时处在同一层位，可以肯定窟顶图案纹样，依然和窟壁处于同层的重修壁画……因此，虽然从图案风格看似有早期成分，但从层位关系观察它仍属表层壁画。"参见前引张宝玺《河西北朝石窟》，第112页。看来张氏并不承认这种早期风格的窟顶壁画。实际上后代重绘壁画只是在原有早期壁画上刷一层白灰后绘制，但窟顶没有重绘。由于，重绘的壁画很薄，所以还可以辨认出早期壁画的风貌，如与窟顶相衔接的为天宫伎乐，因此现存窟顶保存了完整的早期壁画是毫无疑问的。

六 河西地区其他早期石窟寺

20世纪50年代以来，河西地区还发现不少早期石窟寺，重要的有玉门昌马、张掖下观音洞、民乐童子坝、肃北五个庙石窟。

昌马石窟位于玉门镇东南90千米的祁连山境内，昌马河畔[1]。石窟原有上窖和下窖二处，上窖洞窟毁于1932年大地震。下窖共有窟龛11个，其中第2、4窟保存较好。这二个窟平面略呈纵长方形，窟内前部为横券顶，后部中央设中心柱，围绕中心柱为较低的券顶式甬道。中心柱分上下层，每面各开一圆拱龛。龛内塑一佛二菩萨像。窟内其他壁面均为五代、宋时期所绘的壁画。佛像面相长圆丰满，身着通肩大衣，双手施禅定印，整体形象与云冈石窟孝文帝时期开凿的第二期洞窟十分相似，菩萨的形象则与文殊山石窟比较接近。据此，昌马石窟的开凿年代约在北魏孝文帝时期。

下观音洞位于张掖金塔寺附近，为一大型塔庙窟。洞窟分为前后室，前室较宽，平面横长方形，人字披顶，并雕刻出脊檩。比较特殊的是前室右壁下方凿有一小禅窟。后室略窄，平面方形、覆斗顶，后室前侧两角及中心柱四角雕刻有立柱。中心柱下为束腰须弥座式的坛基，中心柱为方柱体，分上下二层，每层均开一龛。龛内塑像已不存，窟内及中心柱壁面均为后代泥皮所覆盖，从中心柱后壁剥落处可以看到早期飞天的形象。从洞窟形制看，与天梯山第18窟较为相似，但开凿年代略晚，应在北魏后期。

童子坝石窟，也称童子寺石窟，位于民乐县城东10千米的翟寨子水库对面山上，现有编号洞窟8个。属于早期洞窟的，共有三个塔庙窟（第2、3、8窟）。洞窟残破严重，平面均为方形，券顶式甬道。中心柱单层四面开龛，龛内塑像已不存。窟内壁面原绘有壁画，但为后代泥皮所覆盖，从剥落处原有千佛题材，佛像面部均用晕染法。看来开凿年代应在北魏时期，不会太晚。近年来，第8窟右甬道右壁前部还剥离出立佛、菩萨和弟子像等壁画，均为典型的北魏晚期“秀骨清像”样式。画面还附有“……持戒□德□□莲华见佛合掌往生时”“上品□家修行大……”等榜题，可知是往生西方净土的观无量寿经变画，是目前已知较早的观无量寿经变之一[2]。

五个庙石窟位于肃北蒙古族自治县城北20千米处，现存有6个洞窟，其中第1、5、6窟为塔庙窟，第2、4窟为三壁一龛窟。早期壁画已基本不见或被覆盖，现存多为西夏时期所绘。从第5窟的洞窟形制看，中心柱为上下二层，每层上大下小，呈倒梯字形。三壁一龛窟为人字披顶。龛均浮塑龛柱、龛楣和龛梁。这些特点与敦煌北朝晚期洞窟相似。故五个庙石窟应开凿于北朝时期[3]。

河西走廊早期石窟寺是中国石窟寺艺术发展演变中一个重要环节，它的发现为研究石窟寺的传播路线以及西域与中原地区的石窟关系提供了实物资料。除了天梯山石窟有文献可证为北凉时期开凿外，其他河西走廊的早期石窟寺均缺少相关的文献和文字记录，故目前学术界对河西走廊早期石窟寺开凿年代问题，看法不尽相同。董玉祥在《河西石窟》一书“河西走廊马蹄寺、文殊山、昌马石窟群”一节中认为：“现存于金塔寺、千佛洞等石窟内一些早期洞窟的形制、造像与壁画，其特点与风格，都与武威天梯山早期洞窟极为一致。这种一致性，绝不是偶然的巧合，而说明了它们之间不可分割的关系……初步估计可能在北凉时期”[4]。张宝玺在《河西北朝中心柱窟》一文中从河西石窟最主要的窟形——塔庙窟入手，对敦煌莫高窟、五个庙石窟、昌马石窟、文殊山石窟、金塔寺石窟、马蹄寺石窟、天梯山石窟等12处石窟的洞窟形制、造像组合和造像特点进行了分析，认为河西地区现存的塔庙窟属于北魏时期开凿，金塔寺、马蹄寺、文殊山等早期洞窟开凿年代约在北魏孝文帝太和年间，年代上晚于云冈的塔庙窟，而且较多地受到中原佛教石窟艺术的影响[5]。这是一篇较为系统的研究河西地区塔庙窟的文章，文章所论有一定的道理。但提出的天梯山三个塔庙窟是否为北凉遗迹值得研究的疑问，这一观点尚缺少说服力。宿白在《凉州石窟遗迹和“凉州模式”》一文中总结了河西早期洞窟的特点，概括出我国新疆以东现存最早的佛教石窟模式——凉州模式，其内容大体包括：“①有设置大像的佛殿窟，较多的是方形或长方形平面的塔庙窟。塔庙窟窟内的中心柱，面层上宽下窄，有的方形塔庙窟还设有前室，如酒泉文殊山千佛洞之例。②主要佛像有释迦、交脚菩萨装的弥勒。其次有佛装弥勒、思惟菩萨和酒泉文殊山前山千佛洞出现的成组的十方佛。以上诸像，除成组的十方佛为立像外，皆是坐像。③窟壁主要画千佛。酒泉文殊山前山千佛洞中出现说法图，壁下部出现了供养人行列。④边饰花纹有两方连续式的花生忍冬。⑤佛和菩萨的面相浑圆，眼多细长型，深目高鼻，身躯健壮。菩萨、飞天姿态多样，造型生动。飞天形体较大。”结合有十六国西秦建弘元年题记的炳灵寺第169窟塑画特点的分析，将凉州系统的石窟造像分为两个阶段。“早期可参考天梯山残存遗迹，酒泉等地出土的北凉石塔和炳灵寺第一期龛像；晚期可参考肃南金塔寺、酒泉文殊山前山千佛洞和炳灵寺第二期龛像。”认为：金塔寺东、西窟和文殊山前山千佛洞要早于敦煌现存最早的第272、275、254、259等窟，“因此，早于敦煌莫高窟现存早期洞窟的这三座塔庙窟的开凿，有可能出自北凉时期；或是北凉亡后，这里沿袭了凉州佛教艺术的系统而开凿的”。除了分期以外，宿白又探讨了凉州系统窟龛造像的渊源，指出凉州窟龛造像主要来源于新疆，龟兹盛小乘，多凿石窟；于阗习大乘，盛建塔寺。这两个系统的佛教及其艺术，于新疆以东首先融汇于凉州地区，而靠东的炳灵寺石窟则更多地受到长安的影响[6]。2000年，宿白又发表了《武威天梯山早期石窟参观记》一文，这是作者1994年参观天梯山石窟后所撰，文章指出第16—18与第1、4窟皆为立佛殿窟和塔庙窟成组的洞窟，组合形式似源于新疆古龟兹石窟。这与《长阿含经·游行经》先叙释迦游行布道，后讲涅槃建塔的内容有一定联系。由此对《凉州石窟遗迹与“凉州模式”》一文作了六项补正[7]。日本学者八木春生也探讨了河西石窟与云冈石窟的关系[8]。

注释：

[1] 甘肃省文物工作队《马蹄寺、文殊山、昌马诸石窟调查简报》，《文物》1965年第3期，第13—30页。甘肃省文物考古研究所《河西石窟》，北京：文物出版社，1987年，图版173—184。

[2] 参见张宝玺《河西北朝石窟》，上海古籍出版社，2016年，第94—97页，图版77—78。张宝玺认为：第8窟的年代约在北魏晚期至西魏时期。

[3] 20世纪80年代，张宝玺和王惠民均作过调查。参见张宝玺《五个庙石窟壁画内容》，《敦煌学辑刊》1986年第1期，第85—92页。王惠民《肃北五个庙石窟内容总录》，《敦煌研究》1994年第1期，第130—136页。最近，张宝玺认为五个庙石窟创建于北周时期，宋、西夏和元重修壁画。参见张宝玺《河西北朝石窟》，上海古籍出版社，2016年，第124—131页。

[4] 甘肃省文物考古研究所《河西石窟》，北京：文物出版社，1987年。

[5] 张宝玺《河西北朝中心柱窟》，《1987年敦煌石窟研究国际讨论会文集——石窟考古编》，沈阳：辽宁美术出版社，1990年，第123—164页。

[6] 宿白《凉州石窟遗迹和“凉州模式”》，《考古学报》1986年第4期，第435—446页。该文后来收入宿白《中国石窟寺研究》一书中，改为《凉州石窟遗迹与“凉州模式”》，北京：文物出版社，1996年，第39—51页。

[7] 宿白《武威天梯山早期石窟参观记》，《燕京学报》新八期，北京：北京大学出版社，2000年，第215—226页。

[8] 八木春生《河西石窟群年代考——兼论云冈石窟与河西石窟群的关系》，《美术史研究集刊（第4期）》，第1—40页，台北：台湾大学，1997年。

第四章

甘宁黄河以东区石窟寺

甘宁黄河以东区是西出长安连接河西走廊的丝绸之路东段，早期石窟寺地点很多，分布范围较广。最早的石窟寺开凿于十六国时期，年代与河西走廊大体相当，如永靖炳灵寺和天水麦积山石窟，前者有西秦时期的纪年题记。

一 永靖炳灵寺石窟

炳灵寺石窟位于甘肃省永靖县西南35千米的小积石山。这里是丝绸之路连接河南道的重要通道，滔滔黄河由西而来，在此形成大的回转，浊浪翻滚，惊涛拍岸，气势磅礴。沿岸群峰耸峙，陡壁峭立，犹如鬼斧神工一般。石窟群就开凿在河北岸大寺沟内的西面悬崖峭壁上，共有编号窟龛195个，主要窟龛开凿于西秦至唐代。炳灵寺石窟的最早发现者是西北人民图书馆的冯国瑞。1951年10月，他在参加临夏土改工作时，首次考察了炳灵寺石窟，并将这次考察的重要发现发表在《甘肃日报》和《光明日报》上[1]，这是中华人民共和国成立以来最重要的石窟寺发现之一，立即引起了中央和地方政府的高度重视。1952年9月，中央文化部社会文化事业管理局与西北文化部组织了炳灵寺石窟考察团，以西北文化部社会文化事业管理处处长赵望云、中央美术学院教务长吴作人和敦煌文物研究所所长常书鸿为正副团长，包括冯国瑞等一行十三人，对石窟进行了比较详细的调查、编号和记录工作[2]。但由于规模最大的第169窟高居悬崖，窟前原有栈道已毁，而未能进行考察。1963年，甘肃省文物工作队进行了第二次调查，首次冒险攀登上了距当时地面高约60余米的第169窟，发现了十六国时期西秦建弘元年（420年）墨书题记以及许多壁画题材的榜题和供养人题记[3]。同年发表了调查简报，认为第169窟大部分塑像属于西秦时期，个别塑像为北魏中晚期所作[4]。长期以来，由于缺少相关的纪年题记资料，关于甘肃早期石窟寺的年代一直是学术界所关心和探讨的问题，这次第169窟西秦纪年题记的重大发现，为解决早期石窟寺的年代问题提供了可资比较的标尺，具有重要的学术价值。壁画题材和供养人题名也是研究西秦佛教的重要实物资料。1967年因修建刘家峡水库，对部分在淹没区内的窟龛进行了搬迁，其中包括了第16龛卧佛院约塑造于西秦至北魏大型卧佛[5]，并在窟区前修建了拦水大坝。这次搬迁亲历者甘肃省考古研究所张宝玺有详细的记述[6]：当时认为卧佛是明清时期所塑，价值不大，欲放弃搬迁，在文物工作者责任心的驱使下，省文化局主管领导和一些同志都提出，不妨作一下解剖，结果发现在剥离明代层之后，还有唐代层，最后露出原塑北魏涅槃像的全貌，它的价值和意义突显出来，于是克服种种困难，进行了分割搬迁。但遗憾的是，位于近沟口的第1龛西秦石胎泥塑立佛大像则被无情地淹没了[7]。1973年，文物部门修通了登临第169窟及其他洞窟的栈道。20世纪90年代，甘肃省文物考古研究所对第169窟作了全面测绘，出版了《炳灵寺一六九窟》专刊，系统地介绍了第169窟的情况[8]。西秦窟龛的发现，引起了学术界广泛关注。董玉祥《炳灵寺石窟的分期》一文对炳灵寺石窟作了分期研究，指出：第169窟内所开诸龛比较零乱，没有统一的规划与布局，时代上有早晚关系，个别塑像和壁画早于建弘年间。第169窟塑像在某种程度上受到中印度秣菟罗式造像的影响[9]。张宝玺《炳灵寺的西秦石窟》一文对西秦窟龛的分布、造像和壁画的特点以及西秦石窟的源流作了充分的论述，指出“炳灵寺西秦石窟的形成和发展与中原和西域的佛教艺术有着密切的关系”[10]。常青《炳灵寺169窟塑像与壁画的年代》一文在作者1984年全面考察的基础上，注意到第169窟塑像与壁画的差异，根据壁画和塑像的叠压打破关系，以建弘元年（420年）纪年龛像为标尺，对第169窟塑像和壁画进行了分期与年代的探索，提出第一期塑像和壁画早于建弘元年，约在412—420年间。第二期塑像和壁画的制作年代在420年左右。第三期塑像和壁画的年代在420—471年之间。并且认为：第169窟有凉州石窟的因素，但更多地受到当时的佛教中心——长安的影响[11]。常青《炳灵寺169窟塑像与壁画题材考释》作为前者的姊妹篇，重点对第169窟西秦至西魏时期的塑像与壁画题材进行了较为细致的考释[12]。

炳灵寺石窟的开凿从西秦一直延续到唐代。东晋十六国时期，炳灵寺称为唐述谷寺[13]，到唐代称灵岩寺，宋代始有炳灵寺之称。炳灵为藏语译音，意为“十万弥勒佛洲”。《太平御览》卷五十四引《秦州记》是这样描述炳灵寺石窟的：“河崖旁有二窟，一曰唐述窟，深四十余丈，高四十余丈，中有三佛寺，流泉浴池，凿石像三百余区。其西二里则曰时亮窟，高百丈，广二十丈，深三十丈，亦有泉水”[14]。《秦州记》为南朝刘宋时人郭仲产所著，其记述大概是十六国时期炳灵寺的情况。有的学者怀疑《秦州记》所谓唐述窟就是第169窟，这种怀疑是有道理的[15]。

十六国西秦时期开凿的主要是第169窟和第1龛，原窟群下层的卧佛院第16龛也可能属于同时期的洞窟。第169窟为平面略呈不规则椭圆形的天然洞穴。窟口距现存地面高30余米（图4-1），20世纪70年代重新修建了盘旋而上的木构阶梯可供

图 4-1 炳灵寺第 169 窟及 171 窟唐代大佛

图 4-2 炳灵寺第 169 窟第 6 龛西方三圣

登临。洞窟面宽27、深19、高14米。窟内左右后三壁共保存着不同时期的造像71尊以及大面积的壁画，造像多为泥塑或石胎泥塑。由于自然风化等原因，有的造像泥皮剥落，仅存石胎。其中窟内北壁西秦建弘元年塑造的第6龛最具代表性（图4-2）[16]，龛内主尊为无量寿佛，佛面相浑圆，长耳垂肩，眼大，双肩宽厚，身体尤显雄壮，身着袒右式大衣，右肩有偏衫衣角，双手施禅定印，结跏趺坐于覆莲座上。两侧分别为观世音和得大势至菩萨立像。其左为十方佛、释迦牟尼、弥勒菩萨和西秦建弘元年题记。释迦形体较大，而旁侧弥勒菩萨形体过小，应与法华三昧观法有关，弥勒是作为释迦的胁侍身份而出现的[17]。根据纪年造像的时代特点，比较窟内其他造像，可以看出窟内主要塑像和壁画均属西秦时期。如第7龛立佛像亦面相浑圆，双肩宽厚，身体雄壮，身着通肩大衣，衣纹单薄贴体，透出健壮的躯体，衣褶稠叠，下垂感很强，颇有中印度秣陀罗佛像样式的特点（图4-3）。造像和壁画题材均为大乘佛教的内容，主要有表现西方净土的无量寿佛说法（图4-4）；表现《法华经》题材的释迦多宝；此外还有《维摩诘经》中的菩萨装的维摩像及侍者像（图4-5）[18]、《华严经》中的十方佛，以及释迦说法（图4-6、图4-7）、释迦苦修像（图4-8）、三佛、五佛（图4-9）、七佛和弥勒菩萨

图 4-3 炳灵寺第 169 窟第 7 龛立佛

图 4-4 炳灵寺第 169 窟无量寿佛说法图

图 4-5 炳灵寺第 169 窟维摩和释迦多宝

图 4-6 炳灵寺第 169 窟释迦说法图

图 4-7 炳灵寺第 169 窟壁画释迦说法图

图 4-8 炳灵寺第 169 窟释迦苦修像

图 4-9 炳灵寺 169 窟坐佛像

图 4-10 炳灵寺第 169 窟西秦坐佛三尊像

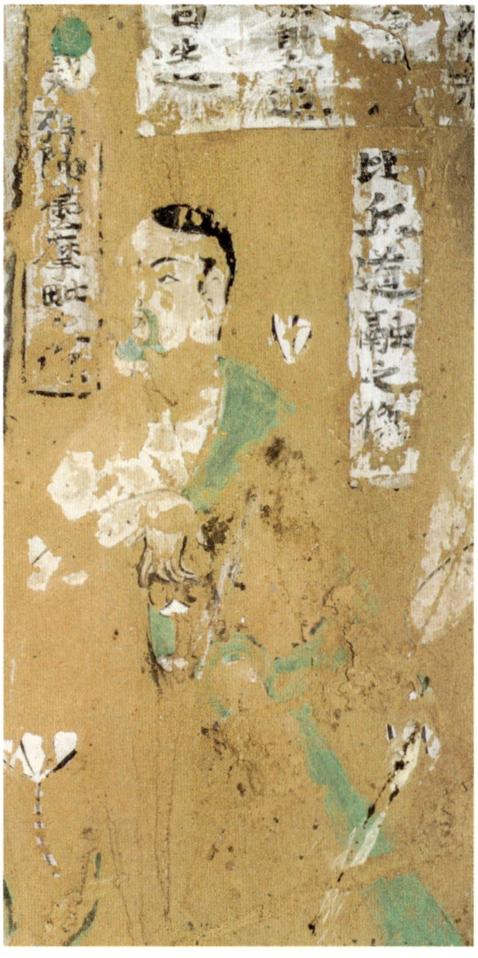

图 4-11 炳灵寺第 169 窟昙摩毗、道融题名

等题材，而且有一定数量的大型立佛像。窟内北壁近窟口处还有一铺三身塑像比较特殊，主尊释迦坐佛，左侧为手持金刚杵的帝释天，右侧为手持拂尘的大梵天（图4-10），另外壁画中还有“阿育王施土因缘”，这种造像题材和样式与凉州石窟是有较大差别的。北凉佛教重视禅观，而末法思想在凉州也极为流行，故凉州造像题材主要是表现佛法传承的七佛一弥勒、释迦佛[19]。因此，炳灵寺石窟西秦塑画题材和样式应有来自长安造像的因素，如炳灵寺最流行的无量寿净土题材或与鸠摩罗什于姚秦弘始四年（402年）译出《无量寿经》一事有关，但也不排除受到来自南方造像题材的影响[20]。同样释迦多宝和维摩诘的题材，也与鸠摩罗什新译《法华经》七卷和再译《维摩诘所说经》有关[21]。从壁画技法看：有西域流行的晕染法和中原式不晕染二种。这表明炳灵寺石窟在受中原影响的同时，也受到西域文化和绘画的影响。第169窟还保存着大量的供养人像及榜题，有著名的西秦建弘元年（420年）墨书题记下所绘供养比丘群像，其第一、二身分别为“□国大禅师昙摩毗之像”和“比丘道融之像”（图4-11），均面朝释迦立佛，是第6龛塑像和壁画的主要功德主（图4-12）。昙摩毗即是《高僧传》卷十一《玄高传》中提到的“时乞伏炽盘跨有陇西，西接凉土，有外国禅僧昙无毗，来入其国，领徒立众，训以禅道”[22]。比丘道融或是参与鸠摩罗什译经的弟子道融法师，是长安佛教复兴的重要人物[23]。题记中还有“乞佛□罗使之像”，很可能与西秦皇室有关。

此外，前述西秦时期塑造的还有第1龛高达4.6米的大型立佛[24]，气势非凡，佛像旋涡纹高肉髻，脸庞丰润，大眼高鼻，身着通肩大衣，与第169窟西秦立佛一样，细密的衣纹紧裹身体，显露出健硕的肌体，亦应受到来自印度秣陀罗造像艺术的影响。位于崖壁下面的第16龛大型卧佛，身长8.6米，唐代和明代曾重妆，在剥离

图4-12 炳灵寺第169窟西秦建弘元年龛

图 4-13　炳灵寺第 16 龛卧佛

重妆泥皮后露出塑像原貌，卧佛保存完好，脸庞丰满，身着通肩大衣，右胁而卧，足穿草鞋（图4-13）。现展陈于炳灵寺石窟文管所内。如此大型的卧佛是新疆以东地区北朝时期所仅见，据早年的考察，第16龛外两侧有多层的壁画，内层有“北魏书迹”[25]，故其塑造年代被认为是北魏时期[26]。从外形看与第132窟前壁窟门上方的涅槃像确实十分相似，但后者不穿草鞋。第16龛与第1龛处在同一水平线上，均利用天然崖壁进行塑造，第169窟同样如此。又中原地区并不流行涅槃像，在云冈石窟中，只见于北魏迁都洛阳前后开凿的第三期洞窟，而且是作为佛传故事中的一个情节出现。涅槃像表现为中原文化葬俗的仰身直肢状，不符合佛经记载，也与单独供养的炳灵寺涅槃像意涵不同。因此，我们认为并不排除属于西秦的可能性。至于涅槃图像的来源，应与涅槃图像十分发达的中亚犍陀罗以及西域龟兹石窟有关，这是值得关注的现象。

北魏时期重要的洞窟有第126、128和132窟。三窟左右毗邻，平面布局相同，大小相当，应是同时期设计开凿的。洞窟均为方形，近似穹隆的覆斗顶，三壁设坛式，坛上雕像，正壁为释迦多宝佛（图4-14），左壁为交脚弥勒菩萨，右壁结跏坐佛（图4-15），构成了三世佛组合。第125龛也雕释迦多宝二佛并坐像，这种以释迦多宝佛为主尊的三世佛，明显地沿袭了云冈石窟第三期的做法，表现了《法华经》信仰在当地的广泛流行。北魏窟龛的造像形象为典型的“秀骨清像”样式。佛像身着褒衣博带式大衣，大衣下摆长覆于座前；菩萨披巾于腹部交叉穿环。其中第126窟窟门外上方有北魏宣武帝延昌二年（513年）大夏郡武阳部郡本国中正曹子元造像题记，可见流行于中原地区新的造像样式已经影响到了甘肃石窟造像。年代略早于上述三窟的第172窟北壁一铺三身的北魏造像（图4-16），主尊坐佛身体健壮，身着旧式通肩大衣，但裙摆遮覆于座前，呈八字形展开，与褒衣博带式大衣样式一

图 4-14 第 126 窟正壁释迦多宝佛

图 4-15 炳灵寺第 132 窟一佛二菩萨像

图 4-16 炳灵寺第 172 窟坐佛三尊像

致，反映了一种过渡时期的样式，这说明炳灵寺的工匠们在接受新事物时还有一个适应过程。最引人注目的是第132窟前壁窟门上方雕刻有大型涅槃像及十大弟子举哀图像（图4-17），这应是第16龛涅槃图像的延续。此外，在炳灵寺窟群以北1千米处西侧山崖高处还有一天然洞穴，现存有两铺说法图。其中一幅说法图为一佛二胁侍菩萨，绘制精美，色彩鲜艳[27]。佛背光上有树冠，着袒右式大衣，左手握大衣衣

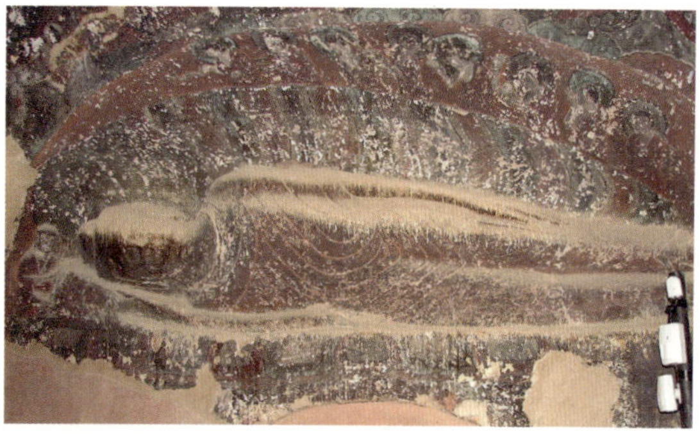

图 4-17 炳灵寺第 132 窟涅槃像

图 4-18 炳灵寺第 172 窟木帐内塑像

图 4-19 炳灵寺第 3 窟内佛塔

角，与第169窟壁画说法图较为相似，应是北魏时期较早的作品。

北周隋代洞窟并不多，有特色的是第172窟西壁木构方形佛帐内的北周塑像，帐内正壁一佛二弟子，两侧壁一佛二菩萨像，均表现出高超的塑造技艺，是北周时期代表性作品（图4-18）。隋代开凿的第8窟内壁画听法弟子和菩萨，以及壁面下部的男女世俗供养人礼佛行列也是非常精彩的绘画。唐代以摩崖龛像为主，数量多达130余个，保存了唐高宗时期造像记多处，造像保存较好，雕刻精致。题材主要流行倚坐弥勒佛，另有释迦，是研究初唐造像样式与题材的重要参考资料。富有特色的是第3窟窟内正中雕刻了一座单层仿木结构的佛塔，十分罕见（图4-19）。第171龛摩崖大佛，为倚坐弥勒佛。上半身为石胎泥塑，下半身为泥塑。按照1965年的实测图，高约34.5米，是甘肃境内第二大摩崖大佛[28]。据宋代李远《青塘录》记载，唐德宗“贞元十九年（803年）凉州观察使薄承祧建灵岩寺大阁，附山七重，中刻山石为像，百余尺”[29]，知为凉州观察使薄承祧所开凿。张宝玺则考证薄承祧为开元时人，并据石窟创建过程，认为“贞元十九年”可能是“开元十九年”（731年）之误[30]。

注释：

[1] 冯国瑞《炳灵寺石窟勘察记》，王亨通、杜斗城主编《炳灵寺石窟研究论文集》，炳灵寺文物保管所，1998年，第1—21页。冯国瑞《永靖发现西晋创始炳灵寺石窟》，《文物参考资料》1953年第1期，第23—24页。

[2] 炳灵寺石窟勘察团《炳灵寺石窟第一次勘察报告》，《文物参考资料》1953年第1期，第1—9页。炳灵寺石窟勘察团《炳灵寺石窟编号及其内容》，《文物参考资料》1953年第1期，第10—17页。

[3] 关于建弘元年墨书题记有“岁在玄枵”，玄枵为子年，建弘五年为甲子年，故日本学者福山敏男《炳靈寺石窟の西秦造像銘について》一文认为：建弘元年是五年之误。文刊《美術研究》第276號，1971年。邓健吾在《麦积山石窟的研究及早期石窟的两三个问题》一文中即采用福山敏男的观点。文刊《中国石窟·麦积山石窟》，北京：文物出版社，1998年，第219—229页。王惠民在《炳灵寺建弘纪年应为建弘五年》一文中亦持同样观点。文刊《敦煌研究》1998年第3期，第167页。

[4] 甘肃省文化局文物工作队《调查炳灵寺石窟的新收获——第二次调查（1963年）简报》，《文物》1963年第10期，第1—6页。

[5] 卧佛原始的位置，可以参见由赵之祥1965年测绘的炳灵寺下寺石窟立面图和1967年测绘的炳灵寺下寺石窟平面图，刊于甘肃省文物工作队、炳灵寺文物保管所编《中国石窟·炳灵寺石窟》，北京：文物出版社，1989年，附页。另见杜斗城、王亨通主编《炳灵寺石窟内容总录》，兰州：兰州大学出版社，2006年。

[6] 张宝玺《炳灵寺石窟第1、16、99、133窟的清理与研究》，颜廷亮、王亨通主编《炳灵寺石窟学术会议论文集》，兰州：甘肃民族出版社，2003年，第75—92页。

[7] 第1龛立佛明代曾重妆，在剥离重妆泥皮后露出原貌，图片可参见张宝玺《炳灵寺的西秦石窟》一文图1、2，文刊甘肃省文物工作队、炳灵寺文物保管所编《中国石窟·炳灵寺石窟》，北京：文物出版社，1989年，第182—192页。

[8] 董玉祥主编《炳灵寺一六九窟》，深圳：海天出版社，1994年。

[9] 董玉祥《炳灵寺石窟的分期》，中国考古学会编辑《中国考古学会第一次年会论文集·1979》，北京：文物出版社，1980年，第347—357页。

[10] 张宝玺《炳灵寺的西秦石窟》，甘肃省文物工作队、炳灵寺文物保管所编《中国石窟·炳灵寺石窟》，北京：文物出版社，1989年，第182—192页。

[11] 常青《炳灵寺169窟塑像与壁画的年代》，北京大学考古系编《考古学研究（一）》，北京：文物出版社，1992年，第416—481页。

[12] 常青《炳灵寺169窟塑像与壁画题材考释》，中国社会科学院考古研究所汉唐与边疆考古研究编委会《汉唐与边疆考古研究（第一辑）》，北京：科学出版社，1994年，第111—130页。

[13] 唐·道宣《集神州三宝感通录》卷下记载：“晋初河州唐述谷寺者，在今河州西北五十里。度风林津，登长夷岭，南望名积石山，即禹贡导之极地也。众峰竞出，各有异势，或如宝塔，或如层楼。松柏映岩，丹青饰岫。自非造化神功，何因绮丽若此。南行二十里，得其谷焉。凿山构室，接梁通水。绕寺花药，果菜充满，今有僧住。南有石门，滨于河上。镌石文曰：晋太始年之所立也。寺东谷中有一天寺。穷讨处所略无定指，常闻钟声，又有异僧，故号此谷名为唐述。羌云：鬼神也。”（《大正藏》卷52，第423页）

[14] 北魏·郦道元《水经注》亦引《秦州记》，但内容不如《太平御览》所引全面。

[15] 齐正奎《亦谈唐述与时亮二窟》（《敦煌学辑刊》1996年第2期，第57—60页）一文，记录了1988年作者在炳灵寺窟群以北1千米处野鸡沟内发现的天然溶洞，称作佛爷台。洞口处主要保存了西秦至北魏的壁画，有一佛二菩萨说法图，坐佛和立佛以及千佛像等。说法图与第169窟西秦壁画说法图较为相似。作者认为是西秦作品，据此推定，佛爷台即为唐述窟，而第169窟为时亮窟。但作者的推断与《秦州记》所记：“唐述窟……凿石像三百余区”的情况并不相符。因此，唐述窟与时亮窟的比定存在互换的可能，并不能轻易否定第169窟为唐述窟的观点。

[16] 近来，韦正在《炳灵寺169窟第6龛的年代问题——兼及有关佛经的形成和流传时间》［《华林国际佛学学刊》第一卷第二期（2018），第241—257页］一文中，同意建弘题记元年为五年之误，指出建弘题记仅仅是指壁画释迦、弥勒和十方佛，而非第6龛。从第6龛菩萨圭状发髻看，年代约相当于云冈早中期。这一观点值得关注，但我们认为：否认第6龛为建弘龛，还缺少足够的证据，虽然大势至菩萨的背光盖住了弥勒菩萨右侧披巾的小部分，但释迦、弥勒下方的供养人像均面朝第6窟，意味着礼拜供奉的是第6龛，仅此一点，可以说明塑像与壁画之间的关联性和整体性，更不会晚到云冈早中期。

[17] 后秦三藏鸠摩罗什译《思惟略要法·法华三昧观法》云："三七日一心精进，如说修行，正忆念法华经者，当念释迦牟尼佛于耆阇崛山与多宝佛在七宝塔共坐，十方分身化佛遍满所移众生国土之中。一切诸佛各有一生补处菩萨一人为侍，如释迦牟尼佛以弥勒为侍。"（《大正藏》卷15，第300页）。考虑到其他西秦壁画中佛均有二菩萨作为胁侍，因此，这样的推断是可以成立的。

[18] 同窟还有一例，即释迦佛旁的维摩诘像亦作菩萨装，是为罕见之例。按鸠摩罗什所译《维摩诘经·香积佛品》有"维摩诘不起于座，居众会前，化作菩萨，相好光明，威德殊胜，蔽于众会"（《大正藏》卷14，第552页）。据此，维摩诘化作菩萨，应与该品有关。

[19] 北凉石塔的造像题材一般都是七佛（过去六佛、现在释迦佛）和弥勒菩萨，表现了过去、现在、未来三世。参见王毅《北凉石塔》，《文物资料丛刊（1）》，北京：文物出版社，1977年，第179—188页。关于北凉石塔的系统研究，可参见殷光明《北凉石塔研究》，新竹市：财团法人觉风发掘艺术文化基金会，1999年。近年来，在甘肃酒泉又有北凉石塔出土。

[20] 江南无量寿佛的信仰十分流行，造无量寿佛像的记载亦很多。而江南与西秦之交往，可以通过河南道，即经益州到达西秦。关于河南道，可参见唐长孺《南北朝期间西域与南朝的陆道交通》，文收录于唐长孺《魏晋南北朝史论拾遗》，北京：中华书局，1983年，第168—195页。

[21] 梁·僧祐《出三藏记集》卷14《鸠摩罗什传》，苏晋仁、萧錬之点校本，北京：中华书局，1995年，第534页。

[22] 《高僧传》卷11《玄高传》，汤用彤校注本，第410页。

[23] 《高僧传》卷6《道融传》，汤用彤校注本，第241—242页。

[24] 前引张宝玺《炳灵寺石窟第1、16、99、133窟的清理与研究》一文提到（第75—76页），第1龛龛高5米，立佛实测高4米。

[25] 前引冯国瑞《炳灵寺石窟勘察记》，第7页。

[26] 张宝玺认为，卧佛原作为北魏秀骨清像风格。参见前引张宝玺《炳灵寺石窟第1、16、99、133窟的清理与研究》，第79—83页；图2，炳灵寺石窟第16、99、133窟平面图。

[27] 甘肃省文物工作队、炳灵寺文物保管所编《中国石窟·炳灵寺石窟》，北京：文物出版社，1989年，图版78。

[28] 石劲松、王玲秀《炳灵寺第171龛唐代大佛史事钩沉》一文则称，弥勒大佛高27米，文刊《敦煌研究》2012年第4期，第55—60页。

[29] 宋·李远《青塘录》，明·陶宗仪《说郛》卷三五《青塘录》，涵芬楼排印本，1927年。

[30] 张宝玺《炳灵寺石窟大佛的创建年代及甘肃十座大佛》，文刊炳灵寺文物保管所编《炳灵寺石窟研究论文集》，兰州：甘肃宝隆印务有限公司，1998年，第188—191页。

二 天水麦积山石窟

古代秦州（今天水市）是丝绸之路东段南道上的重镇。大约在十六国时期，秦州地区也开始了石窟寺的开凿活动。但这一地区石窟寺的调查与研究工作起步较晚，直到20世纪40年代，才有学者发现并调查了麦积山石窟。这是20世纪40年代中国石窟寺最重要的发现之一。麦积山石窟坐落在甘肃省天水市麦积区东南约30千米处，因山崖突兀而起，陡壁峭立，形似麦垛，所以称之为麦积山（图4-20）。石窟就开凿

图 4-20 麦积山石窟

图 4-21 麦积山石窟东崖面

在朝阳的弧形崖面峭壁上，洞窟间以凌空构筑的栈道相连，层层相叠，气势非凡（图4-21）。窟区周围林木茂密，鸟语花香，自然环境十分幽雅。

但在中华人民共和国成立前，这里长期为土匪所盘踞。大概由于这种原因，麦积山石窟在许多大型石窟寺中，诸如云冈、龙门和敦煌石窟，是唯一没有被外国列强所染指和盗窃过的石窟寺，长期以来也很少为世人所知[1]。与新疆、敦煌、云冈和龙门石窟不同的是，麦积山石窟的调查工作是由中国学者进行的。1941年，甘肃天水人冯国瑞等六人首次冒险到麦积山石窟进行考察，同年出版了《麦积山石窟志》。该书将石窟造像分为四个区域，即睡佛石窟、东阁石窟、中阁石窟和西阁石窟，每区以高数丈的大佛像为中心，附列其他大小石窟造像。但冯氏的记述极为简单，尤其是西崖三大窟第127、133、135窟，因栈道毁坏而未登临。1946年，冯国瑞第二次登临麦积山调查，在木工的帮助下，终于登上了西崖三大窟。此次调查对洞窟进行了记录和编号[2]。1951年将调查成果《天水麦积山石窟介绍》一文发表于《文物参考资料》1951年第10期，对麦积山的历史、调查经过、石窟现状作了简单的叙述。1945年，阎文儒由河西考古归来，在西北师范学院任教半年，放假后路由天水，专程赴麦积山石窟调查[3]。1947年，敦煌艺术研究所的李浴亦曾作过调查，撰有万余字的《麦积山石窟调查报告》，记录了169个洞窟的雕塑和壁画内容，可惜该报告未见发表。由于当时客观条件所限，即连接各窟的栈道许多已经毁坏，故有相当数量的洞窟未能进行实地踏查。因此，40年代的调查只能说重新发现了麦积山石窟，真正的调查工作则到了20世纪50年代。麦积山石窟以其精美的雕塑披露于世后，引起国内学术界极大的重视和关注。1952年，由西北文化部组织，敦煌文物研究所所长常书鸿率领的麦积山石窟勘察小组，进行了为期一个月的勘察、摄影、考证、测绘和重点临摹工作[4]。1953年，中央文化部又组织了以吴作人为团长的麦积山考察团，对194个窟龛进行了编号，测量了能够攀登的92个窟龛，临摹了部分壁画，拍摄了一千多张图片，并作了内容总录[5]。1954年出版了《麦积山石窟》图录[6]。1953年日本学者福山敏男梳理了有关地方志并与石窟相对照，撰写了《麦积山石窟寺》一文，对部分洞窟开凿年代作了推断[7]。1956年，日本摄像师名取洋之助在麦积山进行了三天摄影，出版了《麦积山石窟》图录[8]。日本町田甲一利用名取洋之助的图片进行了研究，主要是将麦积山石窟塑像与其他有纪年的石窟和单体造像作对比，由此来推断麦积山石窟部分洞窟的年代约与龙门石窟相当[9]。“文化大革命”期间，麦积山文物保管所重新修筑了连接各窟区的栈道，使以前无法攀登的53个洞窟，得以顺利登临，至此，除第178、176、177、144、143、145、147、146窟外，其余洞窟均有栈道可以通达。这次调查还在第78窟右侧佛像基座上剥出18身世俗男供养人像，发现了“仇池镇□生王□□供养十方诸佛时”等重要题记，这为确定早期洞窟的年代提供了依据，并发表了新发现部分洞窟的考察纪要[10]。50年代以来，国内外学者对麦积山石窟的开创年代、艺术风格、塑像渊源等问题进行了专题研究和探讨[11]，问题的焦点主要集中在麦积山石窟开凿年代上。如阎文儒根据《高僧传·玄高传》和麦积山南宋题刻等资料，认为：“全窟群最早期造像的风格与炳灵寺石窟建弘元年（420年）造像风格相同的情况看，就更证明开创的时间，起码在西秦割据陇右的阶段内。”[12]金维诺赞同后秦说，并将第76窟佛座墨书题记释读为“南燕主安都侯……”，以此证明第76窟开凿于后秦弘始九年（407年）[13]。但现存题记尚无法识读为“南燕主”，而第76窟塑像明显晚于第74、78窟。因此，只能说这是一种推测而已。董玉祥、黄文昆、张学荣等也主张麦积山石窟开凿于十六国后秦时期[14]。第74、78窟是学界公认的最早的洞窟之一。张宝玺则根据第78窟供养人题名中的“仇池镇”的设置，将早期洞窟年代定为北魏时期[15]。邓健吾采取了折中的观点，认为：麦积山石窟创凿于后秦姚兴（394—416年）是有背景的，第74、78窟现存造像的营造年代较云冈第19、20窟稍早些（北魏文成帝即位后，452年），并推测“后秦、西秦时代的造像，很可能在北魏废佛时被破坏掉了，现有造像与造窟年代的时期很可能是不同的”[16]。张学荣、何静珍对张宝玺的观点提出反对意见，认为：麦积山最早的是第57窟，而第74、78窟以及第100、80、128、148窟等早期洞窟都曾经历了一场大火，在洞窟内木制佛座边框留下了被烧过的痕迹，附有“仇池镇”的供养人像叠压在这些痕迹之上，故应是重修时绘制的，并推测这一火烧的事件与北魏太武帝灭法有关。因此第74、78窟最早开凿的年代要早于“仇池镇”的设置，重修年代在北魏文成帝复法以后[17]。这种注重遗迹现象来推断洞窟的年代是一定道理的，但火烧的事件是否与北魏太武帝灭法有关仍需深入研究[18]。主张第74、78窟为北魏说的还有八木春生，他从塑像服饰和装饰纹样入手，认为第74、78窟应开凿于北魏文成帝复法后的470年左右[19]。关于麦积山石窟的分期断代研究工作则做得较少，比较重要的文章有阎文儒《麦积山石窟的历史、分期及其题材》，他根据1961年的调查资料，将麦积山石窟分为八期，并论述了各个时期的题材、造像特征等问题[20]。董玉祥《麦积山石窟的分期》一文，依据窟龛形制、造像内容、造像特点及有关的历史文献和造像铭文，将麦积山石窟分为十六国（包括后秦、西秦）、北魏、西魏、北周、隋、唐、宋八期[21]。由于缺少对洞窟进行考古学的类型排比和横向比较研究，其分期断代仍缺乏足够的证据和说服力。近来，八木春生在多年考察的基础上，将麦积山北朝至隋代洞窟分为北魏前期、北魏中期、西魏前期、西魏后期、北周前期、北周后期、隋代前期、隋代后期八期[22]。魏文斌对麦积山31个初期洞窟作了详细的调查与分期研究，认为：这批洞窟大致可以分为十组三期，时代从北魏文成帝复法以后至宣武帝景明时期，即5世纪中至6世纪初。同时对初期洞窟的题材、塑像和壁画的制作以及与其他地区石窟寺的关系作了较为详细的论述，这是近年来比较系统研究麦积山早期洞窟的专著[23]。李裕群对麦积山北魏晚期洞窟进行了分期，重点探讨了与洛阳地区的关系，认为麦积山北魏晚期出现的佛教塑像世俗化应来源于都城洛阳的影响[24]。初师宾在《石窟外貌与石窟研究之关系——以麦积山石窟为例略谈石窟艺术断代的一种辅助方法》一文中则另辟蹊径，从麦积山整个崖面的布局和使用情况出发，论证了部分洞窟开凿的先后关系。这种对于石窟外貌的研究，确实是石窟分期的重要手段之一[25]。由于麦积山北周和隋代洞窟无论洞窟构造和塑像题材和特点，都十分相似，不易区分。故长期以来，隋代洞窟的问题并没有得到解决。李裕群则从崖面崩塌与洞窟之间的关系入手，考证出东崖大面积的崩塌，是隋代开皇二十年（600年）大地震所致。因此，利用崩塌后崖面开凿的窟龛，即是隋代仁寿（601年）麦积山“再修龛窟”后所开凿，从而识别出一批原被定为北周，而应属于隋代的洞窟，这就改变了以往认为隋代洞窟不多的看法[26]。

历史上秦州地区是地震多发区，因而麦积山石窟所在的崖面坍塌的情况十分严重，如崖面中部一段岩体崩塌较多，东部第4窟下亦有大面积岩体崩塌。故现存洞窟分布于崖面的东、西两面上，共计编号窟龛194个。麦积山洞窟的开凿次序是有一定规律的。大体上西崖洞窟开凿较早，东崖洞窟较晚。现存洞窟的开凿年代约从北魏延续到隋末唐初，宋代主要是大规模的重塑和妆彩佛像。另外从东崖向东的山崖上还有北朝时期的小型洞窟15个[27]。洞窟规模很小，且无造像，极有可能是僧侣在麦积山坐禅行道的禅窟群，这样麦积山石窟实际存在着不同的区域在使用功能上的差别。可惜的是，这些洞窟至今未能引起足够的重视。

麦积山以其幽雅的环境，成为秦州最具魅力的形胜之地。早在5世纪初的十六国时期，就有著名的高僧来到麦积山活动。《高僧传》卷十一《玄高传》记载："（玄）高乃杖策西秦，隐居麦积崖。山学百余人，崇其义训，禀其禅道。时有长安沙门释昙弘，秦地高僧，隐在此山，与高相会，以同业友善。"[28]这是最早关于高僧在麦积山活动的文献记载，但文献中并没有记载这一时期开凿洞窟的事。因此，麦积山石窟的始凿年代是否在十六国后秦时期是很难证明的事。现第4窟（上七佛阁）的阶梯入口处南宋绍兴年间（1131—1162年）题刻云："麦积山胜迹，始建于姚秦，成于元魏。"由于无现存实物作印证，南宋人所谓"始建于姚秦"的说法仍然疑团重重，令人难以信服。麦积山现存最早的洞窟是位居西崖东部显要位置的第74、78窟。两窟东西相邻，规模、形制和题材完全一致，有可能属于一组双窟。洞窟平面均圆角方形，三壁设坛式，坛上塑像，正壁及左右壁均为一尊结跏坐佛像（图4-22），合为三世佛组合。正壁佛像两侧各塑一胁侍菩萨像，菩萨上方各凿一小龛，龛内分别塑交脚菩萨像和半跏菩萨像，应是双弥勒的表现（图4-23）。佛像多为水波纹发髻，脸庞浑圆，眼睛略大，直鼻薄唇，身体浑厚，身着袒右式大衣，右肩有偏衫，下垂于肘下后上搭左臂，并留有大衣的衣边，衣纹细密，且有分叉（图4-24）。菩萨像头束髻，发辫长披于肩，面相与佛像相同，戴穗状耳珰，上身斜披络腋，身体健壮（图4-25）。佛与菩萨的特点与云冈石窟昙曜五窟相比确有

图 4-22　麦积山第 78 窟右壁佛像

图 4-23　麦积山第 78 窟正壁半跏菩萨龛

图 4-24 麦积山第 78 窟正壁佛像

图 4-25 麦积山第 78 窟菩萨像

图 4-26 麦积山第 169 窟交脚弥勒菩萨

图 4-27 麦积山第 69 窟正壁

图 4-28 麦积山第 114 窟

许多相同之处，那么是否意味着能够早于云冈石窟的开凿呢？在“文化大革命”时期，从第78窟右壁佛坛上剥离出里层供养人壁画。供养人身着鲜卑胡服，旁有题名，其中二处提到“仇池镇”。仇池镇为北魏太武帝于太平真君四年（443年）灭仇池国，七年（446年）而设置。该年正是太武帝开始推行灭法政策之时，直到文成帝兴安元年（452年）即位后才复兴佛教。故其开凿年代不可能早于文成帝复法之年。孝文帝太和十二年（488年）仇池镇改为梁州[29]。这样麦积山石窟这组最早的洞窟亦约与云冈石窟的开凿年代（460年）大体相同或稍后，下限不晚于太和十二年。与第74、78窟同时期的洞窟有西崖的第51、165、90等洞窟。这些洞窟的形制与造像题材相同，只是塑像经后代改妆，已失原貌。第169和69龛是一组双龛，龛

图 4-29 麦积山第 28、30 窟外观

作圆拱形，二龛之间雕造有二龙缠绕的形象。龛内分别塑出交脚弥勒菩萨像（图4-26）和坐佛像以及胁侍二菩萨像，是释迦与弥勒的题材（图4-27）。佛像和菩萨像的造型与第74、78窟大体相同，可以估计这组双龛塑造年代大约在北魏孝文帝太和时期。

麦积山石窟的洞窟形制多样，有方形窟、三壁二龛窟（图4-28）、三壁三龛窟、三壁一龛窟、三壁七龛窟、横长方形窟、崖阁式窟（图4-29）[30]和摩崖大佛等种类。

北魏时期主要流行方形窟、三壁二龛和三壁三龛窟，窟顶均为平顶，其中方形窟出现最早，延续时期也长。西魏时期主要流行方形窟、横长方形窟、三壁三龛窟和崖阁式窟。这一时期最大的变化是，窟顶大多为四角攒尖顶，窟内四角立柱，壁顶横枋，四披转角有角梁，整个窟内构成一座仿木式的佛帐结构（图4-30）。北周、隋时期主要承袭了西魏洞窟的形制，流行仿木式佛帐结构，新出现三壁一龛和三壁七龛窟，这两种窟形是为塑造七佛题材而专门设计的。第13号和第98号摩崖大佛，均为隋代雕造的大型一佛二菩萨像（图4-31）。

麦积山石窟中富有特色的崖阁式窟，实际就是仿木式殿堂建筑。现存有第1、4、5、43、49、28、30窟七座，均为西魏至隋开凿的大型洞窟。除第4窟面宽七间外，均为面宽三间的庑殿顶建筑。外立面雕立柱，柱头有斗栱，上承屋檐、瓦垅、屋脊和鸱尾，屋顶均作庑殿式。崖阁式洞窟的出现可能与麦积山现存宋代

图 4-30 麦积山第 27 窟侧壁

图 4-31 麦积山第 9 号摩崖大佛

《秦州雄武军陇城县第六保瑞应寺再葬佛舍利记》残碑所记“昔西魏大统元年（535年），再修崖阁，重兴寺宇”[31]一事有密切关系。有的崖阁窟的开凿则与帝后陵墓有关。如《北史》卷十三《后妃传上》记载：文宣文皇后乙弗氏，“（文）帝复徙后居秦州，依子秦州刺史武都王”。大统六年（540年），乙弗后被迫自尽。“凿麦积崖为龛而葬，……后号寂陵。”可知麦积山有西魏大统六年（540年）凿龛而葬的乙弗后陵。据研究，该陵墓就是麦积山第43窟，为“前为享堂，后为墓室”的形制[32]。洞窟外观为面宽三间的仿木式殿堂建筑样式，前立八角柱，上为庑殿顶（图4-32）。窟内平面横椭圆形，穹隆顶。正壁塑主尊倚坐佛像，左右壁各开一龛，龛内塑佛像，窟内空间略大，适合于礼拜供养。在正壁塑像后面凿有墓穴，墓穴平面刀把形，覆斗顶，前宽后窄。墓室内雕西魏北周流行的仿木式佛帐结构，做法较为隐秘。正壁佛像应是灵柩安葬后所塑。崖阁窟中规模最大的洞窟是俗称上七佛阁的第4窟（图4-33），高居中部悬崖上端，雄伟壮观。它与第3窟、168窟为一整体设计的巨大仿木式建筑，即梯道、过廊和殿堂。殿堂面宽七间、庑殿顶，面宽达到38.5米，是中国石窟寺中单体洞窟规模最大的。由于地震的缘故，前廊立柱和屋檐大部分已经崩塌，残留有鸱尾、瓦垄等屋顶遗迹。洞窟有宽阔的前廊。廊内顶部雕出方形平棊格，每个平棊内均绘有故事画。主室保存完整，为七个并列的方形大龛。实际上每个龛均为一座方形、攒尖顶、有仿木式佛帐结构的洞窟。龛与龛之间雕刻天龙八部立像，形象各异（图4-34），是目前所见较早的天龙八部形象。龛楣为盝顶宝帐式，两侧垂有流苏，帷帐垂系在两侧龛边，象征着开放式的法堂，接受信徒垂听佛陀说法。每个龛楣上方有一对塑画相结合的薄肉塑飞天像（图4-35）。每个龛内

图 4-32 麦积山第 43 窟乙弗后“寂陵”

图 4-33 麦积山第 4 窟外观

图 4-34 麦积山第 4 窟前廊天龙八部之一

图 4-35 麦积山第 4 窟前廊飞天

原均塑有一组佛像，是为七佛说法。壁面则镶嵌模制千佛像，现存主尊佛像及胁侍弟子和菩萨像均为宋代所塑。过廊采用仿木式人字披的建筑样式，外壁开有窗户，内壁雕刻成排的千佛。这座庞大的洞窟组合是由北周大都督李允信所开凿的，留寓于北朝的著名南朝文人庾信为此还撰写了《秦州天水郡麦积崖佛龛铭并序》[33]，铭文描述了它的宏伟壮观：“麦积崖者，乃陇坻之名山，河西之灵岳。高峰寻云，深谷无量……是以飞锡遥来，度杯远至，疏山凿洞，郁为净土。拜灯王于石室，

图 4-36 麦积山第 9 窟外观

图 4-37 麦积山第 9 窟内景

乃假驭风；礼花首于山龛，方资控鹤。大都督李允信者，籍于宿植，深悟法门。乃于壁之南崖，梯云凿道，奉为亡父造七佛龛。似刻浮檀，如攻水玉；从容满月，照曜青莲；影现须弥，香闻忉利。如斯尘野，还开说法之堂……”学者们一般将麦积山第4窟与《佛龛铭》所记作比较，从而将该窟定为李允信所凿之窟，这种观点有一定道理[34]。但也有学者提出不同的意见，如金维诺认为李允信所开应是中七佛龛（第9窟）。黄文昆同意金维诺的观点，并进一步认为只有秦州刺史宇文广及其家属才有资格开凿上七佛阁（第4窟）[35]。但史籍中并没有记载宇文广信佛事，将李允信所开洞窟比定为中七佛龛，其所具特征无法与铭文对应起来。因此，在没有足够证据的情况下，很难判断宇文广是否在麦积山开凿洞窟。中七佛阁位于东崖中部（图4-36），是七个相连的圆拱形大龛（图4-37），不是崖阁式洞窟。龛内均塑一铺塑像，合为七佛题材。塑像均为宋代重妆，主尊佛像剥落处似可以看到北周、隋代塑像特点。但该窟是隋开皇年间东崖大面积崩塌之后开凿的，属于隋代后期洞窟[36]，与李允信所开窟龛并无关系。因此，李允信所开窟为上七佛阁（第4窟）较为可信。

麦积山石窟与敦煌石窟相同，主要以塑像和壁画为主。由于麦积山石窟所在气候潮湿，壁画霉变和剥落情况十分严重，因而保存下来的壁画并不多。麦积山石窟的塑像保存较好，数量很多。这些塑像制作精细，形象生动，被誉为“雕塑艺术的宝库”。各个时期的塑像都有不同的时代特征。如早期洞窟的塑像多为体格健壮、身材魁伟、庄严肃穆的形象（图4-38）。佛身着袒右式或通肩大衣（图4-39），菩萨像则为斜披络腋的旧样式，表现了较早的艺术特点。进入北魏晚期以后，受洛阳佛教雕塑艺术的影响，塑像的变化十分显著，佛像一般身着褒衣博带式大衣，身体消瘦（图4-40、图4-41）。菩萨和弟子像更塑造得眉清目秀，栩栩如生（图

图 4-38　第 70 窟正壁佛像

图 4-39　第 155 窟侧壁佛像

图 4-40　麦积山第 122 窟正壁佛与胁侍像

图 4-41　麦积山第 44 窟正壁佛像

4-42），艺术水平之高，令人赞叹。尤其是菩萨头绾双髻，身着宽博的上襦长裙，为北朝妇女之常服（图4-43）；力士像身着北朝军队常用的裲裆甲（图4-44），这种宗教神祇造像世俗化的倾向在此得到了显著的表现，其来源当与北魏都城洛阳的塑像风格有关，如洛阳永宁寺出土的塑像。到了北周和隋时期，佛（图4-45）、菩萨（图4-46）、弟子（图4-47）等塑像的风格则追求表现人体丰满圆润的造型，

图 4-42 麦积山第 121 窟弟子和菩萨

图 4-43 麦积山第 121 窟螺髻弟子和菩萨

图 4-44 麦积山第 126 窟力士像

图 4-45 麦积山第 22 窟正壁佛像

图 4-46 麦积山 12 窟正壁右侧菩萨

图 4-47 麦积山 12 窟前壁右侧弟子

世俗装束的塑像几乎消失。这种风格与南朝流行的张僧繇的“张家样”塑画风格是一致的，应是受到来自南朝的影响。特别是菩萨具有“S”的扭动的身体（图4-48），与四川南朝菩萨像十分相似，南朝的因素恐怕主要来自于四川成都地区。壁画保存较好的为西魏时期开凿的第127和第135窟，题材丰富。两窟正壁龛上涅槃变、左壁维摩诘变、右壁西方净土变及七佛（图4-49）；第127窟顶舍身饲虎、睒子本生故事（图4-50）以及北周时期开凿的第26窟窟顶涅槃变、第27窟窟顶法华经变等，壁画场面宏大，构图精细，多是北朝晚期佛教绘画的经典之作。

图 4-48 麦积山第 62 窟正壁佛菩萨像

图 4-49 第 127 窟七佛之一

图 4-50 第 127 窟睒子本生

注释：

[1] 大村西崖在《支那美术史雕塑篇》一书中曾提到北周都督李允信在麦积崖营造七佛龛，庾信作龛铭事。佛书刊行会图像部，大正四年（1915年）。

[2] 参见冯国瑞《麦积山石窟志》，1941年陇南丛书编印社出版，1989年天水报社印刷厂重印。重印本将冯国瑞《天水麦积山西窟万佛洞铭》《天水麦积山石窟介绍》《麦积山石窟大事年表》三文作为附录附于书后。洞窟的编号是作者1946年调查时所编，共计121个编号。作者在《天水麦积山石窟介绍》一文中（原刊于《文物参考资料》1951年第2卷10期，第167—186页），将麦积山与敦煌石窟作了比较。

[3] 参见阎文儒主编《麦积山石窟》序言，兰州：甘肃人民出版社，1984年，第1—2页。

[4] 《西北文化部完成麦积山石窟勘察工作》，《文物参考资料》1953年第1期，第30页。

[5] 麦积山勘察团《麦积山勘察团工作报告》，《文物参考资料》1954年第2期，第3—21页。《麦积山石窟内容总录》分五部分，刊于《文物参考资料》1954年第2—6期，第22—34页；第108—112页；第101—113页；第86—94页；第95—108页。

[6] 文化部社会文化事业管理局编印《麦积山石窟》，北京，1954年。

[7] 福山敏男《麥積山石窟寺》，《美術史》第9號，1953年6月，第24—31頁。如对第133、127和121窟的年代推定为北魏末至西魏时期，这是比较正确的，但关于第114窟的年代推定为五世纪前半叶，显然过早了。

[8] 名取洋之助《麥積山石窟》，岩波書店，1957年。

[9] 町田甲一《麥積山石窟の北魏佛について》，《佛教藝術》第35號，1958年8月，第62—87頁。

[10] 麦积山文物保管所《麦积山石窟的新通洞窟》，《文物》1972年第12期，第47—54页。

[11] 较重要的文章有：张宝玺《麦积山石窟开凿年代及现存最早洞窟造像壁画》（《中国考古学会第一次年会论文集》，北京：文物出版社，1980年，第338—346页），张学荣《麦积山石窟的创建年代》（《文物》1983年第6期，第14—17页），黄文昆《麦积山的历史与石窟》（《文物》1989年第3期，第83—89页），上述三文对麦积山石窟的开创年代作了论证。史岩《麦积山石窟北朝雕塑的两大风格体系及其分布情况》（《美术研究》1957年第1期，第13—33页），步连生《麦积山石窟塑像的源流辨析》（阎文儒主编《麦积山石窟》，兰州：甘肃人民出版社，1984年，第78—93页），张宝玺《麦积山石窟壁画要说》（天水麦积山石窟艺术研究所编《中国石窟·天水麦积山》，北京：文物出版社，1998年，第190—200页），作者分别论述了麦积山石窟的雕塑和壁画。傅熹年《麦积山石窟中所反映出的北朝建筑》［《文物资料丛刊（4）》，北京：文物出版社，1981年，第156—183页，后修订为《麦积山石窟所见古建筑》，收录于《中国石窟·天水麦积山》，第201—218页］，对麦积山北朝建筑形象及有关问题进行了研究。

[12] 阎文儒主编《麦积山石窟》，兰州：甘肃人民出版社，1984年。

[13] 金维诺《麦积山石窟的兴建及其艺术成就》，前引《中国石窟·天水麦积山》，第165—189页。

[14] 参见前引董玉祥《麦积山石窟的分期》；张学荣《麦积山石窟的创建年代》；黄文昆《麦积山的历史与石窟》。

[15] 张宝玺《麦积山石窟开凿年代及现存最早洞窟造像壁画》，中国考古学会编辑《中国考古学会第一次年会论文集·1979》，北京：文物出版社，1980年，第338—346页。

[16] 邓健吾《麦积山石窟的研究及早期石窟的两三个问题》，前引《中国石窟·天水麦积山》。

[17] 张学荣、何静珍《再论麦积山石窟的创建年代及最初开凿的洞窟——兼与张宝玺商榷》，《敦煌研究》1997年第4期，第92—107页。

[18] 按张学荣的观点，大火过后重修所有的塑像基本上都是按原式原样复修的。这里的问题是晚于第74、78窟的第100、80、128、148等窟，在年代上亦被定为十六国时期，这样这批较早的洞窟与其他北魏洞窟之间在时间上存在着明显的缺环。而从洞窟形制和塑像特点看，它们的延续关系比较清楚，应该不存在时间上的断层。又张宝熙提出，覆压佛坛边框的泥皮无法确定就是绘有仇池镇供养人这一层。而供养人里层是否有壁画也仅

仅是猜测，不足为据。故仍坚持原有北魏开凿的观点。参见张宝玺《再议麦积山石窟石岩寺年代及第78窟创建年代——兼答张学荣何静珍》，《敦煌研究》1999年第1期，第25—27页。

[19] 八木春生著，何红岩、魏文斌译《麦积山石窟第74、78窟的建造年代》，《敦煌研究》2003年第6期，第58—64页。

[20] 阎文儒《麦积山石窟的历史、分期及其题材》，阎文儒主编《麦积山石窟》，兰州：甘肃人民出版社，1984年，第15—58页。

[21] 董玉祥《麦积山石窟的分期》，《文物》1983年第6期，第18—30页。

[22] 八木春生著、李梅译《天水麦积山石窟编年论》，中国古迹遗址保护协会石窟专业委员会、龙门石窟研究院编《石窟寺研究（第二辑）》，北京：文物出版社，2011年，第111—137页。此外，关于分期还可以参见达微佳《麦积山石窟北朝洞窟分期研究》，中国古迹遗址保护协会石窟专业委员会、龙门石窟研究院编《石窟寺研究（第二辑）》，北京：文物出版社，2011年，第65—110页。

[23] 魏文斌《麦积山石窟初期洞窟调查与研究》，兰州：读者出版传媒有限公司、甘肃教育出版社，2017年。

[24] 李裕群《麦积山北魏晚期洞窟分期研究——兼论与洛阳石窟造像的关系》，麦积山石窟艺术研究所编《麦积山石窟研究》，北京：文物出版社，2010年，第128—148页。

[25] 初师宾《石窟外貌与石窟研究之关系——以麦积山石窟为例略谈石窟艺术断代的一种辅助方法》，《西北师院学报》1983年第4期，第89—94页。

[26] 李裕群《麦积山石窟东崖的崩塌与隋代洞窟判定》，《考古》2013年第2期，第86—96页。

[27] 董广强《麦积山王子洞窟区调查简报》，《敦煌研究》2005年第6期，第38—41页。

[28] 《高僧传》卷11《玄高传》，汤用彤校注本，第409—410页。

[29] 《魏书》卷106《地形志下》南秦州条记载："真君七年置仇池镇，太和十二年为渠州，正始初置，治洛谷城。"唐长孺点校注云，渠州应为梁州。

[30] 麦积山现存宋代《秦州雄武军陇城县第六保瑞应寺再葬佛舍利记》残碑记载有"昔西魏大统元年，再修崖阁，重兴寺宇"之语，因在崖面上凌空开凿，故最初的调查者称之为崖阁窟。但实际上其外观是仿木构殿堂建筑形式的洞窟，应称为佛殿窟更合适些，此处因循旧称。

[31] 碑铭录文参见杨珍《关于麦积山石窟文献和刻石的注释》，《麦积山石窟》，兰州：甘肃人民出版社，1984年。

[32] 前引傅熹年《麦积山石窟中所反映出的北朝建筑》，《文物资料丛刊（4）》，文物出版社，1981年，第158—160页。

[33] 宋·李昉《文苑英华》卷785，北京：中华书局，1987年，第4149—4150页。

[34] 前引傅熹年《麦积山石窟中所反映出的北朝建筑》，《文物资料丛刊（4）》，文物出版社，1981年，第160页。

[35] 前引金维诺《麦积山石窟的兴建及其艺术成就》，《中国石窟·天水麦积山》，北京：文物出版社，1998年。前引黄文昆《麦积山的历史与石窟》，《文物》1989年第3期。

[36] 参见李裕群《麦积山石窟东崖的崩塌与隋代洞窟判定》，《考古》2013年第2期，第86—96页。

三
武山拉稍寺石窟群

属于秦州范围内的重要石窟寺，还有武山拉稍寺石窟群和甘谷大像山唐代弥勒大佛。

拉稍寺石窟群位于武山县城东北25千米榆盘乡钟楼村鲁班峡的崇山中。20世纪50年代，在文物普查时发现[1]。1985年，董玉祥、臧志军发表了调查报告，比较详细地介绍了该石窟寺的情况[2]。2009年，甘肃省文物考古研究所等单位编撰出版了考古报告[3]。石窟群分为千佛洞、拉稍寺、水帘洞、显圣寺四个地点。其中最引人注目的是拉稍寺浅浮雕一佛二菩萨大像（图4-51）。这铺造像雕造在高约60米的陡直崖面上。佛像连座通高42.3米，是北朝时期最大的佛像之一。佛像肉髻低平，面相浑圆，身着通肩大衣，双手施禅定印，结跏趺坐于方形仰莲台座上，座高17.55米（图4-52）。莲座上的浮雕颇具特色，共有三层动物图案。下层为一排九身大象，居中大象为正面形象，两侧大象为侧面形象，均面朝外侧。中层为卧鹿，上层为卧狮，亦为九身组合，居中者因凿有龛像而不明。两侧鹿和狮子与大象相同，均面朝外侧（图4-53）。这种动物的侧面排列方式及狮子的形象颇有中亚艺术的特征。佛像两侧的菩萨略低于佛像，高约30米。头戴花冠，脸庞浑圆，上身斜披僧祇支，下身着百褶裙。侧身朝向释迦佛，双手持一莲花，直立，双足呈八字形。根据北侧菩萨身旁所刻造像题记："维大周明皇帝三年岁次己卯二月十四日，使持节柱国陇右大都督秦、渭、河、鄯、凉、甘、瓜、成、武、岷、洮、邓、文、康十四州诸军事秦州刺史开国公尉迟迥与比丘释道藏于渭州仙崖敬造释迦牟尼像一区，愿天下和平、四海安乐。众生与天地长久，周祚与日月俱永。"可知雕造年代在北周明帝三年（559年），功德主为北周实权人物秦州刺史尉迟迥。尉迟迥崇信佛教，在文献中可

图 4-51 武山释迦大佛二菩萨像远景

图 4-52 武山释迦大佛二菩萨像

图 4-53 武山释迦像佛座

图 4-54 武山拉梢寺水帘洞壁画

以印证。《辩正论》卷四记载：尉迟迥“勳高效重，所在难方，崇善慕福，久而弥著，造妙象寺，四事无阙，法轮恒转，三学倍增”[4]。因此，作为统辖十四州的陇右大都督秦州刺史尉迟迥在渭州雕造大佛，为北周王朝祈福是有缘由的。

水帘洞主要以北周时期的壁画为主，是以一立佛二胁侍菩萨为中心的多铺说法图，立佛身着通肩田相格大衣，菩萨头戴高宝冠，上身袒露，下身着裙（图4-54）。这铺说法图下还有比丘和世俗供养人像。千佛洞主要是泥塑龛像（图4-55），有直接塑在崖壁上的大型立佛，也有小型佛龛塑像（图4-56）以及少量壁画（图4-57），塑画风格与麦积山北周洞窟相似，也应该为同时期作品。

大像山石窟位于甘谷县城西南2.5千米处的文旗山近山顶的峭壁上，这里属于秦岭山脉西部的一支余脉。共有石窟22个，其中第6窟为敞口摩崖大龛。龛内为唐代石胎泥塑的倚坐弥勒佛，通高23.3米[5]。佛像面相方圆，身体魁梧，身着双领下垂式大衣，右手上举，左手抚膝，倚坐于佛座上（图4-58）。此为秦州地区唯一的唐代弥勒大佛。

图 4-55 武山拉梢寺千佛洞

图 4-56 武山拉梢寺千佛洞坐佛及胁侍菩萨

图 4-57 武山拉梢寺千佛洞龛内飞天

图 4-58 甘谷大像山大佛

注释：

[1] 张仲生《武山县发现古代石窟》，《文物参考资料》1957年第10期，第79—80页。

[2] 参见董玉祥、臧志军《甘肃武山水帘洞石窟群》，《文物》1985年第5期，第7—16页。

[3] 甘肃省文物考古研究所、麦积山石窟艺术研究所、水帘洞石窟保护研究所《水帘洞石窟群》，北京：科学出版社，2009年。

[4] 《大正藏》卷52，第518页。

[5] 李亚太《甘肃甘谷大像山石窟》，《文物》1991年第1期，第56—60页。

四
固原 须弥山石窟

须弥山石窟是20世纪50年代发现的规模最大的石窟寺之一，位于宁夏回族自治区固原市西北55千米处。须弥山属于六盘山的余脉，原称逢义山。山脉大致呈南北走向，南面为寺口子河，由西向东流过，古代从原州（今宁夏固原市）到河西走廊的交通路线便经过这里。从河的北岸至黑石沟之间，在绵延近2千米的须弥山东麓，裸露着大片的红砂岩，由于自然风化和雨水冲刷，形成了一座座相对独立的雄伟的山峦。洞窟就开凿于每个山峦的南坡和东坡朝阳的崖面上，自南向北可分为大佛楼、子孙宫、圆光寺、相国寺、桃花洞、松树洼、三个窑和黑石沟8个区域，共有151个洞窟。

原州是丝绸之路东段北道的军事和文化重镇，须弥山石窟对于研究古代丝绸之路上佛教文化艺术的交流与传播具有重要意义。近代以来，由于须弥山石窟地理位置相对偏僻，并不为世人所知。1956年，才有学者进行调查，首次对须弥山石窟作了报道[1]。1961年，又有学者发表考察纪要[2]。这两篇文章对石窟的介绍比较简略，发表的几张照片亦不清晰。1962年，宁夏回族自治区文化局曾组织人员对石窟作了初步调查，将造像保存较好的20个洞窟作了编号，但调查资料和编号均未公布。因而在20世纪80年代以前，须弥山石窟并没有引起学术界的关注。1982年，自治区文管会与中央美术学院美术史系组成联合调查组，对石窟作全面调查和新的编号工作，并于1988年合作出版了《须弥山石窟》一书，书中概括叙述了须弥山各个时期的开凿活动和时代特征，并附有《内容总录》，这是迄今为止唯一比较全面介绍须弥山石窟的专著[3]。1986—1987年，北京大学考古系与宁夏回族自治区文化厅文物处合作，由宿白和马世长率领石窟寺考古研究生，全面考察了须弥山石窟，并对圆光寺一区的北周洞窟进行了测绘、记录、照相和考古报告初稿的撰写工作。1997年先期出版了《须弥山石窟内容总录》[4]，考古报告则嗣后整理出版。2001年，宁夏文物考古研究所和北京大学考古文博院准备重启圆光寺区考古报告的整理与出版事宜，但不幸的是当年测绘的大部分图纸因北大考古系搬家而遗失，计划未能实施。2011年，浙江大学文化遗产研究院、宁夏文物考古研究所和须弥山石窟文物管理所合作，采用数字化的新技术进行了初步调查和试验。2012年正式开始对圆光寺区进行数字化测绘、记录，2020年出版了《须弥山石窟考古报告·[壹]圆光寺区》[5]，这是石窟寺考古一次全新的尝试，有着示范作用。

1990年，陈悦新首次采用考古学方法，根据洞窟分布特点和组合关系，对须弥山唐以前56个早期洞窟进行了分期研究，提出北朝洞窟可以分为四期，第一期北魏末西魏初；第二期西魏时期；第三期北周时期；第四期隋时期。这是一篇研究该石窟北朝洞窟分期的重要论文[6]。1994年，林蔚对须弥山唐代洞窟作了分期研究，提出唐代洞窟的开凿可以分为三个时期，第一期唐高宗晚期至武周初期；第二期武周、中宗时期；第三期玄宗至代宗时期，并分析了须弥山唐代洞窟开凿活动的中止与代宗广德元年（763年）原州被吐蕃攻陷，城池沦为废墟有关[7]。这两篇文章基本上解决了须弥山石窟的编年问题，为进一步研究须弥山石窟提供了年代标尺。

须弥山石窟的开凿大约经历了北魏、西魏、北周、隋、唐五个时期。各个时期的洞窟分布也颇具特色，同一时期的洞窟往往相对集中在某个区域开凿，待崖面大体利用完后，再选择新的区域。

北魏和西魏洞窟主要集中在子孙宫区。北魏洞窟数量较少，洞窟规模一般都不大，多塔庙窟，另有修禅和居住皆用的僧禅窟。塔庙窟平面为方形、覆斗顶。窟门上方有明窗，壁面大多不开龛。中心柱上小下大，多层四面开龛。这种多层塔式的塔庙窟与云冈石窟较为接近，应是受东部石窟影响而出现的。造像题材多一佛二菩萨像，还有交脚弥勒、乘象菩萨和佛传故事中的乘象入胎、逾城出家等。有的僧禅窟结构比较特殊，如第23窟主室两侧附有两座僧房。窟顶是在平顶的基础上，中心部位凿成穹隆顶式。这种形制在中原北方地区石窟寺中尚无同样例子，但在新疆地区石窟寺方形窟中却颇为常见，很可能与来自西域而定居在原州的商胡有关。西魏时期开凿的洞窟数量明显增多。一般洞窟的规模与北魏洞窟大体相当，个别洞窟规模稍大。比较典型的塔庙窟，如第33窟为方形覆斗顶、双层礼拜道的塔庙窟，这种形制是目前所见塔庙窟中的孤例。第32窟中心柱七层，四面开龛。其他还有方形佛殿窟、三壁三龛窟和僧禅窟。这些洞窟往往与塔庙窟成为组合。

北周是须弥山石窟开凿的高潮。洞窟主要分布在圆光寺和相国寺两区（图4-59），以大型的塔庙窟为主，其次为三壁三龛窟，方形、后壁设坛窟和方形无像窟。这些洞窟往往构成组合形式，如礼拜窟与僧房窟和生活设施水井组成一组。同

图 4-59 须弥山相国寺窟群

图 4-60 须弥山第 45 窟中心柱顶部佛帐

图 4-61 须弥山第 45 窟内景

图 4-62 须弥山第 45 窟倚坐菩萨

时出现了影窟群。保存较好的塔庙窟有第45、46、51窟。第45和46窟左右比邻，形制结构一致，均平面方形，覆斗顶（图4-60）。整个窟室内部均雕成一个完整的仿木式佛帐结构（图4-61）。中心柱单层四壁各开一龛，窟内四壁均开龛（图4-62、图4-63）。龛形以帐形龛为主，窟顶雕飞天，中心柱基座前雕刻神王、伎乐或供养人。特征明显的各类神王题材在西北地区十分罕见，而在中原东部地区北朝石窟寺中却非常流行，如洛阳地区的龙门石窟、巩县石窟，邺城地区的南北响堂山石窟等，由此可以看出，须弥山北周洞窟受东部地区石窟寺的影响较大。第51窟是一座

图 4-63 须弥山第 46 窟倚坐佛

图 4-64 须弥山第 51 窟后壁三大佛

特大型洞窟，由前后室和南北两耳室构成，因受地震影响，坍塌严重，1985—1986年进行了修复加固。主室平面略呈方形，覆斗顶，面宽13.5、进深13.2、高10.8米。整个窟内雕刻成仿木式佛帐结构。这种形制是西部地区原州、秦州（麦积山）北朝晚期石窟寺的特点之一，东部地区石窟寺则不见这种形式。窟内中央设中心柱，中心柱单层，四面各开一龛。窟内四壁均开龛，东南北三壁中部各开一窟门。但这个大型洞窟并没有按计划完工，只完成了中心柱龛像和西壁（正壁）三尊高达6.2米的坐佛及南壁西侧一佛二菩萨像（图4-64、图4-65）。其他龛像为隋代续凿。从布局看，原洞窟设计雕刻的主尊题材为七佛。北周时期的造像特点比较显著，均为身体健壮样式。佛像的肉髻宽而低平，脸庞方圆，双肩宽平，身着通肩大衣或双领下垂式大衣。菩萨一般头戴冠，脸庞亦方圆，披巾交叉穿环和横于腹膝二道，璎珞为联珠纹，交接于腹部莲花饰上，或垂于膝部。这些大型洞窟的开凿绝非普通人物所为，极可能与镇守原州的北周重臣李贤、李穆兄弟有一定关系[8]。值得注意的是：除第51窟外，第47、48、37窟也未能如期完工。这样多的大型洞窟，其工程突然中止，恐怕不是偶然的事，很可能与周武帝灭法事件有关[9]。

隋代是须弥山石窟营造的低潮时期，开凿的洞窟很少，主要有相国寺区的第66、67、70窟以及在前期洞窟中补凿的一些龛像。第67和70窟为塔庙窟。洞窟形制基本上承袭了北周洞窟的做法，为方形覆斗顶，中心柱单层四面各开一龛。中心柱顶部出现了仿木式斗栱结构。造像特点明显承袭了北周样式。

唐代是须弥山石窟开凿的繁荣期。洞窟数量多达61个，分布在大佛楼、相国寺、桃花洞等区（图4-66）。洞窟形制以方形覆斗顶的佛殿窟为主，窟内四壁一

图 4-65 须弥山第 51 窟南壁佛菩萨像

图 4-66 须弥山桃花洞区远眺

图 4-67 须弥山第 5 窟摩崖大佛

图 4-68 须弥山第 105 窟内景

般设坛基，坛上雕成铺造像。其次为方形穹隆顶三壁开龛的佛殿窟以及方形或横长方形的僧房窟。大佛窟和塔庙窟较少，但规模很大。如大佛楼第5窟为敞口大像龛式，开凿于唐高宗晚期和武周初期，龛内雕高达20.6米的倚坐弥勒大佛（图4-67），这是现存年代较早的倚坐弥勒大像。桃花洞第105窟为大型塔庙窟（图4-68），约开凿于唐中宗和玄宗时期。洞窟有前后室，前室近方形，露顶，两侧壁均凿有龛像。前室外左右两侧崖面上下各凿一方形佛殿窟，窟内雕有成铺造像。构成了一组庞大的洞窟组合。前室后壁开一窟门，上有明窗。主室方形平顶，面宽8.5、进深7.3、高5.9米。窟内中心设中心柱，中心柱方形、单层。柱身四面各开一龛。龛内主尊分别为正壁一倚坐弥勒佛，南壁一半跏坐观音菩萨，西壁一坐佛，北壁一僧人装束的半跏坐地藏菩萨。这种观音和地藏的组合为中原地区所常见，但作为主尊出现在中心柱龛内则较罕见。窟内左右壁各开二龛，后壁正中开一门，门左右各开一龛。唐代洞窟的造像题材一般有三世佛为主，组合形式为一佛二立佛，或二坐佛一倚坐弥勒佛。造像组合多一佛二弟子二菩萨二天王二力士像，有的还增加了二狮子。约在玄宗时期出现了密宗题材，如多臂观音、地藏菩萨等。唐代造像造型丰满，雕刻精致。佛像一般身着双领下垂大衣；菩萨的披巾垂于腹部和膝部二道，身姿作“S”扭动；天王像则身着铠甲，一手上举，一手叉腰；这些造像特点明显表现出来自长安佛教造像的影响。

须弥山唐代出现的弥勒大佛和规模较大的塔庙窟，其功德主大概不是普通信众所为，而应与原州地方实权人物相关。大量的中型洞窟出现，说明地方官吏和普通信众也参与了石窟的开凿，反映了原州佛教兴盛的状况。但到唐代宗广德元年（763年），原州被吐蕃占领，须弥山石窟也由此走向衰落。

注释：

[1] 刘敏《甘肃固原的石窟造像》，《文物参考资料》1956年第4期，第54页。

[2] 朱希元《宁夏须弥山圆光寺石窟》，《文物》1961年第2期，第27—30页。

[3] 宁夏回族自治区文物管理委员会、中央美术学院美术史系《须弥山石窟》，北京：文物出版社，1988年。王泷、牛达生撰写了《须弥山石窟》专文（第1—25页）；韩有成、于存海编录了《须弥山石窟内容总录》（第27—55页）。

[4] 参见宁夏回族自治区文物管理委员会、北京大学考古系编著《须弥山石窟内容总录》，北京：文物出版社，1997年。

[5] 宁夏文物考古研究所、浙江大学文化遗产研究院、须弥山石窟文物管理所《须弥山石窟考古报告·[壹]圆光寺区》，北京：文物出版社，2020年。

[6] 陈悦新《须弥山早期洞窟的分期研究》，《华夏考古》1994年第4期，第78—94页。

[7] 参见林蔚《须弥山唐代洞窟的类型和分期》，刊于北京大学考古系编《考古学研究三》，北京：文物出版社，1997年，第116—137页。

[8] 参见《周书》卷25《李贤传》；《隋书》卷37《李穆传》。唐·法琳《辩正论》卷4记载，李穆于长安造修善寺，“建兴佛殿，起立僧坊，禅室钟台，靡不精丽，讲堂门屋，咸悉高华。”（《大正藏》卷52，第518页）

[9] 隋·费长房《历代三宝记》卷11记载：周武帝灭法，“毁破前代关山西东数百年来官私所造一切佛塔，扫地悉尽。融刮圣容，焚烧经典。八州寺庙出四千，尽赐王公，充为宅第。三方释子减三百万，皆复军民，还归编户。”（《大正藏》卷49，第94页）须弥山许多北周洞窟工程的中止，应是周武帝灭法事件在石窟寺中的具体反映。

五 庆阳南北石窟寺

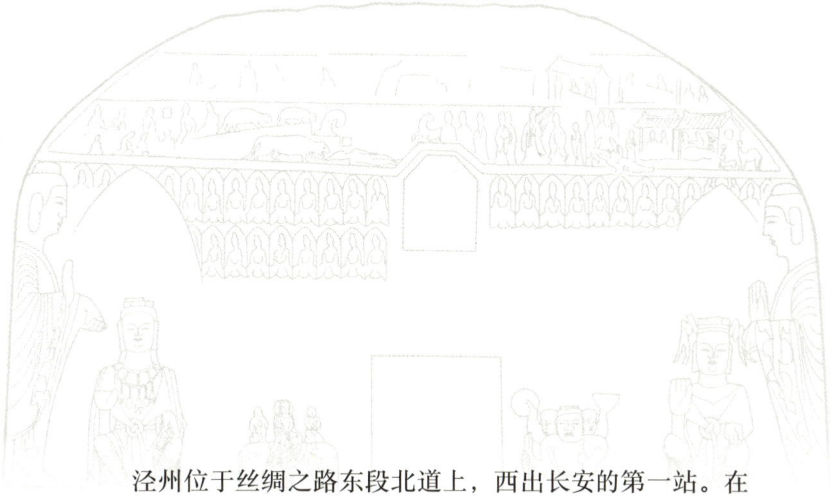

泾州位于丝绸之路东段北道上，西出长安的第一站。在古代历史上，这里既是拱卫长安的军事重镇，也是佛教文化艺术传播的交通路线。泾州地区最重要的石窟寺主要有南北石窟寺和泾川王母宫石窟。

南北石窟寺是陇东地区最大的石窟寺，为北魏永平二年和三年（509—510年）泾州刺史奚康生所创建。南石窟寺发现较早，1925年，陈万里到西北考察时，曾经调查过泾川南石窟寺，发现了现存的北魏永平三年（510年）奚康生所造《南石窟之碑》（现收藏于泾川县王母宫石窟文管所内），对碑文作了考释，并预言与南石窟寺相对应的必然有北石窟寺[1]。但北石窟寺究竟存在与否？所在地在哪里？始终是一个谜。1959—1960年，甘肃省博物馆文物工作队陈贤儒、赵之祥在陇东地区进行文物古迹普查时，终于在庆阳县（今庆阳市）西峰镇西南25千米蒲河和茹河交汇处的东岸覆钟山发现了北石窟寺[2]。1961至1962年，省博物馆再次进行调查，清理了第165窟窟前殿堂遗址，新发现一批窟龛。并在北石窟寺之北1.5千米处又发现了楼底村石窟。1963年，邓健吾（1931—2021）对第165窟的七佛题材等作了解读，认为：“佛洞”的中心思想是表现北魏最盛行的《妙法莲华经》和对三世佛信仰最深的一种表现[3]。20世纪70年代以后，省博物馆又多次进行勘察，主要是南石窟寺[4]。在全面考察的基础上，甘肃省文物工作队与庆阳北石窟寺文管所编著了《庆阳北石窟寺》一书，对北石窟寺作了全面的介绍以及分期的研究，同时对造像题材和各个时期的造像艺术特色进行了研究，最后附有北石窟寺内容总录[5]。2013年，甘肃北石窟寺文物保护研究所编著的《庆阳北石窟寺内容总录》一书[6]，对北石窟寺作了完整的介绍，包括文字记录、每个洞窟的测图和图片。考虑到南北石窟寺的密切关系，编者还收录了《泾川南石窟寺内容总录》，同时还有张宝玺《北石窟寺七佛窟之考释》一文。这是目前关于南北石窟寺最重要的参考书。

北石窟寺共有编号窟龛295个，从北魏一直延续到盛唐（图4-69）。南石窟寺位于泾川县东7.5千米，泾河北岸的崖面上，有编号洞窟5个。两处石窟最重要的是：北魏奚康生在任泾州刺史时所开凿的北石窟寺第165窟和南石窟寺第1窟。据考证，第165窟开凿于北魏永平二年（509年）[7]。洞窟平面均横长方形，覆斗顶，面宽21.7、进深15.7、高14米。窟前有晚期的献殿遗址（图4-70）。窟门上方设大明窗，窟门外雕二天王二狮子像。窟内左右后三壁设低坛基，坛上雕像（图4-71、图4-72）。正壁三尊立佛四尊胁侍菩萨像（图4-73、图4-74），左右壁各二尊立佛三尊胁侍菩萨像，组成七佛题材（图4-75）。前壁两侧各雕一尊倚坐或交脚弥勒菩萨（图4-76）。靠近窟门处分别雕刻阿修罗像（图4-77）和骑象菩萨像（图4-78）。壁面上部雕刻场面宏大的佛传和本生故事。第1窟的形制、题材布局、造像形象与第165窟完全相同，只是规模略小些。面宽18、进深13.2、高11米。窟内也雕刻七佛二交脚弥勒（图4-79、图4-80）。窟顶雕刻多个情节的佛传故事（图4-81）。这两个洞窟规模之大，保存之完整、雕刻内容之丰富，堪称是陇东地区北魏石窟的代表作。此外，北石窟寺北一号窟（即楼底村第1窟）也是陇东地区北魏石窟中具有代表性的洞窟。洞窟为平面纵长方形，平顶的塔庙窟。面宽5、进深6.5、高4.6米。窟内正壁（西壁）雕刻几乎与窟等高的一立佛二菩萨像。南北壁分上下二层开龛。龛内雕坐佛或释迦多宝。窟内中央设中心柱。中心柱亦分上下二层开龛。下层平面方形，上端四角均雕刻象首。四面开龛，内雕一佛二菩萨（图4-82）。龛楣上雕刻思惟菩萨。上层平面为八角形，每面均开一龛，龛内雕一佛二菩萨。这种上下层不同

图 4-69 北石窟寺外景

图 4-70 北石窟寺第 165 窟前献殿遗迹

图 4-71 北石窟寺第 165 窟左侧内景

图 4-72 北石窟寺第 165 窟右侧内景

图 4-73 北石窟寺第 165 窟正壁佛像

图 4-74 北石窟寺第 165 窟正壁菩萨像

图 4-75 北石窟寺第 165 窟前壁雕刻

图 4-76 北石窟寺第 165 窟前壁交脚弥勒菩萨

图 4-77 北石窟寺第 165 窟前壁阿修罗像

图 4-78 北石窟寺第 165 窟前壁骑象菩萨

图 4-79 南石窟寺第 1 窟正壁

图 4-80 南石窟寺第 1 窟东壁

图 4-81 南石窟寺第 1 窟窟顶佛传故事

图 4-82 楼底村石窟中心柱下层东面龛

的中心塔柱形制与泾川王母宫石窟相似，前者应是模仿王母宫石窟而开凿的。

南北石窟寺开凿之际，正是首都洛阳龙门石窟雕塑艺术走向成熟的时期。奚康生开凿的南北石窟寺雕刻艺术风格与地方传统的雕刻明显不同，而集中体现了龙门石窟造像的艺术风范，是龙门石窟为代表的都城雕刻艺术向西传播的一个重要例证。

注释：

[1] 1925年陈万里西行考察，3月13日在西安碑林博古（斋）购得《泾州魏南石窟寺碑》拓片，23日在泾川文庙亲睹碑之现状，称"民国六年自王家沟移存于此"。王家沟是南石窟寺南面的一个村庄。他还提到参观王母宫石窟一事。24日即访南石窟寺。参见陈万里《西行日记》，（北京）朴社，1926年，第28页，第34—38页；附录二泾川石刻校释及考证，第147—152页。碑之拓片可参见常盤大定、關野貞《支那文化史蹟（第九輯）》，圖版88（1），法藏館，1940年。常盘认为：此碑不见于金石著作著录，大概是新出土的（第九輯解說，第96頁）。2018年，复旦大学文史研究院编译的常盘、关野《中国文化史迹》13卷中文版（原书12卷），由上海辞书出版社出版。关于南石窟寺碑的考证，可参见八木宣諦《涇川の石窟寺—北魏の南石窟寺碑について》，《印度學佛教學研究》第29卷第1號（1980.12），第142—143頁。

[2] 陈贤儒《甘肃庆阳、镇原等县发现三处石窟》，《文物》1961年第2期，第35页。

[3] 邓健吾《庆阳寺沟石窟"佛洞"介绍》，《文物》1963年第7期，第26—36页。

[4] 甘肃省博物馆《甘肃泾川南石窟寺调查报告》，《考古》1983年第10期，第908—914页。

[5] 甘肃省文物工作队、庆阳北石窟寺文管所《庆阳北石窟寺》，北京：文物出版社，1985年。据调查，第257窟唐证圣元年（695年）宁州丰义县令安守筠造像铭"于宁州北石窟寺造窟一所"的记载，可以确认之。另外，还可以参考马化龙《丝绸之路东段的几处佛教石窟——泾川王母宫与南、北石窟寺考察》，《西北师院学报》（社会科学版）1983年第4期，第99—102页。

[6] 甘肃北石窟寺文物保护研究所编著《庆阳北石窟寺内容总录》，北京：文物出版社，2013年。

[7] 现存于第165窟内宋代残碑记载："泾州节度使奚侯创置。"该窟内清乾隆六十年（1795年）《重修石窟寺诸神庙碑记》记载："今原州之東，有石窟寺者，粤稽厥初盖创自元魏永平二年泾原节度使奚侯创建。"

六 泾川王母宫石窟

王母宫石窟位于泾川县城西郊汭河和泾河交汇处的宫山脚下，与南石窟寺仅相隔8千米。1923年9月13日，美国华尔纳组织第一次西北考察团，在循着佛教传入中国内地的古道上考察时，在泾川发现的。此时洞窟已经塌毁严重，崩落的石块堆积在窟内[1]。1925年，陈万里参加华尔纳第二次西北考察团，有简单记录，并拍摄了图片[2]。20世纪80年代，甘肃省博物馆发表了详细的调查报告[3]。王母宫石窟仅为一座大型的塔庙窟。洞窟坐东朝西，平面方形，前壁已崩塌，面宽12.6、残深8、高11米。窟内三壁布局相同，分上下开龛，下层三龛，上层五龛。其中南壁保存较好，下层为并列的三个楣拱龛，中间一龛内雕一坐佛，左右龛内各雕一立佛。上层五个龛内雕一坐佛。中心柱分上下二层开龛。下层平面方形，上端四转角处均雕刻一大象。柱体四面开龛，除南面龛雕释迦多宝外，余均雕一佛二菩萨。龛外两侧均浅浮雕佛传故事，有太子掷象、太子试艺等场景（图4-83）。上层平面为八角形，底面（即下层顶面）四角各雕一多层方塔，为下层大象所驮。柱体八面均开一龛，龛内雕一佛二菩萨。王母宫石

图 4-83 泾川王母宫石窟中心柱

窟的佛像均面相浑圆，下颌丰满，身体健壮，身着褒衣博带式大衣。整个洞窟的结构形式和佛像的样式均与云冈第6窟塔庙窟有着惊人的相似。因此，可以说王母宫石窟直接仿自云冈第6窟，是“云冈模式”向西影响和转播的最佳例证，很有可能是来自云冈的工匠参与了洞窟的开凿。它的开凿年代早于奚康生开凿的南北石窟寺，应当在北魏迁都洛阳（494年）前后，功德主大概是泾州地方的实权人物[4]。

注释：

[1] Langdon Warner, Chinese Expedition 1923-24，*Notes* (*Fogg Art Museum*), Vol. 2, No. 1 (Apr., 1925), pp. 2-18。该文最后附有王母宫石窟平面图；Langdon Warner, *The Long Old Road in China*, New York: Doubleday Page & Company 1926. 该书中译本：兰登·华尔纳著，姜洪源、魏宏举译《在中国漫长的古道上》，乌鲁木齐：新疆人民出版社，2001年。

[2] 陈万里于3月23日考察大佛洞（王母宫石窟），记道：“余等先至大佛洞，寺殿仅存破屋数间，已无僧居。洞内东西北三面均有造像。下层者悉损毁，碎石遍地，残破之造像触目皆是，殆有盗者为之毁坏欤？随拾一佛头，拟带还北京，以证盗者所为，固有意也。”参见陈万里《西行日记》，（北京）朴社，1926年，第34页。

[3] 甘肃省博物馆《甘肃泾川王母宫石窟调查报告》，《考古》1984年第10期，第622—626页。

[4] 温玉成认为：宋赵明诚《金石录》卷21收录有“后魏化政寺石窟铭”，题曰“泾州刺史杞疑造”。《魏书·阉官传》载有抱疑传，其本姓杞，因知杞疑即抱疑也。杞疑任泾州刺史在太和十二年以后，直至卒于泾州。因此，我们怀疑王母宫石窟有可能是杞疑于太和末经营的“化政寺石窟”，完工或在景明年间也。参见温玉成《中国石窟与文化艺术》，上海：人民美术出版社，1993年，第176—177页。《金石录》卷2目录第三百八十八“后魏化政寺石窟铭”下有“杞疑造，文帝大统七年十二月”，纪年为西魏时期，是否为后人补刻，则不得而知。

七
陇东地区其他石窟寺

除了南北石窟寺、王母宫石窟大型石窟外，陇东地区还分布着许多北魏时期的小型石窟，比较重要的有保全寺石窟、张家门沟摩崖、华亭石拱寺石窟等[1]。

保全寺石窟位于合水县东北平定川源头西岸，共有窟龛25个[2]，约开凿于平城时期后期。其中第3龛稍大，正壁雕释迦多宝和交脚弥勒菩萨并列两龛。第5龛雕倚坐佛三尊像。第15龛雕交脚弥勒菩萨二胁侍菩萨。第16龛雕释迦多宝二佛并坐像。这些造像题材反映了来自平城云冈石窟的影响。造像样式地方特征显著，佛像身体硕壮，着袒右式大衣或通肩大衣，衣纹细密，表现了北魏孝文帝改革服制前的旧样式。

张家沟门摩崖龛像位于合水县东北平定川中段西岸的峭壁上，共有8龛[3]。保存较好的为第1—4龛。龛内均雕一佛二菩萨像。佛像身着袒右式大衣，施禅定印。身体宽厚健壮，雕刻虽较粗糙，但仍然可以看出云冈造像的特征。其中第2、3龛之间，阴刻铭文："太和十五年（491年）太岁在未癸巳朔三月十五日/佛弟（子）程弘庆供养佛时造石坎（龛）像一躯。"这大概是陇东地区最早的纪年龛像。

石拱寺石窟位于甘肃省华亭县上关乡半川村北侧的一处山梁的崖面上。洞窟开凿于南向的崖壁上，从西而东排列，共有15个窟龛，主要洞窟开凿于北魏晚期，个别属于北周隋代窟龛[4]。窟龛崩塌较为严重，有的仅存半个洞窟，甚至只有后壁。但残存的窟龛造像保存较好。其中第2和第6窟是窟群中规模最大的主窟，窟形保存完整，规模宏大，应该是地方身份地位相当高的功德主所凿建。第6窟居窟群中心位置，平面方形，穹隆顶。窟高7.9、宽8.2、进深7.4米。三壁各雕一立佛二胁侍菩萨像。立佛高达5米，属于丈八像之列。前壁窟门

图 4-84 华亭石拱寺第 11 窟正壁主佛

上方设有明窗，窟门两侧各雕一力士像。前壁下方还有浮雕数排世俗供养人，上方浮雕供养天及伎乐天。造像人为破坏严重，但大型立佛大衣的下摆呈八字形展开的做法与奚康生开凿的南北石窟寺十分相似，开凿年代亦约相当。

第2窟平面圆形，穹隆顶。面宽11.2、进深9.7、高8.5米。圆拱形窟门，上方设有明窗。窟内正左右三壁前设低坛基，坛上雕像。正壁一坐佛二胁侍菩萨；两侧壁一倚坐像二胁侍菩萨，其中左壁倚坐菩萨像。各壁佛与菩萨之间各浮雕一身弟子。造像毁坏严重，从残存的菩萨所垂的璎珞样式和粗矮的下身看，属于北周、隋代的特征，开凿年代当在北周隋之间，是窟群中最晚的洞窟。

第8、9、11、12、13、14窟为典型的平面方形、三壁三龛式窟。保存较为完整的第11窟，三壁龛内各雕一坐佛二菩萨立像（图4-84），组成三世佛。龛外两侧各雕一侧身立佛。前壁窟门上方凿一龛，龛内雕一佛二菩萨像。龛外两侧分别雕维摩、文殊像。窟门两侧则为世俗供养人。窟顶微微隆起，中心雕一莲花，四披各雕二身飞天。三壁三龛窟中，主尊释迦多宝仍是三世佛中表现的重要组合，如第9窟正壁主尊、第8窟右侧壁均为二佛并坐的形式，这与云冈石窟第三期洞窟三佛题材一致。特别是第8窟前壁阿育王输土和第11窟的维摩文殊题材，是云冈第二、三期洞窟中十分常见的。由此可以看到云冈石窟对陇东地区石窟的影响。

注释：

[1] 甘肃省文物工作队、庆阳北石窟文物保管所编《陇东石窟》，北京：文物出版社，1987年。

[2] 郑国穆、魏文斌《甘肃合水保全寺石窟调查简报》，《石窟寺研究（第二辑）》，北京：文物出版社，2011年，第18—33页。

[3] 甘肃省文物工作队、庆阳北石窟文物保管所编《陇东石窟》，北京：文物出版社，1987年，第14—15页。

[4] 魏文斌《甘肃华亭石拱寺石窟调查简报》，《敦煌研究》2007年第3期，第1-11页。洞窟的分布参见该文图2石拱寺石窟洞窟总平面、立面图。

第五章

陕西地区石窟寺

陕西长安（今西安市）作为中国古代的政治中心，自十六国以来，佛教素称发达。姚秦时期鸠摩罗什在长安的译经，为中国佛教的发展奠定了坚实的基础。但关中地区由于自然条件所限，石窟寺的开凿极为罕见。从目前石窟寺的分布看，主要集中在西安周边和陕北地区。开凿年代较晚，地点较为分散，每个地点的洞窟数量并不多，最早的石窟地点可以早到北魏晚期，大量的石窟则为唐、宋时期开凿，地方特点比较明显，是研究晚期石窟造像的重要地区。

一
彬县大佛寺

彬县大佛寺位于彬县城西10千米泾河南岸的清凉山上，此为长安前往西北的官道旁，泾河从清凉山前蜿蜒东流。现存窟龛116个，其中保存有造像的洞窟约有10余个（图5-1）。大佛寺石窟见于明清的地方志记载[1]。1902年，晚清著名金石学家叶昌炽亦曾经游览过大佛寺，著录了石窟寺内的碑刻题记103品[2]。对大佛寺的科学考察始于20世纪20年代。1923年，华尔纳去河西考察途径大佛寺时作过简单调查[3]。1928年，崔盈科发表了《陕西邠县之造像》，介绍了大佛寺石窟寺的概况[4]。50年代以来，陆续有简报发表[5]。1979年，陕西省考古研究所贠安志对大佛寺作了比较详细的

图5-1　彬县大佛寺外景

调查，著录了部分石刻铭记，并对大佛寺进行了分期与年代的探讨[6]。90年代初，西安美术学院李凇曾三次赴大佛寺进行调查，发现了千佛洞中的唐代武太一造像题记，结合文献记载考证，认为大佛洞是由唐太宗李世民于武德初年开凿[7]。1994年和1996年，常青二次对大佛寺进行了详细的调查，重新作了编号。在1998年出版的《彬县大佛寺》一书中较全面地论述了大佛寺石窟的分期与年代，并结合长安附近的其他石窟寺资料，对长安佛教造像样式进行了归纳和总结。这是迄今为止，较为全面记录和论述大佛寺石窟的专著[8]。

彬县大佛寺始凿年代并没有明确的文字记载，从西崖第1、2、3、5号窟看，这些洞窟平面为圆角方形，三壁设坛式，窟顶穹隆形或平顶。第1、3、5号为三身结跏趺坐佛；第2号正壁为倚坐菩萨、左右壁分别为结跏趺坐佛和半跏菩萨，这种组合形式十分罕见。三佛组合和倚坐菩萨像都是北周和隋代流行的题材。造像样式颇显敦厚，与隋代造像较为一致，因此这批洞窟有可能是隋代开凿的。

初唐时期最重要的洞窟是唐贞观二年（628年）完工的大佛洞。洞窟平面椭圆形，顶略呈穹隆形，面宽34.5、进深18、高23.5米。窟顶正中做出了横向的人字披，窟内正壁前设高达20余米的坐佛像（图5-2），佛像身后凿出礼拜隧道，这种做法与云冈石窟第5窟较为接近。左右壁雕高达17余米的二菩萨像（图5-3、图5-4）。

图5-2 彬县大佛寺大佛

图 5-3 彬县大佛寺大佛左菩萨

图 5-4 彬县大佛寺大佛右菩萨

主佛身体表面虽经重塑，但基本上体现了原有造像的特点：佛像的肉髻较高，身躯丰壮、胸腹平坦、身着褒衣博带式大衣，衣纹的写实感不强。二菩萨像分别头戴化佛冠和宝瓶冠，可知这二尊菩萨像为观世音和大势至菩萨，主尊坐佛应为西方阿弥陀佛。菩萨面相浑圆，身体丰满，呈“S”形扭动，表现出与隋代造像不同的风格。佛像的背光上有“大唐贞观二年十一月三日造”的题记。那么这座规模宏伟的大佛洞究竟是谁建造的呢？根据千佛洞正壁发现的豳州长史武太一题记所云：应福寺（即大佛寺）“武圣皇帝平薛举时所置也”，唐太宗平薛举为唐武德元

图 5-5 彬县大佛寺塔庙窟

图 5-6 彬县大佛寺唐代洞窟造像

年（618年），因此，这座大佛窟大概是武德元年开始开凿的，功德主可能就是唐太宗。其他洞窟及龛像大都为高宗至玄宗时期雕造的（图5-5、图5-6），其中有武则天的堂侄女彭城县主武氏造像龛。彬县大佛寺是长安附近规模最大的石窟寺，其造像样式和题材应反映了长安佛教造像流行的风尚。因此大佛寺是研究长安造像样式重要的石窟资料。

注释：

[1] 毕沅《关中圣迹图志》卷27邠州条记载："唐庆寿寺，在邠州西二十里官道旁，唐贞观二年造。"

[2] 叶昌炽《邠州石室录》，北京：文物出版社，1982年。

[3] Langdon Warner, *The Long Old Road in China*, New York: Doubleday Page & Company, 1926.

[4] 崔盈科《陕西邠县之造像》，《中山大学语言历史学研究所周刊》第5卷第56期，1928年。

[5] 参见贺梓城《陕西邠县大佛寺石窟》，《文物参考资料》1956年第11期，第27—28页。

[6] 负安志《彬县大佛寺石窟的调查与研究》，《中国考古学研究》编委会编《中国考古学研究论集——纪念夏鼐考古五十周年》，西安：三秦出版社，1987年，第457—474页。

[7] 李凇《唐太宗建七寺之诏与彬县大佛寺石窟的开凿》，李凇《长安样式与宗教文明》，中华书局，2002年，第13—49页，该文原刊于《艺术学》第12期，台北：艺术家出版社，1994年。李凇《彬县大佛寺开凿时间新考》，《文博》1995年第4期，第72—75页。

[8] 常青《彬县大佛寺造像艺术》，北京：现代出版社，1998年。

二
麟游
慈善寺石窟

慈善寺石窟位于陕西麟游县城东约8千米漆河西岸崖面上。共有大型洞窟3座，为唐高宗时期开凿。另外在南山崖面上还有佛龛9个。1958年，陕西省文物管理委员会曾作过初步调查[1]。20世纪90年代，常青亦多次调查该石窟，发表了比较详细的考察报告[2]。1998—2000年，西北大学考古专业等又作了详细的调查与研究，出版了考古报告[3]。

慈善寺创建于隋仁寿年间（601—604年）[4]，地处隋唐时期著名的避暑胜地——隋仁寿宫、唐九成宫附近[5]，属皇家供养礼佛之寺院。因此，慈善寺石窟的开凿应与皇室有关。3座洞窟均坐西朝东，南北排列。洞窟规模宏大，造像雕刻精致，保存完好。第1窟平面为椭圆形，穹隆顶。窟内凿出凹字形坛，正壁坛向外伸至窟中央，坛上主尊佛像为圆雕（图5-7），身后与正壁间形成甬道，左右壁坛上依壁各雕一坐佛（图5-8、图5-9）。三尊佛像均高4米余。第1窟正壁主尊佛像被认为是隋代雕造的[6]。当然寺院的创建并不等于石窟的开凿，造像样式虽有隋代余风，但与西安出土的隋代佛像已相去甚远，而与初唐佛像一致，因此雕造年代定为唐高宗时期比较恰当。第2窟为大像窟，平面马蹄形，穹隆顶。窟内正壁依壁雕造高达4.7米的立佛像（图5-10）。左右壁各有一尖拱形浅龛，内雕一佛二菩萨像（图5-11），或一佛二弟子像

图 5-7　慈善寺第 1 窟正壁佛像

图 5-8 慈善寺第 1 窟左壁佛像

图 5-9 慈善寺第 1 窟右壁佛像

图 5-10 慈善寺第 2 窟正壁立佛

图 5-11 慈善寺第 2 窟左壁一佛二菩萨像

图 5-12 慈善寺第 2 窟右壁一佛二弟子像

（图5-12）。第3窟未完成。慈善寺石窟造像充分表现了初唐时期的风格。佛像肉髻低平，脸庞长圆，颈部有显著的三道肉纹，躯体丰满，身着双领下垂式大衣或通肩大衣，衣纹突起，裙摆紧裹双腿，显露足形。菩萨像头戴冠，上身斜披络腋，下身着裙，身体健壮，有明显的扭曲。这种样式应是代表了长安佛教造像的流行风尚。此外在第2窟内还发现《如来在金棺嘱累清静庄严敬福经》刻经[7]。该经为中土所撰

图 5-13　耀州区药王山石刻

图 5-14　耀州区药王山倚坐菩萨

之伪经，宣扬造像写经与来世获福之因果关系。因此，《敬福经》的发现也为唐代佛教造像进一步世俗化提供了经典依据。

长安周边比较重要的还有药王山摩崖造像。该摩崖造像位于铜川市耀州区东约2.5千米的药王山东南隅，分布在长20米的石灰岩崖面上，有编号龛29个[8]。雕造于隋唐时期（图5-13）。年代最早的是第4龛，约为隋代作品。龛作长方形，龛内雕单尊倚坐弥勒菩萨像，高3米余（图5-14）。火焰形的头光内雕七佛，菩萨头戴低宝冠，冠两侧扎下垂及肩的宝缯，头部比例略大，面相长方形，双肩披挂一串联珠纹璎珞，垂于双腿间。这种璎珞样式是北周、隋代常见的做法。右手残，左手持一宝珠，倚坐于束腰须弥座上，双足踩莲座。菩萨身材不像北周造像那样上身长下身短，比例较为匀称，因此，定为隋代可能比较合适。倚坐姿的菩萨在北齐石窟造像中十分常见，有的明确题名为“弥勒”，往往以弥勒下生的身份出现。西部地区则较少见，在固原须弥山石窟北周洞窟中有实例。但弥勒菩萨往往与释迦，或作为三世佛中的未来佛出现。而此为单尊弥勒菩萨，应是突出表现弥勒的信仰。唐代造像有释迦坐佛、阿弥陀佛、双观音像、观音菩萨、地藏菩萨、文殊普贤骑狮、象等。观音信仰十分突出。菩萨像头束高发髻，上身披络腋，下身着裙，身体修长，表现出典型的长安唐代样式。

注释：

[1] 陕西省文物管理委员会《陕西麟游的摩崖造像和石窟》，《文物参考资料》1958年第11期，第60—65页。

[2] 常青《陕西麟游慈善寺石窟的初步调查》，《考古》1992年第10期，第909—914页。

[3] 西北大学考古专业、日本赴陕西佛教遗迹考察团、麟游县博物馆《慈善寺与麟溪桥——佛教造像龛调查研究报告》，北京：科学出版社，2002年。该书附录中日学者相关研究论文八篇，可以参考。

[4] 唐·道宣《广弘明集》卷17〈庆舍利感应表〉云："仁寿二年六月五日夜，仁寿宫所慈善寺新佛堂内灵光映现，形如钵许，从前柱绕梁栿，众僧睹见。……仁寿二年六月八日，诸州送舍利，沙门使还宫所，见旨相问慰劳讫，令九日赴慈善寺为庆光斋，僧众至寺，赞诵旋绕行香。"（《大正藏》卷52，第220页）据此，隋仁寿二年（602年）6月前寺院佛殿刚建成未久。

[5] 中国社会科学院考古研究所编著《隋仁寿宫·唐九成宫——考古发掘报告》，北京：科学出版社，2008年。

[6] 参见张燕、王建新、张建林《慈善寺、麟溪桥窟龛造像的分期与编年》，该文刊于前引《慈善寺与麟溪桥——佛教造像龛调查研究报告》一书。常青《浅谈石窟考古断代方法与样式研究——〈慈善寺与麟溪桥〉读后》（《考古与文物》2003年第5期，第65—75页）一文已经指出该文对1窟正壁主尊佛像年代判断有误，将它定为唐高宗初期较为合理（第67—68页）。

[7] 中国社会科学院考古研究所西安唐城队、麟游县博物馆《陕西麟游慈善寺南崖佛龛与〈敬福经〉的调查》，《考古》1997年第1期，第53—61页。

[8] 参见陕西省文物管理委员会、耀县县人民委员会文教局编印《药王山石刻（附碑石目录）》，1963年。负安志、翟春玲《耀县药王山摩崖石刻造像》，《文博》创刊号1984年第1期，第53—55页。张砚、王福民《陕西耀县药王山摩崖造像调查简报》，《中原文物》1994年第2期，第8—16页。详细的考古报告则可参阅铜川市考古研究所、西安美术学院中国艺术与考古研究所编《药王山摩崖造像考古报告》，西安：三秦出版社，2015年。《陕西石窟内容总录》编纂委员会编《陕西石窟内容总录（铜川卷）》，西安：陕西人民出版社，2017年。

三
淳化县金川湾石窟

金川湾石窟是1981年新发现的[1]，它位于陕西淳化县城东南15千米金川湾村南的石崖上，是一座大型的洞窟。洞窟平面方形平顶，面宽进深各10、高7.1米。南（正）壁开圆拱形大龛，内雕高达4.3米的主尊坐佛。龛外两侧各有一胁侍菩萨像，高约2米。“文化大革命”时期三尊造像遭到破坏，造像残块堆积于窟内，近年来进行了拼接修复，大致恢复了佛像的原貌（图5-15）。该石窟最为重要的是：窟内东西两壁雕刻了三阶教的经典，如《七阶佛名经》（图5-16）《明

图 5-15　淳化金川湾石窟

图 5-16　淳化金川湾石窟《七阶佛名经》

诸经中对根时深发菩提心法》《大集经月藏分经略》《佛说大方广十轮经序品》等。因此，可以推定该窟造像和刻经应是三阶教徒所雕造的。三阶教为隋信行禅师所创。隋开皇时，曾流行于长安。信行认为当今社会即是末法时代，故竭力倡导苦行与普法，推行无尽藏。该教往往被佛教正统派视为异端，武则天和唐玄宗均认为三阶教是邪说。武则天将三阶教经典列为伪经，玄宗则禁断《三阶集录》。从如意元年（692年）至开元十三年（725年）三阶教多次遭禁[2]。从该窟主尊坐佛的样式看，佛像身着双领下垂式大衣，大衣下摆覆于莲座上，并且透出仰莲瓣的形状，明显具有初唐后期长安地区流行的造像特点。因此，该窟的开凿或在武则天时期，很有可能与武则天禁三阶教的历史背景有关，是三阶教徒为了保存该教所奉经典而特意开凿的。三阶教刻经石窟的发现对于研究三阶教在长安的活动情况及经典的流传有着重要的学术意义。

注释：

[1] 参见姚生民《淳化唐代刻经石窟》，《中国文物报》1997年2月23日第4版。张总、王保平《陕西淳化金川湾三阶教刻经石窟》，《文物》2003年第5期，第65—74页。李凇《陕西古代佛教美术》，西安：陕西人民教育出版社，2000年，图113，第108—109页。

[2] 参见汤用彤《隋唐佛教史稿》第四章“隋唐之宗派”，第九节“三阶教”，北京：中华书局，1982年，第196—200页。

四
陕北地区石窟寺

陕北地区是石窟寺开凿较多的地区之一，从北魏时期即开始石窟寺的营造，但数量很少。到了宋金时期，石窟寺的开凿急剧增多，而且洞窟构造、造像题材别具特色，是研究中原北方地区晚期石窟造像的艺术宝库。由于陕北地区石窟寺地点较为分散，每个石窟寺规模较小，洞窟数量不多。所以，早年石窟寺的调查和研究工作做得并不多。20世纪50年代曾有过二次简单的调查。第一次是1956年陕西省博物馆和文管会调查了富县石泓寺和阁子头石窟，作了编号、测绘和记录[1]。第二次是1959年古代建筑修整所张智等人在赴陕北考察革命文物时，顺路调查了黄陵万佛寺和延安万佛洞石窟[2]。这些调查资料的刊布并没有引起足够的重视。“文化大革命”以后，有关部门和学者加大了对这一地区石窟寺调查工作的力度。1979年，延安地区文化局对全区石窟寺进行了普查[3]。1978年至1982年，靳之林（1928—2018）等在陕北考察，新发现了一批北朝时期石窟寺和摩崖造像[4]。1982年靳之林编著出版了《延安石窟艺术》图录，比较详细地介绍了从北朝到宋金各个时期石窟造像[5]。1983年，延安地区群众艺术馆编著了《延安宋代石窟艺术》图录，重点介绍了七处宋代石窟寺[6]。1985年，陕西省考古研究所对富县石泓寺等20余处石窟寺进行了考察[7]。20世纪90年代以来，石窟寺的调查与研究工作出现了良好发展的势头，一些重要的石窟调查报告问世[8]。2014年，李静杰在多次调查的基础上，发表了《陕北宋金石窟佛教图像的类型与组合分析》一文，对陕北地区宋金石窟的洞窟形制、各种图像的布局与组合关系作了全面的论述[9]。特别是陕西省相关文物部门加强了石窟寺的调查工作，在此基础上，由《陕西石窟内容总录》编纂委

图 5-17 安塞大佛寺第 3、4 窟外观

图 5-18 安塞大佛寺第 2 窟立佛

员会编辑的《陕西石窟内容总录》多卷本于2017年正式出版[10]，其中《延安卷》上中下三册，提供了这一地区系统而全面的石窟寺资料，使我们对陕北地区石窟寺有了一定的认识。2020年，甘肃教育出版社出版了石建刚《延安宋金石窟调查与研究》一书，对宋金石窟作了较为系统的调查与研究，亦可参考。

陕北北朝时期的石窟寺大约有15处，保存状况不是太好。比较重要的石窟寺是安塞大佛寺石窟。

大佛寺石窟位于安塞县城西1千米，原称真武洞石窟，有洞窟4座。2007年，大佛寺管委会在拆建窑洞时新发现了第3、4窟（图5-17），故现有编号洞窟6座[11]。其中第2窟为一平面椭圆形、穹隆顶的大像窟，窟内正壁雕一立佛二力士像。佛像高达5.4米，身着褒衣博带式大衣，形体高大健壮，立于高0.72米的莲座上（图5-18）。佛像占据窟内较大的空间，身后则凿有礼拜道。大像窟的形制与云冈昙曜五窟十分相似，尤其是云冈第18和第16窟二座以立佛为主像的洞窟，二者更为接近。而佛像样式则与云冈第6窟和甘肃庆阳北石窟寺奚康生所开凿的第165洞窟佛像相似。毫无疑问，这座大像窟受到了来自云冈石窟的影响，因此可以估计大像窟开凿年代约在北魏迁都洛阳前后。真武洞大像窟的发现可以看出“云冈模式”向西影响，陕北地区是一条极为重要的传播路线，这条路线正是北魏平城通往河西走廊的交通要道，应引起学术界的关注[12]。新发现的第3、4窟开凿于北魏晚期，平面方形、平顶，雕刻保存较好，秀骨清像的造像有显著的自身特点，即人物往往以侧身的形象出现，这是很少见的。造像的衣纹较为疏朗，不似陕西传统的那种细密衣纹的风格，而是传承于北魏洛阳地区的样式。造像题材除了主尊外，佛传题材内容很丰富。有树下诞生（图5-19）、九龙灌顶（图5-20）、七步生莲（图5-21）、阿私

图 5-19 安塞大佛寺第 3 窟树下诞生图

图 5-20 安塞大佛寺第 3 窟九龙灌顶图

图 5-21 安塞大佛寺第 3 窟七步生莲图

图 5-22 安塞大佛寺第 3 窟太子求学图

陀占相、太子试艺（跪着持盾？）等场景，特别是树下诞生图像，摩耶夫人身着广袖大衣，右手攀树枝，释迦太子从夫人的右袖笼里探出头来，这种表现方式体现了古代艺术家不同寻常的想象力和创造力。此外羊车载太子求学的画面在佛传故事雕刻中十分罕见（图5-22）[13]。特别是窟顶雕一朵硕大的莲花，与洛阳北魏洞窟窟顶大莲花相似，而莲花两侧分别雕刻有仙人骑龙（图5-23）和仙人骑凤，前各有一飞天持物引导，这与龙门北魏火烧洞窟门楣上的汉式传统的二身天人乘龙的形象和敦煌莫高窟西魏第249窟窟顶南北披所绘驾龙凤车的东王公、西王母可作比较，或表现了中国传统文化对佛教艺术的影响。

宜君县福地石窟虽然属于关中铜川市所辖，但从地理上已经进入到陕北黄土高

图 5-23 安塞大佛寺第 3 窟仙人骑龙图

原了，故靳之林调查时归入到陕北[14]。福地石窟是一座佛道合开的洞窟，开凿于西魏大统元年（535年），雕刻有佛像和老君像。这是目前佛像最早的佛道混合窟，是陕西地区道教兴盛的反映。可惜的是，现在窟内造像已被搬迁至室内保存。

陕北地区最富特色的是宋金时期的石窟寺。以北宋石窟为主，少量为金代开凿。比较重要的有子长北钟山石窟[15]、延安万佛洞石窟[16]、黄陵万佛寺石窟[17]、富县石泓寺和阁子头石窟、安塞县黑泉驿、万佛寺、石寺河石窟等[18]。这些石窟地点比较分散，每个石窟洞窟数量不多，但不乏大型洞窟。从洞窟形制看：一般以单一的佛坛窟为主，也有以佛坛窟为主的成组洞窟，另外有少量的塔庙窟、佛殿窟、禅窟和瘗窟。

佛坛窟是延安地区最富特色的洞窟形制，一般规模较大，题材丰富，雕刻精美。从佛坛窟的平面布局看，形制变化是比较复杂的，大体可以分为坛柱式、坛屏式和坛式等多种形式。

坛柱式的典型洞窟有子长钟山石窟第3窟（图5-24）、富县石泓寺第2窟（图5-25）、安塞招安第3窟等，均为大型洞窟。平面一般为方形，窟门甬道较深。窟内中央设佛坛，坛上雕主尊佛像，四角各雕立柱，与窟顶相接。立柱上雕刻千佛。佛坛之上的窟顶雕刻圆形或八角形藻井，有些洞窟的顶部边缘雕出一斗三升式斗栱。窟内四壁有的开龛造像（图5-26），有的通壁千佛、菩萨、罗汉以及说法和涅槃题材等故事画。安塞招安第3窟则有前室，前室中部雕二立柱，构成面宽三间的仿木式窟檐。子长钟山石窟第3窟规模最大，平面作横长方形，有三个窟门。窟内中央设横长方形佛坛，坛上前后二排各四个立柱，构成三开间的佛坛，主尊佛像分别置于各间中部靠后侧（图5-27）。

图 5-24　子长钟山第 3 窟正壁坛上雕刻

图 5-25　富县石泓寺第 2 窟佛坛

图 5-26　富县石泓寺第 2 窟右壁龛像

图 5-27　子长钟山第 3 窟观音菩萨

坛屏式的典型洞窟有富县石泓寺第5窟、富县大佛寺第3窟[19]和延安清凉山万佛洞石窟（图5-28）[20]，石泓寺和大佛寺二窟平面均方形，单门道。窟内中央设高坛，坛上后部中央及坛左右边共有五根直通窟顶的屏板，每根屏板上雕刻一佛二弟子和二菩萨像。万佛洞石窟平面为横长方形，有二个门道，其中一个门道左右壁雕刻文殊、普贤骑狮象。窟内中央设横长方形佛坛，佛坛上左右侧各立直通窟顶的屏壁，后侧无屏壁。佛坛上方窟顶有三个并列的覆斗形藻井。佛坛上原有三身造像已不存。窟内壁面雕刻释迦、倚坐弥勒佛（图5-29）、观音（图5-30）、文殊、普贤、弟子和罗汉等稍大造像，以及一座十五层佛塔。其他壁面均为千佛像。

图 5-28 延安清凉山万佛洞第 1 窟内景

图 5-29 延安清凉山第 1 窟左壁雕刻

图 5-30 延安清凉山第 1 窟左壁前方观音像

坛式的典型洞窟有志丹县城台石窟、顺宁石窟、富县马渠寺第2窟、安塞黑泉驿石窟等。城台石窟规模很大，有前后室，前室平面横长方形，且宽于后室，面宽25、进深6米。前室前部雕刻直通顶部的四根方形立柱，构成面宽五间的仿木式前廊，前室后壁开三个门道（图5-31）。后室平面亦横长方形，窟内中央设长方形佛坛，佛坛上置主尊佛像。窟内左右后三壁开龛造像（图5-32）。志丹顺宁石窟第5窟平面布局与城台石窟大体相似，有宽度相同的前后室，前室雕刻四根八角形立柱，构成面宽五间仿木式窟檐。

图 5-31 志丹城台石窟前廊

图 5-32 志丹城台石窟后室后壁造像

图 5-33 黄陵万佛寺石窟外观

图 5-34 黄陵万佛寺佛坛

塔庙窟较少，典型的洞窟有黄陵万佛寺和富县柳圆石窟。黄陵万佛寺石窟是北宋绍圣年间开凿的一座大型洞窟（图5-33），坐东朝西，具前后室。前室雕出四根八角形立柱，柱下有覆莲柱础，柱头间置阑额，柱头上承斗栱及撩檐枋，使整个外观构成面宽三间的仿木建筑样式。前后室之间有长甬道相连。主室平面方形，面宽9.3、进深12、高5.3米。窟内中央设方坛，方坛东面敞开，南北西三面凿出背屏式石壁，与窟顶相连，南北壁前端雕出抹角柱。这样方坛之上实际上构成了中心柱，中心柱内为平面方形的深龛[21]。龛内正壁和右壁雕坐佛，左壁为倚坐弥勒佛（图5-34）。甬道及窟内皆雕刻造像。富县柳圆石窟平面近弧方形，窟内中央设中心柱，中心柱四面开龛造像[22]。

延安地区宋金石窟比较突出的是洞窟形制完全模仿了地面寺院的佛殿建筑形式。如方形和长方形洞窟平面形制，仿木式前廊，与寺院佛殿建筑平面布局一致。窟内方形佛坛或横长方形佛坛，也与佛殿内设置佛坛、坛上塑像的做法相同。

注释：

[1] 陕西省博物馆、陕西省文管会《鄜县石泓寺、阁子头寺石窟调查简报》，《文物》1959年第12期，第19—22页。

[2] 张智《黄陵万佛寺、延安万佛洞石窟寺调查记》，《文物》1965年第5期，第30—42页。

[3] 延安地区文化馆姬乃军《延安地区的石窟寺》，《文物》1982年第10期，第18—25页。文章介绍了1979年以来延安地区文化局对本地区石窟寺的调查情况，主要报道的石窟地点有：延安城东清凉山万佛洞（现存3个洞窟）、子长安定镇北钟山石窟（1个洞窟）、黄陵县双龙千佛寺石窟（也称万佛洞石窟，1个洞窟）和富县石泓寺石窟（共7个洞窟）四个石窟。另外简要介绍了志丹城台石窟、何家洼石窟，安塞石寺河石窟、招安石宫寺石窟，富县段家庄石窟、川庄石窟和窑子沟石窟。

[4] 参见靳之林《陕北发现一批北朝石窟和摩崖造像》，《文物》1989年第4期，第60—66页。

[5] 靳之林《延安石窟艺术》，北京：人民美术出版社，1982年。

[6] 延安地区群众艺术馆编著《延安宋代石窟艺术》，西安：陕西人民出版社，1983年。

[7] 员安志《陕西富县石窟寺勘察报告》，《文博》1986年第6期，第1—15页。员安志《论富县石泓寺、松树沟金元石刻造像的年度与特征》，《文博》1986年第6期，第65—67页。

[8] 参见杨宏明《安塞县石窟寺调查报告》，《文博》1990年第3期，第64—70页。刘合心、段双印《洛川县寺家河唐代密宗造像石窟》，《文博》1992年第5期，第60—67页。李圣廷《米脂万佛洞石窟》，《文博》1992年第5期，第37—38页。冉万里《陕西安塞云山品寺石窟调查报告》，《考古与文物》2005年第4期，第31—40页。张华《陕西富县柳园石窟调查及相关内容分析》，《考古与文物》2018年第3期，第80—85页。

[9] 李静杰《陕北宋金石窟佛教图像的类型与组合分析》，《故宫学刊》2014年第1期，第92—119页。

[10] 《陕西石窟内容总录》编纂委员会所编《陕西石窟内容总录》，分为铜川卷、延安卷，西安：陕西人民出版社，2017年。王红娟：《陕北佛教石窟寺研究的回顾与展望》，《佛学研究》2011年第1期，第423—436页。

[11] 陕西省考古研究院、延安市考古所、安塞县文物旅游局《陕西安塞县大佛寺石窟调查简报》，《考古》2013年第12期，第1147—1168页。

[12] 参见李淞《陕西古代佛教美术》，西安：陕西人民教育出版社，2000年。

[13] 吴·月支优婆塞支谦译《佛说太子瑞应本起经》卷上记载：释迦太子“及至七岁，而索学书，乘羊车诣师门。”《大正藏》卷3，第474页；西晋·月氏三藏竺法护译《普曜经》卷3《现书品》记载：“菩萨乘羊车将诣书师，适入书堂欲见其师。”《大正藏》卷3，第498页。

[14] 靳之林《陕北发现一批北朝石窟和摩崖造像》，《文物》1989年第4期，第63—65页。

[15] 延安地区文物普查队、子长县文物管理所《子长钟山石窟调查记》，《考古与文物》1982年第6期，第39—43页。

[16] 延安地区文化馆姬乃军《延安地区的石窟寺》，《文物》1982年第10期，第18—25页。

[17] 张智《黄陵万佛寺、延安万佛洞石窟寺调查记》，《文物》1965年第5期，第30—42页。

[18] 杨宏明《安塞县石窟寺调查报告》，《文博》1990年第3期，第64—70页。

[19] 参见员安志《陕西富县石窟寺勘察报告》，《文博》1986年第6期，第1—15页。

[20] 参见姬乃军《延安地区的石窟寺》，《文物》1982年第10期，第18—25页。

[21] 参见张智《黄陵万佛寺、延安万佛洞石窟寺调查记》，《文物》1965年第5期，第30—42页，图一，黄陵万佛寺平面图、横断面、正立面图。

[22] 张华《陕西富县柳园石窟调查及相关内容分析》，《考古与文物》2018年第3期，第80—85页，图一至图五。

第六章

晋豫及以东地区石窟寺

晋豫及其以东区不仅是中国封建王朝政治、经济和佛教文化的中心，也是对外进行物质文化交流的中心。统治集团利用全国的经济财力、最优秀的工匠，进行石窟寺的开凿活动。因而以都城为中心，由皇家经营开凿的大同云冈石窟、洛阳龙门石窟、邯郸响堂山石窟和太原天龙山和石窟为主流，吸收和融合中西文化的精髓，不断创造出新型的石窟造像模式。这些主流石窟不仅洞窟数量多、规模大，而且题材丰富、雕刻精美，往往引领着石窟寺开凿的潮流，并对周边地区石窟寺的开凿产生巨大的影响。因而这一地区是中国石窟寺的精粹所在。

一 大同云冈石窟

1. 云冈石窟的概况

从北魏道武帝拓跋珪天兴元年（398年）由盛乐（今内蒙古和林格尔县）迁都平城，一直到孝文帝元宏太和十八年（494年）南迁洛阳为止，平城（今山西大同市）作为北魏都城将近百年之久。北魏在统一北方的过程中，不仅掳掠了大量的财富，同时又将征服地区许多的富家豪族、能工巧匠和僧侣迁徙到了平城，使它成为中国北部政治、经济和文化的中心，同时也是对外进行文化交流的国际性大都市，从这个意义上来说，平城是当时丝绸之路的起点，各种先进的文化源源不断地在此汇集与交融，犹如涓涓细流汇聚成大海一样，由此创造出一个辉煌而灿烂的平城时代。拓跋鲜卑是作为落后的游牧民族入主中原的，仰慕中原汉文化传统的文物典章制度、风物人情等等，因此，平城也是一座民族文化的大熔炉。特别是佛教及其艺术的输入，造就了平城佛教的繁荣。这一切都为云冈石窟的开凿奠定了人力、物力和开窟造像技艺的基础。

云冈石窟是中国三大石窟之一，位于山西省大同市西16千米武周山之阳，武周川北。原称石窟寺，或称北台石窟寺，或称恒安石窟。明代为防边患，在云冈石窟旁设云冈堡，故近人调查时称之为云冈石窟（图6-1）。云冈石窟开凿于北魏都平城时期，是由北魏皇室和高僧经营的国家石窟大寺。最早记载云冈石窟的是北魏郦道元的《水经注·漯水》条：“武周川水又东南流，水侧有石祇洹舍并诸窟室，比丘尼所居也。其水又东转，迳灵岩南，凿石开山，因崖结构，真容巨壮，世法所缔，山堂水殿，烟寺相望。”唐道宣《续

图 6-1 云冈石窟远景

高僧传》卷一《昙曜传》则描绘了云冈石窟壮丽奇伟、冠于一世的风貌："龛之大者，举高二十余丈，可受三千许人，面别镌像，穷诸巧丽，龛别异状，骇动人神，栉比相连三十余里。"[1] 按自然分布，云冈石窟分为东中西三个部分，主要洞窟45个，附属窟龛207个[2]。由东向西进行编号。东部为第1—4窟，中部为第5—13窟，西部为第14—45窟。另外在云冈之西还有鲁班窑、吴官屯和焦山石窟，则是东西绵延30里的云冈附属小石窟。

武周山，也作武州山，是北魏平城沟通旧都盛乐的交通要道。太宗明元帝拓跋嗣时期，武州山成为北魏皇室祈福天地、神祇的圣山。《魏书》卷一〇八《礼志》记载："太宗永兴三年三月，帝祷于武周、车轮二山。初清河王绍有宠于太祖，性凶悍，帝每以义责之，弗从。帝惧其变，乃于山上祈福天地、神祇。及即位坛兆，后因以为常祀。岁一祭，牲用牛，帝皆亲之，无常日。"因此，选择武周山，为北魏皇帝开凿石窟，除了原有的祈福天地、神祇以外，还赋予了为北魏皇室祈福的功能。

云冈石窟的开凿历史大约经历了三个发展阶段。

第一阶段开凿的洞窟共有5个窟，即第16—20窟，位居云冈石窟群的西部东段。这就是《魏书》卷一一四《释老志》所记北魏文成帝和平初至和平五年（460—465年）由著名禅僧昙曜主持开凿的，俗称“昙曜五窟”。洞窟东西毗邻，规模宏大。学术界大都认为是昙曜为太祖道武帝以下五帝所造，窟内五尊主尊佛像是“令如帝身”的模拟像，分别象征着北魏道武、明元、太武、景穆和文成帝这五位皇帝[3]。昙曜为什么要为帝王开凿五个大窟呢？这当然是有深刻的历史背景的。昙曜是来自于凉州（今甘肃武威市）的北凉禅僧，凉州又是佛教和开窟造像的兴盛之地。《魏书》卷一一四《释老志》称：“凉州自张轨以后，世信佛教。”特别是到了占据河西走廊的十六国北凉王朝，由于帝王崇信佛教，组织道场，翻译佛经，开凿石窟，使凉州成为西北一隅的佛教中心[4]。凉州佛教除了重禅杂以神咒之外，末法思想的产生和弥漫也是凉州佛教的特色。北凉统治者沮渠蒙逊开凿的凉州石窟便考虑到了石窟可以长久保存下去，以备法灭。公元439年，北魏太武帝灭北凉，“徙其国人于京邑，沙门佛事皆俱东，象教弥增矣”（《魏书》卷一一四《释老志》）。凉州佛教的输入，使魏都平城佛教发展到一个新的阶段，从而形成了以凉州禅僧为主导的佛教僧团。公元446年，太武帝颁布灭法诏书，“土木宫塔，声教所及，莫不毕毁矣”（同前）。太武帝灭法前后长达七年，而《涅槃经》所预示的末法时代，正由灭法运动得到了验证。所以在经历了北凉灭亡和太武帝毁佛之后，凉州禅僧集团对于末法是深信不疑的。文成帝复法后不久，出任沙门统的凉州禅僧昙曜便“慨前凌废，欣今载兴，故于北台石窟寺内集诸僧众，译斯传经，流通后贤，庶使法藏住持无绝”（《历代三宝记》卷九）。昙曜译经的目的是很明确的，就是要使佛法永存不坠。与译经相呼应，昙曜在平城之西武周山为北魏皇帝开凿了五座大窟，很显然昙曜想利用帝王之尊以及皇帝“即当今如来”的观念来达到他的护法目的[5]。正是由于这种特殊的政治原因，云冈第一期洞窟的形制和造像题材都别具特色。洞窟均为大像窟，造像题材均为过去、现在和未来的三世佛，用以表现佛法的源远流长。值得注意的是：三世佛中正壁主像形体高大雄伟，身体健壮，占据大部分空间，而两侧佛像形体较小。显然昙曜特别强调“令如帝身”的主尊形象崇高和伟岸[6]，可见昙曜对洞窟的构造和主尊像设计是用心良苦的。

昙曜五窟由西向东依次排列，开凿次序大致为第20、19、18、17和16窟。各窟平面形制均为马蹄形，窟顶作穹隆式，曾有学者认为这种窟形应是模拟古代印度的草庐形式，但印度石窟并无相同类型的洞窟，而是云冈营造者独创的窟形，如果考虑到平城时期北魏帝王即是当今如来的特殊政治背景，那么，这种洞窟形制应是模拟拓跋鲜卑游牧生活的穹庐形制。洞窟前壁均设有长方形窟门和高大的明窗。我们现在所看到的，象征着云冈石窟的第20窟露天大佛原来形制也是有窟门和明窗的（图6-2），不过在洞窟完成后不久，因所处窟区地质条件不佳而崩塌了[7]，故在北魏时期就修补了佛像，增建了窟檐建筑，窟前发掘出土的北魏瓦当就是很好的证据。各窟内雕刻三世佛，正壁主尊均为高达15—17米的巨型佛像，占据窟内大部分空间。从窟前远处穿过明窗仰望，即可看到主尊佛像的面相，可见洞窟的设计别具匠心。两侧为形体略小的佛像。各窟三世佛的表现形式不完全相同，第17窟以交脚弥勒菩萨为主尊，其余均以释迦佛为主尊。第20窟正壁主尊为结跏坐佛，两侧壁为立佛。第19窟正壁为结跏坐佛（图6-3），另两身为倚坐佛，分别雕刻在窟门两侧胁洞里（图6-4）。第16窟（此像完工年代较晚）和18窟主尊为立佛（图6-5），两侧配二立佛（图6-6）。造像的形象特点突出，佛和菩萨均广额方颐，身体魁伟。佛身着通肩大衣或袒右式大衣，右肩覆偏衫衣角。菩萨斜披络腋，下着长裙（图6-7）。第18窟的十大弟子像形态各异，有的弟子明显具有西方人的容貌特征（图6-8）。以造像服饰论，云冈石窟明显受到西方造像样式的影响，这里既有中亚犍陀罗造像风格的特点，如第20窟主尊衣纹分叉和厚重的服饰；也有印度笈多时期秣陀罗造像样式的因素，如第18窟主尊和第19窟南壁二立佛像衣纹单薄贴体的服饰。这种造像样式与甘肃早期石窟佛像大体相同。尤其是炳灵寺169窟的西秦塑像，与云冈第一期造像更为相似，因此云冈第一期造像有可能有西部长安造像样式的因素。可以推测云冈造像样式是“沿着西方旧有佛像服饰的外观，摹拟当今天子之容颜风貌，正是一种新型的佛像融合”[8]。云冈开凿大像窟也可能与新疆古龟兹地区石窟、高昌地

图 6-2 云冈第 20 窟佛像

图 6-3 云冈第 19 窟坐佛

图 6-4 云冈第 19 窟西胁洞倚坐佛

图 6-5 云冈第 18 窟佛像

图 6-6 云冈第 18 窟东壁立佛

图 6-7 云冈第 18 窟菩萨像

图 6-8 云冈第 18 窟弟子像

区吐峪沟石窟以及河西凉州石窟的大像窟有一定的关联，前者或受此启发。

云冈石窟开凿的第二阶段集中在中部和东部，即中部第5—13窟和东部第1—3窟，开凿年代约在北魏迁都洛阳前的献文帝和孝文帝时期（465—494年），另外在第一阶段的洞窟里开凿了许多小龛。这一时期的洞窟数量急剧增多，除了皇室外，还有上层官吏和僧尼参与开凿。洞窟形制呈现出多样化，除了马蹄形窟外，主要

图 6-9 云冈第 9 窟前室窟顶平棊

图 6-10 云冈第 10 窟前室后壁须弥山

图 6-11 云冈第 9 窟前室本生故事

有塔庙窟、方形和横长方形窟。成组的双窟和模拟汉式传统建筑样式洞窟是云冈第二期洞窟最显著的标志，如第1、2窟，5、6窟，7、8窟，9、10窟都属双窟之制。双窟的表现形式多样，第7、8窟和第9、10窟之间分别凿有圆拱形通道，构通两窟。第7、8窟间设巨型丰碑；第5、6窟外立面配置三塔，如果就单个洞窟而言，各配置一对双塔；第9、10窟外立面仅有双塔配置，但这组双窟和第12窟均在将窟外立面凿成仿木建筑样式，窟内前室顶部大都雕成平棊式（图6-9）。第1、2窟规模稍小，但窟外两侧也配置双塔。双塔、仿木建筑及窟顶形制应是模拟地面寺院建置和建筑而产生的[9]。双窟制的出现是与北魏冯太后曾两度临朝称制，朝野权贵多并称冯太后和孝文帝为“二圣”的历史背景有关。这一时期洞窟雕刻日趋富丽，窟内雕像琳琅满目，雕刻手法精湛，技艺高超（图6-10）。洞窟壁面流行分层分段附有榜题的汉式作法，壁面上部一般雕有成排的天宫伎乐，下部有供养人礼佛行列。中部除龛像外还雕刻连环画式的本生和佛传故事（图6-11）。主尊题材流行三世佛、成组合的释迦和交脚弥勒菩萨、释迦多宝、维摩文殊等。佛和菩萨像的样式仍然面相浑圆，身体健壮。佛像一般身着袒右式大衣和通肩大衣，菩萨斜披络腋。但与昙曜五窟造像相比已有一定的差别，如第20窟主尊衣纹分叉

图 6-12　云冈第 7 窟窟顶飞天

图 6-13　云冈第 8 窟窟门摩醯首罗天

图 6-14　云冈第 8 窟鸠摩罗天

和厚重的服饰，在本阶段的洞窟佛像中已不流行，取而代之是佛像大衣以平行的衣褶来表示。到这一时期的后段，出现了褒衣博带式大衣的新型样式。这种服饰是汉族士大夫的常服，在云冈最早出现在第11窟明窗上方太和十三年（489年）纪年铭的释迦多宝龛，第1、2窟造像新旧服饰均有，表现了过渡时期的特征，第5、6窟佛像则完全采用了褒衣博带式大衣。这种新型服饰的出现，正反映了北魏孝文帝推行汉化政策，进行服制改革的这一历史事实[10]。

双窟中开凿年代最早的是第7、8窟，大约完成于孝文帝初期。洞窟形制相同，均具前后室，前室露顶，雕刻风化较为严重。前后室之间凿窟门和高大的明窗。后室平面横长方形。壁面龛像布局一致。正壁上下开龛。左右壁上下四层开龛，下层龛下雕刻供养人行列。窟顶为平綦，满雕飞天（图6-12）。窟门东西两侧雕骑牛的摩醯首罗天（图6-13）和乘金翅鸟的鸠摩罗天（图6-14）。两窟的正壁主尊题材略有差别。第7窟上龛为交脚弥勒菩萨像，配二倚坐佛（图6-15）。下龛为释迦多宝。第8窟上龛为倚坐佛，配二交脚菩萨像。下龛风化不清。一般认为上龛为三世佛题材，但也有可能是三身弥勒组合。从双窟的关系考虑，这两个窟所表现的是释迦、弥勒和释迦多宝。前后室还分层分段布置了本生故事浮雕和表现佛传

图 6-15 云冈第 7 窟后室正壁上龛

故事的佛龛。

其次开凿的是第9、10窟，这是云冈双窟雕刻最为富丽的一组双窟，前人据《金碑》推断为孝文帝宠阉钳耳庆时于"太和八年（484年）建，十三年（489年）毕"工的洞窟[11]。但从洞窟规模来看，应该是皇家工程，故钳耳庆时开凿说，似仍有探讨的余地。这组洞窟具有前廊后室。前廊比较宽敞（图6-16），左右后三壁均上下开龛（图6-17），有仿木建筑式的屋形龛，圆拱形龛。龛内雕交脚菩萨、交脚佛、倚坐佛，或雕释迦多宝。下龛之下壁面浮雕本生故事，壁顶一般雕出天宫伎乐。前室窟门和明窗雕刻富丽堂皇，有须弥山、多头多臂的天人、外道等形象（图6-18）。窟顶为平綦，满雕飞天。后室平面略呈方形。第9窟后室正壁前雕有高9.8米的倚坐佛像，左右壁为形体较小的二胁侍菩萨立像。第10窟后室正壁前大像与第9窟相仿，但风蚀严重。从残迹看，原来主尊为交脚弥勒菩萨像。左右壁为二胁侍菩萨像。其中东壁为半跏思惟菩萨，西壁菩萨经后代改妆，作倚坐之姿。这两个窟的后室主像背后均开凿了一条礼拜隧道，可以绕主尊佛像作右旋礼拜，壁面上也残存有飞天与供养人礼佛行列雕刻[12]。一般认为两窟的主尊分别是释迦和弥勒。这种组合方式与第7、8窟上层龛相同，即主尊为倚坐佛（释迦）和交脚菩萨（弥勒），表现了弥勒继释迦之后而成佛的传承过程。

第5、6窟约开凿于北魏孝文帝太和十三至十九年间（489—495年）。两个窟的形制并不相同。第5窟承袭了昙曜五窟的形制，平面为马蹄形、穹隆顶，窟内正壁

图 6-16 云冈第 9 窟前室

图 6-17 云冈第 10 窟前室东壁

雕一尊高达17米的结跏趺坐佛像，占据了窟内的很大空间，左右壁分别雕一尊高约8米的立佛（图6-19），构成三世佛组合。与昙曜五窟不同的是，正壁主佛前供礼拜的空间显著增大，背后有隧道式的礼拜道，其壁面雕有供养人礼佛列像。窟内还有许多没有统一布局的小龛，开凿年代有早有晚，说明第5窟并没有按计划完工。第6窟为塔庙窟，平面方形，平顶。主室正中凿高二层的方形中心塔柱。塔柱下层四面开龛，南龛雕坐佛，西龛雕倚坐佛，北龛雕释迦多宝，东龛雕交脚弥勒。上层四面各雕一尊立佛像（图6-20），四转角处各雕一座九级方形佛塔，佛塔下有大象承托。窟内四壁分层开龛。其中东壁中部中段原计划雕刻的龛像，由于避让第5窟的关系，仅雕刻千佛。前壁窟门上方大龛内正中雕刻释迦坐佛，佛像左右分别雕刻维

图 6-18 云冈第 9 窟明窗鹿头梵志

图 6-19 云冈第 5 窟右侧立佛

图 6-20 云冈第 6 窟中心柱上层

图 6-21 云冈第 6 窟前壁窟门上方释迦与维摩文殊

图 6-22 云冈第 6 窟逾城出家

图 6-23 云冈第 6 窟树下诞生

摩和文殊像（图6-21）。塔柱下层四面佛龛的两侧与窟内四壁雕刻了30多个内容连续的佛传故事（图6-22、图6-23），有的佛传故事与龛内主尊佛像有机地结合在一起，如降魔成道、初转法轮龛。

第1、2窟为一组塔庙窟，开凿年代约在第9、10窟与第5、6窟之间，但规模明显偏小，应非皇家所开凿。洞窟平面均为纵长方形，平顶，中心塔柱式（图6-24）。窟内四壁分层分段布局，以壁面中部列龛为中心，龛上为莲瓣纹带与千佛，近窟顶处为三角垂璋纹带及天宫伎乐。龛下雕刻连续的本生故事，再下为供养人行列。窟内正壁开一楣拱大龛。其中第1窟主尊为交脚弥勒菩萨像，两侧各有一尊半跏思惟菩萨。第2窟主尊为释迦坐像，两侧胁侍风化不清。可知这组双窟主

图 6-24 云冈第 2 窟中心塔柱

要表现的是释迦和弥勒。左右壁共有四个列龛，龛内分别雕有释迦、交脚弥勒菩萨、释迦多宝。前壁窟门两侧各一屋形龛，东龛内雕维摩居士，西龛内雕文殊菩萨。中心塔柱设在窟内中部略靠后侧，系模拟地面楼阁式佛塔形制。中心塔柱与窟顶相接处雕刻围绕着塔柱的巨龙和山峦，象征着由龙护卫的须弥山。第1窟中心塔柱为二层，第2窟为三层，均有立柱、斗拱和出檐。每面均开龛，分别雕有释迦、交脚弥勒菩萨等。

第11、12、13窟的形制与题材布局较为特殊，也是目前学术界对其开凿年代争议最大的洞窟。三个窟的形制与规模不一，难于构成一组洞窟。第12窟虽然处于中心窟的位置，具前廊后室，前廊雕成面宽三间的仿木式建筑，形制与第9、10窟相似，窟内雕刻富丽。但该窟规模明显偏小，其仿木式结构的窟檐建筑正脊大致与第13、11窟明窗下缘齐平，3座洞窟的外观显得并不协调。第12窟前室较宽，主室明显收窄，仅仅是第13、11窟的一半，而且偏向东侧，似有意避让第11窟和第13窟，即便这样，第12窟西壁也明显打破了第13窟东壁，使得第12窟西壁龛像与东壁不对称。从其规模而言，难于与其他皇家开凿的大型洞窟相匹配。据此，第12窟极有可能非原有设计安排的洞窟。应该是第11窟和第13窟开凿后利用两窟间的壁面空间开凿的。第12窟前廊内左右壁上下开龛，上龛为屋形龛，主尊均为交脚弥勒。东龛交脚弥勒菩萨以二半跏思惟菩萨作胁侍，西龛交脚佛以二倚坐佛作胁侍（图6-25）。后壁上下四龛均为坐佛。主室正壁分上下龛，上龛主尊为交脚弥勒，下龛为释迦多宝。窟顶为平綦，满雕飞天。从洞窟形制与题材布局来看，明显模仿了第7、8窟和第9、10窟，其开凿年代应略晚于第9、10窟，早于第1、2窟。第11窟为中心塔柱窟，前壁设置窟门和高大的明窗。窟内中心凿出方形中心柱，高达13米。该窟仅完成窟内的空间和窟顶部分，工程即中辍，现中心柱后面还尚未开凿到与左右相称的地面。中心柱及其他壁面多为续凿的龛像，龛像大小不一，布局凌乱。窟内东壁上部有太和七年（483年）铭小龛，是云冈最早的纪年铭文。因此，第11窟的最初开凿应在该年之前。第13窟与昙曜五窟相同，为平面马蹄形、穹隆顶的大像窟。窟内正壁雕刻高达13.5米的交脚弥勒菩萨像（图6-26），窟顶雕刻双龙。窟内壁脚雕刻供养人礼佛

图 6-25 云冈第 12 窟前室西壁

图 6-26 云冈第 13 窟主尊交脚弥勒菩萨

行列。此窟亦未按计划完成，前壁和左右壁均有许多小龛，布局杂乱无序，前壁窟门上方有续凿的七佛立像，佛像身着褒衣博带式大衣，雕造年代约与第5、6窟相当。相比较而言，第11、12、13窟中，第13窟开凿最早，次为第11窟，第12窟年代最晚。由于第13、11窟位置靠近昙曜五窟，其所在崖面可能存在最早被利用的客观条件，因此，不排除这两个洞窟为第二期最早开凿的可能性，或为北魏献文帝（465—471年在位）所开凿，后因宫廷内部斗争，献文帝被杀而导致工程中止。

第3窟是一座未完工的大型洞窟。该窟原计划开凿的是一组双窟，规模之大，超过云冈其他洞窟。洞窟外上层大体完成，中央为弥勒堂，平面横长方形，堂内雕交脚弥勒菩萨。上层两侧各雕一座方形仿楼阁式佛塔，下层二门道和前室已经完成。窟内主室仅仅凿出大部分轮廓，从残迹分析，可能原计划雕造双中心塔柱。后因孝文帝迁都洛阳，开凿工程被迫中止。约在初唐时期，在窟内主室西部壁面雕一倚坐佛二胁侍菩萨三尊大像（图6-27），所以第3窟是一座未完工的大窟，其原因与孝文帝迁都洛阳有关。

第三阶段洞窟主要集中在西部，另外在中部和东部的第4、14、15窟以及二区外壁崖面上亦有一些补凿的小型窟龛。开凿年代在北魏孝文帝迁都洛阳前后（494年），至北魏正光四年（523年）。这一时期，平城虽然仍然作为上都，但随着政治

图 6-27 云冈第 3 窟倚坐佛与胁侍菩萨

图 6-28 云冈第 11 窟附 6 窟坐佛

中心的转移，皇室和大臣亦将开凿石窟的中心转移到了龙门石窟。这样云冈石窟大规模的开凿活动停止了，取而代之的是一般官吏和世俗善信，他们继续在云冈进行开凿活动。第三阶段的洞窟显然无法与前期相比，洞窟规模都比较小，没有成组的双窟。洞窟形制有塔庙窟、椭圆形穹隆顶窟、方形或横长方形窟，新出现三壁三龛窟。窟口流行忍冬纹券面，窟顶一般雕刻有平棊。造像题材流行三世佛、释迦、弥勒、释迦多宝以及维摩文殊，本生、因缘和佛传故事也较为常见。造像样式与第二阶段有明显的差别，无论是佛还是菩萨、弟子、飞天等均面相清瘦，身体修长，为典型的“秀骨清像”样式。佛像多身着褒衣博带式大衣，宽博的裙摆长覆于座前（图6-28）。菩萨披巾多交叉于腹部，或于腹交叉穿环（图6-29）。飞天上身着对襟衫，下身着长裙（图6-30）。典型的塔庙窟为第39窟，洞窟平面方形、平顶。窟内中央设楼阁式佛塔，塔高五级，下大上小，层层收分，每层均雕六柱五间，上有斗栱及塔檐。从塔的造型看，完全模仿了寺院的佛塔形制。第38窟是内容比较丰富的洞窟，窟内北壁开一龛，龛内雕释迦多宝。龛外左侧为释迦涅槃浮雕故事，右侧为罗睺罗因缘，龛下有骑象菩萨和骑马菩萨，可能是佛传故事中乘象入胎和逾城出家。东壁上下二龛，上龛为交脚弥勒菩萨，下龛为释迦坐佛，龛外两侧有阿育王输土和儒童本生故事雕刻。西壁开一龛，内雕倚坐佛。南壁窟门两侧分别雕刻了降魔成道、初转法轮、降服三迦叶、佛从忉利天化现三道宝阶降下、雕鹫怖阿难入定等故事。

图 6-29 云冈第 11 窟附 8 窟菩萨像

图 6-30 云冈第 39 窟中心佛塔

云冈附属石窟中最重要的是鲁班窑石窟。它位于云冈以西约2千米处的武周川西岸的山丘上，与云冈石窟隔河相望，是云冈石窟最重要的组成部分。原有洞窟2座[13]，20世纪90年代当地村民清理崖面前废土时新发现1座（第3窟）。3座洞窟均坐西朝东，南北并排。现由北向南编为第1—3窟。鲁班窑第1、2窟规模相当，形制一致，可以视作一组双窟。洞窟平面均为横椭圆形，穹隆顶，面宽6米，进深4米。现存窟门为长方形，门楣石是雕刻后镶嵌上去的。两窟所雕刻的题材一致。第1窟崩塌严重，门口左右残存狮子造像，壁面四壁上部满雕千佛列龛，现残存上部三排千佛小龛，龛内为禅定坐佛。大概是由于窟内壁脚岩体较差的缘故，下部的逆发形夜叉是雕刻完成后砌于壁角的。近壁顶处雕刻三角垂帐式的帷幕。窟内中央用石条砌筑略呈方形基座，应是供奉主尊佛像的佛坛。第2窟的布局相同，周壁满雕，千佛坐像。现有上下四排千佛，形体较大，高0.5米左右，均身着袒右式或通肩大衣，双手施禅定印，阴刻舟形背光。壁脚则雕刻逆发形夜叉，均双手托举着莲瓣纹带。周壁上部为帷幕，窟内中央也设石条砌筑方形基座，大小与第1窟一致。第3窟也为圆形圆顶的洞窟，窟顶已经坍塌，地面略低于第1、2窟。窟门作圆拱龛形，尖拱龛楣雕供养天人，龛柱雕有龙首。窟内中央设方形基座。壁面雕刻千佛，与第1窟相同，用雕刻完成后砌于壁角的一排夜叉[14]。洞窟的上面还残留有夯土建筑遗迹，疑是僧院遗址；窟群上方西北约85米处还有塔院遗址，临近崖边，位置十分显要。

塔院边长21米，中心为佛塔，塔基似为方形，现残存夯土塔心，耸立于地面3米以上，四周绕以石砌的围墙。围墙南面似有门道，四角各有一方形基座，极似北魏流行的金刚宝座式塔。故疑塔院为同时期修建，或许与云冈石窟一样，鲁班窑具有地面寺院和洞窟的功能分区。由此可知，鲁班窑石窟实际上是地面塔院、僧院和石窟组成的寺院，这对于研究云冈的寺院布局以及与犍陀罗佛寺形制的关系提供了极为重要的实物例证。

鲁班窑石窟规模较小，但洞窟形制与昙曜五窟极为相似，云冈石窟研究院曾经从这些洞窟中取回一尊石雕等身立佛像、数个佛头和窟门门楣。佛头雕刻精美，明显具有云冈早期的特征；立佛则身穿秣陀罗样式的衣纹细密、单薄贴体的通肩大衣，显露宽厚敦实的身体（图6-31）。造像样式和服饰与云冈第19窟前壁两侧上部大型立佛像基本一致，由此可知，鲁班窑石窟的开凿年代大致与昙曜五窟相当，或略晚。这说明在皇家开凿云冈石窟之初，似乎还不允许其他信众参与其中，只能选择附近区域进行凿窟活动。衣丽都根据北魏郦道元《水经注·漯水条》记载：“武州川水又东南流，水侧有石祇洹舍并诸窟室，比丘尼所居也。”其所描述的地理位置与鲁班窑石窟完全相符，因此，该石窟就是比丘尼所居的尼寺[15]。这一结论对于我们重新认识鲁班窑石窟有重要的学术价值。

除了云冈之外，另外值得提及的是大同鹿野苑石窟，这是北魏都平城时期开凿的重要石窟之一，可以弥补云冈石窟在洞窟形制方面的不足。这处石窟是20世纪80年代云冈文物保管所在大同西北10千米小石寺村大沙沟北发现的。石窟由一个礼佛窟和八个小禅窟组成，构成礼拜窟与禅窟相结合的新的组合形式。礼佛窟居中，平面马蹄形，穹隆顶。面宽3.2、进深2.53、高3.5米。窟内正壁雕一结跏坐佛（图6-32），佛像较大，高达2.6米，占窟内很大空间。佛身着袒右式大衣，衣纹厚重，呈突起分叉式，这是云冈第20窟佛像衣纹的延续。两侧壁各雕一胁侍菩萨。窟门外两侧各雕一力士像。这种形制与云冈昙曜五窟也是一致的。两侧禅窟面积较小，面宽1.5、进深2米左右。窟内无雕刻，适于禅僧坐禅的需要。该石窟正是《魏书》卷一一四《释老志》所记北魏“高祖（孝文帝）践位，显祖（献文帝）移御北苑崇光宫，览习玄籍，建鹿野苑佛图于苑中之西山，去崇光右十里，岩房禅堂，禅僧居其中焉”的习禅之所[16]。《魏书》卷六《显祖纪》记载：皇兴四年（470年）“十有二月甲辰，幸鹿野苑石窟寺。”看来鹿野苑石窟应开凿于皇兴四年前。高允作《鹿野赋》以赞之[17]。这种礼拜窟与禅窟相结合的新形式，表现了献文帝与坐禅的密切关系[18]。

2. 云冈石窟的调查与研究

从学术意义上来讲，云冈石窟最早的调查与研究是日本东京帝国大学的建筑学家

图 6-31 鲁班窑出土立佛像

图 6-32 鹿野苑石窟主尊佛像

伊东忠太。1902年6月，他来到大同，意想不到的是在云冈发现了拓跋氏时代的遗迹。由于日程安排问题，伊东忠太未能对云冈石窟作细致的考察，但他意识到云冈石窟的重要性，同年发表了云冈考察报告：《北清建築調査報告》和《支那山西雲岡の石窟寺》[19]。在报告中他认为云冈石窟造像是受西方犍陀罗艺术的影响。1907年，法国著名的汉学家沙畹调查了云冈石窟，嗣后他又陆续调查了龙门、巩县和山东济南石窟造像。1909年和1915年，在巴黎出版的《北中国考古图录》，其中有关云冈石窟的图版多达78幅，是最早的一批图像资料[20]。云冈石窟的图像资料披露于世后，在日本曾出现了讨论云冈石窟造像的渊源问题。如大村西崖（1867—1927）在《支那美術史雕塑篇》认为云冈早期雄伟的造像形象是表现了北魏拓跋鲜卑民族最理想的形象[21]。松本文三郎（1869—1944）和关野贞对云冈造像渊源于犍陀罗的观点提出了自己看法，认为中印度笈多造像风格在很大程度上影响了云冈造像艺术[22]。塚本善隆（1898—1980）在《支那佛教史蹟研究·北魏篇》中《雲岡三則——曇曜五窟と五帝について》一节认为：昙曜五窟是为太祖道武帝以下五帝所造[23]。20世纪20年代，又有一批关于云冈石窟的专著和论文发表，如1921年，日本画家木下杢太郎（1885—1945）、木村庄八（1893—1958）编著的《大同石佛寺》[24]，从艺术欣赏的角度叙述了云冈石窟，这本书虽然不是纯学术著作，但影响还是比较大的。1922年10月和1929年5月，瑞典学者喜龙仁到云冈石窟考察。1925年，在他编著的《中国雕刻——从五世纪到十四世纪》一书中[25]，对云冈石窟的雕刻特点进行了论述，认为云冈造像明显地具有两种风格。一种是印度式的，主要表现在大像雕刻上，这种风格仅仅保留了犍陀罗艺术的基本特征，就其渊源而言，云冈造像与秣陀罗风格更为接近。另一种是中国本土风格，主要表现在小型造像上。此书在欧美影响很大，欧美人对云冈的了解主要参照了该书。1923年日本宗教大学（今大正大学）的小野玄妙（1883—1939）调查了云冈石窟，在1924年出版的《極東の三大藝術》一书中对云冈石窟的源流提出了新的看法[26]。他认为：云冈、龙门和敦煌三大石窟艺术造像手法和题材内容十分相似，三地佛教信仰上是一致的，从而勾画出从犍陀罗沿丝绸之路发展到龙门的谱系，突破了以前云冈研究的地区性。这种观点对以后的中外研究者是有一定影响的。1926年，常盘大定、关野贞编撰了大型图录《支那佛教史蹟》，其中第二集主要是有关云冈石窟的图版，在第二集评解中对云冈石窟的开凿动机、年代以及造像样式作了一般性的概述，并没有新的观点[27]。1929年，日本春山武松（1885—1962）在《东洋美术》创刊号上发表《佛像發生問題より見たるマッラー派の彫刻》（《从佛像产生问题看秣陀罗派雕刻》）一文，他注意到了犍陀罗和秣陀罗艺术的研究，认识到在云冈石窟造像中，秣陀罗的影响比犍陀罗更为重要[28]。

1938—1944年，日本人水野清一、长广敏雄等[29]，对云冈石窟进行了全面调查、记录和实测工作，同时对部分窟前遗址（第7—13窟和龙王庙）和窟顶佛寺遗址作了小规模的发掘。第二次世界大战结束后，转入室内整理和报告的编写工作，为50年代前期整理出版16卷本考古学报告作了准备。30年代末至40年代，水野清一所著的《雲岡石窟とその時代》（東京，富山房，1939年）、《半跏思惟像について》（《東洋史研究》第1卷第4號，京都，1940年）、《雲岡石佛群》（朝日新聞大阪本社，1944年），长广敏雄所著的《雲岡石佛藝術論》（高桐書院，1946年）、《雲岡石窟に於ける佛像の服制について》（《東方學報》，京都，第15卷第4冊，1947年），另外小川晴旸（1894—1960）所著的《大同雲岡の石窟》（東京，日光書院，1944年）等，这些专著和论文对云冈石窟的特点、艺术渊源、造像服制等等问题做了论述。1951至1956年，水野清一、长广敏雄以京都大学人文科学研究所研究报告的形式陆续刊布了16卷32册大型考古学报告：《雲岡石窟——西歷五世纪における中國北部佛教窟院の考古學的調查報告》，前15卷每卷一册图版，一册文字记录和洞窟实测图，第16卷为补遗和索引各一册，各卷均附有专题研究论文，第1卷《雲岡石窟序說》（1952年），第2卷《雲岡石佛寺》（1955年），第3卷《雲岡石窟の歷史背景》（1955年），第4卷《雲岡石窟裝飾の意義》（1955年），第5卷《雲岡石窟調查概要》（1951年），第6卷《雲岡石窟の系譜》（1951年），第7卷《雲岡石窟と佛教彫刻》，附《雲岡發掘記1》（1952年），第8、9卷《雲岡圖像學》（1953年），第10卷《雲岡樣式かり龍門樣式へ》（1953年），

第11卷《雲岡以前の造像》（1953年），第12卷《雲岡雕刻の西方樣式》（1954年），第13、14卷《曇曜と雲岡石窟》（1954年），第15卷《中國における石窟寺院》，附《雲岡發掘記2》和《雲岡周邊調査記》（1955年），第16卷《雲岡造像次第》，《附大同近旁調査記》（1956年）。1975年，京都大学人文科学研究所又编撰了《雲岡石窟續補·第十八洞實測圖·西曆五世紀における中國北部の佛教窟院》（實測/製圖：水野清一、田中重雄，解說：日比野丈夫，京都：京都大學人文科學研究所，1975年），这是抗战胜利后，在北京被中方没收的第18窟实测图纸，1957年归还日方。《雲岡石窟》全书还附有英文对照，方便西方学者参阅。这部专著卷帙浩大，内容广博，它全面总结了过去的研究成果，在云冈石窟开凿背景、渊源、开凿年代等问题的研究上都有了新的突破，是20世纪50年代日本学者研究云冈石窟的集大成的代表作[30]。2006年，京都大学人文科学研究所冈村秀典整理出版了水野清一、长广敏雄在云冈发掘出土的遗物[31]。由于16卷本《雲岡石窟》为内部发行，并非正式出版物，且数量有限，所以，从2014年开始，日本京都大学人文科学研究所和中国社会科学院考古研究所合作翻译出版了中文版和日文版的水野清一、长广敏雄16卷本《云冈石窟》。该丛书采用了经过数字化的原珂罗版底片，因此，图版较原书更加清晰。同时，增补了京都大学人文科学研究所收藏的第1、2窟中心柱的测图。另外，选取了未发表的图版，增编为新4册，并附有中日学者相关的最新研究论文，这样新编的《云冈石窟》成了20卷本[32]。

我国最早研究云冈石窟的学者是陈垣（1880—1971），1919年，他在《东方杂志》第16卷第2、3号上发表了《记大同武州山石窟寺》，从史料学的角度对云冈石窟的史料进行了系统的考证。1929年，在《燕京学报》新六期又发表了《云冈石窟寺的译经与刘孝标》[33]，首次论及云冈译经事，指出昙曜既是云冈石窟的创凿者，也是石窟译经的创始者。1936年，白志谦在《云冈石窟寺记》一书中对云冈现存情况作了客观的调查记录，尤其注意到了云冈石窟窟檐遗迹的记录，这是中国学者比较详尽的调查[34]。20世纪30年代，梁思成、林徽因（1904—1955）、刘敦桢（1897—1968）等调查了云冈石窟，在《云冈石窟中所表现的北魏建筑》一文中系统地分析了云冈石窟中的北魏建筑样式，并指出云冈北魏建筑的西方因素和汉文化传统因素[35]。这是一篇从建筑学的角度来研究云冈石窟的重要论文。值得一提的是：从事佛教史研究的汤用彤（1893—1964），在1938年出版的《汉魏两晋南北朝佛教史》一书中，从《高僧传·玄高传》中检出云冈石窟的创凿者昙曜是来自凉州（今甘肃武威市）的禅僧，认为："武州造像，必源出凉州且昙曜亦来自凉土，开窟又为其所建议。凉州佛教影响于北魏者，此又一大事也。"同时，他对早期石窟的特点、石窟与禅的关系作了非常精辟的论述。这些论断对于当今研究石窟寺者仍然具有指导性的意义[36]。

由于文献资料的不足，云冈石窟部分洞窟开凿年代次序的排列上仍有不少问题。这一方面的突破性研究缘于碑刻资料的新发现。1947年，宿白在参加整理北京大学图书馆善本书籍时，发现了缪荃荪（1844—1919）传抄的《永乐大典》天字韵《顺天府志》条所引《析津志》文内的《大金西京武州山重修大石窟寺碑》（以下简称《金碑》）。1956年，宿白发表了《〈大金西京武州山重修大石窟寺碑〉校注》一文[37]，指出《金碑》“记述详细，征引宏博，所述自唐迄金一段云冈的兴修、设置，正好弥补了云冈历史的空白页，而引用现已佚亡的北魏铭刻和文献记录考订云冈石窟的时代，也给今天研究云冈各个石窟的开凿先后的问题提供了绝好的参考材料”，肯定了金碑的史料价值。通过对《金碑》所述云冈十寺等内容的研究，排列出第二阶段洞窟开凿的先后次序以及第三阶段中止的年代。1978年，宿白在对《金碑》研究的基础上，发表了《云冈石窟分期试论》一文，对云冈的分期及其历史背景作了全面阐述[38]。《金碑》的发现及其新的研究成果的发表，引起了日本学者强烈的反响和关注。1980到1981年，大型考古报告《雲岡石窟》的作者之一长广敏雄，先后在日本《東方學》第60輯发表《宿白氏の雲岡石窟分期論を駁す》，在《佛教藝術》第134號发表《雲岡石窟の謎》，对宿白的研究成果进行了反驳，甚至对《析津志》所载《金碑》及其碑文的真实性提出疑问，认为云冈石窟的年代与分期，不应重视来源不明的《金碑》，而应取决于雕刻造型的形式。面对长广的质疑，1982年，宿白发表了《〈大金西京武州山重修大石窟寺碑〉的发现与研究——与日本长广敏雄教授讨论有关云冈石窟的某些问题》[39]，详细论证了《金碑》的著录和流传过程，指出《金碑》碑文流传有绪，虽经一再传抄，并无后人窜补。因此，《金碑》提供的资料是可信的。并且针对长广对《金碑》所述云冈十寺的位置和部分洞窟开凿年代的不同看法，进一步地论述了护国、崇教二寺与云冈第7、8窟和第9、10窟两组双窟的关系。1987年，宿白撰写了《平城实力的集聚和“云冈模式”的形成与发展》一文，进一步阐述了自己的观点，并且将云冈石窟的三个发展阶段与北魏历史的发展结合起来，证实云冈三段的分期正是北魏历史演变的具体表现，提出了“云冈模式”的概念，强调了云冈石窟在中国石窟寺研究中的特殊地位，这是全面总结云冈石窟的文章，对云冈石窟今后的研究工作具有指导意义[40]。在宿白极具说服力的辩驳下，1990年，长广敏雄在《中国石窟·云冈石窟（二）》中发表的《云冈石窟第9、10双窟的特征》一文末段“注释36”中，终于承认：“从文献学角度出发，宿白教授的推论当无误，因而分期论也是符合逻辑的。作为‘宿白说’，我现在承认这种分期论”（第207页）[41]。虽然，长广这种认同较为勉强，却也同意了宿白的观点。

云冈石窟第二阶段洞窟的年代排序，迄今为止，一直是学术界论争的焦点，如吉村怜《雲岡石窟編年論——宿白·長廣學說批判》一文，将第1、2窟比定为

《金碑》所记宕昌公钳耳庆时“太和八年（484年）建，十三年（489年）毕”工的崇教（崇福）寺[42]。李静杰也持相同的观点，他注意到“在第1、2窟，交脚菩萨的帔帛旧式与新式共存”的现象。认为：“这种状况，恰好与北魏太和十年（486年）—太和十八年（494年）出台的服饰改革政策呼应。这样看来，金碑所述钳耳庆时于太和八年（484年）—太和十三年（489年）建造的功德窟（即碑记辽代“崇教寺”），若那是一对窟的说法能够成立，可能就是第1、2窟。”[43] 从洞窟规模来看，第1、2窟较小，显然无法与云冈中部皇家窟群相比，因此，将第1、2窟比定为钳耳庆时所凿的崇教寺也合乎情理。近来，衣丽都所著的《云冈石窟：艺术、历史、考古与礼仪》一书中[44]，谈到云冈分期问题，提出第二期分期结论为：第13、11窟最早。其后是第7、8，9、10窟，然后是第12窟，第1、2，5、6窟。该书还根据窟前和窟顶寺院遗址考古发掘的新资料，对皇家石窟寺院整体功能作了深入的论述。第一、二期洞窟并不具有传统意义上的坐禅功能。昙曜五窟是作为皇室家庙而使用的；第二期洞窟则是皇家和高僧作礼仪使用的，尤其是对第12窟的功能提出了独到的见解。冈村秀典在《雲岡石窟における大型窟の編年》一文中则提出自己的分期意见，指出云冈第5窟和第13窟是第二期洞窟中开凿最早的[45]。我们认同第13窟属于第二期最早开凿的，但第5窟的年代判定显然缺少证据予以支撑，也无法解释第5窟主尊佛像褒衣博带式大衣出现的历史背景。曾布川宽《雲岡石窟再考》一文涉及昙曜五窟与北魏皇帝的比定；第16窟和第13窟（与文成帝的关联）的重新讨论和第7、8窟和9、10窟开凿者与营造年代等诸问题，提出了自己的观点，可以参考[46]。张焯的《云冈石窟编年史》一书则另辟蹊径，从文献史料到实物资料的角度，对云冈石窟进行了编年的梳理和探讨，内容可谓包罗万象，可供参考[47]。

另外，关于昙曜五窟，吉村憐《曇曜五窟論》一文曾有专门的论述[48]。杭侃则在《云冈第20窟西壁坍塌的时间与昙曜五窟最初的布局设计》一文中认为[49]：第19窟是中心窟，开凿年代最早，其次是第18、20窟，最后是第17、16窟。但第20窟开凿时，石质问题就暴露了出来，并最终导致其西壁大面积的崩塌，因此，原应在第20窟西侧的第16窟不得已改在现在的位置上。用中国传统的“左昭右穆”制来解释洞窟的布局与开凿次序，不失为解释昙曜五窟开凿过程的一个途径。吉村恒《曇曜五窟造營工事の檢討》一文，则从开凿工程的角度，探讨每个洞窟的开凿工程以及所需要的人工和时间，从而推测各窟的年代[50]。熊坂聪美分析了昙曜五窟开凿时期佛龛的雕造，认为最早从第20窟开始，依次进行的[51]。由此看来，关于云冈石窟的争论，在学术界还会持续下去。近来出版的彭明浩《云冈石窟的营造工程》一书，在作者全面系统调查的基础上，对云冈石窟的大型洞窟的营造过程，包括从斩山到洞窟主尊造像的完成，结合窟室空间层次及打破、避让等遗迹现象，作了详细的解读，虽然有些解释并不一定合理，但仍然值得参考[52]。

20世纪70年代以来，对云冈石窟窟前遗址的发掘有新的发现和收获。如1972年，云冈石窟保管所为了弄清云冈第9、10窟窟前建筑的规模，在该窟前进行了大面积的清理和发掘，发现了前后二期的窟前建筑遗迹，第一期建筑遗迹共有8个大方形柱穴，与洞窟立壁上的长方形梁孔相对应，其中有一个柱础叠压在第10窟窟前北魏所雕莲花地面上，且破坏了原有地面雕饰纹样的完整性，这种情况可以说明：这是一处面宽七间北魏以后辽代以前的窟前建筑。有的学者怀疑这就是《大金西京武州山重修大石窟寺碑》所记："唐贞观十五年守臣重建"之遗迹[53]。第二期有6个方形柱础，是辽金时期的建筑。同时在第9、10窟立柱上方风化严重的崖面上发现屋顶出檐和人字形叉手的遗迹。上述建筑遗迹的发掘和窟檐遗迹的发现，证明了北魏时期第9、10窟整个外观是一座面宽五间且十分壮观的仿木构窟檐建筑，从而解决了一个长期以来悬而未决的窟檐问题。1973年，在对第12窟进行支撑加固时，又在该窟上部发现了庑殿顶的屋檐。由此，也可以证实北魏时期并无木结构的窟前建筑，而直接雕刻仿木构窟檐。这种仿木构窟檐建筑既是研究平城时期北魏建筑的重要实物资料，同时它对以后的石窟开凿具有很大的影响，如麦积山、响堂山、天龙山诸石窟[54]。

1992年至1993年，山西省考古研究所和云冈石窟文物研究所就云冈石窟的部分窟前遗址作了清理发掘工作，包括东部第3窟、中部9—13窟和西部14—20窟，发现了一批从洞窟崩塌下来的贴金佛像残块和4处建筑遗址，如第20窟前石砌台基和台阶的发现。最重要的是第3窟窟前遗址的发掘具有重要的学术价值。第3窟是云冈石窟中规模最大，但未完工的大窟。这次发掘，发现了窟前面宽九间规模宏大的辽金建筑遗迹。同时在窟内外发现了北魏时期基岩地面未凿完的遗迹现象，揭示了石窟的开凿程序、方式等前所未知的情况，对于研究像云冈这样大的石窟工程开凿次序和操作方式具有重要意义[55]。

2010年，为了配合云冈石窟窟顶防渗水工程，山西省考古研究所、云冈研究院、大同市考古所组成联合考古队，开始对窟顶佛寺遗址进行考古发掘。在云冈西部窟群上方第1区发掘出一座平面比较完整的北魏平城时期的佛教寺院遗址[56]。该寺院坐北朝南，院内南部为一边长14米的方形佛塔基址。东西北三面为成排的僧房，僧房前有成排的柱础，构成前廊。从整体布局看，这是以佛塔为中心，东西僧房与北面僧房围合而成一个完整的院落（南面寺院门址和僧房则已不存）。2011年，联合考古队在中部窟群（第5、6窟）上方又发掘出一座辽金时期的大型八角形塔基及铸铁遗址，塔基内包裹着为北魏时期边长14米的方形塔基，出土了部分北魏泥塑菩萨头像。可知这一区域也是北魏时期的寺院遗址，辽金时期在北魏佛塔的基础上又重新建造了佛塔[57]。两处遗址中还出土了大量北魏时期的建筑构件和少量北魏塑像，其中北魏"传祚无穷""富贵万岁"瓦当具有北魏皇室建筑构件特色。上述寺院遗址的发现十分重要，它不仅提供了北魏时期云冈石窟的外貌，表明文献所记北魏昙曜等在云冈石窟翻译佛经以及恒供三千余僧人的僧房大概是在窟顶寺院区[58]，还印证了郦道元《水经注》所记载的武周山石窟寺（即云冈石窟）“山堂水殿，烟寺相望”的壮观景象。同时，对于我们重新认识云冈石窟的内涵，即大型石窟寺的分区与功能，提供了极为重要的证据。按云冈石窟洞窟前即为北魏时期武周水之故道，第4窟前还发现车辙，故可推测洞窟前原为道路，没有建筑地面佛寺的空间。因此，窟顶佛寺大概是昙曜译经和僧人起居之所。

宿白曾经指出：“云冈石窟是新疆以东最早出现的大型石窟群，又是当时统治北中国的北魏皇室集中全国技艺和人力、物力所兴造，……因此，它所创造和不断发展的模式，很自然地成为魏国领域内兴造石窟所参考的典型，东自辽宁义县万佛堂石窟，西迄陕、甘、宁各地的北魏石窟，无不有云冈模式的踪迹。”[59]云冈模式向外传播，最典型的例子是河北张家口下花园石窟和山西高平大佛山摩崖造像，传播路线与平城和周边地区的交通路线有着密切的关系[60]，也可能与开凿云冈石窟的工匠转移有关。

下花园石窟位于河北张家口下花园区东南鸡鸣山脚下南侧（又称前山），是平城前往龙城（今辽宁朝阳市）的交通要道上。只有1座洞窟，约开凿于北魏太和五年至十年间（481—486年）[61]。洞窟坐东朝西，平面略呈椭圆形，穹隆顶。面阔4、进深3、高3.8米。窟门圆拱形，上有方形明窗，门与明窗之间开一圆拱形龛，龛内雕释迦多宝并坐像。窟内后壁凿一楣拱大龛，龛上两侧雕伎乐天，有吹螺、吹笛、舞者、弹琵琶、弹琴等。龛内原雕一佛二菩萨像，风化严重，其他壁面浮雕千佛像。窟顶浮雕保存较好，中央雕一大莲花，四周有八身飞天围绕（图6-33）。飞天形体壮硕，均高发髻，上身斜披络腋，下着贴腿长裙，身姿飘逸。形象与云冈第7、8窟，第9、10窟窟顶飞天极为相似，是云冈模式向东传播的重要例证。

大佛山摩崖造像位于山西省高平市米山镇张壁村西北大佛山山腰，是平城到洛阳的古代交通路线上。这里为一处寺院遗址，其大殿中心的位置有一突起的片石状巨石。巨石正面（南面）为北魏龛像，上下各开一大龛（图6-34），下龛之下雕男女世俗供养人礼佛行列。据考证，摩崖造像约雕造于北魏孝文帝太和前期（477—489年）[62]。

下龛为圆拱形，龛内正壁雕一坐佛，左右壁各雕一胁侍菩萨立像。佛身着袒右式大衣，右肩有偏衫衣角。衣纹细密，突起而厚重。双手施禅定印。结跏趺坐于龛底面。菩萨戴高冠，冠三面各有一圆饼装饰。披巾在双肩上竖起，绕双肘后下垂。菩萨戴耳珰、臂钏和手镯。颈下佩挂项圈和“U”形璎珞。上身袒露，下身着裙。一手上举持莲蕾；一手置胯部，持一锁状物。龛外两侧各有一长方形浅龛，龛内各雕一梵志像，均为外道形象。东侧梵志像左手捧骷髅头，应为鹿头梵志。西侧梵志损毁严重，残存双腿。

上龛为楣拱形，正中龛内雕一交脚弥勒菩萨二胁侍菩萨立像。弥勒菩萨胸部垂双蛇形装饰。上身袒露，下身着裙，衣纹厚密。双手合十，交脚坐姿。左胁侍菩萨头戴高冠，身着通

图 6-33 张家口下花园石窟窟顶莲花飞天

图 6-34 高平大佛山正面摩崖造像龛

肩大衣。双手合十，笔直站立。右胁侍菩萨已毁。两侧龛内雕一尊半跏菩萨像，头微侧，戴高冠，冠三面各一圆饼装饰。面相浑圆，双肩宽厚，佩戴项圈和璎珞，半跏坐于束腰藤座上。

整个壁面龛像为一整体的布局，下龛雕释迦，上龛雕弥勒菩萨及二半跏思惟菩萨。释迦与弥勒的组合形式以及半跏思惟菩萨作为弥勒菩萨的胁侍，均是云冈第7、8窟，第9、10窟所流行的题材。楣拱龛内雕弥勒菩萨像则是云冈第二期洞窟常见的表现形式，象征着弥勒菩萨所在的兜率天宫。另外，下龛两侧一对婆罗门像特别引人注目，其中有手捧骷髅头者，此题材在云冈第9窟和第12窟就有实例。佛和菩萨的造像样式，也与云冈第7、8窟，第9、10窟十分相似。这种与云冈造像高度一致的情况，似可说明与云冈工匠集团南下有关[63]。

注释：

[1] 《续高僧传》卷1《昙曜传》，郭绍林点校本，北京：中华书局，2014年，第12页。

[2] 李雪芹《云冈石窟新编窟号说明》,《文物》1988年第4期,第30—35页。李雪芹《关于云冈石窟新编窟号的补充说明》,《文物》2001年第5期,第87—89页。

[3] 杭侃认为：昙曜五窟是按世俗的昭穆制度排列，第19窟代表道武帝拓跋珪，第18窟为明元帝，第20窟为太武帝，第17窟为未登基便亡故的景穆帝，第16窟为文成帝。参见杭侃《云冈第20窟西壁坍塌的时间与昙曜五窟最初的设计》，《文物》1994年第10期，第56—63页。

[4] 关于凉州佛教，可以参见汤用彤《汉魏两晋南北朝佛教史》（下册）第十四章“佛教之北统”和第十九章“北方之禅法、净土与戒律”，北京：中华书局，1983年。

[5] 如《魏书》卷114《释老志》记载：赵郡沙门“法果每言，太祖明叡好道，即是当今如来，沙门宜应尽礼，遂常致拜。谓人曰：‘能鸿道者人主也，我非拜天子，乃是礼佛耳。’”法果十分明确地提出了：礼拜天子，即是礼佛的观念。

[6] 《魏书》卷114《释老志》记载：北魏文成帝复法“是年，诏有司为石像，令如帝身。既成，颜上足下，各有黑石，冥同帝体上下黑子。论者以为纯诚所感”。此事实际上是北魏帝王“即是当今如来”思想，即皇权与神权相结合的具体反映。

[7] 前引杭侃《云冈第20窟西壁坍塌的时间与昙曜五窟最初的设计》，《文物》1994年第10期，第56—63页。

[8] 参见宿白《平城实力的集聚和“云冈模式”的形成与发展》，《中国石窟·云冈石窟（一）》，北京：文物出版社，1991年，第176—197页。

[9] 双塔之制可能受南朝影响，《高僧传》卷13《慧达传》记载：东晋京师长干寺有双塔（汤用彤校注本，第477—478页）。《南齐书》卷53《虞愿传》记载：宋明帝所立之湘宫寺，“帝以故宅起湘宫寺，费极奢侈。以孝武庄严刹七层，帝欲起十层，不可立，分为两刹，各五层”。北京：中华书局，1975年，第1710页。

[10] 《魏书》卷7《高祖纪下》记载：太和“十年春正月癸亥朔，帝始服兖冕，朝飨万国”。可知服制改革始于孝文帝太和十年（486年）。

[11] 参见宿白《“大金西京武州山重修大石窟寺碑”校注—新发现的大同云岗石窟寺历史材料的初步整理—》一文中注七、注八，《北京大学学报·人文科学》1956年第1期，第71—84页。

[12] 员海瑞《云冈石窟内容总录（一）》，云冈石窟文物保管所编《中国石窟·云冈石窟（一）》，北京：文物出版社，1991年，第231—235页。员海瑞《云冈石窟内容总录（二）》（第261—271页）；长广敏雄《云冈石窟第9、10双窟的特征》（第193—207页），均刊于云冈石窟文物保管所编《中国石窟·云冈石窟（二）》，北京：文物出版社，1994年。

[13] 鲁班窑，水野清一、长广敏雄称之为“西湾石窟”，他们当时只能看到2座洞窟，编为南窟和北窟，并作了简单的记录和测图。参见京都大学人文科学研究所、中国社会科学院考古研究所《云冈石窟》第十五卷·西方诸窟，第四章“西湾石窟与吴官屯石窟”，北京：科学出版社，2016年，第60—61页；第45、46图，南北窟略图；图版104—106A。

[14] 孙瑜、闫宏彬、张志忠《鲁班窑石窟病害调查及保护研究》，《中国国家博物馆馆刊》2018年第9期，第148—156页。该文简单介绍了各窟和窟顶遗迹的情况，可以参考。

[15] Joy Lidu Yi. *Yungang*: *Art*, *History*, *Archaeology*, *Liturgy*, Routledge, 2017, p.27.

[16] 北魏献文帝还与禅僧有密切的关系，唐·法琳《辩正论》卷3记载献文帝“造招隐寺，召坐禅僧”。（《大正藏》卷52，第506页）这与开凿鹿野苑石窟是相一致的。

[17] 高允《鹿野赋》曰：“暨我皇之继统，诞天纵之明睿；追鹿野之在昔，兴三转之高义；振幽宗于已永，旷千载而有寄。于是命匠选工，刊兹西岭；注诚端思，仰模神影；庶真容之仿佛，耀金晖之焕炳……凿仙窟以居禅，辟重阶以通述……”参见唐·道宣《广弘明集·统归篇》卷29，《大正藏》卷52，第339页。

[18] 李治国、刘建军《北魏平城鹿野苑石窟调查记》，《中国石窟·云冈石窟（一）》，北京：文物出版社，1991年，第212—215页。刘建军《鹿野苑石窟调查报告——关于新发现禅窟的问题》，中

国古迹遗址保护协会石窟专业委员会、龙门石窟研究院编《石窟寺研究（第一辑）》，北京：文物出版社，2010年，第1—9页。

[19] 伊東忠太《北清建築調查報告》，《建築雜誌》第189號，第253—284頁，1902年；同氏《支那山西雲岡の石窟寺》，《國華》第17編第197號，第431—435頁；第198號，第483—494頁，東京1906年刊。

[20] 沙畹《北中国考古图录》图版卷为1909年出版，文本卷为1915年出版。云冈图版参见Édouard Chavannes, *Mission Archéologique dans La Chine Septentrionale*, Paris: Imprimerie Nationale, 1909, pls.200-277.

[21] 该书1915年由（东京）佛書刊行會圖像部出版。

[22] 松本文三郎《佛像の美術史研究》，《哲學研究》第1卷第1號，京都，1916年；《大同の佛像》，《藝文》第9卷第6號，京都，1918年。關野貞《印度の佛教美術に就て》，《建築雜誌》第34卷第400號，1920年。

[23] 塚本善隆《支那佛教史蹟研究·北魏篇》，東京：弘文堂，1912年。

[24] 木下杢太郎、木村莊八編著《大同石佛寺》，日本美術學院，1921年。此书是1920年9月（大正八年），木下杢太郎与木村庄八共同考察云冈石窟后所撰。1938年（昭和十三年）再版时，改为木下杢太郎自著，删除了木村撰写的部分，增加了木下所摄的一些图片，由座右宝刊行会出版。此外，木下杢太郎还著有《雲岡日錄》一书（木下杢太郎著、赵明杰译《云冈日录》，北京：中国画报出版社，2017年，书中附有《大同美術中的犍陀羅要素》一文，第192—213页），可以参阅。

[25] Osvald Sirén, *Chinese Sculpture*: *from the fifth to the fourteenth century*, London, 1925, text, pp.6-19, p.80; pls.17-68a, 69, 93b, 290-292.

[26] 小野玄妙《極東の三大藝術》，丙午出版社，1924年。

[27] 常盤大定、關野貞《支那佛教史蹟（第二集）》，東京：佛教史蹟研究會，1925年，圖版20—48。常盤大定、關野貞《支那文化史蹟（第一輯）》，圖版1—76；解說，第1—48頁，東京：法藏館，1939年。目前有中文译本，参见常盘大定、关野贞著，复旦大学文史研究院编《中国文化史迹》（全译本），上海：上海辞书出版社，2017年。

[28] 春山武松《佛像発生問題より見たるマッラー派の彫刻》，《東洋美術》創刊號（1929年4月），第42—57頁。

[29] 长广敏雄著、王雁卿译《云冈日记——战争时期的佛教石窟调查》，北京：文物出版社，2009年。

[30] 水野清一、長廣敏雄《雲岡石窟——西曆五世紀における中國北部佛教窟院の考古學的調查報告》16卷本，日本写真印刷株式會社，1951—1956年。

[31] 岡村秀典編《雲岡石窟·遺物篇》，京都：朋友書店，2006年。

[32] 京都大学人文科学研究所、中国社会科学院考古研究所《云冈石窟》，北京：科学出版社，2014、2016、2018年。

[33] 该文后收入陈垣著《陈垣学术论文集》第1集，北京：中华书局，1980年。

[34] 白志谦《云冈石窟寺记》，北平：中华书局，1936年。

[35] 文刊《中国营造学社汇刊》第4卷3、4期，1933年，第171—217页。

[36] 参见汤用彤《汉魏两晋南北朝佛教史》第十四章《佛教之北统》，第十九章《北方禅法净土与戒律》，北京：中华书局，初版于1938年，1983年再版。

[37] 宿白《〈大金西京武州山重修大石窟寺碑〉校注—新发现的大同云岗石窟寺历史材料的初步整理—》，《北京大学学报·人文科学》1956年第1期，第71—84页。后收入宿白《中国石窟寺研究》一书，北京：文物出版社，1996年，第52—75页。

[38] 宿白《云冈石窟分期试论》，《考古学报》1978年第1期，第25—38页。

[39] 宿白《〈大金西京武州山重修大石窟寺碑〉的发现与研究——与日本长广敏雄教授讨论有关云冈石窟的某些问题》，《北京大学学报·哲学社会科学版》1982年第2期，第29—49页。

[40] 宿白《平城实力的集聚和“云冈模式”的形成与发展》，云冈石窟文物保管所编《中国石窟·云冈石窟（一）》，北京：文物出版社，1991年，第176—197页。关于云冈石窟的研究，可参见丁明夷《云冈石窟研究五十年》，云冈石窟文物保管所编《中国石窟·云冈石窟（二）》，北京：

文物出版社，1994年，第174—186页。
[41] 长广敏雄《云冈石窟第9、10双窟的特征》，前引《中国石窟·云冈石窟（二）》，第193—207页。
[42] 参见吉村憐《雲岡石窟編年論——宿白·長廣學說批判》，《國華》1140號，1993年，第13—29頁。
[43] 参见李静杰《云冈第9、10窟的图像构成》一文注释4，文刊《艺术史研究（10）》，广州：中山大学出版社，2008年，第327—359页。
[44] 参见Lidu Yi, Re-examining Caves 11 to 13 at Yungang, *Association for Asian Studies conference paper*, 2013.（衣丽都《再论云冈第11至13窟》，亚洲研究学会2013年学术年会论坛论文）；Joy Lidu Yi, *Yungang*: *Art*, *History*, *Archaeology*, *Liturgy*, Routledge, 2017. p.79, 103-104.
[45] 岡村秀典《雲岡石窟における大型窟の編年》，《國華》第1451號，2016年，第32—46頁。
[46] 曾布川寛《雲岡石窟再考》，《東方學報》（京都）第83冊，2008年，第1—155頁。
[47] 张焯《云冈石窟编年史》，北京：文物出版社，2006年。
[48] 吉村憐《曇曜五窟論》，《佛教藝術》第73號（1969年），第12—27頁。
[49] 杭侃《云冈第20窟西壁坍塌的时间与昙曜五窟最初的布局设计》，《文物》1994年第10期，第56—63页。
[50] 吉村恒《曇曜五窟造營工事の檢討》，《國華》第1155號（1992年2月），第7—23頁。
[51] 熊坂聡美《雲岡石窟曇曜五窟開鑿期の仏龕について》，《佛教藝術》332號（2014年），第9—35頁。
[52] 彭明浩《云冈石窟的营造工程》，北京：文物出版社，2017年。
[53] 姜怀英、员海瑞、解廷凡《云冈石窟新发现的几处建筑遗址》，《中国石窟·云冈石窟（一）》，北京：文物出版社，1991年，第200页。
[54] 前引姜怀英、员海瑞、解廷凡《云冈石窟新发现的几处建筑遗址》，第198—201页，图4，第12窟窟檐建筑复原图；图5，第9、10窟窟檐建筑复原图。1938年，日本日比野丈夫、小野胜年等曾在第9、10窟前挖过探沟，但并没有弄清窟前建筑的形制与结构，也没有注意到窟上部大庑殿顶的残迹。参见水野清一、長廣敏雄《雲岡石窟》第7卷附錄《雲岡發掘記一》，1952年。
[55] 参见《中国文物报》1994年1月16日第1版《云冈窟前遗址发掘获重大成果》。云冈石窟文物研究所、山西省考古研究所、大同市博物馆《云冈石窟第3窟遗址发掘简报》，《文物》2004年第6期，第65—88页。另见山西省考古研究所编《山西考古四十年》第六章“云冈窟前遗迹”，太原：山西人民出版社，1994年，第241—242页。
[56] 云冈石窟研究院、山西省考古研究所、大同市考古研究所《云冈石窟窟顶西区北魏佛教寺院遗址》，《考古学报》2016年第4期，第533—562页。
[57] 山西省考古研究所、云冈石窟研究院、大同市考古研究所《云冈石窟窟顶二区北魏辽金佛教寺院遗址》，《考古学报》2019年第1期，第109—142页。
[58] 唐·道宣《续高僧传》卷1《昙曜传》记载：昙曜“以元魏和平年任北台昭玄统，绥缉僧众，妙得其心。住恒安石窟通乐寺，即魏帝之所造也。去恒安西北三十里，武周山谷北面石崖，就而镌之，建立佛寺，名曰：灵岩。龛之大者，举高二十余丈，可受三千许人……东头僧寺恒共千人……故于北台石窟，集诸德僧，对天竺沙门，译《付法藏传》并《净土经》。流通后贤，意存无绝。”（郭绍林点校本，第12页）
[59] 宿白《平城实力的集聚和“云冈模式”的形成与发展》，文刊云冈文物保管所《中国石窟·云冈石窟（　）》，文物出版社，1991年，第197页。
[60] 关于平城与周边的交通路线，可参见前田正名（1921—1984）著、李凭、孙耀、孙蕾译《平城历史地理学研究》第四章“以平城为中心的交通网”，上海：上海古籍出版社，2012年，第109—235页。
[61] 刘建华《河北张家口下花园石窟》，《文物》1998年第7期，第60—66页。
[62] 李裕群、Lidu Yi《山西高平大佛山摩崖造像考——“云冈模式”南传的重要例证》，《文物》2015年第2期，第81—93页。
[63] 李裕群《从平城到洛阳——古代交通路线上的北魏石窟》，京都大学人文科学研究所、中国社会科学院考古研究所《云冈石窟（第十八卷）》，北京：科学出版社，2018年，第17—55页。

二
洛阳龙门石窟

1. 龙门石窟的概况

洛阳是中国著名的古都。公元494年，北魏孝文帝从平城迁都洛阳以后，洛阳再次成为中国政治、经济、文化和对外交流的中心。北魏洛阳时期，佛教发展到了登峰造极的地步。尤其是到了“神龟、正光之际，府藏盈溢”（《魏书》卷一一〇《食货志》），以孝明帝、胡太后为首的北魏统治集团竞相在洛阳城郭大营寺塔，京城内外佛寺竟然多达一千余所[1]。东魏杨衒之《洛阳伽蓝记·序》中记载：“逮皇魏受图，光宅嵩洛，笃信弥繁，法教愈盛。王侯贵臣弃象马如脱屣，庶士豪家舍资财若遗迹。于是招提栉比，宝塔骈罗。争写天上之姿，竞摸山中之影。金刹与灵台比高，广殿共阿房等壮。岂直木衣绨绣土被朱紫而已哉。”[2] 可以想见当时的洛阳已是“招提栉比，宝塔骈罗”的一派佛国景象了。寺院急剧的增多，造就了佛教雕塑艺术的蓬勃发展，龙门石窟、巩县石窟以及周边北魏时期的其他石窟正是在这种狂热崇佛的社会背景下开凿的。

龙门石窟是中国三大石窟之一，坐落在河南省洛阳市城南13千米的龙门口。谷口西为龙门山，东为香山。东西两山呈对峙之势，伊水穿流其间，形成天然的门阙关隘，是洛阳城南的唯一通道，故东汉以来就有伊阙之称。龙门石窟就开凿在东西两山上，所以也称为伊阙石刻。大约从北魏太和十七年（493年）开始，一些达官显贵利用西山天然洞穴（即古阳洞）凿龛造像。北魏孝文帝迁都洛阳（494年）以后，由皇室经营的洛阳龙门石窟大规模开凿活动开始了。这在《魏书》卷一一四《释老志》中有明确的记载：“景明初

（500年），世宗（宣武帝）诏大长秋卿白整准代京灵岩寺石窟，于洛南伊阙山，为高祖（孝文帝）、文昭皇太后营石窟二所……永平中（508—511年），中尹刘腾奏为世宗复造石窟一，凡为三所。”学者们都认为：这三所洞窟就是现在龙门西山宾阳三洞。到了孝明帝时期，龙门石窟的开凿也达到了鼎盛。公元534年，北魏分裂以后，洛阳失去了都城的地位，并一度成为东西魏和北齐北周争霸的战场，而沦为废墟。洛阳佛教遭受沉重打击，寺院荒芜，石窟开凿也基本停止，偶见零星补凿或续凿的小龛像。一直到唐太宗贞观十五年（641年），来自长安的魏王李泰为其生母长孙皇后在龙门宾阳南洞雕凿大像[3]。李唐皇室才在洛阳龙门陆续开凿石窟。唐高宗显庆二年（657年）置东都，以后高宗则天长期留居东都。著名的大卢舍那像龛便是高宗所开凿，则天皇后出脂粉钱助营而成，这一时期皇室臣僚在龙门的开窟造像活动达到了高潮。唐玄宗天宝十四年（755年），安史之乱爆发，不久东都洛阳陷落，大规模的石窟开凿工程也由此中止。

经过北魏至唐诸朝陆续营造，龙门石窟形成了横跨东西两山、南北长达1千米的石窟群。现有编号窟龛2345个[4]，造像10万躯，浮雕石塔40多座，碑刻题记2780品，其中有纪年者700余品，是中国石窟题记最多的一处，尤以“龙门二十品”驰名中外。龙门石窟的营造高峰是北魏和唐二个时期。

北魏营造的洞窟均分布在西山（图6-35），主要有古阳洞、莲花洞、宾阳中洞、火烧洞、慈香洞、魏字洞、皇甫公窟、路洞；北魏营造北齐时完工的有汴州洞；北魏开窟中辍、唐代继而造像的有宾阳南洞、宾阳北洞、药方洞、赵客师洞和

图 6-35 龙门石窟西山南部窟群

唐字洞等。龙门魏窟是在承袭云冈石窟北魏洞窟特点的基础上形成和发展起来的。窟形主要有仿自云冈石窟中昙曜五窟马蹄形、穹隆顶的草庐形式，最为典型的是古阳洞和宾阳洞。

古阳洞位居西山南部，是龙门开凿最早、内容最丰富的大窟，原系一座天然的洞穴（图6-36）。太和十七年以后，一批随孝文帝迁都洛阳的王公贵族，陆续在此修整洞窟，发愿造像。现存洞窟平面纵长方形，圆顶。面宽7.27、进深11.83、高11.2米。窟内后部雕一佛二胁侍菩萨像（图6-37）。据学者的研究，这铺造像是为孝文帝雕造的。主尊释迦佛为高肉髻，面相长圆，身着褒衣博带式大衣，结跏趺坐于长方形台座上。佛座两侧各有蹲狮。菩萨头戴花蔓冠，冠侧宝缯先上折再下垂于头两侧。脸庞清秀，面含微笑，颈下戴桃尖形项圈。双肩敷搭披巾和璎珞，含胸挺腹，姿态优美。窟内左右壁上下各有三层大龛，每层各四龛。其中上层八大龛是最早雕造的，造像样式仍然延续了云冈石窟的旧传统。次为中层龛像。下层龛像则是在洞窟壁面利用完后，将原来地面向下凿后形成的壁面雕造的，年代最晚。窟顶和四壁雕满各式各样的小龛。这些大小龛像大都有施主造像发愿文，包括了北魏皇室成员、贵族和高僧。著名的有长乐王丘穆陵亮夫人尉迟氏、北海王元祥、北海王太妃高氏、广川王祖母太妃侯氏、安定王元燮、齐郡王元祐、辅国将军杨大眼（图6-38）、始平公之子比丘慧成等。著名的龙门二十品中有十九品就在古阳洞。

宾阳三洞是龙门最典型的魏窟，为宣武帝“准代京灵岩寺石窟”，即仿自云冈石窟模式而开凿的。三窟南北并列，窟前有斩山而形成的宽阔平台（图6-39）。

图 6-36　龙门古阳洞

图 6-37　龙门古阳洞主尊佛和二菩萨像

图 6-38 龙门古阳洞杨大眼造像龛

洞窟平面均为椭圆形，穹隆顶。所以这种洞窟形制与云冈昙曜五窟和第5窟有相似之处。洞窟的开凿从景明初一直持续到正光四年（500—523年），其中南洞（文昭皇太后）和北洞（宣武帝）因统治集团内部的政治斗争而未能完工。只有宾阳中洞，即为孝文帝所造窟，如期竣工。中洞窟门上雕双龙交缠呈圆拱门梁，门外两侧各开一屋形龛，龛内雕力士像。门甬道南侧浮雕大梵天（图6-40），北侧浮雕帝释天。窟内主尊造像为三世佛，正壁雕一坐佛二弟子二菩萨像（图6-41），侧壁各雕一立佛二菩萨像（图6-42、图6-43）。前壁窟门两侧自上而下分别为浅浮雕文殊菩萨与维摩诘居士对坐说法图、萨埵太子本生、须大拏本生和大型帝后礼佛图，

图 6-39 龙门宾阳三洞

壁脚雕十神王（图6-44）。窟顶刻莲花飞天。宾阳中洞与云冈相比，在许多方面都有所创新，比如三壁造像前礼佛的空间明显增大。又如佛像褒衣博带式大衣右肩搭有偏衫，不见于云冈，而与南京栖霞山石窟南朝佛像一致。再如十神王题材同样如此，是龙门新出现的并且流行于整个北朝晚期[5]。最重要的是帝后礼佛图，表

图 6-40　龙门宾阳中洞窟门南侧壁大梵天

图 6-41　龙门宾阳中洞正壁

图 6-42　龙门宾阳中洞右南壁佛三尊像

图 6-43　龙门宾阳中洞北壁立面图

图 6-44　龙门宾阳中洞前壁帝后礼佛图

现了孝文帝和文昭皇后在比丘的引导和众人的簇拥下静心礼佛的场景（图6-45、图6-46）。礼佛场面庄严肃穆，人物表情虔诚。它的出现说明北魏平城时期，曾经流行的皇帝“即当今如来”的观念到了北魏洛阳宣武帝时期已经弱化，即皇权与神权的分离，帝王是作为神权维护者的面貌而出现的，这或许是石窟性质转变的标志。可惜的是帝后礼佛图在20世纪30年代前期（1930—1935年）被盗劫国外，分藏于美国纽约大都会博物馆和堪萨斯纳尔逊美术馆[6]。

龙门北魏洞窟流行方形、圆顶，窟内正壁设坛，两侧壁各开一龛的一坛二龛式窟，如皇甫公窟、魏字洞、普泰洞等。比较典型的是胡太后之舅皇甫度所开凿的皇甫公窟，洞窟完工于北魏孝昌三年（527年），是龙门魏窟中唯一有纪年碑铭的洞窟。窟内正壁坛上雕一佛二弟子二菩萨二思惟菩萨（图6-47、图6-48）。南壁楣拱龛内雕弥勒菩萨，北壁尖拱龛内雕释迦多宝佛并坐像（图6-49）。龛下均有精美的供养人礼佛图。窟顶有大莲花，八身伎乐天手持各种乐器，作凌空飞舞状，姿态十分优美。另外还有圆形或圆角方形的三壁设坛式窟，如慈香洞、六狮洞等；纵长方形的火烧洞等。其中皇家开凿的大型洞窟——火烧洞因岩石剥落或因雷火所击而崩塌严重，但正壁南侧还有东魏孝静帝母子的造像龛题记，窟门尖拱形火焰门楣上雕刻了汉式传统的二身天人乘龙的形象（图6-50），十分罕见，有学者认为是东王公和西王母题材[7]，是汉文化传统题材融入佛教石窟的重要例证。

在龙门有许多洞窟外观雕出屋脊、瓦垅等仿木建筑窟檐，或雕出火焰尖拱门

图 6-45　龙门宾阳中洞皇帝礼佛图

图 6-46　龙门宾阳中洞皇后礼佛图

图 6-47 龙门皇甫公窟正壁佛像

图 6-48 龙门皇甫公窟正壁北侧菩萨像

图 6-49 龙门皇甫公窟左壁释迦多宝龛

图 6-50 龙门火烧洞门楣

楣，是云冈石窟完整仿木窟檐建筑的简化形式，但使用并不普遍。穹隆顶上一般都雕有一朵大莲花，周围环绕一圈细腰长裙，飘逸自如的伎乐飞天，有祥云烘托，象征着天穹（图6-51）。宾阳中洞和皇甫公窟等窟的地面上也刻出以莲花为母题的装饰图案。各大窟内还有大量的小龛，形制多样，变化复杂，有方形龛、圆拱龛、屋形龛、帐形龛和盝顶龛等基本龛形，有的甚至二种或三种龛形雕刻在一起，组成新的龛形。龛楣雕刻华丽，由龙凤、鹿、饕餮、童子、华绳、忍冬纹、火焰纹、联珠纹、三角垂璋纹、垂幔、流苏等组成变幻无穷的装饰图案。楣面还雕刻七佛、佛本行故事、维摩文殊说法以及飞天。

北魏洞窟主尊造像主要流行释迦牟尼和表现在兜率天宫决疑的交脚弥勒菩萨，

图 6-51 龙门莲花洞窟顶莲花和飞天

还有表现佛法传承的三世佛题材和表现《法华经》题材的释迦多宝二佛并坐说法。此外有无量寿佛、观世音菩萨和定光佛等，但比较少见。除主尊造像外，壁面还雕刻大量连环画式的佛传、本生和因缘故事等浮雕以及大量的供养人和大型帝后礼佛图。尤其是维摩居士和文殊菩萨问答的题材很多，一般在龛外两侧上方比较显要的位置。这些题材与当时流行的《法华经》《弥勒上生经》《维摩诘经》等佛典以及帝王臣僚热烈崇佛的历史背景有密切关系。主尊造像的配置主要有一佛二菩萨和一交脚弥勒菩萨二菩萨组成的“三身式”、一佛二弟子二菩萨组成的“五身式”以及一佛二弟子二菩萨二力士组成的“七身式”。在洞窟中佛、菩萨、弟子、飞天和力士的造型，前后有明显的变化，迁洛前后开凿的古阳洞部分龛像中佛像和菩萨肩宽体壮，佛身着袒右式大衣，菩萨斜披络腋，这些都保留了云冈早期造型和服饰旧样式，宣武帝景明以后旧样式消失。同时古阳洞出现面容清瘦，双肩下削，身姿纤细，重在表现人物神与骨的“秀骨清像”形象，成为北魏流行的新样式。佛像身穿汉族士大夫的褒衣博带式大衣，衣褶层叠稠密，披覆于佛座前。菩萨身披宽博的披巾，于腹部交叉和交叉穿环。这种样式来源于南朝造型艺术的影响，同时也符合中原汉民族的审美情趣。这种艺术造型的流行是拓跋鲜卑模拟南朝制度、进一步推行汉化政策的具体表现。

唐代洞窟分布在东西两山，主要有药方洞、唐字洞、宾阳南洞、宾阳北洞、潜溪寺、敬善寺、双窑、老龙洞、破窑、惠简洞、奉先寺、万佛洞、奉南洞、清明寺、净土堂、摩崖三佛龛、龙华寺、极南洞、火下洞、八作司洞以及东山的大

图 6-52 龙门万佛洞窟顶

图 6-53 龙门擂鼓台南洞菩提瑞像

万伍千佛龛、擂鼓台南洞、北洞、高平郡王洞、大弥勒洞、四雁洞、二莲花洞、看经寺等。此外，还有数以百计的小窟和数以千计的小龛。唐代在北朝洞窟的基础上有新的发展，流行圆形或圆角方形的列像窟，三壁前一般设低坛基，坛上雕成组列像。洞窟外观的处理较为简略，不见北魏时期流行的仿木建筑窟檐或火焰尖拱门楣。往往在窟门正上方雕出造像碑或题额，如“北市采帛行净土堂”、“大万伍千佛龛”（图6-52）、“新罗像龛”、“北市丝行像龛”等表现开凿者身份和造像内容的题额。新出现一种窟内中部设佛坛，坛上置佛像的佛坛窟，在龙门石窟中始见于武周时期开凿的东山擂鼓台中洞和南洞，如中洞佛坛雕有倚坐弥勒二菩萨像。正壁及南北壁下部刻二十五身西土付法弟子像。南洞坛上放置圆雕菩提像（图6-53）[8]。菩提像也见于擂鼓台北洞正壁主尊[9]。除列像窟外，还有摩崖大佛龛、供僧人禅修的禅窟和瘗埋亡者的瘗窟。

唐代皇室在龙门开窟造像始于宾阳南洞，这座是北魏中途废止的洞窟，唐太宗第四子魏王李泰为了给他的生母长孙皇后做功德，在窟内正壁坛上雕造了一佛二弟子二菩萨五身大像（图6-54），贞观十五年（641年）完工。这组造像上承北朝晚期造像艺术的风韵，又具有典型的初唐时期质朴敦厚的艺术风格。主尊阿弥陀佛为旋涡纹发髻，面相圆满，神情庄严。身着双领下垂式大衣，身体丰满圆润，但略显稚拙。手施说法印，结跏趺坐于束腰须弥座上。弟子像形体较小，为一老一少形象，身披大衣，双手合十，神情谦恭。菩萨头戴高花蔓冠，面相丰圆，颈下戴项圈，身披披帛和联珠纹璎珞，下身着百褶长裙，身体呈直筒状，立于莲台上。

龙门唐窟规模最大、雕刻最精的当数唐高宗主持修造的奉先寺“大卢舍那像龛”（图6-55），根据唐开元十二年（722年）镌刻的《大卢舍那像龛像记》记载：龛像为“大唐高宗天皇大帝之所建也”，咸亨三年（672年）武则天皇后出脂粉钱二万贯助营此工程，上元二年（676年）龛像竣工。工程主持人为司农寺卿韦机等人。该龛辟山而造，平面呈倒凹字形，摩崖敞口式。龛前三壁设坛基，坛上正壁雕高达17.14米的大卢舍那佛（图6-56），两侧依次雕二弟子二菩萨二神王二力士像（图6-57、图6-58）[10]，造像的高度亦10米以上。整组群雕布局严谨，主次分明，

图 6-54　龙门宾阳南洞正壁造像

图 6-55 龙门奉先寺卢舍那大像龛

图 6-56　龙门奉先寺卢舍那大像龛

图 6-57　龙门奉先寺卢舍那大像龛北侧胁侍像

图 6-58 龙门奉先寺卢舍那大像龛南侧胁侍像

图 6-59 龙门看经寺罗汉像

气势磅礴，是龙门石窟的象征。

唐代造像内容丰富，除了北朝已有的释迦牟尼佛和三佛组合外，反映各佛教宗派的题材明显增多，如许多洞窟以净土宗供奉的西方阿弥陀佛为主尊，净土洞左右壁甚至出现《观无量寿佛经》中“九品往生”经变画，单身观世音菩萨龛也较多见，而且出现成组合的观世音菩萨和地藏菩萨，观音、地藏作为阿弥陀佛的胁侍形式出现；与华严宗有关的奉先寺卢舍那佛；与密宗有关的万佛沟的千手千眼观音以及四臂、八臂观音像等；与禅宗有关的大万五佛洞和看经寺二十九身传法祖师像（图6-59）。这些题材的出现是唐代佛教宗派确立并在洛阳地区广泛流行的历史背景有关。另外龙门还出现大量的优填王像。这一时期主尊造像的配置主要流行一佛二弟子二菩萨二神王二力士组成的“九身式”。

唐代是龙门佛教造像艺术发展的巅峰时期，雕刻艺术家们侧重于表现人物造型丰满圆润的肌体，优美健硕的身姿，具有浓厚的写实意味。佛像、菩萨等均面相浑圆丰满，宽肩细腰，肢体丰满健美，而不显臃肿。尤其是菩萨造型，双肩略宽，胸部和腹肌微微鼓起，下身穿紧贴臀部和双腿的长裙，整个身体扭成三道弯，显得婀娜多姿，妩媚动人。这种造型艺术的出现与唐代崇尚丰腴为美的审美观和西方样式的再次传入不无关系。

龙门碑刻题记中保存了大量的北魏、唐代皇室和臣僚造像功德记，是研究北魏和唐代佛教重要的实物资料。此外还有佛教经典，药方洞的古药方，外国高僧题名以及洛阳北市“采帛行”“丝行”“香行社”等商业行会造像题记等，这是研究龙门石窟开凿历程、佛教宗派、古代医药、行会制度和中外文化交流的珍贵资料。

2. 龙门石窟的调查与研究

龙门石窟历来为洛阳城南名胜之地，在史书、方志和金石著作中有很多记载。但真正的学术考察则到了19世纪末和20世纪初。1893年9月，日本人冈仓觉三（1862—1913）最初访问了龙门石窟[11]。1899年，法国矿山技师列普林斯（Leprince Ringuet，1873—1958），1902年，发表了调查纪要，这是最早发表的龙门图像资料[12]。1902年，日本学者伊东忠太作了三天的调查和摄影，并将考察报告发表在《建築雜誌》第240卷上[13]。1906年11月，东京帝国大学塚本靖（1869—1937）和帝国博物馆平子铎岭（1870—1911）作了调查和摄影工作，并以旅行记形式将调查结果发表在《東洋學藝雜誌》上[14]。1915年，大村西崖所著的《支那美術史雕塑篇》即引用了他们的图片资料。1902年，法国著名的汉学家沙畹从列普林斯处看到龙门的图片，并借用了三张照片和一张拓片，在《亚细亚学报》上作了介绍[15]。1907年7、8月间，沙畹对龙门石窟作了为期十二天的调查，详细记录了龙门各洞窟的情况和碑刻资料。1909年，在巴黎出版了《北中国考古图录》，其中第二卷发表的有关龙门石窟的119幅图版大概是最早的一批图像资料，尤其是许多石窟造像被破坏前的图片显得十分珍贵[16]。沙畹还对龙门石窟开凿历史作了考证，并将龙门近500造像铭记译成法语公布于世。这是20世纪初期最重要的学术著作。1935年，中国学者关百益（1882—1956）所编《伊阙石刻图表》即是翻拍了沙畹的图录[17]。沙畹的考察成果引起了学术界广泛的关注。随后关野贞（1918年）和常盘大定（1920年）相继作了调查，对龙门石窟现状、开凿年代、佛像样式作了概述[18]。1918年4月，喜龙仁曾到龙门石窟进行考察，对古阳洞的开凿年代、宾阳洞和莲花洞的造像风格作了概述[19]。20世纪20年代，中国学者如袁希涛（1866—1935）、崔盈科（1893—1960）、许同莘（1878—？）等都对龙门石窟作过调查和研究工作[20]。1936年，中国营造学社梁思成、林徽因、刘敦桢等人对龙门石窟作了编号、记录、摄影和洞窟平面图的绘制，并对石窟的年代、洞窟构造特点和造像样式作了叙述[21]。1936年4月，水野清一、长广敏雄等对龙门石窟进行了为期六天的调查，长广负责北魏洞窟的测绘，水野负责唐代洞窟及连络平面的测绘，摄影和拓片由其他人完成。1941年，水野清一、长广敏雄将调查成果以《龍門石窟の研究》之名出版[22]，该书分本文篇和图版篇二部分，文字部分分为序说、第一编西山石窟各说、第二编东山石窟各说、第三编龙门石窟总论，最后附录塚本善隆《龍門石窟に現れたる北魏佛教》和《龍門石刻錄》。在序说中总结了以前龙门石窟的调查与研究情况和这次考察的概况。第一、二编对龙门各个洞窟作了详细的叙述，并附有平面图及部分立面示意图。第三编对龙门石窟的开创历程，包括各洞窟的年代进行了探讨，确定了宾阳三洞即是《魏书·释老志》所记宣武帝"准代京灵岩寺石窟"而开凿的洞窟。同时对洞窟的构造和龛的形制、装饰纹样和造像组合也作了系统的探讨。最后附有龙门石窟洞名对照表并造窟年代表，罗列各家种种说法。这部书收集资料广泛，内容丰富，是20世纪40年代关于龙门石窟的最为详细的报告。附录中塚本善隆一文较全面地论述了云冈、龙门石窟的重要性和对北魏佛教研究的重要意义，利用龙门石窟资料来探讨北魏佛教的兴衰，作者十方注重龙门石刻铭记的研究，通过铭记的分析，探讨了北魏至唐佛教信仰的变化。这是一篇运用石窟资料来研究佛教历史的重要文章，至今仍有重要的参考价值。

20世纪50年代以来，有关部门和学者对龙门石窟作了考察[23]。1955年，王去非根据1953年至1954年龙门保管所在石窟清理中新发现的惠灯洞和灵觉洞，认为这两座洞窟是专为安葬用的洞窟，首次提出龙门存在着凿龛而葬的瘗窟。同时还纠正了以前将《伊阙佛龛之碑》的雕刻年代与铭文混为一谈的说法，指出李泰造像铭是利用北魏碑而刊刻的[24]。王去非在《参观三处石窟笔记》一文中认为唐贞观十五年《伊阙佛龛之碑》李泰造像所指应是宾阳南洞正壁大像，而非关野贞和水野清一所认为的潜溪寺。潜溪寺的开凿年代可能在高宗早期[25]。20世纪50—60年代，阎文儒曾多次考察龙门石窟，抄录了龙门石窟的全部石刻题记，同时，对北魏和唐代洞窟进行较为系统的考证与相关的研究[26]。70年代，龙门石窟保管所在宾阳南洞西壁发现了唐高宗麟德二年（665年）王玄策造像龛及铭记。初唐时期，王玄策曾多次出使印度，并携来西方造像图样[27]。因此，这个造像龛的发现对于研究龙门造像中的西方因素提供了可贵的资料[28]。1984年，北京大学考古系师生对龙门皇甫公窟（旧称石窟寺）进行了考古调查与测绘，马世长《龙门皇甫公窟》一文，详细刊布了该窟的测绘资料，并对皇甫公窟的特点、开凿年代和功德主进行了考述[29]。80年代，宫大中对龙门各个时期的洞窟作了详细的叙述和考证，根据古阳洞正始中辅国将军杨大眼造像龛铭记所记："南秽既澄，震旅归阙，军次之行，路经石窟，览先皇之明踪，睹盛圣之丽迹，瞩目彻宵，泫然流感，遂为孝文皇帝造石像一区”的记载，推测古阳洞正壁主像即为孝文帝所造之“丽迹”[30]。古阳洞作为龙门最早开凿的洞窟，这涉及龙门石窟的始创年代问题，自然成为学术界关注和论争不休的焦点。其原因在于对古阳洞南壁上层第3龛“孙秋生造像记”的解读。该发愿文云：“大伐（代）太和七年（483年），新城县功曹孙秋生、刘起祖二百人等敬造石像一区，愿国祚永隆，三宝弥显。”落款年代为：“景明三年岁在壬午五月戊子朔廿七日造讫。”1985年，温玉成发表的《龙门石窟的创建年代》一文[31]，综合各种因素，认为：孙秋生造像铭所云“大代太和七年”乃是“太和十七年”之误，漏掉了一个“十”字。同年，温玉成发表的《龙门古阳洞研究》一文[32]，认为：“古阳洞的经营约始于太和十七年九月孝文帝至洛阳，定迁都之计以后。”与宫大中的观点相同，古阳洞正壁三尊像为孝文帝所造，并推断造像完成于景明末年（503年），工程进行了十年（493—503年）。2001年，刘景龙（1940—2020）《龙门石窟开凿年代新考》一文，则改变了他以前“太和十七年”的观点，修改为“大代太和七年”说[33]。2006年，日本学者上原和也提出了“大代太和七年”的观点。认为：孙秋生造像记分为上下两段，上段太和七年发愿文，下段施主题名及落款是景明三年追刻的[34]。但这一观点仍然存在问题，即古阳洞主尊佛像“汉风”问题。事实上，在孝文帝迁都洛阳前，洛阳人物散尽，荒芜已久，并不具备产生新型佛教造像样式的客观条件。古阳洞主尊佛像褒衣博带式大衣与宾阳中洞和南朝佛像并不相同，而与云冈第6窟佛像较为一致，显示了来自云冈的影响。云冈出现新型服饰与北魏孝文帝太和十年（486年）的服制改革密切相关。服制改革是自上而下推行的，此前开凿的云冈诸窟如第9、10窟佛像均为旧样式，而到了云冈第5、6窟完全改成汉化的新型服饰。因此，“大代太和七年”的观点难于得到有力的证据支持。

龙门石窟的编年，是学者研究的重点。温玉成《龙门北朝纪年小龛的类型、分期与洞窟排年》[35]，从龙门北朝纪年小龛的类型入手，排比出小龛发展变化的规律与时代特点，以此为标尺，进而对北朝洞窟的年代作了较为科学的推断。宿白在《洛阳地区北朝石窟的初步考察》一文中对龙门23座北朝洞窟进行了分期，共分为四个阶段，第一阶段为孝文帝至宣武帝时期，第二阶段为胡太后时期，第三阶段为孝昌以后的北魏末期，第四阶段为东西魏北齐周时期。同时又视野扩展到整个洛阳地区的石窟寺，重点分析了龙门以外的巩县石窟、渑池鸿庆寺石窟、偃师水泉石窟等八个石窟寺，将其归入龙门石窟相应的阶段。最后总结了各个阶段的洞窟特点，并从历史背景分析了各个阶段发生变化以及诸多洞窟未能完工的原因，这是一篇系统研究洛阳地区北魏石窟的纲领性文章[36]。丁明夷《龙门石窟唐代造像的分期与年代》一文中[37]，从唐代小龛造像和大像的类型分析着手，将唐代造像分成三期，根据各期题材的变化，探讨了洛阳唐代宗派流行的状况。温玉成《龙门唐窟排年》

一文[38]，对龙门35个唐代大洞以及一批具有代表性的小洞进行了分期排年的论证，将唐代洞窟分为四期：第一期，太宗晚期（约636—649年），初唐风格建立期；第二期，高宗前期（约650—679年），唐代风格成长期；第三期，高宗晚期至武则天时期（约680—704年），唐代风格繁荣期；第四期，中宗至玄宗时期（705—756年），唐代风格鼎盛期。日本学者曾布川宽《唐代龙门石窟造像的研究》一文则将唐代洞窟分为五期：第一期，高祖武德元年—太宗贞观二十三年（618—649年）；第二期，高宗永徽元年—总章二年（650—669年）；第三期，高宗咸亨元年—睿宗永昌元年（670—689年）；第四期，则天天授元年—长安四年（约690—704年）；第五期，中宗神龙元年—玄宗开元二十九年（705—741年）。文章对各期洞窟的佛像的图像学进行了相关研究[39]。近来，李崇峰对龙门现存39座唐代大型窟龛重新作了分期研究[40]，将其分为四期：第一期包括唐字洞、药方洞、宾阳南洞、宾阳北洞及破窑、老龙洞等，主要完工于唐太宗后期（637—649年）左右；第二期包括潜溪寺、赵客师洞、敬善寺、双窑北洞、双窑南洞、清明寺、惠简洞、大卢舍那像龛、万佛洞、赵上洞等，约完成于唐高宗时期（649—683年）左右；第三期包括破上洞、普上洞、弥上洞、八作司洞、火下洞、火左洞、龙华寺、二莲花洞、擂鼓台北洞、擂鼓台中洞、宝塔洞、高平郡王洞、擂鼓台南洞、看经寺、摩崖三佛龛等，主要完工于武周时期（684—705年）左右；第四期包括极南洞、奉南洞、火上洞、三佛洞、四雁洞等，约完工于中宗、睿宗和玄宗初期（705—714年）。看来，龙门唐代洞窟的分期研究学术界还有不同的观点，特别是唐代洞窟的起止年代问题，这需要充分考虑发生在东都洛阳的重大历史事件可能对龙门唐窟开凿的影响，得出符合历史的比较客观的唐窟分期。

龙门石窟洞窟数量多，分布范围广，有的洞窟高居悬崖，难于登临。为此，龙门石窟研究所在全面调查的基础上，1999年，由刘景龙、杨超杰编著的《龙门石窟总录》正式出版[41]。全书分十二卷，每卷分文字著录、图版和实测图各一册，较为详细地记录了龙门2345个编号窟龛的全部内容。全书共有图版7608幅，实测图5762张，文字126万余字。在龙门石窟尚未系统出版考古报告时，这套丛书是我们全面系统了解和研究龙门石窟最为重要的参考书。

除了洞窟以外，龙门石窟还有窟前建筑遗址，周边则有许多与龙门相关的寺院遗址。因此对这些遗址进行考古调查与发掘也是龙门石窟研究的一项重要内容。20世纪80年代，龙门石窟研究所温玉成曾调查过龙门奉先寺遗址[42]。1997年至2000年，由洛阳文物工作队和第二文物工作队、龙门石窟研究所、意大利中远东研究所、那波利大学东方文化研究所组成联合考古队，对龙门奉先寺遗址进行了发掘，获得了重要的成果[43]。按前引《大卢舍那像龛像记》记载：唐高宗“调露元年（679年）八月十五日，奉敕于大像龛南置大奉先寺”。可知奉先寺是大卢舍那像龛于上元二年（675年）竣工三年后奉敕所建，是龙门大卢舍那像龛的有机组成部分。该遗址位于龙门西山南麓，发掘揭示了一处保存较好的殿堂建筑基址。基址面宽25.77、进深19.06米。地面尚存柱础石10个，以及方砖铺就的地面。出土了唐代佛、菩萨等石刻。由于发掘面积有限，寺院的布局还不清楚，但这次发掘无疑揭示了大卢舍那像龛与奉先寺遗址的关系。20世纪80年代，龙门文物保管所曾对洛阳龙门东山香山寺遗址进行了调查与试掘[44]。目前，由北京大学考古文博学院和龙门研究院合作对香山寺遗址进行了较为全面考古发掘，发现了佛塔塔基等重要遗迹。

进入21世纪以来，龙门石窟的考古报告也提到议事日程。为此，龙门石窟研究院与北京大学考古文博学院开展合作，对东山擂鼓台区洞窟进行测绘、记录等基础工作，为了使洞窟报告具有完整性。从2008年开始，对擂鼓台三洞的窟前区域进行了考古发掘。这次发掘不仅发现了窟前的建筑遗迹，还发现了唐宋时期窟前南北向道路和两处用条石砌成的唐代窟前踏道，出土了大量的建筑构件和洞窟中崩塌下来的佛像等[45]。这是龙门石窟首次进行的窟前遗址考古发掘，对于重新认识擂鼓台区洞窟营造过程具有重要学术价值。

龙门石窟造像被盗的情况比较严重，日本学者关野贞曾经提到[46]：“从民国三年（1914年）起，洞窟雕刻的多数佛头，能取下的都被卖掉给了外国人。”最臭名昭著的莫过于1930—1935年间，北京古玩奸商岳彬与美国普爱伦签订秘密合同，勾结当地土匪，盗取宾阳中洞帝后礼佛图一事，成为龙门石窟永远抹不掉的伤痛。1965年，文化部文物博物馆研究所和龙门石窟保管所联合对石窟进行了现场调查，发现了被盗凿痕720处。1991—1992年，龙门石窟研究所王振国进行了复查，重点调查破坏严重的窟龛96个，发现被盗佛和菩萨像主尊像262尊，其他各类造像（包括礼佛图等）1000多件。嗣后龙门石窟研究所编撰出版了《龙门流散雕像集》，书中收集了部分流散在国外的龙门石窟雕刻图片，并附有该造像被盗前的旧图片作比较，最后附有王振国《龙门石窟破坏残迹调查》一文[47]。这是一部较为全面介绍龙门石窟被破坏的情况和流散在国外龙门石刻的重要参考书。

注释：

[1] 杨衒之撰、范祥雍校注《洛阳伽蓝记 · 序》云：“至武定五年（547年）岁在丁卯，余因行役重览洛阳。城郭崩毁，宫室倾覆；寺观灰烬，庙塔丘墟……周室京城，表里凡有一千余寺。今日寮廓，钟声罕闻。”上海：上海古籍出版社，1978年，第1页。

[2] 前引《洛阳伽蓝记 · 序》，第1页。

[3] 张若愚《伊阙佛龛之碑和潜溪寺、宾阳洞》，《文物》1980年第1期，第19—24页。

[4] 此编号是1989—1991年，由龙门石窟研究所和中央美术学院美术史系共同编制的，但编号系统不尽合理，使用并不方便。参见龙门石窟研究所、中央美术学院美术史系《龙门石窟窟龛编号图册》，北京：人民美术出版社，1994年。

[5] 龙门十神王的出现及其来源，以往并不清楚。李裕群根据20世纪30年代神王浮雕石佛座的拓本，认为是目前所见最早有题名的山神王、树神王、摩尼神以及四天王。根据佛座背面的发愿文，考证出拓本的纪年为北魏承平元年（452年），原造像座应出自西北地区的陕西或者甘肃。这就说明龙门北魏洞窟也有来自长安的因素。参见李裕群《神王浮雕石佛座拓本考释》，《文物》2010年第7期，第66—76页。

[6] 参见龙门石窟研究所编《龙门流散雕像集》，上海：上海人民美术出版社，1993年，图版25—31。

[7] 温玉成《龙门石窟造像的新发现》，《文物》1988年第4期，第21—26页，图一至图三。其中图一为火烧洞窟楣浮雕临摹图，但上下颠倒了。

[8] 参见龙门文物保管所、北京大学考古系编《中国石窟 · 龙门石窟（二）》，实测图，图中北洞与中洞颠倒了。北京：文物出版社，1992年。

[9] 此主尊造像以往被定为大日如来像，如李文生《龙门唐代密宗造像》，刊李文生《龙门石窟与洛阳历史文化》，上海：上海人民美术出版社，1993年，第38—46页。温玉成《中国石窟与文化艺术》，上海：上海人民美术出版社，1993年，第349—350页。但目前学术界则基本认同为“菩提像”。如李崇峰根据擂鼓台北洞外窟门上方小龛（擂鼓台区5—32龛）造像一佛二弟子二菩萨二力士像，龛下有大足元年（701年）题记，称“敬造菩提像□龛”，由此推测北洞头戴宝冠、颈下佩项饰的主尊，应为菩提像。参见李崇峰《菩提像初探》，刊李崇峰《佛教考古——从印度到中国》，上海：上海古籍出版社，2014年，第809—834页。

[10] 以前身穿甲胄、足踩小鬼的武士形象被定名为天王像，然则，巩县石窟第5窟东侧唐乾封年间（666—667年）千佛龛龛口两侧二武士形象，分别题名为金毗罗神王和护法神王（参见河南省文化局文物工作队编著《巩县石窟寺》，北京：文物出版社，1963年，图版310、311，拓片75、76），可知神王大概是当时的称谓。在河南安阳灵泉寺隋开皇九年（589年）开凿的大住圣窟窟门两侧分别雕有迦毗罗神王和那罗延神王，当是最早有神王题名的造像。

[11] 引自〔日〕上原和著、赵声良译《龙门石窟古阳洞开凿的年代（下）——对现行的北魏孝文帝迁洛以后营建说谬误之纠正》，《敦煌研究》2007年第1期，第12—23页。该文有专章介绍冈仓觉三考察龙门事。

[12] Leprince Ringuet, Voyage dans Les Provinces du Nord de La Chine (1898-1899), *Le Tour Du*, Monde 9, Serie tome 20, 1902.

[13] 伊東忠太《支那印度土耳其旅行談》，《建築雜誌》第240卷（1906年），第782—783頁。

[14] 塚本靖《清國內地旅行談》，《東洋學藝雜誌》第25、26卷（1908年），第402—403頁。

[15] Édouard Chavannes, Le Defile de Longmen dans La Provinces De Ho-nan, *Extrit Du Journal Asiatique*, Paris, 1902, pp.133-159.

[16] Édouard Chavannes, *Mission Archeologique dan La Chine Septentrionale*, Paris, 1909, pls.278-398; pls.955-960则为龙门石窟外景，包括东山香山寺等，亦值得参考。

[17] 关百益《伊阙石刻图表》，河南博物馆影印本，1935年。书中主要介绍了龙门主要洞窟的名称、位置及造像内容。

[18] 关野贞调查完后，写了《西遊雜信》，发表于《建築雜誌》第384號，第25—33頁。常盘大定的调查见于其所著《支那佛教史蹟踏查記》〈古賢の跡へ〉四，龍門に詣る記（第93—99页），龍吟社，1938年版。嗣后二人合作出版了《支那佛

教史蹟》（東京：佛教史蹟研究會，1925年），关于龙门石窟的部分在第二集中图版51—103。

[19] 参见Osvald Sirén, *Chinese Sculpture - from the Fifth to the Fourteenth Century*, London, 1925, text, pp.20-25, 123-126. pls.75-91, 452-462. 喜龙仁看到了龙门石窟造像惨遭破坏后的景象。

[20] 袁希涛《洛阳龙门石窟石像记》，《东方杂志》第17卷23号，1920年，第86—88页。崔盈科《洛阳龙门之造像》，中山大学语言历史学研究所周刊第5集第55期，1928年，第9—11页。许同莘《龙门造像杂记》，《地学杂志》第17卷第1期，1929年，第111—118页。

[21] 参见刘敦桢《河南古建筑调查笔记》《龙门石窟调查笔记》，刘敦桢《刘敦桢文集〈三〉》，北京：中国建筑工业出版社，1987年，第24—87页；第129—139页。

[22] 参见水野清一、长廣敏雄《龍門石窟の研究》，〔日本〕座右寶刊行會，1941年。

[23] 贺泳《洛阳龙门考察报告》，《文物参考资料》1951年第12期，第73—81页。

[24] 王去非《关于龙门石窟的几种新发现及其有关问题》，《文物参考资料》1955年第2期，第120—127页。

[25] 王去非《参观三处石窟笔记》，《文物参考资料》1955年第10期，第52—55页。张若愚在《伊阙佛龛之碑和潜溪寺》（《文物》1980年第1期，第10—24页）一文中也赞同王去非的观点。1978年，龙门文管所拆除了宾阳洞清代所砌的拱券，在南洞窟门北壁发现了力士像及永徽元年（650年）“驸马都尉、渝国公刘玄意敬造金刚力士”的铭记。刘玄意为唐太宗之女南平公主的丈夫，因此有可能也是为长孙皇后做功德而凿的，这样可以作为李泰开凿南洞大像的佐证。参见李文生《龙门石窟的新发现及其它》，《文物》1980年第1期，第1—5页。

[26] 阎文儒、常青著《龙门石窟研究》，北京：书目文献出版社，1995年。早在1942年，中央研究院历史语言研究所石璋如从敦煌考察归来，遂邀阎文儒共赴龙门调查。50—60年代阎文儒曾多次考察龙门，尤其注意石刻文字的记录，惜全部的石刻文字记录佚失于十年动乱时期。唯云冈和龙门二稿尚存。此书即是阎文儒劫后余生的龙门之旧稿，由当时在龙门石窟研究所工作的常青协助整理，并附了相关的插图。

[27] 唐·张彦远《历代名画记》卷3《记两京外州寺观画壁》记载：东都“敬爱寺佛殿内菩萨树下弥勒菩萨塑像，麟德二年（665年）自内出，王玄策取到西域所图菩萨像为样”。北京：人民美术出版社，1963年，第67页。

[28] 李玉昆《龙门石窟新发现王玄策造像题记》，《文物》1976年第11期，第94页。

[29] 马世长《龙门皇甫公窟》，龙门文物保管所、北京大学考古系编《中国石窟·龙门石窟（一）》，北京：文物出版社，1991年，第240—253页。

[30] 宫大中《龙门石窟艺术》，上海：上海人民出版社，1981年。

[31] 温玉成《龙门石窟的创建年代》，《文博》1985年第2期，第34—35页。

[32] 温玉成《龙门古阳洞研究》，《中原文物》1985年特刊，第114—147页。

[33] 刘景龙《龙门石窟开凿年代新考》一文，刊于刘景龙编著《古阳洞：龙门石窟第1443窟》，北京：科学出版社，2001年，第94—95页。刘景龙《龙门石窟开凿年代研究》，北京：外文出版社，2004年，第17页，坚持了这一观点。

[34] 上原和著，于冬梅、赵声良译《龙门石窟古阳洞开凿的年代（上）——对现行的北魏孝文帝迁洛以后营建说谬误之纠正》，《敦煌研究》2006年第6期，第13—34页；《龙门石窟古阳洞开凿的年代（下）》，《敦煌研究》2007年第1期，第12—23页。上原和所谓下段施主题名及落款是景明三年追刻的说法也存有疑问，从字体看，上下段文字字体完全一致，比如“孙”字，因此，很难将上下段文字定为不同年代所书。

[35] 温玉成《龙门北朝纪年小龛的类型、分期与洞窟排年》，龙门文物保管所、北京大学考古系编《中国石窟·龙门石窟（一）》，北京：文物出版社，1991年，第170—224页。

[36] 宿白《洛阳地区北朝石窟的初步考察》，文刊《中国石窟·龙门石窟（一）》，北京：文物出版社，1991年，第225—239页。

[37] 1963年，北京大学历史系考古专业学生在宿白带领下在龙门进行毕业生考古实习，丁明夷《龙门石窟唐代造像的分期与年代》一文是作者根据实

习资料所撰的毕业论文，文刊《考古学报》1979年第4期，第519—546页。

[38] 温玉成《龙门唐窟排年》，文刊龙门文物保管所、北京大学考古系编《中国石窟·龙门石窟（二）》，北京：文物出版社，1992年，第172—216页。

[39] 曾布川宽《唐代龙门石窟造像的研究（上篇）》，《艺术学》1992年第7期，第163—267页；《唐代龙门石窟造像的研究（下篇）》，《艺术学》1992年第8期，第99—164页。原文《龍門石窟における造像の研究》，刊於《東方學報》（京都）第60册（1988年），第199—397頁。此外，曾布川寛《龍門石窟における北朝造像の諸問題》（京都大學人文科學研究所编《中國中世の文物》，1993年，第181—223頁）一文，对龙门交脚弥勒龛、皇甫公窟、路洞及其周边洞窟的年代作了研讨，亦可参阅。

[40] 李崇峰《龙门石窟唐代窟龛分期试论》，刊李崇峰《佛教考古——从印度到中国》，上海：上海古籍出版社，2014年，第441—519页。

[41] 刘景龙、杨超杰著《龙门石窟总录》，北京：中国大百科全书出版社，1999年。另外刘景龙编著的《古阳洞：龙门石窟第1443窟》（北京：科学出版社，2001年）；《莲花洞：龙门石窟第172窟》（科学出版社，2002年）；《宾阳洞：龙门石窟第104、140、159窟》（文物出版社，2010年）均为彩色图版，亦可参阅。

[42] 温玉成《龙门奉先寺遗址调查记》，《考古与文物》1986年第2期，第27—29页。

[43] 奉先寺遗址发掘工作队《洛阳龙门奉先寺遗址发掘简报》，《中原文物》2001年第2期，第10—20页。

[44] 龙门文物保管所《洛阳龙门东山香山寺遗址的调查与试掘》，《考古》1986年第1期，第40—43页。

[45] 龙门石窟研究院、北京大学文博学院、中国社会科学院世界宗教研究所编著《龙门石窟考古报告——东山擂鼓台区》（全六册），北京：科学出版社、龙门书局，2018年。

[46] 關野貞《北支那古代文化の蹟》，《禪宗》第25卷281號，1918年。

[47] 龙门石窟研究所编《龙门流散雕像集》，上海：上海人民美术出版社，1993年。

三
巩县石窟寺

巩县石窟寺位于河南巩县（今巩义市）东北9千米芒山东端的大力山南麓，洛河北岸，西距洛阳旧城52千米。巩县石窟开凿在石灰岩山体上，东西向排列，面朝南，共有5个大窟，三尊摩崖造像，328个历代开凿的龛像，造像7700余尊，造像题记及铭刻186则。这是继龙门石窟之后洛阳地区规模最大的北魏石窟寺。根据现存于第119龛下的唐龙朔二年（662年）《后魏孝文帝古希玄寺之碑》记载：“昔魏孝文帝发迹金山，途遥玉塞……电转伊瀍，云飞巩洛，爰止斯地，创建伽蓝。”[1]可知寺院为北魏孝文帝所建。当然，寺院的创建并不等于石窟寺的开凿，而早期文献中也没有明确记载北魏皇室在此开凿石窟的活动。因此只能推测巩县石窟的开凿可能与北魏皇室有关，但不是定论。关于石窟的开凿年代，洞窟本身并没有纪年铭刻，根据现存明弘治七年（1494年）《重修大力山石窟十方净土禅寺记》“自后魏宣帝景明之间，凿石为窟，刻佛千万像”的记载，认为是北魏宣武帝景明年间（500—503年）所凿，但晚期的文献资料只能作为参考和旁证。

巩县石窟雕刻之精美、题材之丰富并不亚于龙门北魏石窟造像，而且巩县石窟以塔庙窟为主，也为龙门石窟所不见，可以弥补龙门石窟洞窟形制等方面的不足。20世纪初，法国汉学家沙畹来到巩县石窟，发表了最早的图片资料[2]。20年代，日本学者常盘大定、关野贞[3]、瑞典学者喜龙仁等先后作了调查与研究[4]。1936年，中国营造学社刘敦桢率研究生陈明达、赵法参（1906—1962）对巩县石窟进行了调查，指出巩县石窟与云冈、龙门的关系：“纯属北魏系统，最与云冈石窟接近，但供养人与伎乐、鬼类，则与龙门诸窟类似。”[5]

1963年，河南省文化局文物工作队编著了《巩县石窟寺》一书，发表了大量的图版以及全部洞窟的实测图，并附有碑刻铭记的拓片和录文。这是60年代介绍巩县石窟寺最全面最完整的一部专著[6]。该书附有陈明达《巩县石窟寺的雕凿年代及特点》一文，文章概括了巩县石窟造像的特点，认为："曾一度盛行于太和年间的所谓'秀骨清像'，在这里都看不到了……它们既保持着浓重的北魏风趣，又孕育着北齐、隋代雕刻艺术的萌芽。"这里作者虽然没有谈到产生这种变化的原因，但他的见解是非常有意义的。文章还对石窟的开凿年代和功德主提出了自己的见解，认为：第1、2窟是为宣武帝和胡太后所造的双窟，开凿于熙平二年至正光四年（517—523年），第3、4窟是为孝明帝和皇后所造的双窟，开凿于熙平二年或稍后至孝昌末年（517—529年）。第5窟很可能是为孝庄帝所造，开凿年代为永安三年至永熙年间（529—534年）。作者将洞窟与帝王相联系，可备一说，但缺少足够的证据，双窟之说也属勉强。1966年，美国学者亚历山大·索珀（Alexander Soper，1904—1993）在《北朝时期的皇家石窟寺》一文中也对巩县石窟的开凿年代和开窟功德主作了分析和研究，认为：第1、2窟作为帝后窟名誉上的功德主是胡太后的儿子孝明帝，实际上是胡太后为死去的丈夫和本人开凿的[7]。1970年，参与水野清一、长广敏雄云冈石窟调查的北野正男在《巩县石窟》一文中推测：巩县石窟寺为南朝齐归魏贵族萧姓一族所营造[8]。1981年，安金槐（1921—2001）在《中国石窟·巩县石窟寺》序中，认为："巩县石窟寺为宣武帝景明年间所凿，而从巩县石窟寺多处出现帝后礼佛的题材看，不仅反映了石窟寺与北魏帝室的关系，这种象征帝后礼佛的供养行列，还说明了石窟寺是专供帝室礼佛的场所。"[9] 1991年，宿白在《洛阳地区北朝石窟的初步考察》一文中，根据对龙门北魏洞窟分期排年的结果，与巩县石窟寺作了对比分析，从而推断巩县石窟寺第1窟开凿年代最早，次为第4窟，两窟的时间约与龙门魏字洞、普泰洞接近，即完工于胡太后被幽之前。第5窟、第3窟又次之，两窟约当皇甫公窟迄路洞之间。同时根据1979年在第1窟中心柱后壁主龛发现的"上仪同昌国公郑睿、赠开府陈州刺史息乾智侍佛时、睿妻成郡君侍佛时"铭记，认为荥阳郑氏为北魏显贵，且多与南朝有关系，故推测巩县石窟寺的开凿与荥阳郑氏家族有关[10]。虽然这仅仅是一种推测，但为研究者提供了另外一种思路。

巩县石窟第1、2、3、4窟为塔庙窟。其中第1窟规模最大（图6-60），特别是窟外崖面的雕刻，场面壮观，引人注目。这组雕刻以窟门及上方明窗为中心，左右两侧各凿一力士像龛，西龛力士龛上尚保留有菩萨、弟子大型群雕，可能表现礼佛的场面。二力士像龛外侧又各凿一大龛，龛内雕一立佛二菩萨像（图6-61）。整个崖面上方雕出一条忍冬纹带，其上雕刻一排飞天[11]。洞窟平面方形，平棊顶，边长6.5，高6米。窟内中央设中心方柱，中心柱下为基座，刻有排神王像（图6-62），柱体单层，四面各开一帐形龛，东面为作坐姿的弥勒菩萨，菩萨左足垂下（图

图 6-60 巩县第 1 窟外景

图 6-61 巩县第 1 窟外立佛和胁侍菩萨

图 6-62 巩县第 1 窟壁角风神王

6-63），这是龙门和巩县弥勒菩萨所特有的姿态。其余三龛均为结跏趺坐佛，造像组合为一佛二弟子二菩萨像（图6-64）。左右后三壁各开四龛，龛内主尊有释迦多宝、坐佛像、弥勒菩萨、维摩文殊对坐像。龛下为成排的伎乐或异形兽。前壁窟门两侧为上下三排帝后礼佛图，礼佛场面比龙门宾阳中洞还宏大（图6-65）。窟顶平綦雕刻各种莲花、化生和飞天（图6-66）。

图 6-63 巩县第 1 窟中心柱东壁弥勒菩萨

图 6-64 巩县第 1 窟中心柱正壁佛像

图 6-65 巩县第 1 窟前壁皇帝礼佛图

图 6-66 巩县第 1 窟窟顶飞天

第2窟为未完工的塔庙窟，窟内均为后代补凿的龛像。第3窟、第4窟形制相同，均方形平綦顶的塔庙窟，左右后三壁中央各开一小龛，壁脚雕伎乐或异形兽，其余均雕刻千佛像。前壁与第1窟相同，为上下三排礼佛图。中心柱基座也如是，雕刻神王群像。第3窟中心柱为单层，四面开一帐形龛，东壁龛雕弥勒菩萨坐像，余均坐佛（图6-67）。第4窟中心柱为上下二层，下层东面为弥勒菩萨坐像，西壁为释迦多宝，南北壁为坐佛（图6-68）。上层南壁为弥勒菩萨坐像，余为坐佛。第5窟为典型的方形平顶三壁三龛窟，与龙门流行一坛二龛制的窟形不同，而与云冈同类洞窟相同。窟门外两侧雕刻二力士像，窟门尖拱门楣雕出忍冬纹（图6-69）。窟内东壁为弥勒菩萨坐像，北壁和西壁坐佛（图6-70），组成三世佛组合。前壁窟门两侧各雕一立佛。窟顶莲花飞天。巩县石窟的造像明显出现两种不同的风格，一种类似于龙门石窟北魏造像“秀骨清像”样式，另一种则是面相方圆体态浑厚的新样式，后者明显可以看到南朝张僧繇“张得其肉”塑画风格的影响，为北齐人物丰满样式的确立开了先河。

洛阳作为北魏晚期都城所在，随着龙门和巩县石窟的大规模营造活动，带动了这一地区石窟寺的开凿，民间造窟活动日益频繁。洛阳地区比较重要的北魏石窟寺

图 6-67 巩县第 3 窟中心柱南壁立面

图 6-68 巩县第 4 窟中心柱正壁

图 6-69 巩县第 5 窟窟门

图 6-70 巩县第 5 窟西壁龛

主要有渑池（今属义马市）鸿庆寺石窟、洛阳吉利区万佛山石窟、偃师水泉石窟、新安西沃石窟等。

1. 义马鸿庆寺石窟

鸿庆寺位于河南义马市东12千米的常村镇石佛村白鹿山南麓。现存6个洞窟，开凿于北魏晚期（494—534年）[12]。石窟所在为黄沙岩，质地疏松，极易风化，故窟内造像风化较严重，保存状况不佳。其中第1窟规模最大，为塔庙窟。平面略呈纵长方形，平顶。前壁及部分中心柱已崩塌。面宽5.9、进深7.5、高5.4米。中心柱方形，四面各开一龛。窟内三壁各雕4个列龛。列龛之上为大型浅浮雕佛传故事，有“降魔变”“太子出宫”“白马吻别”“鹿野苑初转法轮”等恢宏的场面（图6-71）。第2、4窟为方形三壁三龛窟，雕刻三佛题材（图6-72）。第3窟方

图 6-71 鸿庆寺第 1 窟“白马吻别”

图 6-72 鸿庆寺第 2 窟内景

图 6-73 第 3 窟东壁龛佛像

形、平顶。正壁和东壁雕一铺五身像（图6-73），西壁开一帐形龛，龛内雕交脚弥勒二胁侍菩萨，龛外上部还有树下思惟菩萨像。诸洞窟造像雕刻十分精美，佛和菩萨等样式为典型的北魏晚期流行的“秀骨清像”。

鸿庆寺石窟地临巩县石窟，在很大程度上受到了巩县石窟的影响。如第1窟的中心塔柱窟，显然模仿了巩县石窟第1窟的形制，且大小规模相当。但第1窟的大型浅浮雕佛传故事场景不见于巩县石窟。从第1窟的规模来看，其凿窟功德主显然是北魏统治集团上层显贵，不是普通的地方官吏。又如第2、4窟为典型的方形三壁三龛窟，与龙门北魏洞窟流行的一坛二龛制不同，而是承袭了巩县第5窟的形制。

2. 吉利区万佛山石窟

万佛山石窟位于河南洛阳市吉利区西北7.5千米万佛山南麓。洞窟分布在上下两寺中，1969年修焦枝（焦作—枝城）铁路时部分洞窟遭到破坏，寺院则无存[13]。现存5个洞窟（图6-74）、1处摩崖大佛龛，开凿于北魏晚期（494—534年）。第6窟为塔庙窟（即锣鼓洞）位于下寺，窟室凿毁，现残存半个中心柱，仅正壁开一帐形龛，窟形、造像形象与巩县石窟相似。大佛龛在上寺，龛内雕一佛二菩萨三身像，主尊立佛通高3.7米，保存完整，雕刻精美（图6-75）。立佛形象、服饰与龙门、巩县北魏造像一致。龛下中间一博山炉，炉旁刻双狮，双狮外分刻二神王。其余洞窟均平面椭圆形或方形，穹隆顶，三壁设坛式。其中第3窟（莲花洞）规模稍大，窟门左右两侧浅浮雕二力士像。窟内三壁设低坛基，穹隆顶雕大莲花。正壁坛上雕一佛二弟子像（图6-76）。主尊佛像背光外左右上方，分别雕维摩、文殊像。东西壁各雕一佛二菩萨像。前壁窟门两侧各浅浮雕一力士。其他洞窟窟门两侧一般浮雕二力士像。窟内主要雕三世佛，其中东壁为交脚弥勒菩萨，有的窟还有供养人礼佛行列。

3. 偃师水泉石窟

水泉石窟位于河南偃师县西南35千米万安山北面断崖上，仅有1个洞窟，系利用天然溶洞雕凿而成[14]。窟口外摩崖镌刻造窟的功德碑记载：“大魏太和拾□年比丘昙覆……于京南大谷之左面私力崇营□□□□□为皇帝陛下、皇太后敬造石……”据此，洞窟约始凿于北魏太和十八年或十九年（494—495年），窟内主要

图 6-74 万佛山第 1—3 窟外景

图 6-75 万佛山第 4 窟摩崖立佛

图 6-76 万佛山第 3 窟正壁

龛像为北魏晚期（494—534年）陆续雕造。现窟内正壁雕两尊大型立佛像，大概是比丘昙覆为皇帝和皇太后雕造。左侧立佛上身残，右侧立佛高达5.38米，保存完整，身着褒衣博带式大衣（图6-77）。南北壁共有编号的大小龛78个。主要造像有坐佛、二佛并坐像、交脚弥勒菩萨像等（图6-78），造像样式均为秀骨清像。

4. 新安西沃石窟

西沃石窟原在河南新安县北40千米的黄河南岸的悬壁上，1984年，洛阳市文物普查队普查文物时发现，参与调查的温玉成报道了石窟的情况[15]。后因修建黄河小浪底水库，石窟被切割搬迁至新安铁门镇千唐志斋。在搬迁之前，河南省古代建筑保护研究所作了详细的调查、测绘等工作[16]。西沃石窟规模较小，有小型洞窟2座、浮雕石塔4座。第1窟为邑主王进达等二百人等发愿所造，始凿于北魏孝昌元年（525年），毕工于建义元年（528年）。窟内雕三佛及胁侍弟子和菩萨像。第2窟为北魏普泰元年（531年）邑老韩法胜、杨众兴等人发愿开凿，窟内雕一佛二弟子四菩萨像。可知，西沃石窟为普通民间邑社所造。

图 6-77 水泉石窟正壁双立佛

图 6-78 水泉石窟侧壁佛龛

注释：

[1] 参见贾峨、张建中编《石刻录》72，拓片39，刊于《中国石窟·巩县石窟寺》，北京：文物出版社，1989年。

[2] 巩县石窟寺的图片共有27张，参见Édouard Chavannes, *Mission Archéologique dan La Chine Septentrionale*, Paris, 1909, pls.399-416. 其中pls.400-401为第1窟外观，可以看到宏大的礼佛场面。

[3] 参见常盤大定、關野貞《支那佛教史蹟（第二集）》，東京：佛教史蹟研究會，1925年，圖版104—114。主要是圖版的解說。常盤大定、關野貞《支那文化史蹟（第五輯）》，東京：法藏館，1939年，圖版18—31。

[4] Osvald Sirén, *Chinese Sculpture - from the Fifth to the Fourteenth Century*, London, 1925. text, pp.26-27, pls.98a-104. 喜龙仁认为：巩县石窟寺始凿于北魏晚期，造像样式表现出与早期风格不同的特点。他对巩县石窟内壁脚处出现的各种神态怪异的神灵怪兽，认为是中国本土的产物，但为何进入佛教石窟内，很难作出解释。

[5] 刘敦桢《河南古建筑调查笔记》，《刘敦桢文集〈三〉》，北京：中国建筑工业出版社，1987年，第84—85页。

[6] 河南省文化局文物工作队编著《巩县石窟寺》，北京：文物出版社，1963年。1989年，河南省文物研究所编著的《中国石窟·巩县石窟寺》（北京：文物出版社，1989年）一书中的洞窟实测图即引自1963年版的《巩县石窟寺》。

[7] Alexander Soper, Imperial Cave-Chapels of the Northern Dynasties: Donors, Beneficiaries, Dates, *Artibus Asiae*, Vol.28, No.4 (1966), pp.241-270.

[8] 参见講談社《世界の文化史蹟》第7卷（長廣敏雄编）《中国の石窟》所收《鞏縣石窟》，〔日本〕講談社，1970年。

[9] 参见河南省文物研究所编《中国石窟·巩县石窟寺》，安金槐序，北京：文物出版社，1989年，第11—14页。

[10] 宿白《洛阳地区北朝石窟的初步考察》，刊于《中国石窟·龙门石窟（一）》，1991年，第225—239页。

[11] 第1窟外观早年的图片可参见Édouard Chavannes, *Mission Archéologique dan La Chine Septentrionale*, Paris, 1909, pls.400-401. 图片显示了部分保存较好的弟子像。现存情况可参见河南省文物研究所编《中国石窟·巩县石窟寺》，实测图7，第1窟外壁及外壁小龛图，北京：文物出版社，1989年。莫宗江、陈明达《巩县石窟寺雕刻的风格及技巧》，插图1，第1窟外壁立面图，刊于《中国石窟·巩县石窟寺》，第200—215页。

[12] 参见俞剑华、于希宁《渑池鸿庆寺石窟》，《文物参考资料》1956年第4期，第46—49页。河南省古代建筑保护研究所《鸿庆寺石窟》，《中原文物》1987年第4期，第21—28页。李文生《渑池鸿庆寺石窟》，文刊《中国石窟·龙门石窟（一）》，1991年，第254—264页。完整的调查报告可以参见河南省古代建筑保护研究所编《鸿庆寺石窟》，中州古籍出版社，2008年。

[13] 最初的调查见于李德保《孟县小型水库及石窟调查》，《文物》1957年第1期，第82页。并记述："一部分洞窟已崩裂。又因为农民中的石匠搞副业生产，致使石窟遭到严重损毁。"看来，20世纪50年代洞窟开始遭受破坏。较为详细的调查参见宫大中《龙门石窟的"卫星窟"——万佛山石窟》，《中原文物》1993年第4期，第24—26页，第34页。洞窟的分布，可以参阅该文图一。

[14] 温玉成《洛阳市偃师县水泉石窟调查》，《文物》1990年第3期，第72—77页。详细的调查报告，可参见刘景龙、赵会军编著《偃师水泉石窟》，北京：文物出版社，2006年。

[15] 温玉成《河南新安县西沃石窟》，《考古》1986年第2期，第132—134页。

[16] 参见河南省古代建筑保护研究所（陈平）《河南新安西沃石窟勘测报告》，《文物》1997年第10期，第64—74页。

四
邯郸响堂山石窟

河北省临漳县是著名古都邺城所在，它位居太行山东麓、华北大平原西部，物产丰富，环境优越。三国时期，曹魏建都邺城，遂成为北方政治、经济和文化中心之一。十六国时期，后赵、冉魏、前燕相继建都于此。公元534年，大丞相渤海王高欢挟孝静帝，自洛阳迁都邺城。邺城又成了东魏、北齐的国都。伴随着洛阳佛教的输入，统治集团竭力的推崇，邺城地区塔寺林立，高僧云集，成为北朝晚期中国北部佛教的中心区域。《续高僧传》卷十《靖嵩传》描绘了邺城佛教的盛况："属高齐之盛，佛教中兴。都下大寺略计四千，见住僧尼仅将八万。讲席相距二百有余，在众常听，出过一万。故寓内英杰，咸归厥邦。"[1] 承洛阳盛凿石窟之风气，高氏皇室、大臣及高僧等陆续在邺城之西、太行山东麓一线开凿了不少石窟。响堂山是其中规模最大的石窟，它是由北齐高氏皇室、大臣及高僧经营开凿的，主要包括河北省邯郸市峰峰矿区的北响堂、南响堂、水浴寺（俗称小响堂）石窟三处，代表了东魏北齐时期石窟寺艺术的最高水平，研究这一时期邺城佛教和石窟造像的关系，显然离不开响堂山石窟。

1912年，南北响堂山石窟遭到严重破坏，不少精美的造像，如北响堂北洞佛和菩萨像头像和南响堂第2窟西方净土变雕刻大约是在这个时候被盗运到国外的[2]。最早注意到响堂山石窟的是中国学者顾燮光（1875—1949）。1914年，他调查了南北响堂山石窟，但顾氏主要偏重碑刻的记录，而对于造像内容则涉及较少[3]。1920年和1921年，日本学者常盘大定分别对南北响堂进行了调查、摄影和洞窟的编号工作，1926年将调查成果发表在《支那佛教史蹟（第三集）》上[4]。

1936年，刘敦桢调查了南北响堂[5]，但调查记录比较简略。1935年，北平研究院史学研究会徐旭生（1888—1976）等对南北响堂、水浴寺进行了详细的调查记录、绘图摄影和碑刻锤拓工作，惜许多资料未能整理发表[6]。1936年，日本学者水野清一、长广敏雄对南北响堂山进行了较为系统的调查、摄影、绘图和研究工作，对响堂山北齐洞窟的构造特点、雕刻样式和图像学进行了初步研究，另外还收集了流散的响堂山石刻资料。1937年，其成果发表于《響堂山石窟》专著中[7]。这是20世纪30年代全面介绍和研究响堂山石窟的重要著作。1955年，华东艺专美术史教研组调查了南北响堂，从石窟艺术的角度，研究了北朝石窟艺术中"响堂山期"风格特点[8]。1957年，由宿白率领的北京大学历史系考古教研室师生组成的邯郸考古队，对南北响堂、水浴寺进行了全面的测绘、记录、摄影工作，可惜这批资料未能整理出版。60年代，美国学者亚历山大·索珀对北响堂山石窟的帝王窟的施主及年代作了探讨[9]。1986年，为了配合南响堂石窟维修、加固工程，拆除了第1、2窟前室后代所砌券洞，在第2窟门外两侧龛内新发现了隋沙门道净所撰《滏山石窟之碑》，从而解决了南响堂石窟的原有名称和开凿年代问题[10]。1987年，邯郸市文物保管所发表了水浴寺石窟的详细调查报告[11]。这些新资料的披露，再度引起了国内外学者的浓厚兴趣，国内外学者陆续发表了专题研究论文，对北齐石窟造像特点、开凿年代、造像题材、石刻佛经以及邺城地区的佛教思想进行了探讨和研究。刘东光、柴俊林主要对响堂山石窟的开创年代和石窟的分期作了探讨[12]。张惠明、李文生和日本的冈田健对北齐造像样式及其渊源和影响作了深入的研讨[13]。丁明夷和日本田村节子对响堂山石窟的特点和现状作了概括的论述[14]。曾布川宽《響堂山石窟考》一文对北响堂三座大窟的开凿年代、塔形窟的意义以及新发现的南响堂山隋代碑刻作了分析研究[15]。颜娟英《河北南响堂石窟寺初探》一文注意到刻经与造像题材的关系，颇有见地[16]。李裕群《邺城地区石窟与刻经》一文[17]，将邺城地区刻经洞窟分为两类，一类洞窟与窟内造像题材有关，是北齐时期禅理并重的历史背景在石窟中的反映；另一类洞窟为纯刻经洞窟，是受北朝晚期流行的末法思想的影响而特意刊刻，以备法灭的。李裕群《北朝晚期石窟寺研究》一书则对邺城地区响堂山诸石窟进行了分期研究，指出北响堂北洞应开凿于东魏时期，窟顶之墓穴，应为"高欢墓洞"[18]。2013年，峰峰矿区文物保管所和芝加哥大学东亚艺术中心合作编撰了《北响堂石窟刻经洞——南区1、2、3号窟考古报告》，刊布了刻经洞的详细资料[19]。关于邺城地区石窟寺的讨论，近年来还有若干文章，可参阅，不再赘述[20]。

上述研究成果反映了学术界对响堂山石窟和邺城佛教的研究日趋深入。

北响堂石窟是北朝晚期东部地区规模最大的石窟寺，原称鼓山石窟寺，位于鼓山西坡半山腰间，为高氏皇室所开凿，雕刻精美，气势宏伟，充分宣示了皇家造像的非凡气度，是北朝晚期石窟造像精粹所在。北响堂主要洞窟有北洞、中洞、南洞3座大窟，另外还有5座小型洞窟以及分布于北洞、中洞下方山腰间的15个小禅窟（图6-79），山下还有常乐寺遗址（图6-80）。根据常乐寺所存金正隆四年（1159年）《重修三世佛殿之记》记载："文宣帝自邺诣晋阳，往来山下，故起离宫，以备巡幸，于此山腹见数百圣僧行道，遂开三石室，刻诸尊像，因建此寺。初名石窟，后主天统间改智力，宋嘉祐中复更为常乐。"可知，北响堂石窟与文宣帝高洋有关，虽然北响堂3个洞窟是否都是北齐文宣帝所开，学术界仍有歧义，但为高齐皇室所凿是没有问题的。

北响堂以北洞规模最大，开凿年代最早。洞窟为平面方形、平顶、塔庙窟，面宽11.9、进深12、高11.5米。窟门坍塌，后代石砌圆拱形窟门。窟外崖面风化剥落严重，崖面上部凿有三个明窗，现明窗之上残留突出崖面的窟檐和覆钵式窟顶平座和刹尖的遗迹。窟门前两侧南北明窗之下的地面残存有窟前仿木建筑立柱部分的遗迹，故可推知原窟前雕凿与中洞大体类同的仿木式窟檐建筑，其外观构成了一个塔的形式。这种独特的形制是邺城地区石窟寺的特色。窟外北壁正中雕一巨大的丰碑。窟内中心柱后部上方与后壁相连，构成隧道式礼拜道。中心柱为方形基座，雕刻有神王（图6-81）。柱身正左右三面各开一大龛，龛内均雕一佛二菩萨像。主尊分别为释迦佛（图6-82）、倚坐弥勒佛和半跏坐弥勒佛（图6-83）。主尊形体高大，雕刻精细，表现了皇家造像风范。尤其是中心柱正壁龛内释迦坐佛，其舟形背

图6-79 北响堂半山腰禅窟群

图 6-80 北响堂山脚常乐寺

图 6-81 北响堂北洞中心柱基座神王

图 6-82 北响堂北洞中心柱正壁佛

图 6-83 北响堂北洞中心柱北龛半跏佛

光上雕刻了七条龙，这一现象十分罕见，可以视作丞相高欢的身份象征。胁侍菩萨身体圆润，上身袒露，下身着蔽膝和长裙，雕刻十分精致（图6-84）。窟内周壁雕16个塔形龛（图6-85），内雕一佛，表现了《法华经·化城喻品》中十六佛的组合。窟内前壁还有大型世俗男女礼佛图。关于北洞的开凿年代目前尚未定论，有主张东魏，也有主张北齐的，但洞窟似乎都与高氏陵墓的传说有关联。初唐道宣所著《续高僧传》卷二十八《明芬传》是这样记载的："仁寿下敕。令置塔于慈州之石窟寺。寺即齐文宣（高洋）之所立也。大窟像背文宣陵藏中诸雕刻骇动人鬼。"[21]而司马光《资治通鉴》卷一百六十则记载："太清元年（547年）正月丙午，东魏渤海献武王（高）欢卒……八月甲申，虚葬齐献武于漳水之西；潜凿成安鼓山石窟佛寺之旁为穴，纳其柩而塞之，杀其群匠。及齐之亡也，一匠之子知之，发石取金而逃。"[22]且不管是高欢墓洞还是文宣陵藏的传说，有一点是可以肯定的，即北洞中心柱南壁顶部西起第3龛内确实凿有墓穴（图6-86），呈前宽后窄形。据我们测量：墓穴前宽1.28、高1.71、后宽1.18、高1.63、进深2.81米。内无任何雕饰，但墓穴尚存有封门石七块，现在下部两块封门石仍镶嵌在墓穴口部，非常坚固，其余五块则散落在墓穴内。封门石表面雕刻与中心柱顶部其他龛内一样的佛像背光，背光

图6-84 北响堂北洞中心柱南龛菩萨像

图6-85 北响堂北洞北壁塔形龛

图 6-86　北响堂北洞中心柱南壁上层龛

图 6-87　北响堂南洞塔形外观

图 6-88　北响堂中洞窟门忍冬纹雕刻

图 6-89　北响堂中洞正壁佛像

下凿有凹孔，原安置佛像。这种隐秘的做法，符合“纳其柩而塞之，杀其群匠”的情景。加上龛口距离窟内地面近10米的高度，确实叫人难于发现。从发现的封门石来看，墓穴的开凿应与北洞同时进行或完成后不久。因此，墓穴的现状与司马迁所记十分吻合，可以推测北洞即为高欢墓洞[23]。

中洞和南洞窟前均雕四根八角束莲柱，上有仿木窟檐及浮雕覆钵式窟顶（图6-87）。中洞形制较特殊，规模略小于北洞，窟门雕刻精美的莲花忍冬纹图案，忍冬叶片肥硕（图6-88）。窟内中心柱左、右、后三壁与窟内三壁相联，成倒凹形隧道。中心柱正壁开一龛，龛内雕释迦佛及二弟子二菩萨像（图6-89）。

南洞窟内为三壁三龛式，龛内为一坐佛并胁侍弟子、菩萨像（图6-90）。另外窟顶覆钵内开一小窟，窟内正壁雕释迦多宝二佛并坐像（图6-91），二侧壁各雕一主尊佛像，构成三佛组合。窟内外皆有北齐唐邕所刻佛经，这是北响堂唯一的刻经洞窟。根据南洞外北齐《晋昌郡公唐邕刻经记》记载（图6-92）[24]：“于鼓山石窟之所，写《维摩诘经》一部，《胜鬘经》一部，《孛经》一部，《弥勒成佛经》一部。起天统四年三月一日，尽武平三年岁次壬辰五月廿八日。”可知南洞的刻经始于北齐后主天统四年（568年），完工于武平三年（572年）。除了唐邕外，窟内前壁刻《无量义经》（图6-93）；前廊柱上还刻有《三十五佛》《二十五佛》《如来妙色声》偈语，应与末法思想的流传有关。

图 6-90　北响堂南洞正壁佛和弟子菩萨像

图 6-91　北响堂南洞覆钵内释迦多宝像

图 6-92　北响堂南洞唐邕刻经碑

图 6-93　北响堂南洞窟内前壁刻经

图 6-94　南响堂第 2 窟窟门两侧《滏山石窟之碑》

南响堂石窟居鼓山南麓，与北响堂相距15千米。主要编号洞窟7个，分上下二层，下层第1、2为一组双窟，上层第3至7窟。另外窟区西北有零散的小禅窟9个。根据第2窟窟门外两侧龛内新发现的《滏山石窟之碑》记载（图6-94）：南响堂石窟，原称滏山石窟，由北齐天统元年（565年）灵化寺僧慧义兴凿，丞相高阿那肱资助修成，完工年代不晚于周武帝灭齐之年（577年）。

第1、2窟规模相当，形制相同。洞窟为平面方形，平顶式塔庙窟。窟前正中雕双龙交缠的圆拱窟门，窟前共雕立柱四根，上施短柱及五铺作斗栱，斗栱之上承撩檐枋及窟檐，构成仿木建筑窟檐样式。但与北响堂石窟不同的是，窟顶并无覆钵之制，可能与崖面的局限有关。中心柱或正面开一龛，或三面各开一龛（图6-95）。窟内周壁开列龛，内雕十六佛。最引人注目的是窟内前壁上方有大型浮雕的西方净土变，这是目前发现最早的石刻净土变。可惜的是第2窟净土变于20 世纪初被盗运到美国[25]。第1、2窟还有一个特点是窟内镌刻大量的佛教经典，有《华严经》《文殊般若经》等。这些经典与窟内造像题材有一定的关系。第2窟中心柱原刻有“沙门统定禅师敬造六十佛”的题记，由此可知，北齐时期最高僧官之一亦参与了石窟的开凿。

上层洞窟明显靠后开凿，窟前留出足够的空间，以供信徒礼拜供养。第3、5、7窟均为平面方形，三壁三龛窟。造像题材均为三世佛（图6-96）。窟前均有仿木式窟檐建筑（图6-97）。其中第3、7窟均有面宽三间的仿木式前廊，屋顶之上有覆钵，使整个外观构成一座塔式建筑（图6-98）。第7窟窟顶还有莲花飞天，十分精彩（图6-99）。第5窟前两侧雕刻双立柱，面宽一间，上有尖拱门楣，无覆钵之制。窟内有邺城地区十分少见的涅槃变图像（图6-100）。第4、6窟均为平面方形，周壁设坛的列像窟，无仿木结构窟檐。主尊题材为三佛，正壁原有阿弥陀佛，佛像两侧为观世音和大势至菩萨结跏趺坐于莲台上。这种坐姿菩萨像与《观无量寿佛经》中所描述的观世音和大势至二菩萨坐于莲花上是一致的。另外第4窟内还镌刻有《法华经·观世音菩萨普门品》。这样以阿弥陀佛为主尊的三佛组合以及第1、2窟大幅西方净土变的出现反映了邺城地区西方净土思想的广泛流行。

水浴寺石窟在鼓山东麓，与北响堂隔山相峙，主要有西窟及水浴寺东、西山坡上两个瘗窟。西窟为北齐开凿，洞窟形制与北响堂北洞相似，窟前雕出四根立柱，上承瓦垄和覆钵塔式屋脊，屋檐下开有双明窗，构成面宽三间的仿木建筑样式，两侧雕刻力士像（图6-101）。洞窟为平面方形，平顶式的塔庙窟。窟内左右壁各开一龛，中心柱正壁和左右壁三面各开一龛，龛内均一铺五身式，除了中心柱东壁龛为

图6-95 南响堂第1窟中心柱正壁龛佛像

图6-96 南响堂第7窟左壁龛造像

图6-97 南响堂第7窟塔形外观

图 6-98　南响堂第 7 窟塔形外观

图 6-99　南响堂第 7 窟窟顶飞天

图 6-100　南响堂第 5 窟前壁涅槃变

一倚坐佛四弟子外，其余均为一坐佛二弟子二菩萨。中心柱主尊题材为三世佛，即二坐佛一倚坐佛，与南响堂第7窟相同（图6-102）。中心柱基座雕刻神王像，中心柱后部凿出拱形低矮甬道，这与南响堂第1、2窟相同。窟内前壁窟门上方雕刻七佛，下部雕刻千佛和供养人行列，从所刻人名中发现了参与南响堂第2窟开凿的“昭玄沙门统定禅师敬造六十佛”的沙门统定禅师像和题名，表明了二处石窟的密切关系。所以洞窟形制、造像题材和造像样式与南响堂石窟基本一致。窟内东侧后壁还凿有定光佛与三童子造像龛，旁有北齐“武平五年（574年）甲午岁十月戊子朔明威将军陆景妻张元妃敬造定光佛并三童子，愿三界群生见前受福，亡者托荫花中，俱时值佛”造像记。张元妃的题名也见于前壁供养人题名中[26]，故西窟完工年代在北齐武平五年（574年）。

水浴寺西窟是响堂山石窟群的重要组成部分，由高僧和世俗善信共同经营开凿，洞窟形制、造像题材和造像样式，与南响堂石窟别无二致，反映了这一时期的流行风尚。前壁的七佛题材，是北齐时期造像碑中所流行的，这与窟内三世佛题材相同，意在宣扬佛法绵远流长，从另一角度看，是末法思想影响的结果。

图 6-101 水浴寺西窟外景

图 6-102 水浴寺西窟中心柱正壁

注释：

[1]《续高僧传》卷10《靖嵩传》，郭绍林点校本，北京：中华书局，2014年，第337页。

[2] 现存于北响堂山常乐寺民国九年（1920年）所立《重修武安鼓山响堂常乐碑记》记载：“……不料，民国纪元冬（1912年），鼓山顿遭恶劫蹂躏，石窟三堂等处又毁大小石佛多尊。”石窟三堂当指北洞、中洞和南洞而言。

[3] 范寿铭主纂、顾燮光辑著《河朔访古新录》卷1至卷3，上海天华印务馆，1930年。

[4] 常盤大定、關野貞《支那佛教史蹟（第三集）》，圖版75—107；評解三，東京，佛教史蹟研究會，1926年。常盤大定《支那佛教史跡踏查記》，東京：龍吟社，1938年。常盤大定、關野貞《支那文化史蹟（第五輯）》，圖版87—120；解說五，東京：法藏館，1939年。以上三书，均据1921年调查资料，内容出入不大。后者探讨了皇室与石窟的关系。

[5] 刘敦桢《河北、河南、山东古建筑调查日记》，后收入《刘敦桢文集（三）》，北京：中国建筑工业出版社，1987年，第108—113页。刘氏将北响堂分为三大窟四小窟。文中缺第三大洞（北洞）的记录。

[6] 马丰《赴磁县武安县南北响堂寺及其附近工作报告》，刊于《北平研究院院务汇报》第7卷第4期，第111—119页。调查结束后，由何士骥、刘原滋编著《南北响堂及其附近石刻目录》，北平研究院，1936年。

[7] 水野清一、長廣敏雄所著《響堂山石窟》（京都：東方文化學院京都研究所，1937年）是迄今为止调查和研究响堂山石窟的唯一专著，影响较大。书中还收录了可能出自于响堂山石窟的零散造像。

[8] 罗尗子（1913—1968）《北朝石窟艺术》，上海：上海出版公司，1955年，第187—217页。

[9] Alexander Soper, Imperial Cave-Chapels of the Northern Dynasties: Donors, Beneficiaries, Dates, *Artibus Asiae* Vol.28, No.4 (1966), pp.241-270.

[10] 邯郸市峰峰矿区文管所、北京大学考古实习队《南响堂石窟新发现窟檐遗迹及龛像》，《文物》1992年第5期，第1—15页。宋赵明诚《金石录》卷3曾著录《隋滏山石窟碑》。

[11] 邯郸市文物保管所《邯郸鼓山水浴寺石窟调查报告》，《文物》1987年第4期，第1—23页。

[12] 李文生《响堂山石窟造像的特征》，《中原文物》1984年第1期，第30—34页。张惠明《响堂山和驼山石窟造像风格的过渡特征》，《敦煌研究》1989年第2期，第35—50页；1989年第3期，第21—31页。

[13] 刘东光《响堂山石窟的凿建年代及分期》，《华夏考古》1994年2期，第97—108页。刘东光《试论北响堂石窟的凿建年代及性质》，《世界宗教研究》1997年第4期，第67—76页。柴俊林《试论响堂山石窟的初创年代》，《考古》1996年第6期，第73—77页。岡田健《北齊樣式の成立とその特質》，《佛教藝術》第159號，1985年，第31—47頁。

[14] 丁明夷《巩县天龙响堂安阳数处石窟寺》，《中国美术全集·雕塑编13·巩县天龙山响堂山安阳石窟雕刻》，北京：文物出版社，1989年，第26—51页。田村節子《響堂山石窟の現狀》，《佛教藝術》第153號，1984年，第33—55頁。

[15] 曾布川寬《響堂山石窟考》，《東方學報》（京都）第62冊，1990年，第65—207頁。

[16] 颜娟英《河北南响堂石窟寺初探》，《考古与历史文化——高晓梅八十大秩纪念文集》（下），台北：正中书局，1991年，第331—362页。

[17] 李裕群《邺城地区石窟与刻经》，《考古学报》1997年第4期，第443—479页。

[18] 李裕群《北朝晚期石窟寺研究》，文物出版社，2003年。

[19] 峰峰矿区文物保管所、芝加哥大学东亚艺术中心《北响堂石窟刻经洞——南区1、2、3号窟考古报告》，北京：文物出版社，2013年。

[20] 八木春生《北響堂山石窟北洞に關する一考察》，築波大學藝術學系研究報告第43輯《藝術研究報》24，2004年。八木春生《南響堂石窟に關する一考察》，《中國考古學》第6號，2006年，第21—43頁。王振国《关于邯郸水浴寺石窟的几个问题》，《中原文物》2002年第2期，第65—73页。李崇峰《僧璨、定禅师与水浴寺石窟》，文刊《石窟寺研究（第二辑）》，北京：文物出版社，2011年，第167—177页。

[21] 《续高僧传》卷28《明芬传》，郭绍林点校本，北京：中华书局，2014年，第1094页。

[22] 宋·司马光《资治通鉴》卷160《梁纪》武帝太清元年（547年），中华书局点校本，1956年，第4948—4957页。

[23] 关于高欢墓洞的考证，可参见李崇峰《关于鼓山石窟中的高欢柩穴》，文刊李崇峰《佛教考古——从印度到中国》，上海：上海古籍出版社，2014年，第357—364页，图9—11。

[24] 宋·赵明诚《金石录》卷3著录《北齐唐邕造像碑》武平三年五月，或为《唐邕刻经记》。全部录文可参见水野清一，長廣敏雄《響堂山石窟》，京都：東方文化學院京都研究所，1937年，第143—144頁。

[25] 第2窟前壁和中心柱正壁经变画早被盗凿，现存美国弗利尔博物馆。参见Osvald Sirén, *Chinese Sculpture- from the Fifth to the Fourteenth Century*, London, 1925, pls.192—194.

[26] 邯郸市文物保管所《邯郸鼓山水浴寺石窟调查报告》，《文物》1987年第4期，第14页。

五 安阳小南海与灵泉寺石窟

小南海和灵泉寺石窟是邺城地区最重要的石窟寺之一。因洞窟保存着大量的石刻题记和佛教经典，所以早年的地方志和金石著作中都有记载。1914年，顾燮光在调查邺城地区的石窟寺院时，也调查过小南海和灵泉寺石窟。1934年，北平研究院又进行了考察，发表了调查报告，但调查工作仍较粗疏[1]。1983年，河南省古代建筑保护研究所作了较为全面的调查和清理工作，1988年发表了考察简报[2]。至此，小南海和灵泉寺石窟比较全面的资料始公之于世。1989年出版的《中国美术全集·雕塑篇13·巩县天龙山响堂山安阳石窟雕刻》刊登了该石窟的部分图版[3]。1991年，河南省古代建筑保护研究所又编辑出版了《宝山灵泉寺》一书，将小南海石窟的资料、拓片、图片归入该书中[4]。由于小南海中窟中有著名禅师僧稠之供养像以及窟内精美的浅浮雕，灵泉寺有地论宗著名高僧道凭、灵裕师徒二人开凿的洞窟及刻经，因而成为学术界关注的焦点。1988年，丁明夷发表了《北朝佛教史的重要补正——析安阳三处石窟的造像题材》，对小南海及邻近之宝山灵泉寺石窟作了全面的论述，认为安阳诸窟题材为卢舍那、阿弥陀和弥勒佛，反映了邺城地区地论宗的思想[5]。1991年刘东光发表了《有关安阳两处石窟的几个问题及补充》，对简报及丁文作了补充[6]。1997年，李裕群发表的《邺城地区石窟与刻经》一文中对小南海和灵泉寺石窟的刻经与造像题材作了初步的研究，指出宝山有三阶教徒的灰身塔，大住圣窟的刻经很可能与三阶教有关[7]。1999年，李裕群又发表了《关于安阳小南海石窟的几个问题》一文，文章根据1995年调查时新发现的小南海中窟题记，对石窟的具体开凿者、《班经题记》的刊刻者、《大般涅槃经》与僧稠一系的禅观作了较充分的论述，并考证出中窟西壁所表现的是依据南朝宋畺良耶舍所译《观无量寿佛经》中十六观题材内容。根据正壁僧稠供养像、弗沙佛度释迦菩萨和雪山童子舍身闻偈的故事，东壁“弥勒为天众说法时”的榜题，认为主尊三佛题材应是释迦、弥勒、阿弥陀佛[8]。日本胜木言一郎发表的《小南海中窟の三仏造像と九品往生圖浮雕に關する一考察》一文，亦将三佛确定为释迦、弥勒、阿弥陀佛[9]。1998年，台湾学者颜娟英在《北齐禅观窟的图像考》一文对小南海石窟的造像题材作了考释，赞同丁明夷的观点，亦认为是卢舍那、阿弥陀和弥勒佛[10]。台湾学者李玉珉在《宝山大住圣窟初探》一文探讨了大住圣窟及其刻经问题，认为：大住圣窟具有礼忏的功能[11]。2010年，罗炤《宝山大住圣窟刻经中的北方礼忏系统》一文[12]，认为：大住圣窟灵裕所刻系列佛名和《略礼佛忏悔文》，反映出一种与南朝众多礼忏文献不同的、在北朝两次灭法和“末法”思想盛行背景下形成的北方礼忏系统。这一系统是在改造《观药王药上菩萨经》的六种佛名并融合《决定毗尼经》的《忏悔文》之后产生的，主旨是唱诵佛名、礼拜佛、念诵《忏悔文》的忏悔灭罪。隋信行所创三阶教的《七阶佛名》只是沿袭大住圣窟的《略礼佛忏悔文》并稍加改动的产物。罗炤此说有一定道理，但作者认为：“南朝的礼忏仪法没有受到‘末法’的特别影响，《药王药上二菩萨经》和《决定毗尼经》在南朝的礼忏中也没有留下明显的痕迹。”这一结论还值得进一步推敲，因为《决定毗尼经》中的三十五佛题材已经出现在浙江新昌宝相寺南齐开凿的千佛岩石窟中[13]，并非毫无迹象。2012年，李裕群《灵泉寺北齐娄睿〈华严经碑〉研究》一文[14]，对灵泉寺施主北齐东安王娄睿镌刻的两通《华严经碑》的内容、年代作了详细的考证与研究，发现娄睿《华严经碑》除了华严经内容外，还涉及《四分律》《法华经》类和末法思想等内容。经碑的镌刻，应与灵裕有关，集中反映了著名地论宗高僧灵裕重视戒律和强烈的护法思想，体现了他对末法时期到来的忧虑。同时注意到“大留圣窟”题名的字体与娄睿刻经碑相似，由此认为大留圣窟的改造与娄睿和灵裕有关。

小南海石窟位于河南省安阳市西南善应村龟盖山南麓，洞窟规模不大，有西窟、中窟和东窟三个小型洞窟（图6-103）。平面均为方形，覆斗顶。其中以中窟最为重要，该窟窟门外崖面上方镌刻北齐《班经题记》，崖面右侧为《华严经偈赞》和僧稠修禅所依据的《大般涅槃经·圣行品·四念处法》，这种将所习禅法刻经与洞窟融汇一体，十分罕见。此外还有僧稠弟子沙门统僧贤等题记[15]。三窟中主尊造像题材均为正壁一坐佛二弟子，左右壁一立佛二菩萨，构成三壁三佛组合。除了主尊造像外，中窟和东窟壁面均有大量浅浮雕题材。中窟内容最为丰富，雕刻最精美。正壁主尊佛左侧下方为僧稠供养像（图6-104），其上有出自《大智度论》的弗沙佛度释迦菩萨故事，出自《涅槃经·圣行品》的“舍身闻偈”故事。东壁为弥勒菩萨为天众说法图和释迦牟尼初转法轮的佛传故事。西壁浅浮雕题材与主尊一佛

图 6-103　小南海中窟外景

图 6-104　小南海中窟正壁僧稠供养像

图 6-105　小南海中窟西壁十六观局部

图6-106 灵泉寺大留圣窟佛像

二菩萨像相结合，完整地表现了《观无量寿佛经》中的十六观经变画（图6-105）。前壁窟门上方为维摩、文殊问答。东窟浅浮雕题材大体相同，东壁除初转法轮和弥勒菩萨说法图外，增加了一幅弥勒下生经变画。西壁为十六观题材。根据北齐《班经题记》记载：小南海中窟为天保元年（550年）由灵山寺僧方法师、故云阳公子林率诸邑人始创，天保六年（556年）僧稠禅师重莹而成。石窟都维那宝忻参与了石窟的开凿。从洞窟的规模看，小南海石窟可能是《续高僧传》卷十六《僧稠传》中所记僧稠坐禅的禅窟所在[16]。

灵泉寺石窟在小南海石窟西北5千米宝山南麓，原称宝山寺，东魏武定四年（546年）由地论师道凭所创建。隋开皇十一年（591年），隋文帝出资助营山寺，御赐寺额曰“灵泉”，寺名沿用至今。现有大留圣窟和大住圣窟二座洞窟。大留圣窟俗称道凭石堂，开凿于东魏武定四年，窟内有圆雕卢舍那、弥勒和阿弥陀三尊佛像（图6-106）。造像丰满圆润，雕刻精美，这是北齐时期雕成后移入窟内的，大概与该寺施主北齐东安王娄睿有关。大住圣窟是隋开皇九年（589年）灵裕法师主持开凿，《续高僧传》卷九《灵裕传》中有明确的记载：灵裕“又营诸福业、寺宇、灵仪。后于宝山造石龛一所，名为金刚性力住持那罗延窟，面别镌法灭之相。”[17]根据窟外崖面所刻铭记记载[18]：“大住圣窟，大隋开皇九年己酉岁敬造窟，用功一千六百，廿四像世尊，用功九百。卢舍那世尊一龛、阿弥陀世尊一龛、弥勒世尊一龛、三十五佛世尊三十五龛、七佛七龛、传法圣大法师廿四人。”可知洞窟自名为“大住圣窟”，即佛法长住之意。洞窟平面方形，三壁三龛式。窟门外两侧分别刻有迦毗罗神王和那罗延神王（图6-107、图6-108）。龛内正壁为卢舍那，左壁为弥勒佛（图6-109），右壁为阿弥陀佛。龛外两侧分别刻过去七佛和三十五佛小龛。前壁左右分别刻二十四传法圣僧线刻图（图6-110）和宣扬末法思想的石刻佛经《大集经·月藏分》《摩诃摩耶经》；窟外崖面刻有《法华经》、《七阶礼忏文》、五十三佛、三十五佛、二十五佛、十方佛等佛经和佛名。这些佛

图 6-107 灵泉寺大住圣窟外观

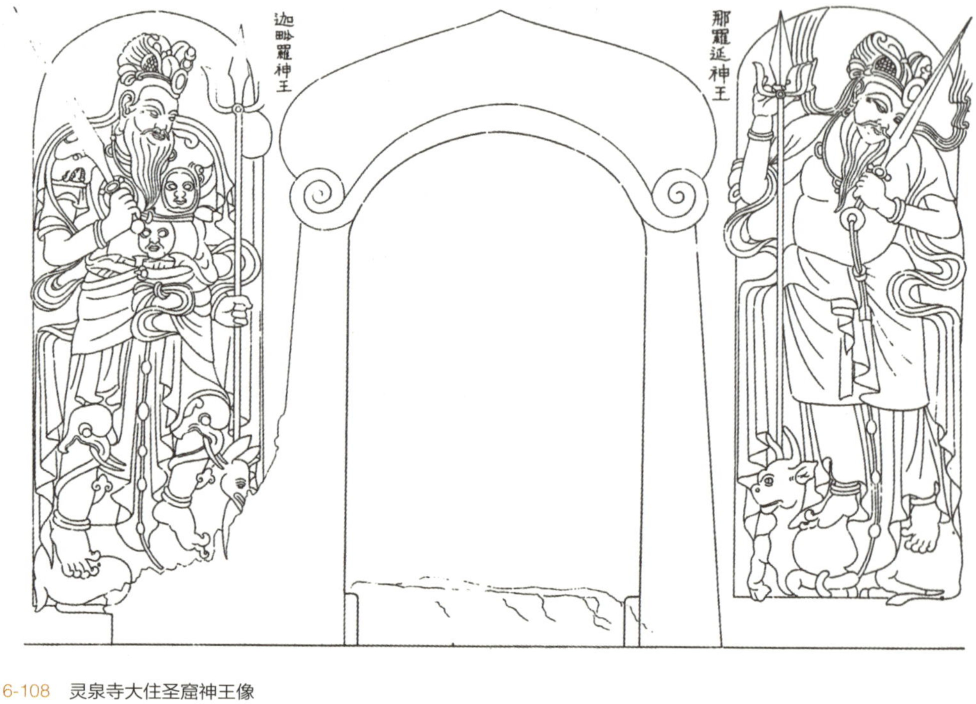

图 6-108 灵泉寺大住圣窟神王像

图 6-109 灵泉寺大住圣窟东壁弥勒佛

图 6-110 灵泉寺大住圣窟前壁传法僧

图 6-111 灵泉寺道凭塔

经和佛名与礼忏灭罪有关，并为三阶教所承袭[19]。另外灵泉寺范围内还有数量众多的塔林，包括了道凭石塔（图6-111）、灵裕灰身塔、灵裕弟子慧休塔以及唐代多座三阶教徒灰身塔等。三阶教起源于邺城，创始人为信行禅师，后到长安弘法，死后葬于长安终南山，其门徒僧邕等皆死后附葬于信行墓侧，以表示对祖师的尊崇。三阶教这种聚塔为林的做法，实际上来源于宝山塔林。

邺城地区是北朝晚期的佛教义学中心，讲经论义，广延门徒成为邺城佛教的特色，随之而来的是各种佛教宗派的逐渐兴起。尤其是地论宗势力最大，道凭及其弟子灵裕皆为地论大师。灵裕被称之为“裕菩萨”，深受统治者的敬重。僧稠则是禅僧领袖人物，北齐文宣帝曾从僧稠受菩萨戒，特别为他修建了云门寺[20]。因此安阳二处石窟寺对于研究邺城佛教具有重要意义。

除了邯郸响堂山石窟、安阳小南海和灵泉寺石窟外，邺城周边太行山东麓一线还有河北涉县娲皇宫石窟、林旺石窟、元氏县封龙山石窟、曲阳八会寺经龛；河南卫辉香泉寺石窟、林州洪谷寺千佛洞石窟、沁阳太平寺石窟、浚县大丕山摩崖大佛等北朝晚期至隋代的石窟。

1. 涉县娲皇宫石窟

娲皇宫石窟位于涉县城西北14.5千米唐王峧沟的凤凰山西坡山腰间，是沟通并、邺两都的交通要道。现有北齐时期开凿的南、北毗邻的一组双窟（图6-112）。洞窟为敞口，券顶。北窟门外雕二力士像，窟内放置一尊北齐圆雕倚坐佛像。南窟

图 6-112　娲皇宫北窟外观

无力士像，窟内置一尊北齐结跏趺坐佛。因此，两窟造像是释迦与弥勒的组合，表现了佛法流传有绪。这组洞窟是为刻经而开凿的，反映了北朝晚期末法思想的弥漫，故窟内及窟外均镌刻佛经以防佛法灭绝。刻经有《十地经论》《深密解脱经》《佛说思益梵天所问经》《佛说盂兰盆经》《佛垂般涅槃略说教戒经》《法华经·观世音菩萨普门品》等数部完整经文，共计13余万字[21]。娲皇宫石窟刻经并无纪年，但这样大规模的刻经，其功德主绝非一般人物。据范寿铭、顾燮光《河朔金石目》卷四记载，娲皇宫有“为亡女赵妃造观世音像，正书，无年月，未著录”。赵妃即唐邕之妻。“按娲皇顶所刻经其字体与响堂无异，盖北齐唐邕之所镌刻。”而经文内容与邯郸北响堂石窟南洞唐邕刻经无一重复，所以推测为北齐唐邕刻经有一定道理，但也有学者有不同的看法[22]。

2. 涉县林旺石窟

林旺石窟位于涉县固新镇林旺村东侧2千米，东距北响堂石窟40千米，有洞窟1座[23]。该窟与南响堂第4、6窟相同，平面方形、平顶，三壁设坛式。坛上造像均被凿毁，据造像残迹，三壁坛上雕各雕一坐佛二弟子二菩萨立像。窟门外两侧各雕一力士像。窟门上方雕一单层佛塔（图6-113），这与响堂山石窟的塔形窟类似。窟门右侧力士之右的隋代碑刻，记载“齐州杨王府户曹参军前临水县正李子良……上为皇帝陛下、七世父母、见存眷属，法□□生，刊营石窟，庄严未就，便值齐亡，玄教陵迟。以开皇七年岁在鹑首……幸举愿力，蒙助善因……”可知该石窟开凿于北齐晚期，经历了北周灭法，至隋开皇七年（587年）续凿完成。从洞窟情况看，窟内主尊造像应完成于北齐，可视作北齐洞窟。

图 6-113　林旺石窟外观

3. 元氏封龙山石窟

封龙山，又称飞龙山，是为赵郡名山。历史上不少著名的高僧曾在此潜心修道，如十六国后赵释道安、竺法汰等在此集聚修行。北朝时期，灵裕早年在封龙山应觉寺从

图 6-114 封龙山第 3 窟内景

僧明、昙宝二禅师出家，由此，封龙山石窟的开凿有可能与灵裕有关。

封龙山石窟位于元氏县西北约20千米处。封龙山为太行山之余脉，大体呈东西走向，洞窟则开凿于山之西南坡半山腰，分东、西石堂院二区[24]。东区一窟，开凿于宋代元祐年间；西区三窟，由东而西编号为第1—3窟。1989年，李金波曾作过初步的调查与研究[25]；1998年，李裕群就封龙山石窟开凿年代与造像题材做了研究，认为第3窟开凿年代最早，约在北齐至隋代，主尊题材为三佛和三十五佛；第2窟约为唐代五代；第1窟为平面横长方形，平顶龛，内雕卧佛一躯，为明代作品[26]。

第3窟洞窟形制为平面方形，覆斗顶，三壁三龛式。面宽3.35、进深3.27、高3.13米。窟内四壁前设低坛基。整个洞窟是在统一规划下完成的。窟内壁面三大龛，龛内均雕一坐佛，构成三佛组合。主尊佛两侧及龛外两侧均凿有胁侍像的插孔，各四孔。可知佛像原有胁侍弟子和菩萨像，为圆雕，但现已不存。壁面小龛的布局是按照题材要求而精心设计的。正左右三壁各8个龛（图6-114），加上前壁11龛，共计35个小龛，龛内各雕一佛，合三十五佛。题材布局与河南安阳灵泉寺灵裕开皇九年（589年）开凿的大住圣窟题材一致。后者有三十五佛的题名。故知第3窟壁面所要表现的是三十五佛，此与北朝晚期礼忏仪式密切相关。不幸的是，进入21世纪以后，该窟遭到盗凿，破坏十分严重。

第2窟为平面纵长方形，平顶。面宽5.43、进深7.43、高3.5米。窟内正中设长方形佛坛，坛后侧有直达窟顶的背屏，坛上依背屏雕一佛。佛坛上现存有圆雕大象座和狮子座，但座上文殊和普贤像已失。窟内左右壁满雕千佛像。

4. 曲阳八会寺经龛

八会寺经龛位于曲阳县城南约10千米的少蓉山顶。石经龛系利用一块平地突起的近方形石柱体雕凿而成。柱体四面均有开龛，龛内外雕刻佛经和造像，为隋开皇十三年（593年）雕造。围绕着龛像的四周，用石片垒砌石屋，石屋四面各开一门。根据西壁龛内题记云："龛主定州城内贾凡母苏氏为七世先亡，现在眷属，法界众生供养。祖周使持节少师大将军，延绥丹三州诸军事、延州总管、赠青齐济兖胶五州刺史、蜀郡开国公伯隽，父金州刺史仲羲，孙定州司马参军韩长秀。"知刻经龛为定州韩氏等家族所刊刻。

1935年，刘敦桢曾对八会寺遗址及刻经石龛做过调查。当时尚存覆莲石柱础1件，石造像两尊和若干八角石柱。1994年，刘建华发表了详细的调查与研究报告[27]。

八会寺四面龛内上部开凿小佛龛，刻经刊于佛龛左右及下方，龛内左右后三壁及龛外两侧壁面镌刻佛经，说明石刻经龛是以刻经为主附以龛像的。因而刻经内容与造像题材有着密切关系。如北壁龛内造像龛，内雕一倚坐弥勒佛和二菩萨，龛内所刻佛经为《佛说弥勒成佛经》。倚坐佛就是表现弥勒下生成佛、普度众生的形象；南壁龛内雕七佛小龛，旁刻过去七佛题名，壁面刻《佛垂般涅槃略说教戒经》，表现释迦牟尼在临涅槃前教诫弟子的经典，这与七佛表现佛法传承相合。西壁龛内造一铺三身造像龛，余壁面刻《法华经·观世音菩萨普门品》。可以推测龛内三尊像系阿弥陀西方三圣。东壁左右二大龛内各雕一小龛，内一结跏坐佛，无法与龛内所刻《现在贤劫千佛名经》、五十三佛名、三十五佛名对应起来。不过东壁龛楣上刻二十五小龛，内各一坐佛，旁刻二十五佛题名。八会寺许多刻经与灵裕开皇九年开凿的大住圣窟刻经基本一致，如五十三佛、三十五佛、二十五佛和七佛。灵裕为定州曲阳人，对八会寺刻经的出现应有一定的影响。

5. 卫辉香泉寺石窟

香泉寺石窟位于卫辉市城西北约20千米霖落山南麓，仅北齐洞窟1座。寺院遗址保存较好，现存有唐代大殿基址以及大殿基址前的唐代双石塔等遗迹（图6-115）。香泉寺与著名禅师僧稠有密切关系。僧稠弟子昙询年二十二（537年）"游至白鹿山北霖落泉寺，逢昙准禅师而蒙剃发。"[28]由此可知，霖落山香泉寺是北朝晚期邺城周边一处重要的佛教寺院。现存洞窟窟门为后代石砌券洞，窟室平面方形、平顶。窟内左壁雕一弥勒菩萨坐像、右壁一佛二菩萨像（图6-116），壁面均雕刻有千佛。正壁原有造像早已被毁，后代改雕为一佛二弟子。据此，可以推知原窟内雕三世佛。造像雕刻精美，佛和菩萨形象与河北邯郸南响堂、水浴寺石窟北齐造像完全一致，显然不是一般工匠所雕造的。毫无疑问，洞窟开凿于北齐时期（550—577年），功德主具有较高的身份和地位。近年来，当地村民对窟内造像涂金粧饰，补塑头像，使得造像面目全非。窟外左侧崖面有北齐镌刻的《华严经》中的《佛不思议法品》、《净行品》和《贤首菩萨品》等（图6-117），故石窟也被称为"华严洞"[29]。

图 6-115　香泉寺遗址唐代石塔

图 6-116　香泉寺石窟佛和菩萨像

图 6-117　香泉寺窟外石刻《华严经》

6. 林州洪谷寺千佛洞石窟

林虑山洪谷寺千佛洞石窟位于林州城南15千米合涧乡南庵村北山崖上。仅北齐洞窟1座[30]。洞窟平面呈马蹄形，穹隆顶。面宽2.9、进深1.7、高3.5米。窟内正壁雕一佛二弟子二菩萨，佛像高达2.78米。东西两壁系青石叠砌，上层镌刻佛经，有《金刚般若经》《摩诃摩耶经》《妙法莲华经·观世音门品第廿四》《遗教经》等。根据窟门上方东侧题记："粤以大齐武平五年于洪谷山寺东四百余步名山之侧，遂造大石像一躯并二菩萨阿难迦叶。"以及洞窟外东侧摩崖题记："天上天下如佛，十方世界亦无比；世间所有我尽见，一切无有如佛者。大齐武平五年八月廿日建"，可知洞窟开凿于北齐武平五年（574年）。现存佛和弟子皆为北齐原刻（图6-118），但菩萨像明显具有初唐时代的风格（图6-119），大概是与窟门上方西侧唐乾封元年（666年）题记所言"敬造龙花浮图一所，并《金刚波若》二部，《遗教》《观音》《金光明》一偈，《无量义经》半篇，写金言于石壁，改旧像于新成"后的形象。

图 6-118 林州洪谷寺石窟正壁佛

图 6-119 林州洪谷寺石窟唐代续刻菩萨像

图 6-120 太平寺石窟外观

图 6-121 太平寺石窟右壁佛和菩萨像

7. 沁阳太平寺石窟

太平寺石窟位于沁阳县（今沁阳市）西北约30千米悬谷山窄涧谷朝南的崖壁上。现存千佛洞1座（图6-120），约为隋仁寿年间（601—604年）开凿[31]。洞窟平面方形、覆斗顶，三壁三龛式。窟外有隋代镌刻的造窟功德碑，窟内三壁中央各开一圆拱尖楣龛，正壁龛雕一佛二弟子二菩萨，两侧壁龛一佛二菩萨（图6-121）。四壁雕满雕附有贤劫千佛题名的千佛像。四壁壁脚一排小龛内雕附有榜题的二十五祖传法圣僧像。此窟形制和题材表现了与灵裕开凿的河南安阳宝山灵泉寺大住圣窟一脉相承的特征，应是受邺城影响所致。

8. 浚县大伾山摩崖大佛

大伾山摩崖大佛位于河南浚县城东南1千米大伾山东麓，依山体凿出圆拱形摩崖大龛，龛内雕一尊倚坐弥勒佛大像，大佛通高21.4米。有学者主张为十六国后赵说，但缺少足够的依据来支撑。也有学者主张唐代雕造说，且与镇水害、保漕运有关[32]。大佛约雕造于北齐时期（550—577年），经后世修补，已失北齐造像原貌，而是更多地表现了唐代造像的特征，因此大佛的重修大概在初唐时期。

9. 鹤壁五岩寺石窟

五岩寺石窟位于鹤壁市西南8千米的西小庄村西北五岩山上。五岩寺现已毁，现存小型洞窟3座，摩崖龛像38个，造像题记20余则，开凿于东魏兴和至武定年间，皆为民间邑社及僧人雕造[33]。窟龛依山势自东北西南雕凿，分五个自然小区。

比较重要的是第一区的一座洞窟。平面方形，穹隆顶。正壁坛上雕一佛二弟子，两侧壁雕二菩萨像。窟内弟子和菩萨间刻有“五岩寺石窟八关大斋主王龙仁”等供养人题记。窟外东端镌刻发愿文：“大魏兴和四年壬戌三月丁卯时十五日□□□□四七人等敬造石窟□□□□。”由此可知，民间邑社组织也举行八关斋会。小龛主要有一佛二弟子或者一佛二菩萨（主尊佛像包括释迦、无量寿），也有释迦多宝并坐像和观音菩萨为主尊的龛像，有的龛外雕二力士像。五岩寺石窟洞窟和龛像规模很小，但反映了民间佛教信仰的状况。

注释：

[1] 马丰《赴磁县武安县南北响堂寺及其附近工作报告》，《北平研究院院务汇报》第7卷第4期（1936年），第111—119页。徐炳昶《唐王峧及宝山调查报告》，同期，第97—110页。

[2] 河南省古代建筑保护研究所《河南安阳灵泉寺石窟及小南海石窟》，《文物》1988年第4期，第1—14页。

[3] 该书由（北京）文物出版社1989年出版。内附丁明夷《巩县天龙响堂安阳数处石窟寺》一文（第26—51页）。对小南海石窟作了论述。

[4] 该书由（郑州）河南人民出版社1991年出版。关于小南海石窟的介绍内容大体同简报。

[5] 丁明夷《北朝佛教史的重要补正——析安阳三处石窟的造像题材》，《文物》1988年第4期，第15—20页。

[6] 刘东光《有关安阳两处石窟的几个问题及补充》，《文物》1991年第8期，第74—78页。

[7] 李裕群《邺城地区石窟与刻经》，《考古学报》1997年第4期，第443—479页。

[8] 李裕群《关于安阳小南海石窟的几个问题》，《燕京学报》新六期，北京大学出版社，1999年，第161—181页。

[9] 勝木言一郎《小南海中窟の三仏造像と九品往生圖浮雕に關する一考察》，《美術史》第139號，1996年，第68—86頁。

[10] 颜娟英《北齐禅观窟的图像考——从小南海石窟到响堂山石窟》，《东方学报》第七十册，京都大学人文科学研究所，1998年，第375—440页。

[11] 李玉珉《宝山大住圣窟初探》，《故宫学术季刊》第16卷第2期（1998年），第1—52页。

[12] 罗炤《宝山大住圣窟刻经中的北方礼忏系统》，中国古迹遗址保护协会石窟专业委员会、龙门石窟研究院编《石窟寺研究（第一辑）》，北京：文物出版

社，2010年，第161—179页。

[13] 李裕群《浙江新昌千佛岩南朝龛像——南朝忏法流行的实物例证》，《文物》2021年第2期，第60—72页。

[14] 李裕群《灵泉寺北齐娄睿〈华严经碑〉研究》，《考古学报》2012年第1期，第63—82页。

[15] 僧贤其人，僧史无传，其事迹见于《续高僧传》卷21《僧伦传》（郭绍林点校本，第790页）和卷28《法楷传》（郭绍林点校本，第1123页）。

[16] 《续高僧传》卷16《僧稠传》记载："又所住禅窟，前有深渊。"郭绍林点校本，北京：中华书局，2014年，第578页。

[17] 《续高僧传》卷9《灵裕传》，郭绍林点校本，北京：中华书局，2014年，第316页。

[18] 河南省古代建筑保护研究所《河南安阳灵泉寺石窟及小南海石窟》，《文物》1988年第4期，第1—14页。

[19] 三阶教徒开凿洞窟，雕刻其所奉经典，在陕西淳化金川湾唐代洞窟中也有发现。参见张总、王宝平《陕西淳化金川湾三阶教刻经石窟》，《文物》2003年第5期，第65—74页。

[20] 《续高僧传》卷16《僧稠传》，郭绍林点校本，北京：中华书局，2014年，第576页。

[21] 徐炳昶《唐王峧及宝山调查报告》，《北平研究院院务汇报》第7卷第4期，第97—110页。马忠理、张沅、程跃峰、江汉卿《涉县中皇山北齐佛教摩崖刻经调查》（《文物》1995年第5期，第66—76页）一文刊布了详细调查报告，可参阅。

[22] 刘元堂也对娲皇宫刊经经主和刊刻年代作了探讨，可参阅刘元堂《中皇山北齐刻经经主和刊刻时间辨析》，《南京艺术学院学报》2013年第3期，第44—46页。

[23] 参见赵立春《河北涉县林旺隋代石窟调查》，中国古迹遗址保护协会石窟专业委员会、龙门石窟研究院编《石窟寺研究（第二辑）》，北京：文物出版社，2011年，第42—52页。

[24] 石堂院之名见于清《乾隆·正定府志》卷3山川条："封龙山，元氏县西北五十里。……北有古佛堂，中名佛洞。"卷9"西石堂院，在封龙山西麓，宋嘉祐中建有石堂三。"《同治·元氏县志》卷1记："东石堂，在封龙山东腰，西石堂在封龙山西南麓，有石卧佛诸像。"

[25] 李金波《试谈封龙山石窟及其造像年代》，《文物春秋》1989年第4期，第8—12页。

[26] 李裕群《封龙山石窟开凿年代与造像题材》，《文物》1998年第10期，第67—75页。

[27] 刘建华《河北曲阳八会寺隋代刻经龛》，《文物》1995年第5期，第77—86页。

[28] 《续高僧传》卷16《昙询传》，郭绍林点校本，北京：中华书局，2014年，第597页。

[29] 范寿铭《河朔访古新录》（上海天华印务馆，1930年）卷1记："香泉寺，碑志称北齐稠禅师建……寺前东壁为华严洞，内凿石佛，雕刻颇古……洞外东北两崖摩崖刻《华严》，品义全部惜已剥落，以书法审之，知为北齐时物。"陈汉章《〈齐香泉寺华严经摩崖碑〉跋》，亦认为是北齐《华严经》，载《缀学堂河朔碑刻跋尾》，非儒非侠斋丛书本，第5页。

[30] 参见张增午《林县洪谷寺千佛洞造像调查记》，《中原文物》1983年第4期，第19—21页。该文只是笼统地将洞窟年代推测为北齐武平五年左右开凿。王振国《关于河南省林州市洪谷寺千佛洞的造像与刻经》，《敦煌研究》2003年第5期，第26—30页。该文认为主尊佛像和菩萨均属唐代，但没有仔细区分出时代的不同。

[31] 参见王振国《河南沁阳悬谷山隋代千佛洞石窟》，《敦煌研究》2000年第4期，第27—32页。谷东方《河南沁阳悬谷山太平寺窟龛考察》，中国古迹遗址保护协会石窟专业委员会、龙门石窟研究院编《石窟寺研究（第六辑）》，北京：科学出版社，2016年，第1—19页。

[32] 温玉成《河南浚县大石佛年代考》，《考古与文物》1984年第3期，第109—112页。该文主张为十六国后赵说。周到、郭太松《也谈浚县大石佛的创凿年代》，《中原文物》1991年第1期，第102—106页。陈悦新《河南浚县大佛的年代》，《文物》2013年第9期，第83—88页。该文认为"大佛年代置于武则天（684—704年）至玄宗开元时期（713—741年）"。从造像样式看，该像具有初唐时期的特征，故可能是唐代重修后的形象了。

[33] 河南省文物考古研究所、鹤壁市博物馆《鹤壁五岩寺石窟》，《中原文物》1989年第2期，第75—81页。

六 太原天龙山石窟

山西太原，古称晋阳，是中原北方地区重要的大都市，东魏、北齐的陪都，唐代的北都。东魏北齐时期，在高氏皇室的推动下，晋阳地区佛教繁盛，塔寺林立，同时开始了石窟寺的开凿和大佛雕造，最著名的就是天龙山石窟、蒙山开化寺大佛和童子寺大佛。

天龙山位于太原市西南36千米的群山之中。这里山峰奇峻、沟壑幽深、松柏苍翠，环境十分幽雅。石窟即开凿在东峰和西峰陡峭的南坡山腰间（图6-122），共有洞窟25个，东西绵延约500余米。其中东峰为第1—8窟和第2、3窟上方的4个洞窟；西峰第9—21窟。另外在天龙山山脚还有明代开凿的洞窟4个，未纳入统一编号中，这样天龙山实有洞窟29个。最早记载天龙山石窟的是明洪武十二至十三年所修《太原志》，但记录十分简单[1]。明《嘉靖·太原县志》的记载较前者略详，志云：“圣寿寺，在县西南三十里天龙山麓，北齐皇建元年建，内有石室二十四龛，石佛四尊，隋开皇四年镌《石室铭》。”

石窟寺的调查始于20世纪初。1908年和1910年，德国建筑学家恩斯特·鲍希曼博士（Ernst Boerschmann，1873—1949年）和美国商人兼收藏家查尔斯·弗利尔（Charles L. Freer，1854—1919年）分别调查了天龙山石窟。但由于考察资料未能及时发表，所以没有引起学术界的注意[2]。1918年，日本学者关野贞根据地方志的记载，在天龙山找到了石窟，并做了文字记录、测图与编号工作[3]。天龙山的新发现在国际学术界引起了很大轰动。嗣后，到天龙山考察的学者络绎不绝。1920年，日本学者常盘大定[4]；1922年和1929年，瑞典学者喜龙仁都曾先后涉足天龙山，并对天龙

图 6-122 天龙山西峰漫山阁

山各个时期的造像特点提出一些有益的见解[5]。1922年，田中俊逸（？—1947）调查时，对石窟进行了详细的记录、照相和系统的编号[6]。1923年秋，中国学者陈万里（1892—1969）和顾颉刚（1893—1980）曾到访天龙山石窟，但未见调查记录或报告发表[7]。1924年和1926年，别有用心的日本古董商山中商会的山中定次郎（1866—1936）也两次到访[8]；大约从1923年开始，在山中商会的唆使下，天龙山石窟遭受了空前的浩劫，所有洞窟的头像几乎被盗割一空，有的造像甚至全身被盗运到国外，是中国石窟寺中破坏最为惨烈的[9]。20年代，日本学者小野玄妙（1883—1939）对太原佛教状况及天龙山石窟造像的开凿年代进行了研究[10]。1933年，中央古物保管委员会北平分会王作宾对天龙山佛像被盗毁一事进行了调查，记录部分洞窟被破坏的情况[11]。20世纪50年代初，温廷宽（1919—1997）曾撰文，对天龙山石窟作了较为简单的介绍[12]。1962年，阎文儒做了调查，对石窟的分期提出了自己的观点[13]。1963年，太原市图片社出版了《天龙山石窟艺术》图录，史岩和傅天仇（1920—1990）在图录序言和文中概略地论述了天龙山造像的艺术风格[14]。1965年，美国学者斯德本（Harrie A. Vanderstappen，1921—2007）和玛丽琳（Marylin Rhie）大量收集了流失在国外各博物馆和个人收藏的天龙山石刻造像，根据石窟破坏前的旧图片，首次对造像进行了部分的复原工作，并对各窟的年代作了分析和推断，这是一篇天龙山石窟复原研究的重要文章[15]。70年代，玛丽琳发现王昶《金石萃编》卷六十八著录有天龙山唐景龙元年（707年）《大唐勿部将军功德记》碑文，这是唯一的天龙山唐代造像的纪年碑刻，对唐代洞窟分期具有重要价值，由此，作者对部分唐代洞窟的年代作了考订与研究[16]。80年代以后，天龙山石窟再度引起国内外学术界的兴趣和关注，研究亦日趋深入。1981年和1982年，日本学者林良一、铃木洁和田村节子，分别写出了考察纪要[17]。嗣后，铃木洁又对唐代部分洞窟的编年做了研究[18]。1988年，李裕群对石窟作了详细的调查，1991年和1992年先后发表了《天龙山石窟调查报告》《天龙山石窟分期研究》两篇文章，详细介绍了天龙山石窟的现状，并用考古学方法对天龙山石窟进行了分期研究，对天龙山石窟寺的渊源和历史背景作了研讨[19]。1997年，台湾学者颜娟英根据天龙山隋开皇四年《石室铭》，以及从北京图书馆（今国家图书馆）检索到的《大唐勿部将军功德记》碑刻拓片，重新检讨了天龙山石窟的开凿年代及相关的历史背景，对石窟编年提出了自己的观点，并且重点探讨了唐代洞窟的年代问题[20]。2003年，李裕群等出版了《天龙山石窟》考古报告[21]，对太原地区石窟寺的分期及其渊源作了深入的探讨。并根据在天龙山发现的《大唐勿部将军功德记》碑刻残石，考订出原碑刻镶嵌在天龙山第15窟窟门外东侧碑龛内，同时回应了颜娟英关于天龙山唐代洞窟的年代问题。最后附录有天龙山石窟破坏前的旧图片和流失海外的造像图片。2015年，八木春生发表了《天龍山石窟唐代の編年研究》一文，对天龙山第4、14、17、18窟和第6、21窟分别作了年代的考证[22]。

天龙山最早开凿的是东峰第2窟和第3窟。两窟东西毗邻，大小相同，形制一致。二窟之间雕凿出螭首功德碑龛。原碑应是镌刻后镶嵌在碑龛内的，但碑刻早年已毁，故无从考知这组双窟具体的开凿年代、缘由和功德主了。根据洞窟形制、题材和样式，学术界一般都认为双窟的始凿年代在东魏时期。晋阳是北齐皇家的发迹地，高欢在晋阳设立大丞相府，修建定国寺，在天龙山建避暑离宫。而北齐时期定国寺僧人又参与了天龙山石窟的开凿，因此，第2、3窟的开凿很可能是高欢为其父母做功德、祈福田而开凿的一组双窟。第2、3窟是天龙山石窟雕刻内容最为丰富，技艺最精的洞窟，同时也是破坏最严重的洞窟。两窟平面方形、覆斗顶、三壁三龛式。龛内正壁一般雕一佛二菩萨像（图6-123），也有胁侍菩萨雕刻在龛外两侧（图6-124）。两侧壁龛雕一倚坐佛二菩萨像（图6-125）。龛外雕有浅浮雕题材，有维摩文殊问答（图6-126），树下思惟菩萨、迦叶、阿难二弟子、束髻供养人和世俗供养人像，窟顶四披原雕刻有栩栩如生的供养飞天（图6-127）。造像均为“秀骨清像”的清秀飘逸风格，佛像脸庞消瘦，双肩微溜，身体显得单薄而瘦弱。佛身着褒衣博带式大衣。菩萨像头梳高发髻，眉清目秀，身材修长。披帛于腹部交叉穿环或相交于腹下部，下身穿着长裙子。东魏造像同北魏晚期造像一样，更多地注重表现造像的精神面貌，表现手

图 6-123　天龙山第 3 窟北壁龛全景

图 6-124　天龙山第 2 窟北壁佛像

图 6-125　天龙山第 3 窟西壁龛

图 6-126　天龙山第 3 窟东壁南侧维摩像

图 6-127　天龙山第 2 窟窟顶飞天

图 6-128　天龙山第 16 窟前廊外观

法以线条刻划为主，强调衣纹动感和韵律感。从雕刻形制、造像样式和题材看，天龙山东魏洞窟明显受到了来自云冈、龙门和巩县石窟寺的影响。

天龙山北齐洞窟有东峰第1窟和西峰的第10、16窟。北齐洞窟有一个共同特点，就是在洞窟主室前雕凿了仿木建筑式的前廊（图6-128）。这种前廊后室的洞窟形制是模仿寺院大殿建筑而来的（图6-129）。前廊侧壁都有一通开窟功德碑，可惜碑文都已经风化磨灭了。20世纪50年代有学者曾在第16窟的功德碑上看到了北齐皇建的年号[23]，这说明该窟就是地方志上记载的并州定国寺僧人开凿的石窟[24]。主室均为方形、三壁三龛式，龛前有低坛基，正壁坛基前雕刻香炉和二狮子，侧壁坛基前雕刻伎乐像。龛内雕一佛二弟子二菩萨五身像（图6-130）。这样窟内供奉的主像都是三佛组合。第1窟是以倚坐弥勒佛为主尊的三世佛（图6-131）。第10窟则是以释迦多宝为主尊，东壁为交脚弥勒菩萨，西壁为坐佛的三世佛。第16窟为三身结跏趺坐佛，有可能也属于三世佛。前廊后壁和主室前壁的窟门两侧一般雕刻一对金刚力士或天王像。北齐造像与东魏的艺术风格完全不同，它追求表现人体健壮肌肉结构的写实手法，使造像的立体感更强了。佛像肉髻低而平，面相浑圆，身体健壮而丰满。身着袒右式大衣或双领下垂式大衣。菩萨像头戴高花蔓冠，脸庞宽而丰满，披帛绕着双臂下垂，上身袒露，腹部微微凸起，显得十分硕壮。下身着紧身短裙，赤足立于莲座上。

天龙山隋代洞窟仅东峰隋开皇四年（584年）开凿的第8窟，这是天龙山规模最大的洞窟。根据洞窟前廊东壁《石室铭》记载：主要功德主是仪同三司真定县开国公刘瑞等人。碑文还记载了刘瑞等人为隋文帝、皇后和太子祈福的祝词，而且特别祝愿“晋王则磐石之安”。晋王就是隋炀帝杨广，隋开皇元年至开皇六年（581—586年）和开皇九年至开皇十年（589—590年），二度出任并州总管。所以石窟开凿之际，正是晋王杨广在任之时，故刘瑞有可能是杨广手下的属吏，因而为他祈福。第8窟的形制是比较特殊的。前面为面宽三间的仿木构前廊（图6-132），窟门

图 6-129 天龙山第 10 窟前廊

图 6-130 天龙山第 10 窟西壁龛佛像

图 6-131　天龙山第 1 窟北壁倚坐佛

图 6-132　天龙山第 8 窟前廊

图 6-133　天龙山第 8 窟中心柱南壁佛像

两侧雕二力士像。主室平面略成方形，覆斗顶。窟内中心柱四面各一帐形龛，龛内雕一佛二弟子像（图6-133）。中心柱上部外侈，形成须弥山样式。窟内左右后三壁各开一大龛，龛内各雕一尊佛像，龛外两侧雕刻二弟子和二胁侍菩萨。窟顶前披还绘有二飞天，这是中原地区十分罕见的隋代壁画。前廊顶部也绘有飞天摩尼宝珠，但已经模糊不清了。该窟的造像样式延续了北齐造像风格。

除了上述洞窟之外，其余的石窟均为唐代开凿，洞窟数量多达15座，占了洞窟总数的三分之二多，所以唐代是天龙山开凿石窟的高潮期。唐代洞窟的开凿年代大致在武则天到唐玄宗时期。现在天龙山文管所还保存着原镶嵌在第15窟的一块唐代残碑刻，即《大唐勿部将军功德记》。碑文记载了唐神龙三年（707年）天兵中军副使勿部珣和夫人黑齿氏在天龙山敬造三世佛像的事迹。可以说明天龙山唐代洞窟开凿在公元700年左右。唐代洞窟规模都比较小，但雕刻却十分精致。洞窟一般无仿木式前廊，个别洞窟窟门上方有额枋和斗栱设置。平面多椭圆形，窟顶以穹隆顶为主，也有覆斗顶。窟内环壁设坛，坛上雕造成组造像（图6-134）。这是天龙山唐以前洞窟所没有的，是新出现的一种洞窟形制。造像题材较为简单，一般为三世佛组合，其中东壁大多为倚坐弥勒佛（图6-135）。也有以倚坐弥勒佛为主尊的一佛窟。造像组合一般为一佛二弟子二菩萨像，或一佛四菩萨像和一佛二弟子四菩萨像。力士像都雕造在窟门外两侧，不见天王像。位于天龙山西峰东侧的第9窟是规模最大的摩崖造像（图6-136），窟前建有弥勒大阁（今所谓漫山阁），以庇护佛像[25]。造像分上下二层，上层倚坐弥勒佛高达7.5米。佛像螺发，脸庞丰圆，身体比例匀称，身着双领下垂式大衣，右手施无畏印，左手施降魔印，倚坐于束腰须弥座上。下层为三大士像，正中十一面观音立像高达5.5米，是国内最大的石雕十一面观音像。左右文殊和普贤菩萨分骑狮、象，亦高达4米余。观音与文殊、普贤之间的身后壁面上各雕刻一幅莲花化佛图，东侧图以弥勒为主尊的三佛和观音菩萨像；西侧图则为弥勒三尊佛和阿弥陀佛组成，表现了弥勒净土和西方净土融合的图像，十分罕见。这组大型摩崖造像大概是武周时期雕造的，疑与武则天有关。天龙山唐代造像雕刻水平

图6-134　天龙山第18窟北壁

图 6-135 天龙山第 17 窟东壁

图 6-136 天龙山第 9 窟倚坐佛与观音像

很高，表现手法细腻，是中国唐代石窟造像中的极品，具有很高的艺术欣赏价值。佛像多水波或旋涡纹发髻，面相浑圆丰满，宽肩细腰，胸部及肢体丰满健美，而不显臃肿。佛身着僧祇支，外披袒右式偏衫，或双领下垂式大衣，大衣单薄，衣裙下摆遮覆于佛座上，并且衬托出佛座上的仰莲瓣，呈“曹衣出水”之式，这种样式是长安初唐造像的特色。菩萨像富有活力，不像龙门唐代菩萨像注重身上的佩戴各种复杂的装饰，而更多地在于表现菩萨优美的形体。菩萨头微微侧向一边，束高发髻，眉眼细长，樱桃小嘴，面相丰满圆润，双肩较宽，细腰窄臀，下身显得尤为修长。菩萨的身姿赋予优雅的动感，整个身体扭成三道弯，显得婀娜多姿。菩萨上身斜缠着天衣，末端绕过右肩下至胸前翻出。头两侧冠带如长长的飘带一样从双肩搭下，伴随着身体的扭动而飘然下垂，颇似唐代吴道子“吴带当风”的样式。菩萨下身穿长裙，裙子紧贴着臀部和双腿，衣纹雕成“U”字形，圆形的衣褶表现出柔和的质地感。除了菩萨作立姿以外，还有许多胁侍菩萨像作盘坐或半跏坐于仰覆高莲座上，这在其他唐代石窟中是极为少见的。从天龙山造像的雕刻手法和样式看，主要受到来自长安造像样式的影响。

注释：

[1] 《永乐大典》卷5203引明洪武《太原志·太原县》寺观条记载：“天龙寺，在本县西南三十里，北齐置，有皇建中并州定国（寺）僧造石窟铭。”

[2] Ernst Boerschmann, Die Kultstätte des T' ien Lung Shan. Nach einem Besuch am 7. Mai 1908, *Artibus Asiae*, Vol.1, No.4, 1926, pp.262-279. 弗利尔的考察未见资料发表，现美国弗利尔美术馆（Freer Gallery of Art）收藏有弗利尔在天龙山考察的部分图片。

[3] 1918年，关野贞在《建築雜誌》384號（1918年）发表的《西遊雜信一》第二节中简单地介绍了新发现的天龙山石窟。详细的报告参见關野貞《天龍山石窟》《佛教學雜誌》第3卷第4號，第301—314頁，1922年。关野贞的调查并不全面，共记录了14个洞窟。现编第1窟及第19—21窟，关野氏调查时并没有发现。第16—18窟因难于攀登，而未能调查。

[4] 参见常盤大定、關野貞《支那佛教史蹟（第三集）》，東京：佛教史蹟研究會，1926年，圖版25—61；評解三，53—79頁。常盤大定、關野貞《支那文化史蹟（第八輯）》，東京：法藏館，1940年，圖版1—37；解說，第1—21頁。二书内容一致，主要是图版解说。

[5] Osvald Sirén, *Chinese Sculpture - from the Fifth to the Fourteenth Century*, London, 1925, pls.206-229, 293-299, 485-501.

[6] 田中俊逸《天龍山石窟調查報告》，《佛教學雜誌》第三卷第四號，第315—383頁，大正十一年（1922年）。

[7] 1926年7月，顾颉刚在为陈万里《西行日记》一书撰写的序中提到：“三年前，我和万里同游太原天龙山，那时北齐的造像还是很完整的。去年听说运到北京来出卖的‘佛头’已经很多了，山上的石像几乎没有一个不残缺了。千数百年前的艺术作品，因向来不注意之故得完保于土封尘霾之中；到今日一注意之后，它的毁坏的厄运反而临头了。发见之日即渐灭之期，这是多么可以痛心的一件事！”参见陈万里《北京大学研究所国学门实地调查报告——西行日记》序三，（北京）朴社，1926年，第4页。1951年，陈万里在《新观察》第2卷第5期上发表《天龙石窟》一文（第34页），对考察天龙山前后的机缘和早年日本人的考察情况有个追述，可参阅。

[8] 山中定次郎《天龍山の記》，《天龍山石仏集》，山中商會，1928年。记录调查经过和洞窟简单内容。

[9] 1928年，山中商会在日本京都举办“天龙山佛雕艺术品展”。参见綿邊元三《山中定次郎傳》，大阪，1939年。

[10] 参见小野玄妙《大乘佛教藝術史の研究》五《天龍山石窟造像考》，金尾文淵堂，1944年再版本，第165—203頁。1926年，杨志章将小野《天龙山石窟造像考》译成中文，发表于《学林杂志》第2卷4期，1926年，第1—26页。

[11] 王作宾《天龙山石窟佛像调查报告》，《古物保护委员会工作汇报》，北平大学出版社，1935年，第146—151页。作者仅记录了东峰第2—8窟，西峰第9—10窟佛头被毁情况。

[12] 温廷宽《我国北方的几处石窟寺》，《文物参考资料》1955年第1期，第86—88页。

[13] 阎文儒《中国石窟艺术总论》第二章，天津：天津古籍出版社，1987年，第31—32页。阎文儒、阎万石《天龙山石窟》，《并州文化》1981年第10期，第26—27页。作者将天龙山24个窟分为东魏、北齐、隋、初唐、盛唐前期、盛唐后期七个阶段，并叙述了各期造像的特征和风格。

[14] 史岩《天龙山石窟艺术序言》，第1—2页；傅天仇《天龙山石窟的雕刻艺术》，第3—5页，《天龙山石窟艺术》，太原：太原市图片社，1963年。

[15] Harrie A. Vanderstappen and Marylin Rhie, The Sculpture of T'ien Lung Shan: Reconstruction and Dating, *Artibus Asiae*, Vol.27, 1965. 文中斯德本教授收集了能够复原的天龙山石佛头像的图片，可以参考。

[16] 参见玛丽琳·赖《天龙山唐纪年碑与第21窟》（Marylin Rhie M, A Tang Period Stele Inscription and Cave ＸＸⅠ at Tien-lung Shan, *Archives Asian Art*, Vol.28, 1974-1975, pp.6-33）。小野胜年也对该碑刻作了叙述，参见小野勝年《右金吾衛將軍勿部珣功德記についてちちち》，《史林》71：3（1985年），第148—152頁。

[17] 林良一、鈴木潔《天龍山石窟の現狀》，《佛教藝術》第141號，1981年，第70—95頁。文章

之后附有《天龍山石窟造像概要表》，表中对流散于国外的天龙山石窟造像作了标示。田村節子《天龍山石窟第十六窟、十七窟について》，《佛教藝術》第145號，1982年，第90—104頁。

[18] 鈴木潔《天龍山唐朝洞窟編年試論》，刊于町田甲一古稀紀念會編《佛教美術史論叢》，東京：吉川弘文館，1986年，第187—278頁。

[19] 参见李裕群《天龙山石窟调查报告》，《文物》1991年第1期，第32—55页。李裕群《天龙山石窟分期研究》，《考古学报》1992年第1期，第35—62页。

[20] 颜娟英《天龙山石窟的再省思》，刊“中研院”历史语言研究所会议论文集之四《中国考古学与历史学之整合研究》，台北：“中研院”历史语言研究所，1997年，第839—918页。

[21] 李裕群、李钢《天龙山石窟》，北京：科学出版社，2003年。

[22] 八木春生《天龍山石窟唐代の編年研究》，明治大學石刻文物研究所《隋唐佛教社會の基層構造の》，汲古書院，2015年，第136—173頁。

[23] 陈明达《北朝晚期的重要石窟艺术》一文提到：天龙山“第十六窟曾有隋窟之说，五十年代一次勘察时在窟门外已极难辨认之原碑上，发现‘皇建’二字隐约可见。”文刊中国美术全集编辑委员会编《中国美术全集·雕塑篇13·巩县天龙山响堂山安阳石窟雕刻》，文物出版社，1989年，第14页。

[24] 参见前引《永乐大典》卷5203引明洪武年间所修《太原志·太原县》寺观条。

[25] 据现存于天龙山圣寿寺的北汉广运二年（975年）《千佛楼记》碑记载：“北倚石壁，有弥勒阁，内设石像，侍立对峙，容旨温和，其镌磨之朽，代不能及。”（前引李裕群、李钢《天龙山石窟》附录，第289—291页）可知造像完成后，就建有弥勒阁了。

七
太原蒙山大佛和童子寺大佛

晋阳蒙山大佛和童子寺大佛是中国历史上著名的二处北齐摩崖大佛。《北史》卷八《齐本纪》记载：北齐后主“凿晋阳西山为大佛像，一夜燃由万盏，光照宫内”。五代后晋开运二年（945年）苏禹珪撰文，刘知远立石的《重修蒙山开化庄严阁记》记载[1]：“北齐文宣帝天保末年凿石通蹊，依山刻像。”可知蒙山大佛为北齐皇帝所造。日本求法僧圆仁《入唐求法巡礼行记》卷三记载了圆仁瞻礼童子寺大佛见到北齐碑刻一事，云：“童子寺……于两重楼殿——满殿有大佛像——见碑文云：‘昔冀州弘礼禅师来此山住，忽见五色光明云从地上空而遍照。其光明云中有四童子坐青莲座游戏，响动大地，岩巘颓落。岸上崩处，有弥陀佛像出现。三晋尽来致礼，多有灵异。禅师具录，申送请建寺。遂造此寺，因本瑞号为童子寺，敬以镌造弥陀佛像，颜容颙（然），皓玉端丽。趺坐之体高十七丈，阔百尺。观音、大势至各十二丈’云云。”《永乐大典》卷五二〇三引《太原县志》记载：“童子寺，在县西一十里，天保七年（556年）北齐弘礼禅师栖道之所，有二童子于山望大石俨若尊容，即镌为像，遂得其名，今废，偃碑存焉。”可知童子寺大佛开凿于北齐天保七年（556年），是由来自冀州的弘礼禅僧主持雕凿的。《北齐书》卷四十《唐邕传》还记载了北齐天保十年（559年）文宣帝曾到童子寺一事。唐显庆末年（660年）高宗和武则天巡幸太原时，曾到两处大佛前瞻礼膜拜。龙朔二年（662年）还特制袈裟两领，派遣宦官驰送太原，为童子寺和蒙山大佛披挂袈裟[2]。如果按照唐人撰述，蒙山大佛高二百尺约合59米。童子寺无量寿佛高一百七十尺约合50米，十二丈的观世音和大势至菩萨约合35

米。蒙山大佛的高度甚至超过了名闻天下的阿富汗巴米扬西大佛（高55米），其东大佛（高35米）也仅仅是童子寺胁侍菩萨像的高度。而且蒙山大佛和童子寺大佛均有确切的开凿年代，巴米扬二尊大立佛没有开凿年代的依据。虽然文献所记大佛高度难免会有些夸张，但这两处大佛无疑是北朝时期最大的佛像之一。因此，如此规模的大佛自然成为学者们努力寻访的目标。早在20世纪20年代就有学者到太原西山一带探查过，但一无所获[3]。50年代，罗哲文（1924—2012）也作过调查，亦难觅大佛的踪影，于是不无感叹地说：大佛“现在已经一无所存了”[4]。1980年，太原市文管会王剑霓在文物普查时终于在蒙山寺底村发现了蒙山大佛[5]。随后童子寺大佛亦被重新发现。1994年，李裕群详细地考察了这两处大佛，发表了考察报告，并对其开凿年代、造像名谓、大佛的创凿与皇室的关系以及北齐大佛的渊源和对隋唐大佛的影响作了深入的探讨[6]。2010年以来，中国社会科学院考古研究所和太原市文物考古研究所等单位合作，分别对两处大佛遗址进行了发掘，获得了新的资料。

蒙山大佛位于太原市西南15千米蒙山之阳的“大肚崖”。大佛始凿于北齐天保末年（559年），完工于后主天统五年（569年）。大佛所在三面环山，略呈簸箕形。大佛即位居蒙山近山顶处南面峭壁上，系利用较为陡直的崖面开凿而成，属于摩崖敞口露顶式大龛。大佛头部早年已失，2007年，当地有关部门重新安上了新佛头，身体部分也作了一些修饰（图6-137）。2015年，开始对大佛阁作了清理。发掘结果表明[7]：大佛龛平面略呈半椭圆形，面宽29.6、进深17米。大佛所在岩体属黄色砂岩，质地疏松，大佛风化崩塌情况较为严重。据测量坐佛通高38米，其中包括佛座高4.5米，新佛首高12米。大佛颈较粗短，其上阴刻三道肉纹线。双肩宽平，肥胛厚胸，腹部微鼓，身体颇显雄壮。因风化剥蚀，服饰衣纹已不可辨。现胸部尚存数排小方孔，可能系晚唐李克用重妆大佛时所留遗迹。大佛双手施禅定印，结跏趺坐于束腰仰覆莲座上。莲座为石条砌筑，仰莲部分剥蚀不清，宝装覆莲则保存稍好，每个莲瓣高宽0.47米，如此大型覆莲十分罕见。束腰处则有一排10个佛龛。每个龛的两侧原有小型莲座，莲座上插龛柱。

佛阁依大佛龛建造，规模宏大，中间部分即大佛龛前，为面宽5间，进深2间（图6-138）。两侧依山势各建面宽2间或3间，进深4间或5间的建筑，阁前有石砌台明和东西阶。佛阁遗址可分为早晚二期，保存均完整。早期遗迹：为阁内三排大型柱础，阁东西两侧台阶和垒砌规整的东西内侧阁墙。其中阁内金柱为典型的北朝晚期大型宝装覆莲样式，地面为石条铺设（图6-139），但台明部分已经破坏。根据东西阁墙的位置，可以怀疑早期佛阁可能为面宽9间的特大型建筑。晚期为唐晚期重建遗迹：包括中央三间檐柱间的三对门砧石、石砌台明和东西阶、阁内铺地方砖、东西外侧阁墙。最重要的是在佛阁内出土了带兽面瓦当的纪年刻铭筒瓦，铭文曰：“乾宁丙辰（896年）造阁，晋王（李克用）修此功德”，这就明确了李克用重建

图 6-137　太原蒙山大佛

图 6-138　太原蒙山佛阁遗址

图 6-139 太原蒙山佛阁内北齐地面及柱础

图 6-140 太原童子寺大佛头部

佛阁的年代。在佛阁内还发现了五代后汉时复刻的《唐朝重修大像阁价钱碑》残碑，该碑明确记载了晚唐重建的佛阁为三层大阁，同时记载了修阁所使用的各种材料名称和数量、所用各种人工数以及修阁所花费的总资金，十分罕见，这对于复原唐代佛阁建筑具有重要的学术价值。

大佛东侧崖面镌刻有《金刚般若经波罗蜜经》碑，碑东侧为一北朝洞窟。洞窟外立面为面宽一间仿木建筑式，有门柱、阑额及一斗三升式斗栱和人字形叉手。窟内平面方形，四角攒尖顶，无龛像，疑是禅窟。

童子寺大佛位于太原市西南约20千米龙山之北峰，周围的地理环境与蒙山大佛近似，南北西三面环山，呈簸箕形，童子寺即建在近山顶处的东坡一块面积较大的平地上。大佛龛居寺院殿堂遗址之北，创凿于北齐天保七年（556年）。2010年以来的考古发掘，弄清了寺院的布局、重修和废弃年代，同时出土了大量的建筑构件和精美的石刻造像[8]。

童子寺大体坐西朝东。寺院分为南北两个部分，相距65米。南部属寺院区，寺院之西侧和北侧约15米为自然山体，崖壁上有北齐开凿的洞窟5个，造像也均风化不清[9]。北部为大佛阁遗址，佛阁后接摩崖敞口式大龛，龛平面略作半椭圆形。按文献记载：无量寿佛、观世音、大势至菩萨三尊像，但现存龛内仅有主尊无量寿佛，风化十分严重，形象已不清，只能看出造像的轮廓，高约22米。2001年佛像头部遭雷击而毁（图6-140、图6-141），现存头后有圆形头光，双臂下垂，结跏趺坐于高坛基上（图6-142）。佛龛前建有佛阁，东南北三面砌墙，按叠压关系，可分早晚二期。早期为北齐创建佛阁时所砌筑的墙体，条石垂直垒砌，

图 6-141 太原童子寺大佛右侧面

图 6-142 太原童子寺佛阁内南部

墙体内壁均雕刻千佛龛像，龛内佛像具有典型的北齐造像特征。晚期为唐代加固佛阁的墙体。阁内北壁发现唐代壁画，绘有一身大型坐佛像。南壁下部为并列的两个北齐龛，龛内保存了北齐佛和菩萨像。上部二层台上也有北齐坐佛和菩萨立像。阁内还发现了登阁楼梯遗迹。现存遗址表明：该寺院是一处石窟和地面寺院相结合的特殊类型。特别是佛阁的出现，与大佛雕造密切相关，是现存最早的佛阁实例。

佛阁前有一座中国年代最早的北齐燃灯石塔，平面六边形，通高达5.03米。塔之灯室外面雕刻6身菩萨立像，灯室内用火痕迹明显，灯室上部有抽风口，可知这是一座实用的燃灯塔，是燃灯供佛而使用的。

太原及周边地区分布着大量北朝隋唐时期的中小型石窟寺，比较重要的有祁县子洪镇石窟、武乡县良侯店石窟、左权县石佛寺石窟、平定开河寺石窟、静乐县净居寺石窟等。

1. 祁县子洪镇石窟

子洪镇石窟位于祁县城东南15千米子洪镇东侧双泉山东北崖面上，前临昌源河。1935年，马鉴（1883—1959）、周一良（1913—2001）曾考察子洪镇石窟，作过简单的记录[10]。1941年日本学者道端良秀（1903—？）亦考察了子洪镇石窟，发表了五张照片[11]。2000年，李裕群在《山西北朝时期小型石窟的调查与研究》一文中，根据作者1995年的调查记录，曾作过简单的介绍[12]。

子洪镇石窟现存有8个北魏时期的洞窟，洞窟均坐西朝东，分布于长约50米的

图 6-143 子洪镇第 1 窟左壁倚坐菩萨

崖面上。由于洞窟所在为昌源河南岸，地势低而潮湿，自然崩塌和风化十分严重，许多洞窟的窟口已经坍塌，加上人为的破坏，造像损毁严重。其中保存略好的有3个洞窟（第1、2、8窟），其余洞窟均风化严重，造像形象已不清。

开凿年代最早的是第2窟，平面方形、平顶、三壁三龛窟，龛内各雕坐佛一尊，组成三佛题材。佛像肉髻高且宽，发髻上雕旋涡水波纹，面相浑圆，宽肩细腰，身着袒右式大衣，右肩有偏衫衣角，身体健壮，双手均施禅定印。造像形象与服饰明显为北魏旧样式，雕造年代约在北魏迁都洛阳之际。其次为第1窟，是窟群中规模最大的。窟形与第2窟相同，正壁龛内为结跏趺坐的释迦佛，左壁龛内为交脚弥勒菩萨，右壁龛内为倚坐弥勒菩萨（图6-143），均有二菩萨胁侍，应表现了弥勒上下生的信仰。二弥勒菩萨像头部比例较大，戴三叶高冠，面相长圆，颈饰桃尖形项圈，双肩微溜，披巾交叉于腹部，上身袒露，下身着裙。其形象与云冈第三期洞窟有着惊人的相似，故怀疑是参与云冈石窟开凿的工匠南下洛阳时所开凿的。第8窟为方形三壁设低坛的形制。三壁坛上各雕一坐佛，其中左壁坛上佛像保存完好，佛肉髻低平，面相方圆，颈粗短，内着僧祇支，外着褒衣博带式大衣，胸部系带，衣纹单薄贴体，身体略显健壮。双手施说法印，结跏趺坐于方座上。

2. 武乡良侯店石窟

良侯店石窟位于武乡县良侯店村南1千米太（太原）洛（洛阳）公路东侧崖面上。虽然在行政区划上属于晋东南长治市，但实际上距离太原晋源区（晋阳古城）不到90千米，是在太原通往洛阳的古代交通要道上。现存早期洞窟1个[13]，洞窟坐东朝西，规模较大。面宽3.9、进深3.35、高4.3米。平面横长方形，覆斗顶，三壁三龛式。窟门上方设有明窗。造像题材比较特殊，三壁龛内均各雕二佛并坐像（图

图 6-144 良侯店石窟佛和菩萨

6-144），合为六佛。其中正壁二佛形体略大，高2.4米，二佛外侧各有一身菩萨像。两侧壁亦为二佛并坐像，形体稍小，高1.72米。佛像面相浑圆，双耳垂肩，双肩宽厚，身体丰壮，身着通肩大衣或袒右式大衣。衣纹带有勾形分叉，显得厚重古朴。袒右大衣左肩处均有较宽的大衣衣边。菩萨头戴高冠，双耳外侈，上身袒露，下身着裙，披巾在肩上竖起，前绕双臂，呈“S”状向身体两侧下垂。佛和菩萨明显具有北魏迁洛前云冈第一、二期佛像的特征，开凿年代可以推定为北魏迁洛前，约孝文帝太和中期前后（486年左右）[14]，应该是太原周边开凿年代最早的石窟。

3. 左权石佛寺石窟

石佛寺石窟位于左权县城西3.5千米井沟村西南500米山坡上[15]。共有2个洞窟，其中第1窟为北魏开凿，第2窟则为唐宋时期仿第1窟开凿。第1窟平面略呈方形，覆斗顶，三壁三龛。窟门两侧各雕一力士像（图6-145）。窟内龛均为圆拱形，尖拱楣。龛内雕主尊佛像，龛外雕胁侍菩萨像。但三壁三佛的组合十分特殊，正壁为结跏趺坐佛（图6-146），左壁为半跏思惟菩萨像，右壁为倚坐弥勒佛。此半跏思惟菩萨像头微侧，右手指颐，披巾交叉穿环，在北朝时期十分流行，但作为龛内主尊形象出现则极为罕见，或可解释为弥勒菩萨，倚坐佛则为弥勒佛，这样三佛可能为一

图 6-145 石佛寺第 1 窟外观

图 6-146 石佛寺第 1 窟正壁佛像

释迦二弥勒的组合，其中弥勒分别表现为上生和下生。正壁龛外上方左右分别雕有维摩、文殊对坐小龛，说明维摩的信仰仍然具有十分重要的地位。前壁窟门左右各雕一螺髻弟子像。窟顶中心雕莲花，四披各雕飞天和莲花化生。佛、菩萨和飞天均为清瘦造型，似受到洛阳龙门、巩县石窟北魏造像的影响。佛像身着褒衣博带式大衣。菩萨像头戴三叶宝冠，上身斜披僧祇支，下身着裙。飞天头束单髻，披巾在头后作双环状向后飞扬，身着广袖宽博大衣，含胸挺腹，双腿一前一后，不露足。

最为珍贵的是在窟顶后披二飞天之间新发现了凿窟发愿文："大魏孝昌二年（526年）岁次丙午十月丙寅朔/丙□宜阳□士公□孙□□□□为亡父母/一切因缘造石窟一区□□愿□□□/□□□□□□□合用功四千七百故记。"这是山西晋中地区唯一有明确纪年铭文的北魏洞窟，这为确定这一地区北魏石窟的年代，提供了可资比较的标尺。

4. 平定开河寺石窟

开河寺石窟位于平定县岩会乡乱柳村西1千米[16]，共有3个洞窟和1处摩崖龛像。洞窟规模较小，但形制特殊。3个窟大小相同，均平面方形，四角攒尖顶，三壁三龛式。窟门外两侧雕二力士像。龛形比较特殊，作凸字形，正中圆角平顶，有龛梁，梁尾作龙头，上有尖拱龛楣，这种形制颇与三叶尖拱龛相类似。窟外上方凿成横匾式的长方形框，内刻纪年发愿文（图6-147）。第2窟为东魏武定五年（547年）开凿，第1、3窟分别为北齐河清二年（563年）和皇建二年（561年）开凿。窟内三壁三佛，正壁龛内均雕一佛二弟子二菩萨像，侧壁龛内均为一佛二菩萨像。

摩崖造像为东西并列二组大型的造像。东侧一组龛前建有券洞式建筑，造像保存稍好。正中为一半跏坐佛（图6-148），两侧原有二弟子像，再外侧为二胁侍

图 6-147 开河寺第 1 窟外观

图 6-148 开河寺隋代半跏坐大佛

菩萨像。佛像通高4.63米。佛头肉髻低平，水波纹发式。面相浑圆，肩宽胸挺，体形健壮，内着交领衫，外着双领下垂式大衣。左腿下垂，足踏莲台；右腿盘起，架于左腿上，半跏坐于束腰须弥座上。左侧菩萨高2.02米，身体风化严重，立于覆莲座上。右侧菩萨高2.12米。头已凿毁，颈下佩戴华丽的联珠纹项圈。上身袒露，下身着裙，立于覆莲座上。左侧菩萨下崖面镌刻隋开皇元年（581年）造像功德记："大隋开皇元年四月八日，禅师静内、师智袭、师僧丰于琅山之所，遂营□益□□／人、王众敬、卫昙隽、李永仁、张转胜等，敬造镇国／王像双丈八并四菩萨、阿难、迦叶，上为皇帝、臣僚百官、边地有形，一时成佛。／大施主使持节定州诸军事南陈郡开国公定州刺史豆卢通，世子僧奴。"西侧一组为单身佛像，风化严重，残存轮廓，亦为半跏坐式，高度与东侧佛像相当。佛头已经坠落于地，现已不存，脸庞特征与东侧佛像相同。券洞内现存圆雕菩萨像二躯、弟子像一躯，大概属于西侧丈八佛的胁侍像。菩萨残存腰以下部分，形象、高度与摩崖菩萨类同，即题记所记四菩萨之一。弟子像着双领下垂式大衣，是为二弟子之一。如此大型的双丈八像十分罕见，发愿文中没有提到半跏佛像的称谓，但根据河北、山西现有半跏佛像实例[17]，可以确定为弥勒下生像。造像功德主为隋代重臣豆卢通父子，他们在赴定州任上，路经此地时出资雕造了佛像。

5. 静乐净居寺石窟

净居寺石窟位于静乐县城南15千米丰润镇南500米处[18]。洞窟开凿在汾河东岸南北走向的山体下部崖面上，现存北朝洞窟1座、唐代洞窟9座，均坐东朝西，南北向排列（图6-149）。其中第1—7窟为主窟群，洞窟前有净居寺遗址，发现唐代砖瓦等遗物，可知洞窟附属于寺院。净居寺石窟是山西境内保存唐代洞窟数量最多的石

图 6-149 净居寺第 1-6 窟外观

图 6-150 净居寺第 5 窟左壁和前壁

窟之一。

洞窟平面均弧方形，覆斗顶或四角攒尖顶。左右后三壁前设坛基，上雕成组造像。窟门一般作长方形门，两侧雕方形门柱或八角束莲柱，门上方雕尖拱门楣。窟内造像均为三佛组合，正壁和右壁为结跏趺坐佛，左壁为倚坐弥勒佛（图6-150）。有弟子和菩萨作为胁侍，前壁两侧转角处雕二力士像。与传统的三世佛组合不同，三佛组合为阿弥陀佛、释迦牟尼佛和弥勒佛。第1、3窟较为特殊，南北壁分别是倚坐弥勒和释迦佛，东（正）壁则用高浮雕手法通壁雕刻一幅西方净土变，画面中央为阿弥陀佛西方三圣，突出表现了西方净土的信仰。尤其重要的是：第4—6窟门外北侧均镌刻功德碑，其中第6窟《（静乐）县石龛像碑》为唐高宗仪凤二年（677年）镌刻。据此，唐代洞窟的开凿年代均可确定为唐高宗时期。这在年代序列上不仅早于太原天龙山唐代洞窟，而且在洞窟形制、造像样式与题材方面也显示出与天龙山唐窟不同的特征，因此，净居寺石窟对于研究山西太原地区唐代石窟的发展演变以及与两京地区唐代石窟造像的关系，具有重要的学术意义。

6. 太原龙山道教石窟

龙山道教石窟位于山西太原市西南20千米的龙山东巅。洞窟共有9个，开凿于古昊天观遗址旁东、南二个崖面上。早期道教并无偶像崇拜，在佛教的影响下，大约到公元5世纪，出现了道教的造像，现发现的南北朝隋唐时期的道教造像包括石窟龛像主要在四川和陕西道教比较兴盛发达的地区。但这些道教造像大都与佛教龛像开凿在一起，单纯的道教石窟十分罕见。龙山道教石窟纯为道教徒所开凿，它的意义不同一般。早在1920年，日本学者常盘大定就作过调查，保留了大量早期的图像资料。嗣后，部分洞窟的造像惨遭盗割[19]。20世纪50年代，罗哲文曾调查了该石窟，但并没有引起足够的重视[20]。1979年，史岩也作过相关的调查与研究，提出第4、6窟（今编号为第5窟）与天龙山第4、14、17窟唐代造像样式相同，应该为盛唐作品，这样龙山道教石窟的开凿年代可以提前到唐代，这一观点已为学界所公认。90年代，张明远作了详细的调查，并就石窟分期、题材内容和艺术特色等问题提出了自己的看法，认为：龙山道教石窟最早开凿于唐代，与昊天观的创建有关[21]。

龙山道教石窟可以分三部分，第4、5窟为一组，居南崖面主要位置；第1、2、3窟为一组，位居南崖面西侧，分上中下三层；第6、7窟为一组，居东崖面上方；第8、9窟则分别居南崖面两侧下方。其中第4、5窟年代最早，为唐代开凿。第4窟平面弧角方形，平顶，三壁三龛式。龛内各造一铺造像，以天尊像为主尊，旁有弟子像胁侍。此三身主尊像应是道教所奉的三清像。第5窟仅正壁开一龛，内雕一天尊二弟子（图6-151）。二窟造像特点一致，天尊均结跏坐式，有的手施禅定印。窟龛形制和弟子形态均与天龙山唐代洞窟相似。第1、2、3窟均为宋披云所开凿。其中第1窟为主窟，窟平面呈圆形，正面开一龛，内雕一天尊像，窟内左右壁各雕十真人像。东壁有宋披云所刻唐吴尊师《玄纲论》，蒙古太宗六年（1234年）完工。第2窟平面方形，平顶。正壁雕三清像（图6-152）。窟门内两侧有（1236年）门人李志全、秦志安所刻祝文。第3窟正壁坛上雕侧卧天尊一身，旁有二弟子像。第6窟正壁坛上雕一天尊像，左右壁各一真人像。窟顶雕刻栩栩如生的双凤。东壁有（1239年）门人李志全、秦志安赞“披云仙翁”文及“披云自赞”文，故疑窟内一铺三身为宋披云师徒三人像。第7窟门额上刻有“玄门列祖洞”。门外两侧各一浅

图6-151 龙山第5窟正壁

图 6-152　龙山第 2 窟三清龛正壁

浮雕武士像。窟内正壁雕三身天尊像；左右壁现存各二身天尊。门左右两侧有1236年所刻《祖堂赞》。此二窟应系李、秦二人所开凿。根据上述窟内保存的开凿洞窟题记，可知龙山道教石窟为全真教宋披云一系所为。其开凿之际，正是宋披云遵丘处机遗命，与门人李志全、秦志安在山西平阳玄都观校刻道藏之前或其间（1237—1244年）。此时游历太原应与他们搜寻亡佚之道藏有关，窟内所刻赞文亦可反映这一史实。因此龙山道教石窟是研究全真教以及道藏史的重要实物史料。

7. 平顺金灯寺石窟

金灯寺石窟，原称宝严寺，位于山西平顺县东北65千米杏城镇背泉村东的林虑山山巅。东与河南省林州市交界，南临百丈崖。洞窟开凿于山巅自然形成的巨大石凹内，大体坐北朝南。洞窟前建有延寿殿、关公殿、丈八佛殿等不同院落的建筑群，形成东西向长条形的七进院落。现存大小洞窟自东向西编号，共有14个座，佛龛37个、摩崖造像500余尊。根据碑刻记载，洞窟开凿年代从明弘治十七年（1504年）起，至明嘉靖四十四年（1565年）止，历时60余年。20世纪60年代曾有调查记发表[22]，但详细的考古勘察报告至今没有刊布。

洞窟的外观全部采用仿木结构建筑，面宽三间，雕刻有柱、门窗、斗栱、屋檐等（图6-153），这在各石窟寺中十分少见。整个窟群以第5窟水陆殿为中心，东西布列。水陆殿位于第四进院，面宽10.2、进深9.2、高4.89米，是石窟群中规模

图 6-153 金灯寺石窟外观

图 6-154 金灯寺第 5 窟内景

最大的洞窟[23]。洞窟外观为面宽三间的仿木构殿堂，明间开窟门，两次间设窗户，门前有台阶。窟内平面方形，分为前后两部分，前部左右各立一根八角石柱；后部中央设直通窟顶的大背屏。背屏前雕“横三世佛”三尊佛坐像。窟内下部为池沼，泉水从西北角石井中涌出，沼上凿有田字形石堤桥（图6-154）。东西山墙的下部为上下两排水陆画，共69幅，皆减地平钑法雕刻。水陆画主要依据《天地冥阳水陆仪文》而雕刻的，包括了佛界、明王、天仙、地祇、冥界、人伦、孤魂、护法等内容，画面题材主要有帝释天、大梵天、鬼子母、四天王、十大明王、十八罗汉、北极紫微大帝、南极天皇大帝、后土圣母、帝王后妃等，这种雕刻在洞窟内的水陆画十分罕见。水陆画之上为一排罗汉28尊；近窟顶处雕上下两排坐佛像。

其他洞窟规模较小，平面均方形、覆斗顶。明间开窟门，两次间雕坎墙和直棂窗。窟内主尊造像各有差异，主要有雕观音、文殊和普贤三大士像（第1窟），一佛二弟子二天王像（第2、3窟），一佛二菩萨与十八罗汉（第4窟），三佛四菩萨胁侍像（第9、10窟）以及道教神像（第8窟）等。

金灯寺石窟是中国晚期石窟寺的巅峰之作，洞窟雕造精致，总体保存情况较好，尤其是水陆画的题材雕刻细腻，形象生动，反映了当地民众热衷于举行水陆道场法会的状况，是研究明代民间宗教信仰的重要实物资料。

注释：

[1] 该碑已残，残石现存太原双塔寺文管所，碑文著录于清胡聘之《山右石刻丛编》卷10，太原：山西人民出版社，1988年，第22—24页。

[2] 唐·道世《法苑珠林》卷14引《冥报拾遗》唐并州童子寺大像放光现瑞缘条记载："唐并州城西有山寺，寺名童子。有大像，坐高一百七十余尺。皇帝崇敬释教，显庆末年，巡幸并州，共皇后亲到此寺。及幸北谷开化寺，大像高二百尺。礼敬瞻覩，嗟叹希奇。"（周叔迦、苏晋仁校注本，北京：中华书局，2003年，第486页）

[3] 1920年，日本学者常盘大定曾经考察过童子寺，拍摄的图片有燃灯塔和崖面的菩萨立像，但并没有注意到大佛的存在。参见常盤大定、關野貞《支那佛教史蹟（第三集）》，東京：佛教史蹟研究会，1926年。常盤大定《支那佛教史蹟踏查記》，〈古賢の跡へ〉，東京：龍吟社，1938年，第80—82页。

[4] 罗哲文《太原龙山、蒙山的几处石窟和建筑》，《文物参考资料》1956年第4期，第50—55页。

[5] 参见王剑霓《晋阳西山大佛找到了》，《地名知识》1983年第2期，第11—13页。

[6] 李裕群《晋阳西山大佛和童子寺大佛的初步考察》，《文物季刊》1998年第1期，第14—28页。

[7] 发掘工作从2015年开始，参见李裕群、常一民、李爱国《山西太原蒙山开化寺佛阁遗址》，国家文物局主编《2016中国重要考古发现》，北京：文物出版社，2017年，第128—132页。

[8] 中国社会科学院考古研究所边疆考古研究中心、山西省考古研究所、太原市文物考古研究所《太原市龙山童子寺遗址发掘简报》，《考古》2010年第7期，第43—56页。李裕群、阎跃进《太原龙山童子寺佛阁遗址考古发掘》，国家文物局主编《2013中国重要考古发现》，北京：文物出版社，2014年，第87—91页。

[9] 李裕群《晋阳西山大佛和童子寺大佛的初步考察》，《文物季刊》1998年第1期，第14—28页。

[10] 马鉴、周一良《山西石佛考查记》，《燕京学报》第十八期，1935年12月，第189—198页。

[11] 见道端良秀《中國の石佛·石經》，東京：法藏館，1972年，圖版21—25。道端良秀《山西省祁縣六朝石佛》，《佛教史學》3：4，（1953，12），第49—58頁。

[12] 李裕群《山西北朝时期小型石窟的调查与研究》，《汉唐之间的宗教艺术与考古》，北京：文物出版社，2000年，第27—60页。

[13] 李裕群《山西北朝时期小型石窟的调查与研究》，《汉唐之间的宗教艺术与考古》，北京：文物出版社，2000年，第27—60页。刘永生《武乡勋环沟良侯店石窟调查简报》，《文物世界》2008年第1期，第9—13页。

[14] 李裕群《从平城到洛阳——古代交通路线上的北魏石窟》，文刊《云冈石窟（第十八卷）》，北京：科学出版社，2018年，第17—55页。

[15] 李裕群《左权石佛寺石窟与"高欢云洞"石窟》，《文物》1995年第9期，第58—70页。窟顶发愿文则是2013年新发现的。

[16] 山西省古建筑保护研究所、北京大学考古学系石窟调查组《山西平定开河寺石窟》，《文物》1997年第1期，第73—85页。

[17] 如河北正定县秦家出土白石造像中有东魏武定七年比丘尼智颜等三人造弥勒像，即为半跏坐姿的佛像。参见王巧玲、刘友恒《正定收藏的部分北朝佛教造像》，《文物》1998年第5期，第73页。

[18] 参见忻州市文物管理处、静乐县文物管理所《山西静乐县净居寺石窟调查报告》，《文物世界》2005年第2期，第34—46页。李裕群《山西静乐净居寺石窟研究》，杨泓八秩华诞纪念文集编委会编《考古、艺术与历史——杨泓八秩华诞纪念文集》，文物出版社，2018年，第93—112页。李裕群《山西静乐县净居寺石窟考察报告》，《故宫博物院院刊》2021年第10期，第4—35页。

[19] 参见常盤大定、關野貞《支那佛教史蹟（第三集）》，東京：佛教史蹟研究會，1926年，圖版62—74。常盤大定《支那佛教史蹟踏查記》，〈古賢の跡へ〉，東京：龍吟社，1938年，第76—79頁。常盘大定所摄图版较为完整，可见部分造像被盗前的原始状态，以及题记拓片，十分珍贵。

[20] 参见罗哲文《太原龙山蒙山的几处石窟和建筑》，

《文物参考资料》1956年第4期，第50—55页。

[21] 史岩《龙山石窟考察报告》，《新美术》1980年第2期，第33—42页。张明远《龙山石窟考察报告》，《文物》1996年第11期，第55—68页。张明远《龙山石窟历史分期问题研究》，《敦煌研究》1999年第2期，第129—137页。张明远《太原龙山道教石窟艺术研究》，太原：山西科学技术出版社，2002年。

[22] 杨烈《宝岩寺明代石窟》，《文物》1961年第12期，第42—47页。柴泽俊《山西几处小型石窟造像》五“平顺金灯寺石窟”（柴泽俊著《柴泽俊古建筑文集》，北京：文物出版社，1999年，第506—510页）和张明远《山西石刻造像艺术集萃》，“平顺金灯寺石窟”一节（太原：山西科学技术出版社，2005年，第95—101页）也简单地提到金灯寺石窟，但不如前引杨烈《宝岩寺明代石窟》一文详细。

[23] 前引杨烈《宝岩寺明代石窟》，第5窟实测图。

八
高平羊头山石窟

晋东南地区东临邺城、南望洛阳，是连接平城至洛阳，太原至邺城的交通要道。得地理位置之优势，在都城地区的影响下，早在北魏平城时期，即已开始开窟造像了，如前述高平大佛山摩崖造像。今太行山西麓一线北朝石窟寺分布极为广泛，其中以晋城高平市羊头山石窟为中心，形成了庞大的石窟寺群，重要的地点有高平石堂会石窟、高庙山石窟、釜山石窟、七佛山石窟等。洞窟虽然规模较小，但雕刻精致。

羊头山石窟位于高平市城北23千米羊头山南坡。因山势高峻，状若羊头而得名。羊头山自古以来即为名山，相传为神农采药之所。北魏孝文帝太和之岁即在此修建定国寺，即北朝晚期至隋唐著名的清化寺，在中国佛教史上赫赫有名的高僧净影慧远及其弟子曾在此寺弘传佛法[1]。清化寺遗址位于羊头山南坡半山腰，分为前后两进院落，保存较好。现主殿基址上还有3尊并列的唐代石雕佛像，应是大殿内供奉的主尊佛像。在遗址发掘清理中，还出土了武周天授二年（691年）《泽州高平县羊头山清化寺碑》；山坡下出土了北齐天保二年（551年）《羊头山清化寺之碑》残碑[2]。围绕着寺院，利用南山坡上许多类似小山包的沙石岩体开凿洞窟。从山顶至半山腰可以分成10个区域，共计洞窟9个，摩崖龛像3处。其中北魏洞窟8个，摩崖龛像1处，主要洞窟集中在寺院遗址西侧。另外在羊头山巅和窟群区还保存有不少北魏和唐代石塔、大型造像碑等遗物（图6-155），可以想象当年清化寺香火旺盛的景象。1962年，建筑科学研究院张驭寰等曾对羊头山石窟作过调查，称其为清化寺石窟，主要侧重于佛塔的考察，但不见洞窟的详细资料发表[3]。1995年，笔者等做了较为详细的调查[4]，洞窟造像保存较好，但在

图 6-155 羊头山山颠北魏羊头座四面造像碑

2005年和2006年进行的二次调查中，发现有些洞窟内的造像已经被盗凿。

开凿年代最早的是F区3号大龛（F-3），龛为圆拱敞口式，面宽3.18、进深1.27、高2.37米。龛前两侧各有一个北朝特点的宝装覆莲柱础，与龛上方梁孔对应，可知龛前建有窟檐建筑。龛内正壁居中雕释迦多宝二佛并坐像，两侧壁各雕一菩萨像（图6-156）。佛像宽肩细腰，身体硕壮，身着袒右式大衣，有偏衫衣角（图6-157）。这种样式属于北魏孝文帝改革服制前的旧样式，雕造年代约在北魏迁都洛阳前，这与孝文帝创建定国寺（清化寺）不无关系，也就是说在寺院创建的同时期，开始了造像龛的雕造。

北魏洞窟则属于北魏晚期开凿，大多为平面横长方形或方形，四角攒尖顶，三壁三龛式。窟门作圆拱尖楣式，门楣面饰单列忍冬纹，是这一区域流行的做法，与云冈第三期洞窟、巩县第5窟门楣雕刻一致。门两侧大多雕二力士像，个别雕二立

图 6-156 羊头山第 6 窟和 F-3 龛

图 6-157 羊头山石窟 F-3 龛

图 6-158 羊头山第 8 窟外观

佛（图6-158）。三壁龛内均雕一尊坐佛像，构成三佛组合（图6-159），龛外一般雕刻千佛像。其中第6窟前壁窟门两侧各雕一立佛，佛像现已被盗，但东侧立佛旁残存三童子，可知为阿育王输土因缘。此与云冈第三期洞窟前壁雕二立佛的做法相同。除了三壁三龛窟外，还有千佛窟（第4窟），窟内满雕千佛像。造像样式属于典型的北魏晚期秀骨清像式，形象清秀，雕刻精美，显然是具有丰富雕刻经验的工匠所为。佛面相长圆，形体消瘦，身着褒衣博带式大衣或通肩大衣。菩萨像头束髻，扎宝缯，上身斜披僧祇支，下身着裙，披巾于膝部交叉，披巾尾端斜向一侧，有随风飘动之感（图6-160）。力士像均菩萨装，颈饰桃尖形项圈，双肩敷搭披巾。一手握拳；一手持金刚杵。伸出一足，踏于蹲狮上。姿态优美，但缺少威武之感。

图 6-159 羊头山第 6 窟佛像

图 6-160 羊头山第 8 窟菩萨像

唐代摩崖龛像分布较广，开凿年代在唐高宗时期。比较重要的有J区编号J-1龛（图6-161）。龛平面略呈椭圆形，敞口，平顶。龛内环壁设高坛，坛上正壁雕一佛二弟子二菩萨。弟子和菩萨分别站在由佛座下莲茎派生出来的小莲台上。两侧壁为二天王像，天王作坐姿，十分少见。近年来，在J区不远处新发现了一座与J-1龛大小相当、题材一致的唐龛。另外值得注意的是，在F区唐代开凿的诸龛中还发现了《观无量寿经》的九品往生龛。龛内雕阿弥陀佛二弟子二菩萨像（现二菩萨被盗），与J-1龛相同，胁侍像站在由佛座下莲茎派生出来的小莲台上。在莲茎不同部位派生出坐于莲花上的童子，其旁刻“上品中生”“上品下生”“中品下生”等榜题。这一“观经变”题材的发现，表明唐高宗时期晋东南地区西方净土信仰在民间广泛流行，也与慧远及其弟子在此传法有关。

羊头山石窟是晋东南地区规模最大的石窟，它附属于清化寺，是僧俗信仰礼拜和禅观的场所。这种地面佛寺与洞窟相结合的实例，对于研究石窟与寺院的不同功能具有重要学术价值。从洞窟形制和造像样式看，羊头山北魏洞窟受云冈石窟影响较大，尤其是迁都洛阳后，云冈这个佛教艺术中心仍然对中原北方地区石窟寺产生影响力，羊头山石窟便是其中一例。

石堂会石窟位于高平市东北15千米的石堂会村北约50米石窑山南坡山腰间[5]。现存6窟，其中北魏和明代洞窟各3个。北魏洞窟形制与羊头山石窟基本相同，均平面横长方形，覆斗顶或四角攒尖顶，三壁三龛式。窟门一般作重形窟门，尖拱门楣上雕单列忍冬纹，窟门外两侧各雕一力士（图6-162）。造像题材均三壁三佛，二菩萨胁侍。造像样式与羊头山北魏洞窟相似，作秀骨清像样式。比较重要的是，洞窟内存留下许多供养人题记，从石堂会石窟出现“都唯那”“唯那”的情况看，当地

图 6-161　羊头山 J 区唐代摩崖

图 6-162　石堂会第 1、2 窟外观

邑社组织十分普遍，这些邑社成员共同组织开凿石窟，属于民间热烈崇佛造像的行为。值得注意的是第1窟正壁题记“大八关斋主魏始□妻张阿□因缘眷属八十人”应是目前北朝发现最早的，这对于研究北魏时期民间邑社组织、八关斋的传入与流行具有重要意义。

釜山石窟位于高平市东北22千米釜山近山顶处[6]。仅有1个北魏洞窟，雕刻保存较好，内容较为丰富。洞窟平面方形，覆斗顶。窟门两侧各雕一世俗装束的力士像（图6-163）。窟内三壁前设坛基，其上雕一佛二菩萨像，组成三佛（图6-164）。但正壁转角处雕二弟子像，组合成一佛二菩萨二弟子，这与云冈第三期弟子位居菩萨外侧相同，还未形成固定的一佛二弟子菩萨的组合。正壁左侧上方浮雕一立佛和三童子像，表现的是阿育王输土因缘故事。左壁右侧菩萨与正壁转角处弟子像之间雕一树下头戴风帽的坐禅僧。右壁还有浅浮雕白马吻别的佛传故事和维摩文殊菩萨像。前壁窟门上方雕交脚弥勒菩萨像。最为特殊的是三壁佛像背光两侧上方浮雕二异形兽，这一题材常见于墓葬石刻和巩县石窟壁脚的雕刻中，此处似作为护法的形象出现，显得格外引人注目。窟顶为方形重层覆斗顶，中心为一朵宝装大莲花，四角为四出忍冬，四披均雕造千佛小龛。

高庙山石窟位于高平市西南7.5千米的南陈村西南高庙山半山腰，仅1个洞窟。开凿于北魏晚期至东魏[7]。窟门作圆拱龛形，门外两侧各雕一力士（图6-165）。洞窟平面略呈方形，穹隆顶，左右后壁设低坛，坛上雕像。正壁为一佛二弟子，两侧壁近正壁处各雕一菩萨像。这样整个洞窟组成一铺五身式。左壁中上部雕维摩龛（图6-166），与此对称右壁雕文殊龛，其余壁面浅浮雕或线刻供养比丘和世俗供养人行列，并刻有题名。窟顶正中雕一大莲花，四周八身伎乐飞天和四身莲花化生。佛、弟子、菩萨和力士头部大多为后世改凿，已失原貌。佛像双肩微溜，内着僧祇支，外着双领下垂式大衣，结跏趺坐于双狮座上。弟子像均着双领下垂式大衣，足穿履。菩萨像头两侧扎宝缯，上身着广袖大衣，下身着裙，身姿呈直筒状，已失清秀之感。力士像均菩萨装，一手握拳，一手持金刚杵。伎乐飞天头戴低冠，含胸挺腹，下身着裙。最重要的是左右壁和前壁均雕刻礼佛图，包括比丘礼佛行列和世俗供养人礼佛图，人物身旁均有题名，说明该洞窟由僧人集团和民间信众共同开凿的。值得关注的是僧侣的题名，有建州沙门统昙寿律师、建州沙门都大义法师、玄氏县沙门都法文律师、阳阿县沙门都昙因法师等等地方僧官。题记中明确说明了这些僧官所研习、宣讲的佛教经典。如建州沙门统昙寿律师，同时也是法师和禅师，主讲《涅槃》《法华》《胜鬘》《大义》等经典。这在石窟造像题名中十分罕见，对于研究建州（今晋城市）佛教流行状况提供了极为重要的资料。世俗供养人题名则涉及许多地方官吏以及北朝的假官、板官制度，十分重要。

图 6-163　釜山石窟外观

图 6-164　釜山石窟正壁与左壁佛像

图 6-165　高庙山石窟外观

图 6-166　高庙山石窟菩萨与维摩像

注释：

[1] 《续高僧传》卷8《慧远传》记载：北齐时期，慧远"乃携诸学侣返就高都之清化寺焉。"（郭绍林点校本，第281页）《续高僧传》卷15《玄鉴传》记其："后住清化寺，依止远公，听采经论，于大涅槃深得其趣。"（郭绍林点校本，第523页）可见这一时期，羊头山成为重要的弘宣佛教义学的场所。

[2] 此二碑著录于高平金石志编纂委员会《高平金石志》，北京：中华书局，2004年，第3—8页。

[3] 参见晋东南专员公署《上党古建筑》，北京：1963年。张驭寰《山西羊头山的魏、唐石塔》，《文物》1982年第3期，第38—41页。

[4] 张庆捷、李裕群、郭一峰《山西高平羊头山石窟调查报告》，《考古学报》2000年第1期，第63—88页。

[5] 李裕群、衣丽都（Lidu Yi）《山西高平石堂会石窟》，《文物》2009年第5期，第67—85页。

[6] 山西省文物局《厚重山西——山西省第三次全国文物普查重要新发现选编》，北京：科学出版社，2010年，第196页图版。

[7] 参见李裕群、张庆捷《山西高平高庙山石窟的调查与研究》，《考古》1999年第1期，第60—73页。

九
青州 驼山与 云门山石窟

山东青齐地区较为特殊，南北朝时期属刘宋所辖，北魏皇兴三年（469年）归入北魏版图。由于地缘上的关系，青齐地区受南朝影响很大，除出土大量北朝单体造像和金铜佛像外，如1996年发现的青州龙兴寺佛教造像埋藏坑[1]，与北朝都城地区（如平城、洛阳、邺城）不同，鲜见开窟造像之举，而热衷于寺院的修建和寺内大像的雕造[2]，这一点似乎与江南更为接近。进入隋代，这种情况大为改观，摩崖窟龛主要集中出现在青州和济南二个地区，尽管大多数地点规模较小，但也反映了青齐地区佛教艺术与信仰的发展状况。

青州地区最重要的是驼山与云门山石窟，早在20世纪20年代就有学者进行实地考察，如日本学者关野贞、常盘大定[3]，瑞典学者喜龙仁[4]等。50年代荆三林（1916—1991）和阎文儒亦先后作了调查[5]。90年代，李裕群在调查的基础上对驼山石窟的开凿年代和造像题材作了相关的考证与研究[6]。

驼山石窟位于青州市西南7千米，山峦呈南北走向，望之如驼之峰，故曰驼山。至迟唐代已建有驼山寺[7]，元代改建为昊天宫[8]。摩崖龛像位居山之东坡近山顶处的石灰岩崖面上，共有窟龛5个，摩崖造像1处。其中第2—5窟属隋龛；第1窟开凿于唐武周时期。

规模最大的是第3窟，平面纵长方形，面宽4.5、进深6、高7.5米。窟内设高1.2米的坛基，其上雕刻西方三圣像。正壁主尊无量寿佛高达5米（图6-167）。佛像肉髻低平，脸庞长方形，身着单薄的双领下垂式大衣，双手施说法印，结跏趺坐于坛上。两侧壁观世音和大势至二胁侍菩萨高3.94米。头戴高花蔓冠，宝缯下垂于肩，身上斜披一道瓔珞。披巾于腹部交叉穿环，或垂于腹、腿间。身体丰满圆润。侧壁还刻

图 6-167 青州驼山第 3 窟佛像

图 6-168 青州驼山第 3 窟平桑公题记

满千佛像。基座正面雕刻有佛像和供养人像。佛像两旁分别镌刻“大像主青州总管柱国平桑公”“像主乐安郡沙门都僧盖”等功德主题名（图6-168）。平桑公，即韦操，隋开皇初出任青州总管，故第3窟的开凿年代约在开皇元年（581年）至三年（583年）之间。

第2窟洞窟形制和造像风格与第3窟一致，但规模略小些，面宽3、进深3.5、高4米。正壁雕无量寿佛坐像（图6-169），两侧壁分别雕观世音和大势至二菩萨（图6-170），与第3窟不同的是，菩萨头冠上分别有象征着身份的化佛和宝瓶。基座正面雕刻有佛像，两侧镌刻“像主张小叉敬造”“像主叉妻吕敬造”以及比丘尼等题名。

第4、5窟分别雕倚坐弥勒和结跏坐佛，均有二菩萨胁侍。第1窟为方形、平顶的小型窟，正壁设坛基，坛上刻一佛二弟子像，两侧壁分别雕菩萨和力士像，整体组合成一铺七身像。佛像高肉髻，颈部戴联珠纹和莲瓣组成的项圈，身着袒右式大衣，双手施禅定印，结跏趺坐式。可知主尊佛像是菩提瑞像（图6-171），这在山东地区十分罕见。窟内壁面还有若干补凿的小龛，有武周长安二年（702年）青州刺

图 6-169 青州驼山第 2 窟阿弥陀佛

图 6-170 青州驼山第 2 窟大势至菩萨

图 6-171 青州驼山第 1 窟菩提瑞像

史尹思贞“谨施净财于驼山寺敬造石佛像”；长安二年任玄览造观音像和长安三年（703年）李怀膺造像。由此可知第1窟开凿于武周长安二年前，但相距不会太远。

云门山石窟位于青州市城南约4千米，与驼山遥遥相望。云门山势东西横亘，山巅有洞通南北，远望如天门在山顶云雾中，故名。造像在山南崖壁上，有洞窟和5个大龛及一些小龛。共有大小造像270身。由西向东，第1、2龛属大型龛，龛内之小龛上有隋开皇十年（590年）、十八年、十九年，仁寿二年（602年）题记；可知为隋代开凿。第1龛为摩崖尖拱龛，雕一佛二菩萨二力士（图6-172）。第2龛形制相同，主尊佛像已毁，二胁侍菩萨保存较好（图6-173），头部戴冠，有宝缯下垂，下面裙带刻出许多方格，四周为联珠纹，格中刻角技或扛托式力士像以及莲花忍冬的图案。其浑融圆润的面相，颔首挺立的姿态，简洁疏朗的衣纹，尤其是宝冠的繁饰和飘然下垂的冠带，宽博的长裙和满饰图案的裙带，充分显示出隋代造像的特征。第3、4、5窟属小型窟，内均雕刻一佛二弟子二菩萨二力士或二天王像。第3窟内左右壁还有供养比丘像。第5窟佛座下有益都县令唐明照及夫人韦氏供养像及唐开元十九年（731年）唐明照的云门山功德录石刻，可知三座唐窟均为盛唐时期开凿。另外，第1、2龛之间有燃灯佛像。第1龛西边小龛中有释迦多宝说法像及供养人像。第2龛东边小龛有唐代卢舍那佛像。

图 6-172　青州云门山第 1 龛

图 6-173　青州云门山第 2 龛胁侍菩萨

济南地区主要是摩崖龛像，地点多而分散，20世纪20年代，常盘大定、喜龙仁等学者都做过调查[9]。50年代荆三林也做过初步调查[10]。比较详细系统的调查与研究，则见于李清泉于2000年发表的《济南地区石窟、摩崖造像调查与初步研究》一文[11]。

济南地区属于北朝的有黄石崖和龙洞。两处石刻的共同特点是利用天然洞穴之壁面进行雕凿，或直接依山崖开凿浅龛。

黄石崖位于济南市南2.5千米历山螺丝顶山西北坡半山腰，包括天然溶洞一座，摩崖造像龛28个，雕造于北魏晚期至东魏[12]。溶洞口朝北，洞内东西壁凿出地坛，坛上依壁雕像。东壁雕一坐佛和一立佛及三身胁侍菩萨；西壁雕一立佛二立菩萨像。佛像身着褒衣博带式大衣，身体清瘦。其中西壁立佛背光上雕刻双龙和飞天。雕刻双龙的做法与青州同时期的造像相同。摩崖小龛主要为圆拱形龛，也有帐形龛，龛内大都雕一铺三尊式，主尊有坐佛和立佛。这些小龛现存有纪年造像题记7则，年代从北魏正光四年（523年）至东魏兴和二年（540年）。有意思的是发愿所造的主尊主要是弥勒，强调“弥勒出世，龙华三会”（20号“建义元年”王僧欢造像龛），对应的造像龛主尊为佛像，因此，洛阳龙门北魏洞窟流行弥勒菩萨不同，表现的是弥勒佛，即下生成佛的形象，反映了两地弥勒信仰的差异。

龙洞位于济南市东南15千米，天然溶洞分东、西两洞，互相通连。东洞为东魏天平四年（537年）汝阳王元暹所雕造[13]。其东壁雕一佛二菩萨两铺，西壁一立佛，高约4米以上，形态样式完全相同，应为三佛组合。西洞东西二壁均雕小龛像，龛内雕一佛二菩萨，风化严重。在溶洞前北侧东崖面上有一稍大的裂隙。裂隙内的北壁共雕隋代十身像，由里向外可以分为三组，第一组，一倚坐佛、一结跏坐佛、一倚坐佛、一结跏坐佛。第二组，阿弥陀、观世音、大势至菩萨三身像。第三组，三坐佛。南壁雕一佛一菩萨坐像。另外在裂隙之北还有隋大业三年（607年）龛。

进入隋唐时期，济南地区出现较多的摩崖龛像，如隋代开凿的千佛山、玉函山、佛峪、白佛山等，初唐时期开凿的千佛崖摩崖造像。

千佛崖摩崖造像位于济南市东南40千米柳埠神通寺遗址西侧白虎山东麓。神通寺为十六国隋唐时期著名的佛教寺院，规模宏大。入隋以后，晋王杨广（隋炀帝）成为该寺檀越主[14]。现寺院遗址上有著名的隋大业七年（611年）建造的四门塔（图6-174），应与隋炀帝及其眷属有关。塔内中心柱四面各有一尊雕刻精美的隋代佛像（图6-175）。遗址上还有唐代修造的大小龙虎塔。摩崖造像则集中在白虎山东麓南北长65、高8.5米的崖壁上，现有编号68个，大小造像214尊，造像发愿文45处。其中10处有纪年题刻，包括唐武德、贞观、显庆、永淳、文明等初唐时期的年号。早在20世纪20年代常盘大定曾做过考察，保留早年图像资料[15]。50年代荆三林、张鹤云（1923—2008）也有考察记录[16]。60年代和80年代文物部门曾对千佛崖西北部及西南隅神通寺部分殿堂遗址作过清理工作，分别发现了唐代方形建筑基址和元明时期的殿堂，遗址中还发现过南朝样式的莲花瓦当[17]。2007年郑岩和刘善沂出版的《山东佛教史迹——神通寺、龙虎塔与小龙虎塔》一书，是在90年代调查的基础上，对神通寺遗迹作了全面的调查与研究，这是目前所见最详细的资料[18]。

千佛崖均为圆拱形敞口龛（图6-176），造像题材比较单纯。其中两龛为倚坐弥勒佛，一龛为一佛二弟子二菩萨的组合，其他龛均为单尊阿弥陀佛和释迦牟尼

图 6-174　济南柳埠神通寺四门塔

图 6-175 济南柳埠神通寺四门塔内佛像

图 6-176 济南柳埠神通寺千佛崖

佛坐像。佛像的形象和服饰基本相同，地域特色较为显著，佛像肉髻宽大，脸庞长圆，身体健壮，身着双领下垂式大衣，腹部束带。造像功德主主要有唐皇室成员，如1号龛唐“显庆二年（657年）南平长公主为太宗文皇帝造像一躯”、50号龛显庆三年（658年）“赵王福为太宗文皇帝造弥陀像一躯”、27号龛显庆三年（658年）“齐州刺史上柱国驸马都尉渝国公刘玄意敬造像供养”，15号龛贞观十八年（644年）和6号龛显庆三年（658年）则为神通寺住持明德禅师所造。值得注意的是刘玄意还在洛阳龙门石窟雕造佛像，因此，龙门初唐时期造像风格与千佛崖龛像十分相似，疑是受到山东地区佛教造像样式的影响。

注释：

[1] 青州市博物馆《青州龙兴寺佛教造像窖藏清理简报》，《文物》1998年第2期，第4—15页；青州市博物馆《青州龙兴寺佛教造像艺术》，济南：山东美术出版社，1999年。

[2] 现山东地区寺院遗址中尚保存不少石刻立佛大像，如山东临淄石刻馆西天寺遗址有两尊5米余的丈八石佛；现藏于青岛市博物馆双丈八石佛，原在淄川龙泉寺遗址（参见时桂山《青岛的四尊北魏造像》，《文物》1963年第1期，图二、图三）；博兴兴国寺丈八佛。

[3] 参见常盤大定、關野貞《支那佛教史蹟》第四集，圖版86—102；評解四，第126—143頁，東京：佛教史跡研究會，1926年。常盤大定、關野貞《支那文化史蹟（第七輯）》，圖版69—99，東京：法藏館，1940年。

[4] 参见Osvald Sirén, *Chinese Sculputre—from the Fifth to the Fourteenth Century*, London, 1925, pp.334-343. pls.334-343，驼山；pls.344-350，云门山。

[5] 参见荆三林《中国石窟雕刻艺术史》，北京：人民美术出版社，1988年，第111—120页。阎文儒《云门山与驼山》，《文物参考资料》1957年第10期，第30—33页。

[6] 李裕群《驼山石窟开凿年代与造像题材考》，《文物》1998年第6期，第47—56页。

[7] 驼山石窟第1龛右壁现存唐代小龛题记云："长安二年（702年）岁次七月庚辰朔五日甲子，青州益县佛弟子尹思真为亡过妻张氏及女侍□见施净财，于驼山寺敬造石一□像铺，上为金轮皇帝，下及师僧父母……亡者往生净土，□乐无穷，法界苍生，咸同斯福。"可知唐武周时期，驼山已有驼山寺。

[8] 昊天宫现存有元至元二十一年（1284年）《重建昊天宫碑》、大德六年（1302年）《大元降御香记》、明成化元年（1465年）《重建昊天宫记》、嘉靖二十一年（1542年）《重修驼山昊天宫记》。可知元明时期驼山寺已改为道观。

[9] 常盤大定、關野貞《支那佛教史蹟（第一集）》，圖版100—104，118—135，評解一，第158—180頁；同书第四集，圖版73—102，評解四，第122—143頁，東京：佛教史跡研究會，1926年。Osvald Sirén, *Chinese Sculpture*: *from the Fifth to the Fourteenth Century*, London, 1925. pp.89-97, pl.165，龙洞，pls.356-360，龙洞；pls.351-355，玉函山；pls.361-362，佛峪。

[10] 荆三林《济南近郊北魏隋唐造像》，《文物参考资料》1955年第9期，第22—39页。

[11] 李清泉《济南地区石窟、摩崖造像调查与初步研究》，中山大学艺术学研究中心编《艺术史研究（2）》，广州：中山大学出版社，2000年，第329—442页。该文包括黄石崖、龙洞、东佛峪、玉函山、神通寺千佛崖等10处摩崖窟龛。

[12] 参见张总《山东历城黄石崖摩崖龛窟调查》，《文物》1996年第4期，第37—46页；前引李清泉《济南地区石窟、摩崖造像调查与初步研究》，图1，黄石崖造像。

[13] 发愿文原在溶洞外崖壁，现磨灭不存。《乾隆·历城县志》有著录："大魏天平四年岁次（缺）朔廿□日庚申，使持节（缺）侍，骠骑大将军、关（缺）、尚书（缺）泾凉华□南（缺）九州刺史汝阳王□叔（缺）敬造弥勒像一躯……车骑将军、左光禄大夫（缺）［齐］州长（史）乞伏锐，征北将军、金紫光禄大夫（缺）……"

[14] 详见李裕群《灵岩寺石刻造像考》，《文物》2005年第8期，第79—87页。

[15] 常盤大定、關野貞《支那佛教史蹟（第一集）》，東京：佛教史跡研究會，1926年。

[16] 荆三林、张鹤云《神通寺史迹初步调查记略》，《文物参考资料》1956年第10期，第28—36页。

[17] 王建浩《济南神通寺发现古代建筑基址》，《文物》1965年第4期，第36—39页。王建浩《山东济南市神通寺殿堂遗址的清理》，《考古》1996年第1期，第53—60页。

[18] 参见郑岩、刘善沂《山东佛教史迹——神通寺、龙虎塔与小龙虎塔》，台北：法鼓文化，2007年。该书对四门塔、龙虎塔以及千佛崖均有详细介绍，并附有"神通寺遗址总平面图"（图1-2）和"千佛崖造像总立面图"（图1-68）。

十
其他石窟寺

1. 义县万佛堂石窟

万佛堂石窟位于辽宁义县西北8千米的福山南麓，大凌河北岸，分为东西二区，现有洞窟17个，造像500余尊。石窟开凿于北魏孝文帝后期至宣武帝时期（约494—510年间），其中有北魏营州刺史元景和慰喻契丹使韩贞开凿的洞窟及铭刻，是北魏时期比较重要的石窟之一。

万佛堂石窟最早见于明清的方志中，20世纪初以来，日本学者曾作过不少调查工作，如1909年松井等作了最初的调查[1]。1927年和1935年，八木奘三郎（1866—1942）二次考察了石窟，对万佛堂的三个大窟及残存碑记作了简单介绍[2]。1932年关野贞等人对石窟进行了分区、编号、文字记录、摄影和西区石窟分布图的绘制工作，对北魏营州刺史元景开窟题记作了录文[3]。1933年，滨田耕作（1881—1938）；1935和1937年，村田治郎（1895—1985）二度调查了万佛堂，村田在《義縣の萬佛堂石窟》一文中对日本学者以前的调查作了总结，指出万佛堂石窟与云冈石窟和下花园石窟似为同一系统的石窟[4]。1950年，阎文儒对石窟进行了详细的调查、记录，发现西区第6窟经后代重妆的主尊坐佛原来为交脚弥勒佛像，并对石窟的造像特点、雕刻手法以及开凿年代作了探讨[5]。1980年，曹讯发表了《万佛堂石窟两方北魏题记中的若干问题》一文，对题记中涉及的地名、官职、人名，特别是对元景的世系进行了细致的考证，指出元景乃是北魏明元帝拓跋嗣的曾孙，孝文帝的叔祖，揭开了元景身世之谜。这是研究万佛堂石窟的一篇重要文章[6]。1996年，北京大学考古学系和义县文管所对石窟做了考古调查和全面测绘、记录和摄影工作，特别注意了洞窟的改造情况及北魏洞窟原有的洞窟形制。在此基础上，刘建华运用考古学方法对万佛堂石窟作了分期研究，并对万佛堂石窟与中原地区石窟的关系、龙城（今辽宁朝阳）与平城（今山西大同）佛教的关系等问题做了深入的探讨。西区第1窟是万佛堂规模最大的洞窟，居窟群崖面的中心位置，且规模超过元景所开凿的第5窟，开窟功德主的身份自然要高于营州刺史元景。作者根据文献和龙城发现的佛教遗迹，推测与龙城有深厚渊源的北魏冯太后家族可能是该窟的功德主[7]。这是一篇用考古学方法全面研究万佛堂石窟的重要论文。2001年，刘建华所著的《义县万佛堂石窟》考古报告正式出版[8]。

由于大凌河泛滥和改道，直接威胁到石窟安危，故万佛堂石窟崖体崩塌情况比较严重，洞窟的保存状况并不是太好，加之后代的重塑和改装，使有些洞窟面目全非。万佛堂最重要的洞窟是西区第1窟，这是一座具前庭后室的塔庙窟，是整个窟群的中心窟，规模较大。前庭左右壁后侧原雕有力士像。后壁开三个并列的窟门。主室平面方形，覆斗顶。面宽、进深各8米，高5米。中心柱体分上下二层四面开龛，下层每面各一大龛，龛内主尊佛像早年已毁，现存佛像大约是辽代雕造后放置龛内的。龛外两侧残留胁侍菩萨像遗迹，可知为一佛二菩萨的组合。上层每面各一浅龛。龛内雕一结跏趺坐佛，龛外两侧为二胁侍菩萨像，菩萨两侧各有上下二层作半跪状的供养菩萨。其中中心柱南壁上层佛像双腿上雕出二法轮，佛两侧各雕一卧鹿，表现的是释迦牟尼初转法轮的场面。中心柱四角各雕一束腰须弥山，有盘龙缠山腰，山上各一单层覆钵式塔，与中心柱共同构成一金刚宝座塔（图6-177）。窟

图6-177　义县万佛堂第1窟中心柱上层

图 6-178 义县万佛堂第 6 窟交脚佛

内左右后三壁开列龛，与中心柱四壁下层龛相同，原有造像已毁，现存约为辽代佛像。这种上层四角设塔的做法可以明显看到云冈第6窟的踪影。因此，义县万佛堂亦受到云冈石窟的影响。但万佛堂中心柱柱体形制与云冈略有不同，为方柱体，无塔檐式。这是新出现的形制，对北魏晚期洛阳地区的形制有较大影响。第5、6窟属于中型洞窟。第5窟为元景所开凿的洞窟，北魏太和二十三年（499年）完工，但此窟大部分塌毁，平面形制不清，后壁和右壁均有大龛的残迹，其中右壁龛左侧尚保存有盘龙缠绕的束腰须弥山，山上有庑殿顶建筑。这种须弥山的形制与第1窟须弥山基本一致。窟顶为穹隆顶，有一朵大莲花及飞天。第6窟改造情况比较严重，原为圆角方形平面，后壁正中雕一尊交脚弥勒佛像，高达3余米（图6-178），是万佛堂石窟唯一保存完整的大型佛像。弥勒佛身着袒右式大衣，身后有大型背光，佛像左侧还有一身弟子像，背光上方两侧各有一身倚坐姿的菩萨像。可知这是一座以弥勒佛为主尊的洞窟，反映了北魏时代弥勒信仰的流行。此外万佛堂主要流行方形三壁三龛窟，有的还附双耳室。造像题材有三佛、七佛、释迦多宝、维摩诘、交脚菩萨、思惟菩萨等。造像样式基本上承袭了云冈石窟第二期晚期和第三期初期的造像风格，是“云冈模式”向东影响的典型实例。

2. 巴林左旗真寂寺石窟

真寂之寺石窟位于赤峰市东镇南20千米的群山中，原称“后召庙石窟寺”[9]。1974年修缮石窟前喇嘛庙屋顶时，在中窟门楣上发现阴刻“真寂之寺”四字，知辽代称为真寂寺。石窟开凿在一座俗称桃石山的峭壁上，有南、中、北3个洞窟，坐西朝东，窟前是清代所建喇嘛教寺院——善福寺将整个洞窟群覆盖。中窟规模较大，平面略呈横长方形，面宽6.5、进深5、高3.2米。窟门内侧雕金刚力士像，窟内的中心雕刻主尊释迦涅槃像，身长3.7米。两侧立有举哀菩萨及弟子17尊。围绕着这组群像的左右后三面均为甬道，可以绕像礼拜供养，甬道的外壁雕千佛像（图6-179）。南窟平面方形平顶。窟门两则各雕金刚力士像，窟内正壁雕坐佛，佛像

图 6-179 真寂寺中窟后甬道

图 6-180 真寂寺北窟窟门天王像

前左右侧分别雕普贤菩萨骑象和文殊菩萨骑狮像。北窟被认为是内外两室，但实际上是两座并列的方形平顶洞窟。南侧窟内正壁高浮雕坐佛二弟子二菩萨二半跪供养人，侧壁雕二天王像（图6-180）。北侧窟造像题材与南洞相同，窟内正壁雕坐佛，左右侧分别雕普贤菩萨骑象和文殊菩萨骑狮像。桃石山南侧山谷岩壁有金刚力士浮雕。南侧和西侧山谷还有辽代弘福寺遗址和契丹早期祭山、祭天遗址。真寂寺石窟是一处保护较好、造像较为完整的辽代中型佛教石窟寺，是研究契丹民族佛教造像艺术的重要资料。

3. 鄂尔多斯阿尔寨石窟

阿尔寨石窟，原称百眼窑石窟，位于鄂尔多斯高原西部鄂托克旗公卡汉乡西南30千米处。在一望无际的大草原上，耸立着一座近似椭圆形的红色小山包，山高约42余米，南北宽约200米，东西长约450米。由于山体属于红色砂岩，质地较为疏松，风化崩落的砂石使山包周围形成较大的缓坡，近山顶处裸露出垂直的岩体，洞窟即环绕着这些崖面开凿，现有洞窟65座，洞窟风化崩塌情况较为严重，其中保存较完整的43座（图6-181）。此外，崖面上刻有大小浮雕佛塔22座。山顶状似平台，为寺院遗址所在，现存有6处遗址。可知，阿尔寨石窟是地面寺院与石窟相结合的类型。洞窟主要开凿于西夏、蒙元时期，沿用至明代。长期以来，阿尔寨石窟并不为世人所知，直到20世纪80年代，才有文章介绍和一些研究成果发表[10]。鉴于阿尔

图 6-181 阿尔寨石窟外景

图 6-182 阿尔寨石窟第 28 窟壁画

寨石窟的重要性，石窟保护的紧迫性，内蒙古文物部门积极联络石窟寺考古专家，共同呼吁，2003年被国务院增补为第五批全国重点文物保护单位，这为石窟的保护与研究奠定了基础。

洞窟平面呈方形，前壁正中凿拱形门或长方形门，正壁和两侧壁凿半椭圆形佛龛，壁面下部设坛。窟顶正中雕出方形莲花藻井。窟门有台阶。据不完全统计，洞窟内现存1千多幅壁画，大部分题材内容属于藏传佛教系统，其中保存壁画较好的有第26、28、31窟[11]，如第26窟的各种度母、金刚像；第28窟的多幅男女双修像；第31窟的多闻天王像以及被认为是“巴思八为忽必烈灌顶受戒图”等。还有一些供养人为主的世俗壁面和山水画。世俗壁面主要表现了游牧民族生活习俗等内容，如第28窟的南壁有一组反映蒙古族贵族生活的场景，有的画面被认为是成吉思汗和皇后、皇子的图像（图6-182）。此外，一些洞窟还保存着大量的回鹘式蒙古文、梵文、藏文榜题等，主要是佛教赞颂，有《忏悔三十五佛赞歌》《圣救度佛母二十一礼赞经》等。

阿尔寨石窟是研究西夏、蒙元时期的重要资料，但所披露的资料仍然不足，期待更为详细的石窟寺考古调查报告即早问世。

注释：

[1] 松井等《遼西調查の概况》，《史學雜誌》第二十編第十號，1909年。

[2] 八木奘三郎《萬佛堂》，《錦州省の古蹟》，国書刊行会，1929年。

[3] 關野貞《滿州義縣萬佛洞》，《支那の建築と藝術》，岩波書店，1938年。

[4] 村田治郎《義縣の萬佛堂石窟》，刊于村田治郎《满洲の史蹟》，東京：座右實刊行會，1944年。

[5] 阎文儒《辽西义县万佛堂石窟调查及其研究》，《文物参考资料》1951年第9期，第135—190页。该文附有万佛堂造像铭及其历史的关系。

[6] 曹讯《万佛堂石窟两方北魏题记中的若干问题》，《文物》1980年第6期，第63—69页。

[7] 冯太后是北燕王冯跋弟冯朗之女，冯氏笃信佛教，曾在龙城（今辽宁朝阳市）建造了“思燕浮图”（《北史》卷13《后妃传》，中华书局标点本，第496页）。参见刘建华《万佛堂北魏石窟分期研究》，《考古学报》2001年第2期，第159—188页。另外，亦可参见刘建华《万佛堂北魏石窟窟龛形制之研究》，吉林大学考古系编《青果集·吉林大学考古系建系十周年纪念文集》，北京：知识出版社，1998年，第342—350页。

[8] 刘建华《义县万佛堂石窟》，北京：科学出版社，2001年。

[9] 李逸友《内蒙古巴林左旗前后召庙的辽代石窟》，《文物》1961年第12期，第38—39页。该文还提到巴林左旗境内共有4处辽代石窟寺。如林东镇辽上京古城北约30千米的洞山石窟寺，遗存洞窟百余座（李逸友《赤峰洞山辽代石窟调查》，《文物参考资料》1957年第10期，第78—79页）；城北偏东约70千米的三山屯石窟有洞窟数十个；在后昭庙石窟南1.5千米还有前昭庙石窟，但这些石窟造像均已损毁。

[10] 《百眼窑石窟》，伊克昭盟文物工作站编《鄂尔多斯文物考古文集》，1981年，第277—278页。丹森、布仁巴图、巴图吉日嘎拉《阿尔寨石窟佛教文化遗址概述》，《内蒙古社会科学（汉文版）》1991年第3期，第87—91页。王大方、巴图吉日嘎拉、张文芳《百眼窑石窟的营建年代及壁画主要内容初论——兼述成吉思汗在百眼窑地区之活动》，内蒙古文物考古研究所《内蒙古文物考古文集（第一辑）》，北京：中国大百科全书出版社，1994年。稍微详细的调查有：李少兵、索秀芬《阿尔寨石窟》，《内蒙古文物考古》2010年第2期，第101—113页。该文附有阿尔寨石窟的立面图和个别洞窟平、剖面图。

[11] 巴图吉日嘎拉、杨海英《阿尔寨石窟：成吉思汗的佛教纪念堂兴衰史》，〔日本〕风响社，2005年。佟德富《藏传佛教石窟明珠——阿尔寨石窟》，《宗教与民族（第六辑）》，2009年，宗教文化出版社，第404—418页。

第七章

江南地区石窟寺

六朝时期，以建康（今江苏省南京市）为中心的江南地区，在三国孙吴时期佛教就已传入，自晋室南渡以来，随着经济中心的南移和中原佛教的输入，江南地区的经济、文化和佛教艺术发展到了鼎盛时期。作为当时中国世俗和佛教艺术的中心，曾经涌现出一批擅长佛教塑画的著名画家和雕塑艺术家，像顾恺之、戴逵、陆探微、张僧繇等都是杰出的代表人物，创造出引领时代潮流的不同塑画风格的流派，并且对北方佛教雕刻艺术的发展产生了巨大的影响。

由于南北佛教存在着明显的差异，与北朝佛教提倡德业、重视禅观不同，南朝佛教偏重于义理，而且与魏晋玄学融为一体。崇尚清谈，讲经论学成为时尚，甚至还出现帝王升高座讲佛法的场面。因此，江南以兴建规模宏伟的寺院为主，塔、佛殿和讲堂成为寺院中重要的设置，大型金铜佛像的铸造也风靡一时。《南史》卷七十《郭祖深传》记载：都下“佛寺五百余所，穷极宏丽”。至于开窟造像方面，与北朝大规模开凿石窟完全异趣。南朝摩崖窟龛仅见于南京栖霞山石窟和浙江新昌摩崖龛像。公元907年，在中原纷乱的局面下，钱镠在江南杭州建立了吴越国。公元1138年，宋室迁都临安府（今浙江杭州市），建立南宋朝廷。至此，江南另一个佛教中心——杭州迅速崛起。吴越国的皇帝都非常信佛，奉佛教为国教，特别是吴越王钱弘俶效仿古印度阿育王造八万四千塔的故事，在吴越国境内建造了众多佛塔，西子湖畔的南屏山支脉夕照山上的雷峰塔、钱塘江边月轮山上的六和塔，都是吴越国遗留的辉煌杰作。2001年在雷峰塔地宫中出土了鎏金银塔、铜造像等大量珍贵文物，展示了吴越国高超的佛教艺术[1]。同时，吴越国热衷于修寺造像的活动，王室开始在西湖周边的群山中雕造佛像，开创了杭州摩崖造像的先河。杭州西湖摩崖造像的雕造，从五代吴越国一直延续到元代，成为中国晚期摩崖造像的杰出代表。

一 南京栖霞山石窟

栖霞山石窟在南京城东北约22千米。今栖霞山中峰西麓有六朝名寺栖霞寺，现存寺院系1908年重建。寺东南角有五代舍利塔（图7-1）。千佛岩即以舍利塔迄东为起点，经无量殿（三圣殿）向东一直延续到千佛岭。大小龛像即开凿于这一带崖面上，现存窟龛83个，造像241身。南朝龛像主要集中开凿于无量殿及周围崖面上（图7-2）。千佛岭、纱帽峰一带均为初唐时期续凿之龛像，大部分窟龛经明代隆庆以后重妆或改造。

栖霞山石窟的学术调查始于20世纪初期。1919年，日本关野贞曾作过调查和记录[2]。1920年，常盘大定也曾经考察过栖霞山石窟，由于石窟破坏严重，所以更多的关注是五代的舍利塔，对于洞窟记述十分简单[3]。1925年，向达对石刻进行调查和统计，千佛岩共计大小窟龛294个，造像515尊[4]。

图 7-1 栖霞山舍利塔

图 7-2 栖霞山无量殿及左侧诸窟

但不幸的是，这些珍贵的南朝石刻在20世纪20年代，寺僧修缮时抹上了一层水泥，使南朝造像的面貌无法展现在世人面前。因而长期以来，栖霞山石窟并没有引起学术界足够的重视。1989年，宿白到栖霞山和浙江新昌考察南朝石窟造像，发表了《南朝龛像遗迹初探》一文，对两处南朝龛像的营造始末，南方无量寿与弥勒信仰的转播、南方龛像与北方窟像的关系等问题做了深入的探讨[5]。1994年，南京市博物馆作了比较详细的调查和初步的编号工作[6]。2001年以来，南京市博物馆等单位，对栖霞山石窟核心区——千佛岩区无量殿前的窟前遗址进行了发掘，并将该区29个洞窟作了正式编号[7]。揭露了部分被水泥覆盖的南朝龛像，展现出南朝造像的原貌。此次发掘最重要的收获是南朝陈江总《金陵摄山栖霞寺碑》（简称《江总碑》）残碑的发现[8]。《江总碑》全文虽然著录于明葛寅亮《金陵梵刹志》（金山江天寺影印本，1936年），但发掘出土的残碑中却意外地发现了背面铭文，记载了“齐文惠太子随喜、齐豫章献王随喜、齐竟陵文宣（王）……，”以及“东第一龛”“东第二龛”“东第三龛”“弥勒下生龛”“维卫、迦叶二像”龛及造像尺寸等内容，这为确定各龛像的功德主及确切开凿年代提供了极为重要依据[9]。

南朝龛像以无量殿所在大像龛（第19窟）为中心展开。据研究，属于南朝齐、梁时期开凿的洞窟有16座，其中南齐洞窟8座（第18—20，22—24，26、27窟），梁代洞窟8座（第5，10、12、13，15，21、25、28窟）[10]。

第19窟无量寿佛龛[11]，平面略作横椭圆形，圆顶，敞口式，龛壁前曾有连接岩面的木构建筑。龛内正壁设坛，坛上雕高约9.3米的无量寿佛坐像，佛面相近方圆，眼睛细长，身着双领下垂大衣，裙摆覆于坛前，双手施禅定印，结跏趺坐式（图7-3）。两侧壁分别雕观世音和大势至菩萨，立于双层覆莲座上。佛像虽经后代重妆，但服饰仍保留原来样式，如佛像下垂的裙摆，与北朝龙门石窟宾阳中洞相似。菩萨像的服饰已失原样，如将披巾包裹成衣裙，显得身体身十分臃肿，但其莲座为双层宝装莲瓣，表现了南朝莲座的特点。继无量寿佛大像龛之后，陆续在大像龛两侧开窟造像。如无量殿西侧第18窟为二佛并坐龛，平面略作横椭圆形，敞口式。龛内凿倒凹字形坛基，正壁坛上雕二佛坐像（图7-4）。以往学界均误以为是释迦多宝二佛并坐像，但根据前述新发现的《江总碑》碑阴铭文所记，正壁二佛为江南所流行的维卫佛和迦叶佛[12]，而非中原地区北朝流行的表现《法华经》的释迦多宝二佛并坐像。侧壁雕二胁侍菩萨。佛像结跏趺坐式，双手施禅定印。身着领口开口较低的通肩大衣，其右肩有一弧形线，即所谓偏衫衣边，这种服饰样式为龙门、巩县石窟北魏佛像所承袭。最引人注目的是菩萨样式，双肩有连珠纹璎珞下垂，于腹部交叉，双肩垂下长长的饰带，披巾下摆已呈圆角，这种样式亦为南朝所流行。无量殿东侧有形制较大的五个龛，一般为马蹄形、穹隆顶龛（图7-5），也有三壁三龛窟（图7-6）。有的龛外雕二力士像。主尊造像为一佛二弟子二菩萨、一佛二弟子四菩

图 7-3　栖霞山第 19 窟无量寿佛

图 7-4　栖霞山第 18 窟佛像

图 7-5　栖霞山第 22 窟佛像

萨和三结跏坐佛像。从部分剥离水泥后露出的造像原貌看，佛像一般内着僧祇支，外披双领下垂式大衣，右肩上有偏衫衣角，有的身着通肩大衣，裙摆披覆于须弥座上。大部分佛像身体略显健壮。菩萨像的发辫长垂于肩两侧，披巾交叉于腹部，璎珞从双肩垂下，交接于腹部的圆形装饰上。上身斜披僧祇支，下身着裙，裙摆外撇，足踩双层宝装莲座（图7-7）。值得注意的是：位于无量殿左侧上层洞窟中心位置的第23窟，平面横椭圆形，穹隆顶，面宽3.86、进深2.56、高4.21米（图7-8）。正壁有舟形大背光，壁前设通壁坛，上置高座。座上造像已非原貌，但根据佛座前尚存的半圆形莲台残迹，莲台前设一炉，可以判断，只有倚坐姿的佛像才在座前设莲台。南齐弥勒龛仅此一例，故该龛即是《江总碑》背面铭文所记载的“弥勒下生龛”。现栖霞寺大殿内所藏南朝佛首出自寺侧峪底，高约0.6米，其素面发髻、面相长圆的样式属于南齐作品（图7-9），或属于此龛。上述龛像均属南齐晚期雕造。根据《江总碑》记载：宋泰始中（465—472年）齐居士明僧绍曾隐居摄山，后与法师僧辩因岩构宇，别起梵居，创建栖霞寺。时有法度于山舍讲无量寿经，夜有金光照寺，于是发愿造无量寿佛龛像，而且作了规划设计。南齐永明二年（484年）僧绍去世，其子仲璋“克荷先业，庄严龛像，首于西峰石壁与（法）度禅师镌造无量寿佛，坐身三丈一尺五寸，通座四丈，并二菩萨倚高三丈三寸”。此即无量寿佛龛。开凿过程中曾得到齐皇室如文惠太子、豫章王、竟陵王等人的支持。因此，无量寿佛龛像的开凿年代约在南齐永明二年（484年）至建武四年（497年）间。其余南齐诸龛的年代大致相当。唐高宗上元三年（676年）所立《摄山栖霞寺明征君碑》记载法度“又造尊像十有余龛”。故左右两侧龛像虽有具体的齐皇室功德主，但也可

图 7-6 栖霞山第 24 窟佛像

图 7-7 栖霞山第 24 窟菩萨像

图 7-8 栖霞山第 23 窟

图 7-9 栖霞寺大殿内所藏南朝佛首

图 7-10 栖霞山第 28 窟

图 7-11 栖霞山第 15 窟

能法度参与其中。

梁代诸窟主要位于无量殿西侧和东侧上方，开凿年代约在梁武帝后期。其中有梁中大通二年（530年）纪年的第28窟位居在无量殿东侧之上。洞窟为马蹄形、穹隆顶，窟门上雕平梁和人字形叉手（图7-10）。这种做法与南朝墓葬门楣雕刻是一致的。窟内正壁设坛，坛上雕一坐佛。无量殿西部诸窟，规模都较小，平面马蹄形、穹隆顶，有成组双龛。一般为三壁前设坛式，坛上雕像。主尊题材有一坐佛、一倚坐佛和一坐佛二倚坐佛，主尊两侧或侧壁雕胁侍像。造像组合大多为一佛二弟

图 7-12 栖霞山第 12、13 窟

子二菩萨二力士。其中第5、10、12、13、15窟皆以倚坐弥勒佛为主尊（图7-11），占梁代洞窟的一半以上。第12、13窟为一组双窟，共享一个前厅（图7-12）。第12窟主尊弥勒后代改为结跏趺坐式，但座前残留有下垂的双足痕迹。5座洞窟均平面略呈圆角方形、平顶。窟内坛上雕一铺七身像，正壁倚坐弥勒佛及二弟子，侧壁二菩萨和二力士像。栖霞寺是建康著名佛寺，这些弥勒龛像的出现，表明南朝都城地区弥勒下生信仰极为流行。

注释：

[1] 浙江省文物考古研究所《雷峰塔遗址》，北京：文物出版社，2005年。

[2] 關野貞《西遊雜信 · 攝山棲霞寺南朝石窟》，《建築雜誌》第3卷第384號，1918年。该文后收入《支那の建築と藝術》，岩波書店，1938年，第678—681頁。

[3] 参见常盤大定《支那佛教史蹟踏查記》，〈古賢の跡へ〉緒言，東京：龍吟社，1938年，第175—181頁。常盤大定、關野貞《支那文化史蹟（第十輯）》，東京：法藏館，1940年，圖版96—97；解說，第111—114頁。图版大多为洞窟外景，唯图版97（2）为第19窟大佛下摆和左侧菩萨下身，保留着修复前的原貌。

[4] 向达曾三次调查栖霞山石窟，撰有《摄山佛教石刻小纪》《摄山佛教石刻补纪》，二文收录于《唐代长安与西域文明》论文集中，北京：中华书局，1957年。

[5] 参见宿白《南朝龛像遗迹初探》，《考古学报》1989年第4期，第389—412页。

[6] 南京市博物馆对栖霞山作了详细的调查和编号。原无量殿大佛龛编号为第14窟，右侧二佛并坐龛编为第13窟。参见林蔚《栖霞山千佛崖的新发现》,《文物》1996年第4期，第32—36页。

[7] 参见张雯《成都地区南朝石造像与南京栖霞山南朝窟龛的分期与比较》，《石窟寺研究（第二辑）》，北京：文物出版社，2011年，南京栖霞山千佛岩区立面与平面图。

[8] 参见魏正瑾、白宁《南京栖霞山南朝石窟考古概要》，《石窟寺研究（第二辑）》，北京：文物出版社，2011年，第191—203页。但栖霞山石窟及窟前遗址的考古报告至今尚未正式出版。

[9] 近来见到费泳《南京栖霞山新发现的“江总残碑”及相关问题》（《美术与设计》2018年第1期，第72—78页）一文，刊布了残碑的全部录文，并就相关问题作了探讨，可参考。

[10] 参见前引魏正瑾、白宁《南京栖霞山南朝石窟考古概要》。林蔚《栖霞山千佛岩区南朝石窟的分期研究》（《燕京学报》新十九期，第275—307页）一文，关于梁代窟龛的划分，与魏正瑾文并不相同，如第9、16、17窟也归入梁代窟龛。

[11] 即陈江总《金陵摄山栖霞寺碑》所记，宋泰始中（465—472年）齐居士明僧绍曾隐居摄山，后与法师僧辩因岩构宇，别起梵居，创建栖霞寺。时有法度于山舍讲《无量寿经》，夜有金光照寺，于是发愿造无量寿佛龛像，南齐永明二年（484年）僧绍去世，明僧绍之子仲璋“克荷先业，庄严龛像，首于西峰石壁与度禅师镌造无量寿佛，坐高三丈一尺五寸，通座四丈，并二菩萨倚高三丈三”。可知，明仲璋与法度禅师共同镌造无量寿佛。此无量寿佛龛即千佛岩第19窟。《高僧传》卷11《僧祐传》记载：“祐为性巧思，能目准心计，及匠人依标，尺寸无爽。故光宅、摄山大像、剡县石佛等，并请祐经始准画仪则。”可知大佛最后完成也与僧祐有关。

[12] 按陈《江总碑》碑阴记录“（维）卫迦叶龛二像，坐身并高五尺四寸，梁东阳（扬）州刺史番禺……”则第18窟的年代可能要晚到梁代。江南地区流行维卫和迦叶二佛是有缘由的。据唐 · 道世《法苑珠林》卷12感应缘“西晋海浮维卫迦叶二石像”条记载（周叔迦、苏晋仁校注本，北京：中华书局，2003年，第439—440页）：“昔维卫及迦叶石像，以西晋愍帝建兴元年，像泛海而来，入乎吴松江沪渎口……吴县朱应素奉正法，乃请东灵寺帛尼并信斋戒者数人，共往迎像……处像于吴时旧寺通玄精舍……宋世所获二石像，立高七尺，铭其背上。一名维卫佛；二名迦叶佛，莫识年代而字分明，在吴郡通玄寺。”由此看来，浮海而来的维卫和迦叶二佛在南朝有很大影响。浙江绍兴博物馆藏有南齐永明六年（488年）维卫佛坐像（参见蒋明明《齐永明六年石佛造像》，《东南文化》1992年3、4期合刊，第159—160页）。

二

浙江新昌摩崖龛像

宝相寺摩崖龛像，即剡溪石城山遗迹[1]。宝相寺，初名隐岳寺，后改石城寺，位于新昌县西南南明山。寺院依山而建，内有五层木构高阁，连接山崖龛像（图7-13）。据文献记载，梁时大佛建成后，即修三层佛阁，庇护石佛。后世屡有重葺，现存五层高阁为1917年建造。阁内崖面开一敞口大龛，形制与南京栖霞山无量寿佛大龛类似。平面略作横椭圆形，前壁敞开，露顶。龛内正面凿佛座，座上雕大型佛像一躯（图7-14）。佛像经后世妆銮，全身贴泥饰金，原状已掩盖。现存佛像长颜广颐，短颈宽肩，身着双领下垂式大衣，

图 7-13　宝相寺弥勒大阁

图 7-14　宝相寺弥勒大佛

施禅定印，结跏趺坐式。据实测，佛座高2.4米，坐像身高13.23米。大佛竣工后，梁刘勰特撰《梁建安王造剡山石城寺石像碑》，详细记述了寺院的草创和大像雕造的缘起。按碑文记载：南齐永明四年（486年）僧护游观石城隐岳寺，见寺北青壁高达数十丈，显现如佛光之形，于是发愿造弥勒像，“敬拟千尺，故坐形十丈”。齐建武中（494—497年）开始兴工雕造，不久僧护病故。梁天监七年（508年）僧祐律师受敕重新经营。天监十二年（513年）续凿工程开始，十五年（516年）竣工。碑文又记：僧祐鉴于“护公所镌，失在浮浅，乃铲入五丈，改造顶髻，事虽仍旧，功实创新”。可知大佛从设计到雕凿营造实出自僧祐之手。原像的形制我们可以根据刘勰碑所记作出推断：大佛原为倚坐弥勒，发作螺髻，右手施无畏印，是弥勒龙华树下成佛、广度众生、共成佛道的形象，这与现存重妆之像差别很大。按北宋咸平五年（1002年）僧辩端所撰《新昌石城山大佛身量记》记载，大佛已为结跏趺坐式，则改变坐式及原状应在北宋咸平以前[2]。据近年来对大佛的雷达扫描，可以看出大佛重妆前双腿下垂的倚坐姿势。石城山弥勒大佛在江南影响很大，受人敬仰，如《续高僧传》卷十七《智顗传》记载：隋国师天台山国清寺智顗“命学士智越，往石城寺扫洒，于彼佛前命终……又遣多然香火，索三衣钵杖，以近身自余道具，分为二分，一奉弥勒，一拟羯磨”[3]。隋沙门灌顶纂《国清百录》卷三著录开皇十八年（598年）晋王杨广《王答遗旨文》记载：“鄮境灵塔、吴内石像、剡县弥勒、尊仪卧疾之处，并使装饰。”[4]

弥勒大佛龛西北300米处还有千佛岩石窟，为两个左右毗连的大小岩洞，齐永明中（483—493年）开凿。因洞内满雕千佛，故后晋开运三年（946年）重修时，称之为千佛院[5]。大小岩洞为统一规划设计，上有统一开凿的人字形排水沟槽，造像题材有关联性。大岩洞的后壁是一组布局完整的造像（图7-15）。壁面中央雕释迦坐像，佛像现代重粧，已失原貌。该像右侧列千佛六区，左侧列千佛四区，各区均有明显的分格。每区纵排10小龛，横排11小龛。龛作圆拱形，龛内雕坐佛一尊。每区正中占九个小龛的位置雕一稍大的龛，龛内一坐佛并二胁侍菩萨，表现的是十方佛。这样每区千佛像实为101尊，十区共1010尊。按阙译人名的《现在贤劫千佛名经》所记千佛名，即以每一百尊佛名为一段落，与此十个分区相合，表现的或是贤劫千佛。该经云：“若持诵此千佛名者，则灭无量阿僧祇劫所集众罪，必得诸佛三昧神通无碍智慧，及诸法门诸陀罗尼。”[6]可知，诵此贤劫千佛名具有忏悔灭罪之功能。在左右区的千佛外侧各雕一身护法像，两像头均残，身体部分保存较好，颈下饰桃尖形项圈，双肩上有一圆饼装饰，披巾宽博，下垂于腹部交叉后再上绕双肘，沿身侧下垂。下身着裙，裙摆外撇。左侧护法像右手下垂，拄金刚杵（图7-16）；右侧护法像右手上举，持圆柄拂尘，搭于右肩上[7]。这种形象与北魏迁洛前后的北朝造像类似。因此不难推断，千佛院的雕造年代应在僧护开始经营大佛

图 7-15 宝相寺大岩洞内景

图 7-16 宝相寺大岩洞护法像

图 7-17 宝相寺小岩洞内景

前，是石城山所见最早的南齐时期的雕刻。小岩洞正壁中上部的弧形壁面上亦雕凿成组的造像，保存较好（图7-17）。壁面正中凿一长方形大龛，龛内雕一尊结跏趺坐佛。佛面相长圆，身着开口较低的通肩大衣，胸部露出僧祇支，裙摆长覆于座前，形象、服饰与南京栖霞山南齐洞窟佛像一致。佛像左右侧均雕上下二排小龛，龛作圆拱形，内均雕一坐佛。左侧每排9尊，计18尊；右侧每排8尊，合16尊，与大龛主尊释迦佛合为35佛。三十五佛以释迦居首，佛名出自西晋敦煌三藏所译《佛说决定毗尼经》[8]，讲的是在三十五佛面前清静忏悔，以消除罪孽。这是目前所见最早的三十五佛实例，对北朝、隋石窟造像影响较大，如与灵裕有关的河北元氏县封龙山石窟、河南安阳灵泉寺大住圣窟均有三十五佛龛像。总之，千佛院大小岩洞的造像题材是有意识安排在一起雕造的，表现了忏悔的功能[9]。

注释：

[1] 关于新昌摩崖龛像的调查与研究，可参见日本小野勝年《新昌·石城寺とその弥勒像—江南巨大石仏の史的遍歷—》，《佛教藝術》第163號，1985年，第11—27頁。宿白《南朝龛像遗迹初探》，《考古学报》1989年第4期，第389—412页。贺世哲《浙江新昌千佛岩三世十方佛造像》，《敦煌研究》2008年第3期，第1—4页。

[2] 宿白《南朝龛像遗迹初探》，《考古学报》1989年第4期，第389—412页。

[3] 《续高僧传》卷17《智顗传》，郭绍林点校本，中华书局，2014年，第632页。

[4] 《大正藏》卷46，第810页。

[5] 明万历《新昌县志》卷13千佛院条："千佛院在三都石城山外，永明中建，开运三年赵仁爽重建，名千佛院。宋大中祥符改七宝院，明洪武十五年（1382年）复名千佛院。"（天一阁藏明代方志选刊）

[6] 六朝有阙译人名的《现在贤劫千佛名经》各一卷，附《梁录》，参见《大正藏》卷14，第376—383页；第383—388页。两者分别以拘那提佛、拘留孫佛为首。按梁·僧祐《出三藏记集》卷2记载：《贤劫千佛名经》一卷，"晋孝武帝时，天竺沙门竺昙无兰，在扬州（都）谢镇西寺撰出"。（苏晋仁、萧錬之点校本，第47页），同书卷4《新集续撰失译杂经录》记："《现在贤劫千佛名经》一卷，唯有佛名，与昙无兰所出《四谛经》千佛名异。"（第127页）可知早在东晋时期，《贤劫千佛名经》即在江南建康译出，后又有异译本流传。

[7] 这两尊护法像的图像可参见中国石窟雕塑编辑委员会《中国石窟雕塑全集10·南方八省》，重庆：重庆出版社，2000年，图版146、147。衣丽都认为：这两尊护法像可能是帝释天（手持金刚杵）与大梵天（手持拂尘），参见衣丽都《邯郸成安县出土的北魏太和六年释迦三尊像》，《敦煌研究》2012年第3期，第7—14页。

[8] 《大正藏》卷12，第38页。梁·僧祐《出三藏记集》卷4《新集续撰失译杂经录》记："《三十五佛名经》一卷，出《决定毗尼经》。"（苏晋仁、萧錬之点校本，第127页）可知，江南亦有单行本流传。

[9] 李裕群《浙江新昌千佛岩南朝龛像——南朝忏法流行的实物例证》，《文物》2021年第2期，第60—72页。

三
杭州西湖摩崖石刻

美丽的西子湖坐落在杭州城西，在她的南北西三面环绕着众多山峰，构成了一幅“湖光山色”美丽的风景画。西湖摩崖造像就集中在这一带的群山之中。主要地点有凤凰山慈云岭、天龙寺、南高峰、烟霞洞、飞来峰、紫阳山宝成寺等，是中国晚期摩崖造像比较集中的区域之一。由于西湖周围群山大多为石灰岩，在地下水的长期溶蚀下，形成了许多千奇百怪的天然洞穴，所以除了因崖雕造的摩崖龛像外，还有许多造像是利用这些溶洞雕造的。西湖摩崖石刻雕造年代较晚，地点分散，过去很少为学术界所关注。1922年，常盘大定曾经对部分西湖石刻做过调查，包括石屋洞、烟霞洞、飞来峰等，对造像铭文作了著录，还绘制了飞来峰造像分布示意图，同时留下了早期珍贵的图像资料[1]。20世纪50年代，史岩对杭州南山区摩崖石刻作了初步的调查[2]。王伯敏（1924—2013）对西湖飞来峰石刻作了调查，并对它的石刻艺术作了概括[3]。1956年，由浙江省文物管理委员会王士伦（1932—1998）主编，出版了《西湖石窟艺术》图录[4]。1986年，浙江省文物考古研究所，在前述图录的基础上作了增订，出版了《西湖石窟》一书，共刊登图片210幅，并对各个时期摩崖石刻作了简单叙述[5]。1990年，宿白结合杭州元代摩崖石刻资料，对元代杭州藏传密教的传入和流行作了系统的研究[6]。1995年，常青对慈云岭五代摩崖石刻作了调查和初步研究[7]。2002年，杭州市相关文物部门编撰出版了全彩版的《飞来峰造像》图录[8]。2014年，谢继胜等编著的《江南藏传佛教艺术——杭州飞来峰石刻造像研究》一书[9]，从多个角度对飞来峰石刻造像进行了研究，如该书中熊文彬、谢继胜《飞来峰石刻造像的题材、风格与历史渊

图 7-18 杭州慈云岭五代摩崖龛像

图 7-19 杭州天龙寺五代摩崖造像

源》，从飞来峰元代石刻造像的出现历史背景，来探讨飞来峰造像的题材、风格与历史渊源。

西湖摩崖石刻可以分为三个时期，即五代、两宋和元代。

五代吴越国时期摩崖龛像主要有凤凰山西部的慈云岭摩崖石刻，有二龛。主龛雕一铺七身像（图7-18）。主尊为阿弥陀佛、观世音、大势至菩萨像，两侧各有一菩萨像立像和天王像。龛外上部分别雕文殊、普贤骑狮、象像。主龛北侧龛为地藏菩萨像，地藏两侧各有一世俗女供养人。龛楣上刻出天道、人道、阿修罗道、地狱道、恶鬼道等六道轮回图。位于慈云岭西的天龙寺造像为乾德三年（965年）吴越国王钱弘俶所造，有三龛，第1龛为无量寿佛，第2龛为一铺七身，主尊倚坐弥勒佛，两侧二弟子二菩萨像二天王像（图7-19）。在凤凰山南麓的圣果寺有西湖周围规模最大的西方三圣像，阿弥陀佛高达6.2米，观世音、大势至菩萨像高达5.1米。灵隐寺前的飞来峰金光洞第10号龛后周广顺元年（951年）滕绍宗造阿弥陀佛西方三圣像。第15号龛显德六年（959年）周钦造阿弥陀佛像。飞来峰青林洞有建隆元年（960年）所造阿弥陀佛像。位于南高峰和青龙峰之间石屋岭南麓的石屋洞也开凿于五代后晋天福九年（944年）至显德三年（956年），洞内正壁开一大龛，内雕一佛二弟子二菩萨像二天王像。其他壁面均雕小型五百罗汉像。烟霞洞在南高峰西侧翁家山南部山腰，洞前原有吴越广顺三年（953年）所建烟霞寺。洞内正壁三世佛及四身胁侍菩萨像以及十八罗汉像即是建寺之后不久雕造的（图7-20）[10]，洞口还有北宋时期雕造的观音和大势至菩萨像。其中十八罗汉保存有10处题名，如右壁第一身罗汉像有“□都指挥使银青光禄大……/右仆射渤海县开国男食……/吴延爽舍三十千造此罗汉……”，旁有身着戎装的吴延爽供养像；左壁最后第十八尊为

图 7-20 杭州烟霞洞五代十八罗汉“第二迦诺迦伐蹉尊者”

“庆友尊者”。这些题记的发现表明十八罗汉是国内现存最早的实例[11]。西湖周围五代时期摩崖造像的雕造都与皇室有关，反映了吴越国奉佛教为国教，热衷于修寺造像活动。这一时期，造像题材比较单纯，比较突出的是阿弥陀佛西方三圣，表明西方净土信仰在这一地区十分流行。其次为倚坐弥勒佛和三世佛，另外还有十六罗汉像和密宗题材的地藏菩萨像。造像组合有单身佛像、一佛二菩萨像二天王像、一佛二弟子二菩萨二天王像。造像特点佛像为螺发，面相略显丰圆，身着袒右式大衣，右肩有偏衫衣角，或身着双领下垂式大衣。菩萨像一般头戴冠，面相丰圆，披巾垂于腹下两道，上身似着衫，下身着长裙，长裙在膝部束起，与俗状相似。弟子像身着袒右式大衣或双领下垂式大衣。天王像为武士装束，身着甲胄，右手持长柄钺。西湖地区五代摩崖造像的题材和样式都与唐代相似，是中原地区唐代造像模式在江南地区的延续和发展。但也有一些地方特色，如菩萨下裙在膝部束起的样式在中原地区很罕见，手持长柄钺的天王像也为中原地区石窟造像所无。

吴越国灭亡后的两宋时期，杭州地区摩崖造像的雕造活动仍经久不衰。但造像中心转移到了飞来峰，另外有将台山石龙院和南观音洞、烟霞洞、宝石山大佛寺、凤凰山圣果寺等。特别是北宋咸平年间，达到了高潮，南宋造像则比较少。其中飞来峰宋代石刻造像数量较多，内容丰富。两宋时期造像题材远比吴越国时期丰富。阿弥陀佛西方三圣仍是流行的主要题材，单身观世音菩萨像明显增多，反映了观世音菩萨的信仰十分流行。此外飞来峰青林洞口有乾兴元年（1022年）胡承德所造卢舍那佛会的浮雕，画面人物众多，主尊卢舍那佛，左右为文殊和普贤，还有天王、供养人和飞天。宝石山南麓大佛寺有北宋宣和年间（1119—1125年）僧人思净所凿半身大佛像。罗汉群像是这一时期造像的特色，反映了江南禅宗势力影响很大。其中十八罗汉像最为常见，在飞来峰玉乳洞（图7-21）、将台山石龙院和凤凰山南麓圣果寺均有之。另外飞来峰冷泉溪南岸的悬崖上则有南宋时期雕刻的中国化的大肚弥勒佛和十八罗汉像，这是年代较早的大肚弥勒佛（图7-22）。飞来峰玉乳洞有北

图 7-21 杭州飞来峰玉乳洞罗汉像

图 7-22 杭州飞来峰第 68 龛大肚弥勒佛

图 7-23 杭州飞来峰第 21 龛高僧取经图

宋天圣四年（1026年）雕刻的禅宗六祖师像。飞来峰龙泓洞中北壁的白马驮经、西行求法高僧像浮雕别具特色，雕刻年代在北宋咸平年间，表现了东汉永平年间二位印度高僧摄摩腾、竺法兰白马驮经来到洛阳、三国曹魏时中国第一位西行者朱士行和唐玄奘取经的故事（图7-23），这是国内最早反映唐僧取经的浮雕。

至元十三年（1276年）二月元军攻入南宋首都临安，次年二月“诏以僧亢吉祥、怜真加加瓦并为江南总摄，掌释教”[12]。至元十八年（1281年）江南释教都总统扬琏真加改道观为佛寺，又拆毁南宋宫殿、陵寝，兴建塔寺。藏传佛教正式输入江南。元代龛像的雕造主要是在江南释教总统杨琏真加的主持下开凿的，元朝显贵、高僧也纷纷在此造像，杭州地区开龛造像活动又达到了高潮。元朝与藏传佛教萨迦派渊源深厚，江南总摄释教的主要僧人多属帝师一系的萨迦派。因此，西湖周围的元代造像及题材都明显具有萨迦派形象的特点。元代摩崖龛像主要集中在飞来峰，其他还有宝成寺、瓶窑南山等地点，造像数量较少。现存飞来峰最早的元代纪年龛像是杭州路僧录徐于元至元十九年（1282年），在飞来峰青林洞口开凿了毗卢遮那佛、文殊师利、普贤菩萨像“华严三圣”。时任江淮诸路释教都总统永福大师杨谨（杨琏真加）于元至元二十九年（1292年），在飞来峰呼猿洞雕造了无量寿佛、文殊菩萨和救度佛母三身像和阿弥陀佛、观世音、大势至菩萨像，在飞来峰冷泉溪南岸雕造了多闻天王像[13]。飞来峰的元代造像题材大多属藏密系统。除了上述毗卢遮那佛“华严三圣”、阿弥陀西方三圣外，单尊阿弥陀佛较多，还

图 7-24 杭州飞来峰第 32 龛元代金刚手菩萨

图 7-25 杭州飞来峰第 75 龛多闻天王

有释迦如来、倚坐弥勒佛、汉式的大肚弥勒佛等。在紫阳山宝成寺正殿遗址后壁有成组合的三世佛，下有藏传佛教中常见的十字折角式须弥座。三世佛是13世纪以来藏传佛教寺院中供奉的主要佛像。东龛雕刻藏密所奉的麻曷葛剌佛，即大黑天。麻曷葛剌佛头部较大，面呈忿怒相，上身宽，下身短，双手抱一人头，左右肩外侧各挂一人头，作半蹲状。左侧为文殊骑狮像，颈下挂一串骷髅头，左手按一人头，右手持三叉戟。右侧为普贤骑象，右手按人头，左手持金刚杵。龛左侧有元至治二年（1322年）“朝廷差来官骠骑卫上将军左卫亲军都指挥使伯家奴……庄严麻曷葛剌圣相一堂”的题记。西龛菩萨和佛母的题材较多，有观世音菩萨、大势至菩萨、杨柳枝观音、水月观音、数珠手观音、金刚萨埵菩萨（即普贤菩萨）、金刚手菩萨像等（图7-24）。佛母题材有救度佛母、大白伞盖佛母像、尊胜佛母（图7-25）、雨宝佛母等。护法形象有多闻天王（图7-26）、金刚像等。两宋时期流行的罗汉像已经不见，这与中国化的禅宗受到压制有关。飞来峰比较特殊的题材是冷泉溪南岸出现杨琏真加像龛，龛内杨琏真加为藏僧形象，头戴藏式尖帽，身披袒右大衣，半跏坐式，两侧各有一高僧手捧经盒。另外来峰冷泉溪南岸还有“平江路僧录范□真造密理瓦巴”像龛。密理瓦巴头已残缺，上身袒露，蹲坐于石台上，右侧有二侍女手捧壶和钵供养。

图 7-26 杭州飞来峰第 84 龛尊胜佛母

造像特点大多为“西天梵相”式，这种造像样式是尼泊尔著名工匠阿哥尼在萨迦派造像的基础上融入了尼泊尔造像风格而形成的。佛像为螺发，肉髻高大呈桃形，面相方形，肩宽腰细，身着袒右式大衣。另有一种为汉式佛像，螺发，身着双领下垂式大衣。观世音菩萨、大势至菩萨一般头戴化佛和宝瓶冠，结跏趺坐式。杨柳枝观音、数珠手观音则为立式。水月观音为半跏坐式，有的观音旁有善财童子和韦驮天。金刚萨埵菩萨（即普贤菩萨）头戴莲花宝冠，一手持三头金刚杵，一手持铃铎。佛母一般为多臂式，手持各种法器，比较特殊的是飞来峰冷泉溪南岸的塔龛内尊胜佛母像，三目、三面、八臂，一手托一佛像，余手持法器和结法印。

注释：

[1] 常盘大定第三次中国之行时考察了西湖石刻（大正十一年九至十二月）。参见常盤大定《支那佛教史蹟踏查記》，〈古賢の跡へ〉緒言，東京：龍吟社，1938年，第532—546頁。常盤大定、關野貞《支那文化史蹟（第四輯）》，東京：法藏館，1940年，圖版56—58、77，石屋洞；59—64，烟霞洞；65—76，飞来峰，包括玉乳洞、青林洞、龙泓洞等。解說四，第71—98頁，東京：法藏館，1939年。

[2] 史岩《杭州南山区雕刻史迹初步调查》，《文物参考资料》1956年第1期，第53—59页。

[3] 王伯敏《西湖飞来峰的石窟艺术》，《文物参考资料》1956年第1期，第22—26页。

[4] 浙江省文物管理委员会《西湖石窟艺术》，杭州：浙江人民出版社，1956年。

[5] 浙江省文物考古研究所《西湖石窟》，杭州：浙江人民出版社，1986年。

[6] 参见宿白《元代杭州的藏传密教及其有关遗迹》，《文物》1990年第10期，第55—71页。

[7] 中国社会科学院考古研究所浙江工作队《杭州慈云岭资贤寺摩崖龛像》，《文物》1995年第10期，第70—79页。

[8] 高念华主编，杭州市历史博物馆、杭州市文物保护管理所、杭州市文物考古所编《飞来峰造像》，北京：文物出版社，2002年。该书附有飞来峰造像分布图。

[9] 谢继胜、熊文彬、廖旸、R. Linrothe、叶少勇著《江南藏传佛教艺术——杭州飞来峰石刻造像研究》，北京：中国藏学出版社，2014年。

[10] 阮元《两浙金石志》卷四著录“吴越吴延爽造石罗汉记”和“吴越烟霞洞石塔题名”。吴为文穆王钱元瓘恭懿夫人的兄弟，故史岩推测该洞造像年代为后晋天福、开运年间（936—947年），参见史岩《杭州南山区雕刻史迹初步调查》，《文物参考资料》1956年第1期，第9—22页。

[11] 2021年2月，浙江省博物馆黎毓馨考察时，除了吴延爽题记外，新发现十八罗汉像的9处榜题，证明了十八罗汉与玄奘《法住记》关系密切，该经叙述庆友尊者为众僧宣讲十六罗汉事迹，而翻译者为玄奘法师，因此，可以确定首尾两尊罗汉即玄奘法师和庆友尊者。参见浙江省博物馆历史文物部、杭州西湖风景名胜区钱江管理处《杭州烟霞洞吴越国罗汉造像题记的新发现及初步研究》，《敦煌研究》待刊。

[12] 《元史》卷6《世祖纪》。

[13] 洪惠镇《杭州飞来峰杨琏真伽龛及其他》，《文物》1989年第3期，第90—93页。洪惠镇《杭州飞来峰“梵式”造像初探》，《文物》1986年第1期，第50—61页。

第八章

西南川渝滇地区石窟寺

西南川渝地区是中国晚期石窟寺和摩崖造像开凿最为集中的重要地区，地点约有2千余处，遍布全境，造像数量巨大。石窟寺的开凿本是北方佛教的传统，而南方则注重寺院的雕塑。在南北朝时期，川北地区是连接北朝长安和南朝西部重镇成都的交通要道。萧梁时期曾一度归入北魏版图。萧梁末，朝廷内乱，西魏乘机由川北进占益州。正是地缘上的优势，川北地区受北朝石窟造像的影响较大，石窟寺开凿年代也较早，如广元千佛崖和皇泽寺石窟就有南北朝时期规模较大的洞窟。隋唐统一帝国建立以后，两京地区与益州佛教文化交流日益频繁，北方佛教和石窟造像艺术对川渝地区的影响进一步加大，川北、川中等地都有宏大的石窟寺。特别是中原地区安史之乱后，随着经济中心的南移，以成都为中心的川渝地区成为唐朝后期赖以生存的政治后方和经济基础之一，成都之富庶可与扬州比肩，时称“扬一益二”[1]。经济的繁荣和佛教信仰在民间的广泛流行，以财力为基础的开窟造像活动也蔚然成风，并逐步形成了佛教造像艺术的区域特色。及至两宋时期，各种民间信仰的融入，佛教造像样式和题材的地方特色愈加显著，川东的安岳、大足石刻等都是这一时期杰出的代表。

与四川相邻的云南，在唐宋时期为南诏、大理国的地方政权所统辖，也是佛教兴盛之地。大理剑川石窟始凿于南诏国，深受四川唐代窟龛造像的影响。到大理国时期，融合了地方民间信仰，所以造像题材和风格独具地方特色。此外，广西桂林雕造于唐宋时期的摩崖石刻也与四川唐宋窟龛有密切关系，所以也归入本地区石窟造像中叙述。

一 广元皇泽寺和千佛崖石窟

四川北部的广元和巴中是四川最早开凿石窟的地区。由中原入蜀，主要有经四川北部广元的金牛道和经巴中的米仓道。因此，广元和巴中是北扼秦陇，南控成都的蜀门要冲。广元地区主要地点有皇泽寺石窟、千佛崖石窟和观音岩三处。

千佛崖石窟位于广元市城北5千米嘉陵江东岸的山崖上，古金牛道就依山崖壁架栈道而行。根据清咸丰四年（1854年）石刻题记的记载，当时全崖造像总数有一万七千余躯。1936年修建川陕公路时，千佛崖将近四分之一的窟龛遭到凿毁和破坏。现在窟区南北长388米，最高处距地面45米。窟龛层层叠布，有的多达13层。现存洞窟54个，龛819个，造像5300余躯。

皇泽寺石窟位于广元市西1千米嘉陵江西岸的乌龙山东麓，与广元城隔江相望。皇泽寺旧名乌奴寺，因广元为唐朝武则天的出生地，后人将寺院改名皇泽寺，成为武则天祀庙。寺院后面山崖上共开凿了50个窟龛，其中大窟6个，造像1203躯[2]。

观音岩位于广元市西南约10千米的嘉陵江东岸。现存洞窟146个，造像414躯[3]。

与中原地区相比，川北石窟开凿年代相对较晚，长期以来，并不为学术界所重视。早年的考察较为少见。1902年10月，日本的伊东忠太曾到访过广元千佛崖和皇泽寺石窟[4]。1914年至1917年，法国的谢阁兰等人沿金牛道入川至广元、巴中一带的考察石窟寺，留下了最早的一批图像资料，尤其是千佛崖石窟破坏前的图像最为珍贵[5]。1939年，梁思成也作过考察，拍摄了一些图片资料[6]。50年代，学者开始注意川北石窟，如王家祐（1926—2009）[7]、张明善和黄展岳

（1926—2019）对广元石窟作了调查[8]。史岩则对千佛崖造像始凿年代作了探讨，通过对天成龛和大佛窟造像风格的分析，认为：千佛崖始凿于北朝晚期，并非以前所论为唐开元年间韦抗始凿[9]。80年代以来，许多学者对川北石窟做了许多的调查工作，出版了不少反映四川石窟（包括川北）的图录[10]。特别是1989年中国社会科学院宗教所佛教室丁明夷和广元市文物管理所等学者对广元石窟寺的联合调查，不仅发表了调查纪要，而且还对广元石窟各个时期的窟龛形制、造像题材等诸多问题做了较深入的探讨，取得了丰硕的成果[11]。另外，美国学者何恩之（Angela F. Howard）《鲜为人知、被遗忘的四川唐代佛教雕刻》一文，也对包括广元在内的四川多处石窟做了研究[12]。2000年，北京大学考古文博学院、成都文物考古研究所、广元市文物管理所组成的广元石窟调查队首次对皇泽寺石窟、千佛崖石窟和观音崖进行了系统的调查、编号和纪录工作，后整理出版了《广元石窟内容总录》[13]。作为这次调查工作的参与者姚崇新根据调查资料，撰写了《巴蜀佛教石窟造像初步研究——以川北地区为中心》一书，对广元石窟唐以前窟龛和唐代窟龛分别进行了分期研究，并就广元石窟的造像题材，以及广元与周边石窟造像的关系进行了深入的探讨[14]。2016年，雷玉华等编著的《川北佛教石窟寺和摩崖造像研究》一书，将川北石窟分为五个时期[15]。2020年，八木春生《四川广元千佛崖武周至开元时期佛教造像研究》一文，将这一阶段分为三期，第一期主要是皇泽寺造像系统的延续，第二期有两个工匠系统参与开凿，第三期两个造像系统的融合，是广元造像自主发展的结果[16]。关于千佛崖的菩提瑞像（第366、535窟），即释迦佛头戴宝冠、颈佩项饰、手施降魔的菩提树下成道形象，也是学界讨论的对象。这种形象在唐代流行于中原和四川地区，过去曾被认定为大日如来，根据造像龛中的题名，现可确认为菩提瑞像，如罗世平、李玉珉、雷玉华等学者都有专文论述[17]。

广元石窟开凿年代最早的是千佛崖南段中部下层的大佛洞（第726窟），约在北魏晚期。大佛洞是一座马蹄形、穹隆顶式的大型洞窟。窟内正壁雕一身立佛（图8-1），南北壁各雕一身菩萨像（图8-2）。造像均身宽体壮。佛头现已残[18]，身着褒衣博带式大衣，内着僧祇支，立于莲座上。菩萨头束双髻，脸庞丰圆，宽博的披巾从双肩搭下，在腹部交叉穿环，再绕双臂下垂。腰系带，下身着宽松的长裙。佛和菩萨表现出北魏晚期的造像风格，是北朝造像南传的重要实例。与大佛洞平行的莲花洞（第535窟）也为北魏晚期开凿，平面横长方形、三壁三龛、圆顶，只是唐代进行了改凿，北魏遗迹仅可见窟顶宝装覆莲（图8-3）和正壁残存的佛座。略晚于大佛洞的有三圣堂（第226窟）、皇泽寺第38、45窟。三圣堂为三壁三龛式，正壁龛内为一佛二菩萨，造像均为秀骨清像样式（图8-4）。第45窟为塔庙窟，洞窟平面方形，三壁三龛式，窟内中央设中心塔柱，塔柱上下两层四面开龛（图8-5），三壁大龛均圆拱形，龛梁尾为龙首，但龛内造像大概是初唐时期

图 8-1　广元千佛崖大佛窟洞（第 726 窟）佛像

图 8-2　广元千佛崖大佛洞菩萨像

图 8-3　广元千佛崖莲花洞（第 535 窟）窟顶莲花

图 8-4　广元千佛崖三圣堂（第 226 窟）佛龛

图 8-5　广元皇泽寺第 45 窟中心柱

图 8-6　广元皇泽寺第 45 窟正壁龛像

改凿而成（图8-6）。皇泽寺第15窟则是典型的北周时期的洞窟，窟内正壁雕一佛二弟子二菩萨，佛像高肉髻，面相长圆，耳垂穿环，身着褒衣博带式大衣，裙摆覆于座前，右手上举，左手下垂，握摩尼宝珠；菩萨头戴三火焰宝珠冠，面相方圆，颈下戴圆环形项饰，双肩披巾垂于腹膝两道，璎珞为圆环状垂挂于足上（图8-7）。这种样式与长安地区和甘肃麦积山北周塑像是一致的。从洞窟

图 8-7 广元皇泽寺 15 号龛全景

图 8-8 广元皇泽寺大佛洞（第 51 窟）

图 8-9 广元千佛崖北大窟（第 138 窟）弥勒佛

形制和造像特点看，上述窟形均是北朝流行的，表现出中原地区石窟造像对川北的影响。造像明显比较丰满，佛像身着褒衣博带式和双领下垂式大衣，菩萨披巾交叉穿坏。由此可以看出，四川地区的早期石窟造像主要来源于都城洛阳、长安及附近地区石窟造像样式，因此也可以说是属于北朝石窟造像系统。

广元隋代开凿的龛像并不多，以摩崖龛像为主。较重要的龛像有广元皇泽寺大佛洞（第51窟），约开凿于隋代，此为大型敞口龛，平面马蹄形，穹隆顶，环壁设低坛，坛上雕一佛二弟子二菩萨像。造像身后浮雕双树及人形化的天龙八部护法形象（图8-8）。造像样式明显沿袭了北周和隋代佛像的样式，而人形化的天龙八部则是川北地区最早的，嗣后成为川地流行的护法形象。其来源是北朝，如天水麦积山北周上七佛阁（第4窟）的天龙八部像，由此可以看到北朝石窟的深刻影响。

唐代龛像以圆拱龛居多，如千佛崖北大佛窟（第138窟）为马蹄形、弧顶大龛。正壁雕倚坐弥勒佛及二弟子像（图8-9）；也有不少洞窟，甚至还有改凿早期洞窟者，如前述北魏开凿的千佛崖莲花洞。洞窟形制变化较少，窟内中央设佛坛的佛坛窟比较多见，如千佛崖睡佛龛（第726窟）、七佛窟（第8窟）、牟尼阁窟（第5窟）等（图8-10）。睡佛龛内中央佛坛雕释迦涅槃像，背屏为双树，有举哀菩萨和弟子像。窟内三壁均浅浮雕多幅不同情节的涅槃经变，有举棺、焚棺等场景。有的佛坛窟成组出现，如菩提瑞像窟（第33窟）和弥勒窟（第30窟）左右并列（图8-11、图8-12），大小相当，为一对双窟。中心佛坛后部均有镂空的双树，双树与窟顶相连，构成硕大的背屏。这种形制颇具地方特色，与中原北方如敦煌莫高窟的背屏式洞窟有些类似，可能是模拟寺院殿堂的形制。唐代洞窟中也有塔庙窟，如千佛崖第22窟，但中心柱仅完成正壁龛和北壁龛（图8-13），南壁仅雕出石坯。造像组合形式一般以一佛二弟子二菩萨二天王二力士像居多，许多龛内造像后部浮雕天龙八部护法像。三佛题材有释迦、弥勒和阿弥陀佛组成的三佛；广元千佛崖莲花洞（第535窟）正壁龛主尊为倚坐佛，北壁龛为菩提像，南壁结跏趺坐佛，这种组合形式为以前石窟造像所未见。广元千佛崖第366窟菩提像与第365窟弥勒成组合，也是少见之例。盛唐时期以大云古洞（第512窟）旁侧的第513窟有益州大都督府长史韦抗于唐开元三年（715年）题刻（图8-14）。据研究，两窟为同时开凿，第513窟规模太小，与韦抗身份不符，故韦抗窟大概与第512窟有关。该窟规模较大，中心雕立佛像（图8-15），由于窟内裂隙的缘故，改变了原开凿计划，正壁立佛两侧向后开凿成两龛，侧壁则雕上下数排菩萨群像。

唐代造像题材形式丰富多样，西方净土变题材最为流行，造像后部浮雕五十二

图8-10 广元千佛崖牟尼阁窟（第5窟）

图8-11 广元千佛崖菩提瑞像窟（第33窟）

图 8-12 广元千佛崖弥勒窟（第 30 窟）

图 8-13 广元千佛崖第 22 窟

图 8-14 广元千佛崖第 513 窟韦抗题记

图 8-15 广元千佛崖大云古洞（第 512 窟）

菩萨[19]。与西方净土信仰相联系的观世音菩萨题材较为流行，有许多单身观音像龛。中唐以后观无量寿经变开始流行，其次弥勒佛题材较常见。初唐后期以后出现少量的密教题材，盛唐以后则广为流行。密教题材主要有毗卢遮那佛，药师琉璃光佛和药师经变题材、圣观音、如意轮观音、四臂观音、十一面观音、救苦观世音等，唐末出现不空绢索观世音。盛唐时期开始流行北方毗沙门天王，且多以主尊龛像的形象雕出。另外地藏菩萨像也是广元石窟中较为流行的题材，而且往往与观世音组合在一起。

注释：

[1] 《资治通鉴》卷259唐昭宗景福元年（892年）："扬州富庶甲天下，时人称扬一益二。"唐·李吉甫《元和郡县图志》记载：扬州"与成都号为天下繁侈，故称扬、益。"（北京：中华书局版，1983年，第1071页，所附缪荃孙《元和郡县志阙卷逸文》卷二，辑自《舆地纪胜》）

[2] 广元市文物管理所、中国社会科学院宗教所佛教室《广元千佛崖石窟调查记》《广元皇泽寺石窟调查记》，《文物》1990年第6期，第1—23页、第24—29页。

[3] 广元市文物管理所《广元观音岩石窟调查记》，《四川文物》2002年第3期，第3—12页。

[4] 按伊东忠太到达广元千佛崖和皇泽寺在1902年10月下旬，有简单的记述，并附有手绘的5幅插图。他认为"千佛崖亦有北魏及隋代艺术风格的佛像雕刻。"参见伊东忠太著，薛雅明、王铁均译《中国纪行——伊东忠太建筑学考察手记》，北京：中国画报出版社，2017年，第148—150页。常盤大定、關野貞《支那文化史蹟（第十輯）》，圖版1—3（共4幅），第十輯解說，第1—4頁，東京：法藏館，1940年。常盘和关野明确指出，其所据为明治35年9—12月伊东忠太的调查，所用图版亦应出自伊东忠太，这大概是最早的千佛崖图片。

[5] 参见维克多·谢阁兰《中国考古图录》（Victor Segalen, Gilbert de Voisins et Jean Lartique, *Mission Archéologique en Chine* (*1914 et 1917*), Paris, Librairie Orientaliste Paul Geuthner 1923-1924）巴黎格特纳书店出版，1923—1924年。

[6] 参见广元市千佛崖石窟艺术博物馆编《广元石窟研究文集》，广元历史图片，第16—20页图版，成都：四川美术出版社，2018年。

[7] 王家祐《广元皇泽寺及其石刻》，《文物参考资料》1956年第5期，第57—58页。

[8] 张明善、黄展岳《四川广元县皇泽寺调查记》，《考古》1960年第7期，第53—56页。

[9] 史岩《关于广元千佛崖造像的创始时代问题》，《文物》1961年第2期，第24—26页。

[10] 负安志、侯正荣《四川广元皇泽寺石刻调查纪要》，《考古与文物》1985年第1期，第50—54页。阎文儒《四川广元千佛崖与皇泽寺》，《江汉考古》1990年第3期，第85—91页。中国美术全集编辑委员会《中国美术全集·雕塑篇》12《四川石窟雕塑》，北京：人民美术出版社，1988年。该书中附有李巳生《四川石窟雕塑艺术》一文，概括地叙述了四川石窟艺术特点。

[11] 广元市文物管理所、中国社会科学院宗教所佛教室《广元千佛崖石窟调查记》，《文物》1990年第6期，第1—23页。丁明夷《川北石窟札记——从广元到巴中》，《文物》1990年第6期，第41—53页。罗世平《千佛崖利州毕公及造像年代考》，《文物》1990年第6期，第34—36页。邢军《广元千佛崖初唐密宗造像析》，《文物》1990年第6期，第34—40页。罗世平《广元千佛崖菩提瑞像考》，《故宫学术季刊》第9卷第2期，1991年，第117—138页。

[12] Angela F. Howard, Tang Buddhist Sculpture of Sichuang: Unknowen and Forgotten, *Bulletin of Far Eastern Antiquities*, 60 (1988), pp.1-164.

[13] 四川省文物管理局、成都文物考古研究所、北京大学中国考古学研究中心、广元市文物管理所《广元石窟内容总录·皇泽寺卷》，成都：巴蜀书社，2008年。四川省文物管理局、成都文物考古研究所、北京大学中国考古学研究中心、广元千佛崖石窟艺术博物馆《广元石窟内容总录·千佛崖卷》，成都：巴蜀书社，2014年。

[14] 姚崇新《巴蜀佛教石窟造像初步研究——以川北地区为中心》，北京：中华书局，2011年。

[15] 雷玉华、罗春晓、王剑平《川北佛教石窟寺和摩崖造像研究》，兰州：甘肃教育出版社，2016年。

[16] 八木春生著、姚瑶译《四川广元千佛崖武周至开元时期佛教造像研究》，《敦煌研究》2020年第2期，第34—48页。

[17] 前引罗世平《广元千佛崖菩提瑞像考》。李玉珉《四川菩提瑞像窟龛研究》，重庆大足石刻艺术博物馆编《2005年重庆大足石刻国际学术研讨会论文集》，北京：文物出版社，2007年，第548—561页。雷玉华、王剑平《试论四川的"菩提瑞像"》，《四川文物》2004年第1期，第85—91页。雷玉华、王剑平《再论四川

的菩提瑞像》，《故宫博物院院刊》2005年第6期，第142—148页。雷玉华、王建平《四川菩提瑞像研究》，文刊李正刚主编《2004年龙门石窟国际学术研讨会文集》，郑州：河南人民出版社，2006年，第492—501页。

[18] 广元市千佛崖石窟艺术博物馆编《广元石窟研究文集》，广元历史图片，第21页图版所示，大佛头部尚存，此为江学礼、吴觉非20世纪50年代初所摄，成都：四川美术出版社，2018年。

[19] 参见胡文和《四川唐代摩崖造像中的“西方净土变”》，《四川文物》1989年第1期，第27—33页。

二
巴中石窟

巴中位于古代由中原入蜀的米仓道上，是川北石窟造像比较集中的地区，据调查共有18处，重要的地点有南龛、北龛、西龛、东龛、石门寺和水宁寺等。除了早年法国谢阁兰等人的考察外，直到20世纪50年代才有学者到巴中进行考察，如陈明达、陶鸣宽等，他们简单地介绍了巴中石窟的情况[1]。进入80年代，学者们对巴中石窟作了较多的调查工作，并对巴中石窟的开凿年代、时代特点、部分题材作了专题研究[2]。2006年，四川省文物局、成都市文物考古研究所和巴州区文物管理所等单位做了大量的石窟寺调查工作，编撰出版了《巴中石窟内容总录》[3]，使我们对巴中石窟寺的总体面貌有了基本的了解。

南龛摩崖石刻造像主要分布在巴中城南南龛山崖的东面之神仙坡、云屏石、观音岩等处，共176龛（图8-16）。西龛摩崖石刻造像地处巴中市城西1千米的凤谷山西龛村，有龙日寺、流杯池和西龛寺（又名佛爷湾）三个地点，现存造像92龛（图8-17）。北龛位于巴中城北1千米的苏山南麓，共有34龛。水宁寺摩崖石刻造像分布于环绕巴中城东37千米的水宁镇水宁寺、水宁村千佛崖等处，现存造像39龛。龛像的雕造年代约从初唐延续到晚唐。与广元不同的是，巴中一般龛形流行佛帐形龛，双重龛口，外龛方形佛帐，龛楣装饰十分复杂，看似重檐的样式实际上是佛帐的覆斗顶部分。大型龛一般有盘龙帐柱。内龛为圆拱形，有的龛楣上刻饰佛像、伎乐天和宝塔。龛内外雕成组像造像组合一般主要为一佛二弟子二菩萨像，龛口雕二力士像，组成七尊式。有的则增加二天王像，组合成九尊式。还有释迦坐佛与倚坐弥勒二佛组合。

图 8-16 巴中南龛外观局部

图 8-17 巴中西龛寺

西龛寺开凿年代以前被认为是隋代，依据的是第21龛左壁镌有前蜀永平三年（913年）“检得大隋大业五年（609年）造前件古像，永平三年院主僧傅芝记”的题记（图8-18），故被推定第21龛可能开凿于隋大业年间。该龛主尊造像已毁，佛身两侧雕菩提双树，壁面浮雕天龙八部护法、听法众生像以及三头六臂、手托日月的阿修罗。从造像整体样式看，明显具有盛唐风格，因此，这样的推论还缺少可靠依据。第10龛为唐开元三年（715年）雕造，是西龛寺唯一有明确纪年的龛，主尊为倚坐弥勒佛二弟子二菩萨，龛口两侧为二力士像。另外还有观世音菩萨立像龛和阿弥陀佛西方三圣像。

图 8-18 巴中西龛寺第 21 龛

图 8-19 巴中南龛 103 号菩提瑞像龛

南龛大约从初唐一直延续到晚唐，保存了不少唐代铭刻。崖面的南部有一批唐代灰身塔和瘗龛。南龛的龛形与西龛一致，以佛帐形龛为主。大中型的龛像主要有菩提瑞像（103号、37号）、西方净土变、释迦、弥勒、三佛、二佛并坐像、七佛、释迦双头瑞像和观音菩萨像等。菩提瑞像（103号）是南龛最大的龛像之一，为晚唐乾符四年（877年）雕造，佛高4.6米，头戴宝冠，挂项饰、戴臂钏，手施禅定和降魔印，结跏趺坐莲座上（图8-19）。西方净土变题材最为流行，除主尊阿弥陀佛、观世音、大势至菩萨外，造像后部浮雕五十二菩萨（62号、116号）（图8-20）[4]。唐开元时期开凿的释迦双头瑞像（83号），以双头瑞像为主尊，双头左右对称，身着袒左式大衣，大概是误刻所致，颈下有莲瓣形的披肩。两侧各有一身立佛，也与瑞像有关（图8-21）。唐乾元二年（759年）巴州刺史严武造救苦观世音菩萨像（87号），头戴宝冠，左手上举持柳枝，右手下垂执净瓶（图8-22）。七佛龛（88号）富有特色，七佛坐于龛内正壁和左右壁台上，台下有香炉和二神王，一股清香从香炉中袅袅上升，烘托着七佛，十分罕见（图8-23）。唐乾符四年（877年）化成县令赵荐造毗沙门天王（65号）（图8-24）则属于较晚的龛像了。南龛大量流行具有浓郁地方特色的双树背屏、人形化的天龙八部等等，这些都是中原北方地区石窟造像所少见的。同时巴中石窟也受到两京地区石窟造像的影响，如十一面观音、地藏菩萨像（61号）等都是中原地区所流行的。各种经变如观无量寿经变、药师经变与敦煌莫高窟的同类经变画十分相似，亦应来源于北方。

水宁寺龛像开凿于盛唐时期，保存状况较

图 8-20 巴中南龛 62 号阿弥陀佛五十二菩萨

图 8-21 巴中南龛 83 号双头瑞像

图 8-22 巴中南龛 87 号救苦观世音菩萨

图 8-23 巴中南龛 88 号七佛龛

图 8-24 巴中南龛 65 号毗沙门天王

好，雕刻亦精。如第1号药师佛龛（图8-25），佛右手持禅杖，左手托药钵。足下有香炉和二狮子。两侧胁侍菩萨头戴高花冠，身披华丽的璎珞，侧身而立。龛外二力士孔武有力，立于山形座上。龛楣两侧各有一身栩栩如生的飞天。第2号龛为一坐佛二弟子二菩萨二天王二力士，在菩萨与天王之间还有二听法信女，形象与菩萨相当，实为罕见。佛身着钩纽式大衣，裙摆覆于仰莲座上，衬托出莲瓣（图8-26），这种莲座的表现方式是两京地区很常见的。另外还有释迦与弥勒二佛并坐像（第3号龛）、倚坐观音像（第4号龛）和一坐佛二菩萨像龛（第6号龛）等，有的龛亦生动地表现出天龙八部形象（第8号龛）。

图 8-25　巴中水宁寺 1 号龛

图 8-26　巴中水宁寺 2 号龛

注释：

[1] 陈明达《四川巴中、通江两县石窟介绍》，《文物参考资料》1955年第11期，第102页。陶鸣宽《四川巴中南龛的摩岩造像》，《文物参考资料》1956年第5期，第51—52页。

[2] 参见负安志《四川巴中县石窟调查记》，《考古与文物》1986年第1期，第50—57页。四川省文物管理委员会、巴中县文物管理所《四川巴中水宁寺唐代摩崖造像》，《文物》1988年第8期，第14—18页。顾森《巴中南龛摩崖造像形成年代初探》，《美术史论丛刊》1983年第3期，第111—133页。宁强《巴中南龛第93号毗沙门天王造像龛新探》，《敦煌研究》1989年第2期，第11—15页。宁强《巴中摩崖造像中的佛教史迹故事初探》，《四川文物》1987年第3期，第40—42页。巴中市文物管理所《巴中西龛石窟调查记》，《文物》1996年第3期，第48—57页。罗世平《巴中石窟三题》，《文物》1996年第3期，第58—64页。八木春生《巴中地区佛教造像龛之研究——以初唐时期到开元初期为中心》，《美术史研究集刊》第45期，2018年，第45—108页。

[3] 参见四川省文物管理局、成都文物考古研究所、北京大学中国考古学研究中心、巴州区文物管理所《巴中石窟内容总录》，成都：四川出版集团、巴蜀书社，2006年。

[4] 参见胡文和《四川唐代摩崖造像中的"西方净土变"》，《四川文物》1989年第1期，第27—33页。

三
大足石刻

大足石刻分布在四川东部大足县城（现属重庆市大足区）西南、西北和东北的山区，石刻地点多达40余处，造像5万余躯，是唐宋时期最重要的摩崖石刻造像群。保存较完整的有北山、宝顶山、石门山、石篆山、妙高山、南山等处，其中北山和宝顶山摩崖造像最为集中，规模宏大，雕刻精美，是大足石刻的代表作。南山主要为道教造像，石门山、石篆山则为三教合一的造像。

由于大足地处交通不便的川东，20世纪前半个世纪很少有学者到此考察。直到1944年，世界学院中国学典馆杨家骆（1912—1991）从当地人那儿获知大足石刻可与云冈、龙门相媲美，于是发起组织了大足石刻考察团。1945年，考察团一行十五人对大足境内的石刻作了比较详细的考察[1]。考察完成后，发表了考察记略，并提出大足宝顶山为密宗道场[2]，有的学者还对南北山各个时期的石刻风格及在中国雕刻艺术史上的价值作了阐述[3]。这是中国学者首次大规模调查和研究大足石刻造像，在学术史上具有重要意义。20世纪50年代以来，中国美术家协会等单位和学者又进行了调查和研究工作，出版了《大足石刻》图录[4]，并对大足石刻的特点、年代展开了讨论[5]。特别是陈习删（1893—1963）编著的《大足石刻志略》，在40年代考察的基础上撰写的，对大足石刻进行了全面的介绍，著录了相关的碑刻和文献资料，并高度评价了大足石刻的历史艺术价值。这是50年代比较全面论述大足石刻的专著[6]。80年代以来，大足文物部门对全县进行了文物普查，又有新的发现。如1987年，在大足县西南宝山乡尖山子新发现了10个龛像，其中第7号弥勒龛有初唐高宗

“永徽”年号（650—655年），第10号龛有“乾封元年”（666年）残存题刻。这样大足石刻的开凿年代可上推至初唐时期，但也有学者认为：尖山子在初唐时属普州（安岳）辖境，而大足与昌州均始建于唐乾元元年（758年）。因此，从历史意义看，尖山子龛像应属安岳石刻系统[7]。1985年，刘长久等编著出版了《大足石刻研究》一书，书中收录1984年6月以前发表的大足石刻调查与研究的论文，其中包括前述陈习删《大足石刻志略》，最后附录为李永翘、胡文和执笔的《大足石刻内容总录》。该书还附有北山和宝顶山摩崖造像的立面图，方便读者了解这两处石刻窟龛分布的情况。这是80年代出版的一部重要的参考书[8]。另外宋朗秋[9]、黎方银和王熙祥[10]、郭相颖[11]、刘长久[12]、陈明光等对大足石刻分期、年代、造像题材以及宝顶山是否为密宗道场等问题进行了研究和探讨[13]。1999年，重庆大足石刻艺术馆编著出版了《大足石刻雕塑全集》[14]，内容包括北山、宝顶山诸卷，这是比较全面展现大足石刻的丛书，为读者提供了大量的图片。2001年，美国学者何恩之（Angela F. Howard）《宝顶：中国大足佛教石窟艺术雕刻》一书，对大小宝顶山及宝顶山外围的雕刻与建筑做了研究，指出宝顶山具有两个功能：菩提道场和朝觐中心，并且提出了安岳某些石窟成为朝觐网路的站点[15]。2018年，在考古调查、测绘的基础上，经过十多年的努力，大足石刻研究院终于编撰出版了《大足石刻全集》大型石窟考古报告集，共计11卷19册，包括宝顶山、北山、南山、石篆山、石门山五处[16]。全书有完备的文字记录，2983张的测绘线图，5794帧的造像图版。这是国内迄今为止，唯一的大型石窟考古报告集，一定程度上填补了中国石窟寺考古报告的空白。

北山造像在大足县城北约2千米北山上，共有5处。其中北山的佛湾是最早创凿的石窟摩崖造像群，规模最大。佛湾造像最早由唐景福元年（892年）昌州刺史韦君靖主持开凿，经五代至宋达到极盛，历时250多年，现存造像窟龛264个，它反映了晚唐、五代至南宋时期石窟艺术的发展面貌。佛湾造像崖面长约300米，由南向北分为3段，通编为290窟龛号（图8-27）。南段多为晚唐和五代时期的作品，造像风化剥蚀比较严重；北、中段多为两宋时期作品，保存较好，其中不少为大型窟龛。北山造像题材十分丰富，主要有北方毗沙门天王、降三世明王、千手千眼观世音、如意轮观音、数珠手观音、不空羂索观音、如意王菩萨、欢喜王菩萨等密宗题材。另外还有阿弥陀佛、观无量寿变经变、孔雀明王、救苦观音、水月观音、观音与地藏菩萨（合龛）、药师佛等。宋代出现弥勒下生经变、地狱变等经变雕刻以及泗州大圣、十殿阎君、六圆觉菩萨、金刚等。这些题材反映了当地民间流行的佛教信仰。

第5龛，即北方毗沙门天王龛，为昌州刺史韦君靖雕造。龛内正中镌刻的毗沙门天王，身着甲胄，气势威猛（图8-28）。与常见的单尊毗沙门天王不同，该像两侧还有二力士胁侍像以及男、女侍者等。毗沙门是四天王之一，作为护持北方的

图 8-27 北山佛湾龛像局部

图 8-28 北山第 5 龛毗沙门天王

天王，盛唐以来，在密宗元匠不空和尚的推动下，被视为保家护国之神受到特别的尊奉[17]，因而出现单独供养的毗沙门天王像。

第245龛为观无量寿佛经变，开凿于晚唐时期，是佛湾造像内容最丰富的雕刻组群（图8-29）。正壁雕主像阿弥陀西方三圣坐像，佛头上悬宝盖和天宫楼阁。佛左右各有一座经幢。观音和大势至菩萨也头悬宝盖，菩萨外侧上方有七宝树。幢和树上都有云气缭绕，菩萨头顶各有二层塔形宝楼，楼后有三道长廊与天宫相连，并向外横贯全窟。左右壁各有桥，桥侧为八功德水池，池内有莲花、船等。在佛、菩萨的座底下面，有三层阶梯，上层刻出城墙，城中央雕阿弥陀佛，两侧分别为观音大势至菩萨，并雕刻出九品往生图。中层有拱桥、八功德池等。下层浮雕阿阇世幽闭父王母后的

图 8-29 北山第 245 龛观无量寿经变

图 8-30 北山第 155 龛孔雀明王

故事（即未生怨），由11个小方龛组成，每龛表现一个情节。门口两侧分为10格，浮雕十六观和未生怨的另外4个画面[18]。整个洞窟布局巧妙，雕刻富丽，完整地反映了《观无量寿佛经》的内容。这种配以未生怨和十六观图像的观经变也见于敦煌莫高窟唐代壁画中，其图像粉本应来源于两京地区。

第155窟为大佛母孔雀明王窟，开凿于北宋靖康元年（1126年）。正壁主像为佛母大孔雀明王菩萨，头戴花冠，胸前满缀璎珞，四手臂分别托经书、握扇、托如意珠及持孔雀羽毛，结跏趺坐于由孔雀驮托的莲座上（图8-30）。孔雀做展翅欲飞状，尾部后翘，通过主像身后直达窟顶，并向前弯于主像头上，形成身光。窟四壁刻满千佛。

第136窟十分特殊，长方形的洞窟内中心雕刻成八角形转轮经藏形式，所以称为转轮经藏窟，俗呼心神车窟（图8-31）。这是雕刻最精美的宋代洞窟之一。转轮经藏下部为束腰须弥座，束腰处浮雕蟠龙，座上雕出栏杆，其上有数十个活泼可爱、姿态各异的嬉戏儿童。柱身内空，转角处雕八根盘龙小柱，上承八角飞檐。窟内后壁主像是释迦佛，两旁迦叶和阿难二弟子以及二菩萨像。左右两壁雕刻有

图 8-31 北山第 136 窟转轮经藏

图 8-32 北山第 136 龛日月观音

文殊、普贤菩萨、玉印观音、如意珠观音、日月观音（图8-32）和数珠手观音菩萨。右壁还有两对世俗男女供养人。转轮经藏为南朝傅大士所创，《佛祖统纪》卷三十三记载："梁傅大士愍世人多故不暇诵经及不识字，乃于双林道场创转轮藏，以奉经卷。其誓有曰：'有三登吾藏门者，生生不失人身。有能信心推之一匝，则与诵经其功正等。有能旋转不计数者，所获功德即与读诵一大藏经正等无异。'"[19]可知，转轮经藏是作为传法和在民间扩大影响的重要手段。

宝顶山造像在县城东北17.5千米处，山顶有圣寿寺，造像主要集中在寺院西北的大佛湾和东面的小佛湾。根据明洪熙元年（1425年）《重修宝顶山圣寿院记》碑记载，大小佛湾为异僧赵智凤于南宋淳熙六年（1179年）创凿，摩崖造像似是经过统一规划设计的，一般认为小佛湾雕造在先，大佛湾开凿在后，历时70余年之久。大佛湾是一条幽深的马蹄形山湾，长约280米，崖面高15—30米，共有31组大型雕像，还有记载宝顶山造像由来和佛教密宗史实的碑刻、题记、舍利塔等。小佛湾即是传说中赵智凤所创建的圣寿院遗址。这是一座宽16、进深8米的石构建筑基址，其上残留着用条石砌成的多垛墙体，还有1座小型的石屋，即第4号龛毗卢庵（图

图 8-33 宝顶山小佛湾毗卢庵

8-33）。其外后壁中心的南宋嘉定十年（1217年）广利禅寺住持道权所刻“释迦舍利宝塔禁中应现之图碑”，在墙体壁面和石屋内外均镌刻佛、菩萨、护法明王等像。位于毗卢庵之下的第3号龛有报父母恩重经变和大方便佛报恩经变，与大佛湾第15龛与17龛内容对应，故有学者认为，宝顶山大小佛湾造像是密宗道场的内外院。

大佛湾大型连续性的雕刻和庞大的群像，场面恢宏，这在中国石窟寺中是十分罕见的。造像题材以密宗为主，主要有华严三圣、广大宝楼阁、六道轮回图、毗卢道场、孔雀明王经变、释迦诞生和涅槃、圆觉洞、千手千眼观音、柳本尊行化、地狱变、观无量寿变、父母恩重经变、十大明王、牧牛图等。这些题材实际上糅杂了密宗、禅宗和儒家孝道等各种思想，是研究宋代雕刻艺术以及多种宗教思想融合的重要资料，而并非用完备的密宗道场所能概括的。

第11龛为释迦牟尼涅槃图（图8-34），位于东崖尽头，是大足石窟中最大的石刻。释迦像长达31米，头北足南，面容安详，双目微合，右胁而卧。膝部以下没有雕出。腹前摆一供桌，两侧有抬供桌的侍者，桌前有一王者像，捧笏面内作哀悼状。供桌上飘起一朵祥云直达崖顶，摩耶夫人及眷属立于云头，表现了摩耶夫人闻听释迦涅槃后，从忉利天下来的场景。释迦头侧及身前有天王、众菩萨弟子等（图8-35），具有四川地方特色的是举哀弟子中增加了柳本尊、赵智凤。柳本尊是晚

图 8-34 宝顶山第 11 龛涅槃像

图 8-35 宝顶山第 11 龛卧佛前供养菩萨等

图 8-36 宝顶山第 21 龛柳本尊行化图

图 8-37 宝顶山第 12 龛九龙浴太子

唐时期人，信奉密宗，是成都瑜伽教派的教主。赵智凤是南宋时期人，自称得柳本尊教派的真传，成为这一教派的新教主。所以，作为柳本尊的传法人赵智凤自然要突出表现祖师的功绩，北崖西端第21龛表现的就是柳本尊行化道场，柳本尊居中，为居士形象（图8-36）。下有十大明王龛（第22龛），上为五佛四菩萨。柳本尊行化图（即十炼图）左右分上下二层。两侧分列着菩萨、侍女以及表现柳本尊10种行化的场面和各种供养人。这一规模宏大的造像群显然是为了纪念柳本尊而雕刻的。值得关注的是十大明王龛，部分明王仅仅雕刻出身体的粗形，这说明造像并没有完工，由此看来，北崖西端是宝顶山最晚开凿的区域。

涅槃像北侧第12龛是佛传故事中的九龙浴太子图（图8-37），它的构思十分巧妙，正面雕一大龙头，山顶清泉通过龙嘴喷涌而出，为龙头下的裸身太子沐浴。太子坐金刚台座，座前为一半圆形贮水池。大龙头上方刻有8个小龙头，伸出崖面，互相对称。表现了释迦太子诞生后，九龙为他灌顶沐浴的场景。

毗卢舍那佛、华严三圣、千手千眼观音等都是密宗供奉的主尊，第14龛表现的就是毗卢舍那佛说法的毗卢道场。窟门外两侧为半身四天王像，窟内正中依壁雕一座单层六角攒尖顶的塔式转轮藏（图8-38），分为藏

图 8-38 宝顶山第 14 龛毗卢道场

图 8-39 宝顶山第 5 龛华严三圣

图 8-40 宝顶山第 8 龛千手千眼观音

座、藏身和天宫楼阁三部分。藏座为束腰须弥座，转角处有力士承托。藏身雕盘龙柱，正面雕刻毗卢遮那佛，头戴宝冠，口中喷出毫光二道，结跏坐于莲座上。第 5 龛为华严三圣（图8-39），均为立像，主尊毗卢舍那佛头为螺发，身披大衣。左右文殊、普贤菩萨，手捧宝塔。第8龛为千手千眼观音龛，观音结跏趺坐于莲台上，后背雕出无数手与眼，手中各持不同器物，变幻无穷（图8-40）。

六道轮回图（第3龛）和广大宝楼阁（第4龛）是一组相互关联的摩崖造像（图8-41），雕造于南宋嘉定十六年（1223年）[20]。六道轮回图龛内雕身高5.2米、叉腿而立的无常鬼。无常鬼头长双犄角，浓眉圆眼，蓬发张口，长舒两臂，抱一六趣生死轮。轮内雕刻天、人、阿修罗、畜生、饿鬼和地狱六道以及正在轮回转世的芸芸众生。如何摆脱生死轮回之苦，其实在广大宝楼阁图像中给出了答案。广大宝楼阁以三仙人为中心，上有仙竹童子、三宝楼阁，表现了三仙人闻此陀罗尼经（《广大宝楼阁经》），勤奋修习，舍仙成佛的三个阶段。这二幅图像意在引导广大信众如何进行修行，脱离生死轮回，最终成就佛道之路。

第15龛的父母恩重经变龛和第17龛的大方便佛报恩经变龛，都是表现儒家孝道观念的雕刻。父母恩重经变龛上部刻七佛半身像；中部中间刻夫

图 8-41　宝顶山第 3 龛六道轮回图和广大宝楼阁图

图 8-42　宝顶山第 15 龛哺乳养育恩

妇二人捧持香炉、焚香礼佛的情景。两侧分别刻出父母养育十种恩德（图8-42），真实反映了父母对儿女的深挚感情，具有浓厚的生活气息。下部雕刻不孝之子入地狱受诸苦难的场景。这是根据中国僧人撰述的《报父母恩重经》雕刻的。第17龛中雕释迦半身像，头顶霞光中化现出忉利天宫，佛像腹部以下为一块名《三圣御制佛牙赞》碑。碑两侧面镌刻《大方便佛报恩经》和《释迦牟尼佛为末世众生设化法故担父王棺》碑。佛像两侧雕刻六师外道谤佛不孝图、大孝释迦佛亲抬父王棺图以及各种释迦及释迦前生行孝道的故事场面（图8-43）。这些题材反映了佛教吸收儒家思想，以迎合中国传统的伦理道德。

经变龛中还有第18龛的观无量寿经变龛和第20龛的地狱变相。无量寿经变依崖面凹凸布局，错落有致（图8-44）。上层为大型的西方三圣半身像，

图 8-43　宝顶山第 17 龛释迦抬棺

图 8-44　宝顶山西方净土变

身后有十方佛、楼阁及伎乐飞天、金翅鸟等，下层刻九品往生。十六观在大龛左右边缘转角处，刻出韦提希夫人16种冥想境界。地狱变相以地藏菩萨为中心（图8-45），左右分上下二层，上层左右为十方诸佛，下层左右为十大冥王，执掌地狱生杀予夺的大权，冥王旁均有判官侍立。地藏和冥王下面也分上下二层，为十八层地狱，有刀山、镬汤、寒冰、黑暗、剑树、拔舌、截膝、锯解、饿鬼、粪秽等

图 8-45　宝顶山第 20 龛地藏菩萨

图 8-46　宝顶山第 20 龛镬汤地狱

图 8-47　宝顶山第 16 龛电母

图 8-48 宝顶山第 30 龛牧牛图

地狱。各种受难者形象刻画得十分生动。如镬汤地狱中有一大镬汤锅，锅内人头翻滚，旁有马面鬼持叉搅拌，另一小鬼在鼓风吹火，锅后一行将就刑者以手掩面，不敢目睹（图8-46）；锯解地狱中受刑者赤身露体，倒悬在锯架上，牛面鬼和另一小鬼，在用力锯解其身；寒冰地狱中，二人蹲在冰雪中，须眉挂霜，一个笼手，一个将手藏于肋下，在寒冷中颤抖；刀船地狱中的养鸡女图，面露微笑，双手正打开鸡笼，笼前两鸡争食一蚯蚓，笼下有小鸡欲钻出，这是一幅村妇生活的写照。在截膝地狱东端是劝戒酒图，分4组刻“父子不识”“夫妻不识”“兄弟不识”“姐妹不识”各种酒后昏乱、亲人不识的神情。这些地狱的场面都雕刻得栩栩如生，表现了死者生前多行种种恶事，死后受到各种报应和惩罚，以此告诫人们要行善积德，莫做坏事；要念各种佛、菩萨名号，才能不堕地狱。

另外，宝顶山石刻还有一些生活气息很浓的雕刻，如第16龛的雷音图，雕刻在一段悬突的峭崖上，有手抱风袋的风伯、手持巨锤的雷公、双手执宝镜子的电母（图8-47）、吞云吐雾的云神、骑飞龙的雨师等生龙活虎的形象，创造出乌云压顶、暴雨狂风、雷电交加的自然气势。第30龛的牧牛图，长达30米，依山崖自然地高低起伏雕凿（图8-48）。牧牛图首起刻有“朝奉郎知润州赐紫金鱼袋杨次公证道牧牛颂”。场面分未牧、初调、受制、回首、驯伏、无碍、任远、相忘、独照、双忘10组图像。每组都有牛和牧童，或有其他人物和动物等。表现了牧童和牛在崎岖的山路上、幽静的林泉间，或欲与狮虎搏斗，或牧童相拥交谈，或吹笛，或牵牛，表现了田园生活场景。

注释：

[1] 这次考察团的成员组成、考察地点及考察后的整理工作等情况，可参见吴显齐《介绍大足石刻及其文化评价》，《新中华》复刊第3卷第7期，1945年7月。

[2] 杨家骆《大足龙岗区石刻记略——世界学院中国学典馆大足石刻考察团考察记略之一》，《大足宝顶区石刻记略——世界学院中国学典馆大足石刻考察团考察记略之二》，《大足龙岗宝顶以外各区石刻记略——世界学院中国学典馆大足石刻考察团考察记略之三》，分别刊于《文物周刊》第20、21、22期，1947年。

[3] 傅振伦《大足南北山石刻之体范》，原载《民国重修大足县志》卷首附载《大足石刻图征初编》，后收入刘长久、胡文和、李永翘编《大足石刻研究》一书，成都：四川省社会科学出版社，1985年，第17—22页。

[4] 中国美术家协会四川石刻考察团《大足石刻》，北京：文物出版社，1959年。四川美术学院雕塑系《大足石刻》，北京：朝花美术出版社，1962年。

[5] 陈习删《宝顶雕像年代问题》，《文物参考资料》1956年第5期，第66—69页。李正心《也谈宝顶山摩崖造像的年代问题》，《文物》1981年第8期，第85—86页。东登《再谈宝顶山摩崖岩造像的年代问题》，《文物》1983年第5期，第90—91页。

[6] 此为陈习删1955年完成的，同年，大足县政府油印80多册。20世纪80年代，胡文和和刘长久对《大足石刻志略》作了校注，发表在前引刘长久等编《大足石刻研究》一书，第183—354页。

[7] 参见刘长久《中国西南石窟艺术》一书中“大足石窟研究综论”部分，成都：四川人民出版社，1998年。

[8] 刘长久、胡文和、李永翘编《大足石刻研究》一书比较详细地刊录了大足宝顶山大、小佛湾的十炼图像。成都：四川省社会科学出版社，1985年。

[9] 宋朗秋《大足石刻分期述论》，《敦煌研究》1996年第3期，第64—75页。

[10] 黎方银、王熙祥《大足北山佛湾石窟的分期》，《文物》1988年第8期，第31—45页。

[11] 郭相颖《宝顶山摩岩造像是完备而有特色的密宗道场》，《社会科学研究》1986年第4期，第62—66页。郭相颖《宝顶山摩崖造像是完备而有特色的佛教密宗道场》，《四川文物》1986年第1期，第49—54页。

[12] 刘长久《中国西南石窟艺术》，成都：四川人民出版社，1998年。

[13] 陈明光《大足石篆山石刻“鲁班龛”当为“志公和尚龛”》，《文物》1987年第1期，第81—82页。

[14] 重庆大足石刻艺术馆、重庆出版社编《大足石刻雕塑全集》，重庆：重庆出版社，1999年。

[15] *Angela F. Howard*, Summit of Treasures: *Buddhist Cave Art of Dazu, China*, New York, Weatherhill, Inc., 2001. 姚崇新《巴蜀佛教石窟造像初步研究——以川北地区为中心》一书第九章“巴蜀腹地的纵深观察：以大足石刻中心为中心”对该书有评述，可参阅。北京：中华书局，2011年，第396—407页。

[16] 黎方银主编、大足石刻研究院编《大足石刻全集》，重庆：重庆出版集团、重庆出版社，2017、2018年。

[17] 《宋高僧传》卷1《不空传》记载：“又天宝中，西蕃、大石、康三国帅兵围西凉府，诏空入，帝御于道场。空秉香炉，诵《仁王密语》二七遍，帝见神兵可五百员在于殿庭，惊问空。空曰：‘毘沙门天王子领兵救安西，请急设食发遣。’四月二十日果奏云：‘二月十一日，城东北三十许里，云雾间见神兵长伟，鼓角喧鸣，山地崩震，蕃部惊溃。彼营垒中有鼠金色，咋弓弩弦皆绝。城北门楼有光明天王怒视，蕃帅大奔。’帝览奏谢空，因敕诸道城楼置天王像，此其始也。”范祥雍点校本，北京：中华书局，1987年，第11—12页。

[18] 关于未生怨和十六观的图像考证，可参见王惠民《北山245窟的图像与源流》，重庆大足石刻艺术博物馆编《2005年重庆大足石刻国际学术研讨会论文集》，北京：文物出版社，2007年，第37—57页。

[19] 《大正藏》卷49，第318页。

[20] 李裕群《大足宝顶山广大宝楼阁图像考》，重庆大足石刻艺术博物馆编《2005年重庆大足石刻国际学术研讨会论文集》，北京：文物出版社，2007年，第224—234页。

四 安岳石窟

安岳位居大足县西北，两县相邻。安岳县石刻众多，遍布全县。据近年的文物普查，摩崖造像多达217处，窟龛1298个，造像2万余躯。这是继大足石刻之后，石刻造像最多的地区。安岳石窟龛像开凿于盛唐时期至宋，在年代上稍早于大足石刻，而且，大足石刻许多重要的题材都可以在安岳石窟中找到其来源。比较重要的石刻造像地点有：卧佛院、圆觉洞、千佛寨、玄妙观、毗卢洞、华严洞等。安岳石窟的调查工作大约从20世纪50年代开始，如张圣奘（1903—1992）、吴觉非在调查的基础上对安岳石窟作了扼要介绍[1]。进入80年代，调查全面展开，并有不少新的发现[2]。最为重要的是1982年卧佛院新发现的巨型卧佛和石刻经文，引起学术界广泛的关注[3]。1997年刘长久主编的《安岳石窟艺术》一书刊布了卧佛院、千佛寨、圆觉洞、毗卢洞、华严洞、玄妙观等处石窟彩色图版215幅，书中还附有《安岳石窟及造像一览表》和刘长久《安岳石窟艺术概论》一文，该文对安岳石窟的窟龛形制作了分期，认为：第一期唐代是安岳石窟的形成期，受广元、巴中等川北石窟的影响；第二期五代是安岳石窟自成体系的过渡期；第三期宋代是安岳石窟自成体系的极盛期[4]。有的学者则对安岳石窟开凿年代作了分析研究[5]。近年来，关于卧佛院最为详细的调查报告则见于秦臻等所著《安岳卧佛院考古调查与研究》一书[6]，可以参阅。

卧佛院位于安岳县城北40千米卧佛村，共有139个窟龛，造像1613躯。开凿于盛唐至五代时期。主要造像有释迦说法、涅槃经变、三身佛、弥勒佛、凉州瑞像（图8-49）、千手观音等。其中第3号龛为高居崖面的身长23米的大型卧佛（图8-50），与传统右胁而卧的释迦涅槃像不同，作左胁

图 8-49　安岳卧佛院第 64 龛凉州瑞像

图 8-50　安岳卧佛院第 3 龛卧佛像

卧姿，这或许与山势崖面的局限有关。卧佛身后有释迦临终说法及十大弟子、天龙八部群像。最为重要的是还出现了15座刻经洞窟，其中第66、71—73窟为经文与造像合造一窟。刻经为唐开元时期刊刻的，有《涅槃经》《法华经》《维摩经》《大方便佛报恩经》等十余部，约40万字。这是研究佛教经典及其在当地流传状况的重要资料。

圆觉洞，原称千佛院，位于安岳县城东南2千米云居山上，分前山和后山二处，共有窟龛103个，造像1933尊。开凿于盛唐至宋朝。主要为佛教造像，也有道家窟龛和佛道合开的窟龛。造像题材有释迦（图8-51）、西方三圣、三佛、七佛、地狱变、千手观音（图8-52）、净瓶观音、莲花手观音、明王、毗沙门天王、十六罗汉，以及释迦、元始天尊、太上老君佛道合龛（图8-53）、聂公像等。其中第9号窟为圆觉洞，北宋开凿，窟内正壁原雕三佛，侧壁雕十二圆觉像，造像毁于20世纪60年代[7]。

千佛寨摩崖造像位于安岳县城西北2.5千米贾岛村大云山，现存窟龛105个，造像3061尊。开凿于唐宋时期，有释迦说法（图8-54）、西方三圣、倚坐弥勒佛、药师经变（图8-55）、千手观音等龛像。

玄妙观摩崖造像位于安岳县城北20千米鸳大镇玄妙村集圣山。龛像围绕一方形巨石四周雕造，现存窟龛79个，造像1293尊，开凿于唐开元六年至天宝七载（718—748年）间[8]。以道教龛像为主，有老君像、救苦天尊乘九龙像（图8-56）、四天尊像、释迦老君并坐像、十二时神、金刚力士等。其中老君像龛规模较大，为方形重口龛，龛内雕主尊老君像，左右二弟子二真人，龛外壁护法天王像

图 8-51 安岳圆觉洞第 10 龛释迦立像

图 8-52 安岳圆觉洞第 26 龛千手观音

图 8-53 安岳圆觉洞第 23 龛佛道合龛

图 8-54 千佛寨第 51 龛释迦说法中的胁侍像

图 8-55 千佛寨第 96 龛药师经变

和力士像。救苦天尊乘九龙像龛内雕救苦天尊，身着交领道袍，立于九龙托举的仰莲台上。天尊左右天王、力士各一，作为护法。老君像龛左侧有唐天宝七年（748年）《启大唐御立集圣山玄妙观胜境碑》。碑文记载，道徒左识相于唐开元十八年（730年）为亡父造“相天龛，次王宫龛，□十□□□/救苦天尊乘九龙；为慈母古五娘造东西真像廿躯，小龛卅二刊躯。天真□上下飞天神王……”。

毗卢洞摩崖造像位于安岳县城东南50千米石羊镇油坪村厥山上，有窟龛20个，造像465身，开凿于北宋[9]。造像题材有大型的柳本尊十炼修行图，柳本尊三身像、观音经变（图8-57）、华严三圣、明王、十六罗汉、三皇像和供养人像等。第8号窟柳本尊十炼图规模宏大，面宽14、进深4.5、高6.6米（图8-58）。整铺造像的中心为毗卢遮那佛，佛头戴宝冠，菩萨装，结跏趺坐于由二天王抬举的仰莲座上。左右分上下两层雕刻柳本尊十炼图。其中左侧为单数，即第一、三、五、七、九炼，右侧为双数，即第二、四、六、八、十炼。每幅炼图均有为柳本尊作证之佛、菩萨、官吏等，且附有文字榜题说明十炼内容。窟口两侧雕一护法天王像。柳本尊十炼图与大足宝顶山题材相同，年代相近，由此学术界对两地十炼图孰早孰晚进行了讨论。

华严洞位于安岳县城东南56千米石羊镇华严村箱盖山上。现存华严洞、般若洞2个大窟，造像159尊。华严洞开凿于北宋初年，窟内雕华严三圣（图8-59）和十大菩萨（图8-60）、善财童子五十三参。

般若洞开凿于南宋嘉熙四年（1240年），“三教”合一造像窟。正壁雕释迦佛，佛两侧中层龛内雕孔子和老子像。左右壁有十八罗汉、二十四诸天等。

图 8-56 玄妙观第 62 龛救苦天尊

图 8-57 安岳毗卢洞第 19 龛水月观音

图 8-58 安岳毗卢洞第 8 龛柳本尊十炼图

图 8-59　安岳华严洞正壁三大士像

图 8-60　安岳华严洞菩萨像

注释：

[1] 张圣奘《大足安岳的石窟艺术》，《西南文艺》1953年第7期，第40—46页。张圣奘认为：从造像作风看，安岳石刻要早于大足石刻，安岳和大足可分为四个时期，其中第一期定为北周至唐景福元年（557？—892年）。认为安岳孔雀场的地狱变和妙高山的接迎佛具有北朝石刻浑厚的特征。显然，将安岳石刻定为北朝始凿尚缺少足够的依据。吴觉非《四川安岳县的石刻》，《文物参考资料》1956年第5期，第47—50页。

[2] 员安志《安岳石窟寺调查记要》，《考古与文物》1986年第6期，第45—52页。彭家胜《四川安岳卧佛院调查》，《文物》1988年第8期，第1—13页。白中培《安岳毗卢洞》，《四川文物》1987年第3期，第34—35页。王家祐《安岳石窟造像》，《敦煌研究》1989年第1期，第45—53页。傅成金、唐承义《四川安岳石刻普查简报》，《敦煌研究》1993年第1期，第37—52页。

[3] 陈兆复《在四川安岳县新发现唐代巨大卧佛和石刻经文》，《文汇报》1982年9月11日第2版。胡文和、李官智《安岳卧佛院唐代石经》，《四川文物》1986年第2期，第20—25页。胡文和《四川安岳卧佛沟唐代石刻造像和佛经》，《文博》1992年第2期，第3—11页。

[4] 刘长久主编《中国西南石刻艺术》，成都：四川人民出版社，1998年。刘长久《安岳石窟艺术概论》，该书第6—11页。

[5] 傅成金《安岳石刻造像的数量与始造年代》，《四川文物》1991年第2期，第46—48页。

[6] 参见秦臻、张雪芬、雷玉华著《安岳卧佛院考古调查与研究》，北京：科学出版社，2015年。

[7] 参见李崇峰《安岳圆觉洞调查记》，重庆大足石刻艺术博物馆编《2005年重庆大足石刻国际学术研讨会论文集》，北京：文物出版社，2007年，第565—577页。

[8] 前引刘长久《安岳石窟艺术概论》（《中国西南石刻艺术》，第8页）玄妙观共编号79龛。曾德仁《四川安岳县玄妙观道教摩崖造像》（《四川文物》2014年第4期，第83—90页）一文，则编为22龛，参见该文图二，摩崖造像平面分布图。

[9] 曹丹、赵昤《安岳毗卢洞石窟调查研究》，《四川文物》1994年第3期，第34—39页。刘长久主编《中国西南石刻艺术》，图版108—146。二者编号并不相同。

五 乐山大佛

川渝地区还有许多重要的窟龛造像，但令人瞩目的是这一地区大佛的雕造。如乐山大佛、仁寿牛角寨大佛、荣县大佛、潼南大佛寺大佛等，表明川地信众更加热衷于弥勒大佛的崇拜。

乐山大佛位于乐山市城东岷江、大渡河、青衣江三江交汇处的凌云山，是世界文化遗产之一。大佛依山临江开凿而成，为一倚坐弥勒佛像，一般记述大佛通高71米，而据四川省文物考古研究院用近景摄影测量数据，大佛通高61.7米，虽然较原有数据矮了近10米，但仍然是世界上最大的石刻佛像（图8-61）[1]。按唐韦皋所撰《嘉州凌云寺大佛像记》记载[2]，唐开元元年（713年），由海通法师发愿雕造，贞元十九年（803年）完工，历时90年。大佛历经修缮，早已面目全非。现存大佛作螺发，脸庞方圆，双肩宽平，身着双领下垂式大衣，衣纹已不清晰。双手抚膝，双腿自然下垂，倚坐于台座上。足下踩莲台。原大佛前建有高7层的大佛阁。与一般仅雕单身弥勒大佛不同，在大佛龛外两侧各雕一身高10余米，手持戈戟、身披战袍的护法力士像。因此，从外立面观察，更加显得气势不凡。龛内两侧崖壁还有唐代造像龛，保存较好的有释迦、弥勒、药师三佛龛，西方净土变龛。这些龛像当是大佛龛开凿之后陆续补凿的。

图 8-61 乐山大佛

图 8-62 仁寿牛角寨半身像

图 8-63 荣县弥勒大佛

牛角寨摩崖造像位于仁寿县城东北35千米高家乡鹰头村，唐宋时期雕凿的佛教和道教造像龛，共计101龛，1519尊。其中佛教造像龛95个，道教造像龛6个。大部分造像保存较好，十分难得。其中第44号龛为高15.85米的弥勒佛半身像，雕凿于盛唐时期（图8-62）。佛像保存基本完好，螺发，国字形脸庞，身披大衣，双手合十的手印极为罕见。其他龛像主要题材有维摩经变（第2号龛）、观无量寿佛经变（第3号龛）、华严三圣（第20号龛）、药师佛、千手观音（第98号龛）、三清像（第53号龛）、真人群像（第64号龛）等[3]。

荣县大佛位于县城东500米大佛崖[4]，雕造于晚唐时期，为露顶、敞口大龛。龛内雕倚坐弥勒大佛，高36.67米（图8-63）。佛头与山巅齐平。佛像螺发，面相方圆，身着双领下垂式大衣，右手抚膝，左手握摩尼珠，倚坐于佛座上。宋元时期曾对佛像进行过妆銮。大佛西侧约500米处还有同时代的摩崖造像，有倚坐弥勒佛、毗沙门天王像、飞天图案、舍利宝塔等。

潼南大佛寺大佛位于潼南县城西北1千米定明山北麓，此为敞口露顶大龛，龛内雕倚坐弥勒大佛（图8-64）。佛首开凿于唐咸通年间（874—880年），佛身为南宋靖康丙午（1126年）至绍兴辛未（1151年）凿成，历时26年。大佛通高18.43米，螺发，面相丰满，身着钩纽式大衣，左手抚膝施降魔印；右手置于腹下施禅定印，倚坐于须弥座上。

阆中大像山大佛位于阆中市东郊外1千米处的嘉陵江南岸，大佛依崖开龛，内

图 8-64 潼南大佛寺大佛

图 8-65 涞滩二佛寺倚坐佛

刻倚坐弥勒大像，为唐元和四年（809年）凿成，身高9.88米。佛像螺发，头部比例较大，面相浑圆，颈短，内着僧祇支，外披双领下垂式大衣，衣纹突起。左手抚膝施降魔印；右手上举似施无畏印。大佛头后有火焰头光。龛内壁面满雕千佛。

南部禹迹山大佛位于南部县东北15千米碑院镇，又名碑院大佛[5]。此为摩崖露顶大龛，龛内雕高达18米的大立佛。佛像为螺发，面相方圆，身披大衣，双手残。大佛头部与下肢皆整体圆雕，仅腰背与山体相连。大佛雕造的年代，并无文献记载，从造型和服饰看，应近似唐末时期作品。

资阳半月山大佛位于资阳市东南20千米雁江区碑记镇，为长方形佛龛，龛内雕倚坐弥勒佛，坐南朝北，身高22.24米[6]。佛像身着双领下垂大衣，左肩有钩纽将大衣衣边束起，双手抚膝，姿态与乐山大佛相似。龛左侧上部有壁刻，唐“贞元九年（793年）八月十五日”字样；中部刻有清光绪十三年（1887年）《大佛会碑序》。按《大佛会碑序》记载，大佛为唐贞元九年开凿，至南宋绍兴元年（1131年），汝南居士梅修率石刻大师周义等人，为巨佛开凿眉目。据此可知，大佛的雕造在唐代已经完成，南宋只是为眉目开光，前后历时3百余年。

涞滩摩崖大佛位于重庆合川区涞滩古镇二佛寺内（图8-65）。二佛寺原称鹫峰禅寺，现存大殿依山势而筑，摩崖造像就雕凿在殿内北、西、南三面崖壁上，编号42个，共有大小造像1700余尊，雕造于南宋淳熙至嘉泰年间（1174—1204年）[7]。以北岩高达12.5米的倚坐释迦大像为中心，龛内左右分别为十大菩萨，龛外两侧为迦叶、阿难二弟子，善财童子和龙女。周围分层雕刻形态各异的罗汉群像。另外西、南岩还有释迦与禅宗六祖、六臂观音、地藏菩萨、十六罗汉等。据研究，这组群像是有意识组合起来的，与禅宗六祖《坛经》、禅宗语录以及临济宗杨岐派有着密切关系，是研究川渝地区南宋禅宗的重要实物资料[8]。

近年来，四川省文物考古研究院、成都市文物考古研究所等单位作了大量的考古调查工作，刊布了四川成都地区的蒲江、邛崃，以及夹江、绵阳、茂县等地较为详细的石窟造像资料[9]。

成都自古以来是川地的政治、军事、文化和佛教中心。在南北朝时期，成都是江南通往西域的丝绸之路上的重镇。佛教繁盛，寺塔林立。历年来，成都地区出土了大量的南朝佛教造像，如成都万佛寺、商业街、西安路[10]、下同仁路[11]等充分说明了这一点。

成都地区最早开凿的摩崖造像在南北朝晚期。目前发现的只有成都龙泉驿的北周强独乐造像龛一处。该龛位于龙泉驿区山泉镇大佛岩村北1千米大佛岩摩崖造像区内，是成都地区最早的摩崖造像，极为重要。这处摩崖共有54龛造像，从北周延续到唐。北周文王碑（第38号）及龛像（第34号）居摩崖造像的中心位置（图8-66），左右排列[12]。碑龛高2.24、宽1.25米。碑额为螭首，唐代雕刻四身坐佛，破坏了原有形制。碑文上部题："此周文王之碑。大周使持节车骑大将军仪同三司大都督散骑常侍军都县开国伯强独乐为文王建立佛道二尊像，树其碑，元年岁次丁丑造。"[13]即北周孝闵帝元年（557年）雕造。碑铭部分记载："……乐等今从柱国大将军大都督甘州诸军事化政郡开国公宇文贵，边戍岷蜀，因防武康，不胜悲切，故于□东之岭，显益之，天落石傍，为王敬造佛道二尊宝堂，药王在其左，普贤在其右，文殊师利侠持两箱，飞天化生，在上驰翔，师子吒呰，在下侏张，百神庄严，内外黄黄。"说明了造像的缘由及造像的题材。造像龛为尖楣圆拱形，高2.95、宽2.49米。龛内正壁设高坛，坛上释迦、老君二主尊分坐左和右，各铺五身。释迦有二弟子二菩萨胁侍，老君两侧为二女侍二真人。佛身着钩纽式大衣，菩萨着通肩大衣，身姿有明显的动态，左侧菩萨双手持长茎莲花；右侧菩萨持拂尘和净瓶。老君身前倚三足凭几，左手持圆扇。二真人双手执笏板。左右壁近龛口处各有一护法神将，均着交领长袍。左侧神将面容与成都出土的南朝造像中力士形象一致；右侧神将左手持斧钺。高台前有夜叉举托的莲台，两侧为举一爪的二狮子。此龛是川渝地区目前所见最早的佛道合龛，具有重要学术价值。它

图 8-66 成都龙泉驿石窟北周强独乐造文王佛道龛碑

的开凿时间，距离宇文泰出兵平定巴蜀（553年）仅仅过去四年，因而，造像样式明显具有南朝萧梁时期的特征。比如前述菩萨的身姿、左侧神将面容都与成都出土的南朝造像一致，佛像的钩纽式大衣出现于北齐时期，尚不见于南朝造像，或有来自北朝造像的因素[14]。

飞仙阁摩崖造像位于蒲江县西南朝阳湖镇二郎潭两岸山崖上，共92龛，造像777尊，雕造于唐、五代时期。最早造像为唐永昌元年（689年）所造菩提瑞像龛。主要造像有释迦、三世佛、七佛、华严三圣、弥勒、双观音、千手观音、如意轮观音、西方净土变、地藏、天龙八部、天王等。另有道教天尊十尊像小龛。

邛崃石刻位于邛崃市境内，有石笋山、磐陀寺和花置寺3处，雕造于唐宋时期。石笋山有龛33个，造像1195尊[15]。磐陀寺有龛5个，造像1091尊。花置寺有龛13个，造像1701尊。主要有释迦佛、阿弥陀佛、三佛、千手观音、毗沙天王、西方净土变和观音经变以及密宗造像等。

茂县较场坝摩崖造像位于茂县城北65千米较场坝叠溪镇小学内。有龛22个，为唐翼州刺史李玄嗣等镇边将领、家属及地方官吏于唐贞观四年（630年）雕造。规模较小，造像题材有释迦佛、弥勒佛、释迦、药师佛二佛并坐像、救苦观世音菩萨等[16]。较场坝摩崖造像地处岷江上游，通往西域的河南道便路经于此。公元7世纪初叶，吐蕃兴起，这里成了唐与吐蕃的边境地区，由此，较场坝摩崖造像对于研究唐与吐蕃的关系史具有重要的价值。

梓潼千佛岩摩崖造像位于梓潼县45千米卧龙山顶。在一块岩石的四壁上各开一大龛，现存造像138尊。西龛为唐贞观八年（634年）开凿，龛内雕阿弥陀佛并五十二菩萨。东龛为弥勒佛龛，内雕一倚坐弥勒佛。北龛内雕一坐佛。东龛和北龛均有胁侍菩萨、弟子、供养人和力士像，群像身后浮雕天龙八部。南面为千佛龛，已毁。

通江千佛岩摩崖造像位于通江县城西2.5千米千佛村，共有54龛，造像3000余尊，雕造于唐龙朔三年至开元七年（663—719年）。20世纪50年代调查时，龛像均保存较好[17]，不幸的是，在“文化大革命”期间部分造像头部被凿毁，令人痛惜。现存主要龛像有阿弥陀佛五十菩萨龛（第6号龛，唐龙朔三年）、释迦坐佛龛（第31号龛）、二佛并坐龛（第41号龛）、观音立像龛（第27号龛）、七级佛塔（第38号龛）、千佛屏（第30号龛）等龛组成。题材主要有释迦、西方三圣、三世佛、药师佛、观音菩萨、天龙八部、金刚力士、供养人等。其中阿弥陀佛五十菩萨龛是现存最早的龛像，主尊阿弥陀佛着通肩大衣，双手似施转法轮印。观音、大势至菩萨胁侍左右。主尊两侧上下六排共50身听法菩萨，坐于莲台，下有莲茎相连。龛右侧壁上刻三组浅浮雕世俗供养人群，虔诚礼佛。第38号为七级方形楼阁式佛塔，高达3.7米，雕刻细致。佛塔面宽三间，明间开龛设佛像，两次间雕直棂窗。柱头上阑额、人字拱，筒瓦覆顶。塔刹相轮三重，上置宝瓶。此塔完整地模仿了地面佛塔形

图 8-67 夹江千佛岩弥勒佛

图 8-68 夹江千佛岩毗沙门天王

制，这种以佛塔作为礼拜对象供养者，十分罕见。

夹江千佛岩位于夹江县城西北3千米的青衣江北岸，摩崖造像镌刻于沿江石壁之上，共162龛，造像2470尊。20世纪50年代曾有过简单的介绍[18]。1992年有学者作过考察[19]。2012年四川省文物考古研究院等单位进行了详细调查，出版了调查报告[20]。千佛岩现存有明确纪年题记的龛像为唐玄宗先天元年（712年）。主要龛窟雕造于盛唐时期，有开元、大历、大中、会昌、咸通等纪年题记。造像排列错落有致，造像题材丰富，有弥勒佛、阿弥陀佛、药师佛、毗卢舍那佛、观音（双观音）、观音和地藏、千手观音、数珠手观音、宝志和尚、毗沙门天王以及观无量寿佛经变、维摩诘变、华严经变、药师佛经变龛像等。其中观音和地藏菩萨数量最多。最大的为弥勒像龛（图8-67），保存完整。佛像高2.7米，螺发，面相浑圆，内着僧祇支，外披双领下垂式大衣，身体宽厚健壮，双手置于膝上，倚坐于束腰须弥座上。两侧二胁侍菩萨，均头戴高花冠，冠中分别雕化佛和宝瓶，佩戴华丽的项圈和璎珞，披巾横于腹膝二道，一手置于胸部，另一手下垂，持净瓶，或上举。弥勒佛以观音和大势至菩萨作胁侍，十分少见。毗沙门天王龛较为常见，或作倚坐姿（图8-68），或作立姿，足下残有小鬼。净土变龛阿弥陀佛居中，观音、大势至菩萨分坐两侧，其上雕刻亭台楼阁，佛与菩萨间雕宝塔。观音造像共有40余龛，包括双观音、千手观音、提壶观音、圣观音、数珠观音等。观音与地藏合龛也较常见，地藏菩萨作弟子形。

注释：

[1] 气賀澤保規《四川樂山淩雲寺大佛の歴史と現況——世界第一の石佛》，《佛教藝術》第179號（1988年7月），第106—125頁。唐长寿《乐山大佛试探》，《四川文物》1992年第1期，第40—45页。

[2] 罗孟汀《〈嘉州凌云寺大佛像记〉的发现及其考析》，《四川文物》1986年第4期，第40—44页。

[3] 邓仲元、高俊英《仁寿县牛角寨摩崖造像》，《四川文物》1990年第5期，第71—77页。

[4] 黄伯厚《荣县大佛》，《四川文物》1984年第2期，第47—48页。袁金泉《荣县大佛的建造史与修缮史略》，《四川文物》2001年第1期，第38—39页。该文认为：清嘉庆《荣县志》记载："宋元丰八年（1085年），僧淳德募修，因山为大佛像，成于元祐七年（1092年）。"荣县大佛建于唐，宋元丰、元祐间僧淳德进行了一次大规模的修缮。

[5] 叶水胡《静守的禹迹山大佛》,《丝绸之路》2018年第2期, 第72—75页。

[6] 王庆煜《资阳县半月山大佛》，《四川文物》1993年第4期，第79—80页。

[7] 黄理他《合川涞滩摩崖石刻造像》，《四川文物》1989年第3期，第29—33页。

[8] 李巳生《合川涞滩鹫峰禅窟内容探疑》，《法鼓佛学学报》第一期，2007年，第207—240页。

[9] 四川省文物考古研究院、西安美术学院、乐山市文物局、夹江县文物管理所（于春、王婷）《夹江千佛岩：四川夹江千佛岩古代摩崖造像考古调查报告》，北京：文物出版社，2012年。四川省文物考古研究院、绵阳市文物局（于春、王婷）《绵阳窟龛：四川绵阳古代摩崖造像考古调查研究报告集》，北京：文物出版社，2010年。成都市文化局（市文物局）、成都市文物管理办公室、成都市文物考古研究所、成都市大邑县文物管理所《四川大邑县药师岩石窟寺和摩崖造像考古报告》，成都：四川科学技术出版社，2014年。卢丁、雷玉华、〔日〕肥田路美主编《中国四川唐代摩崖造像——蒲江·邛崃地区调查研究报告》，重庆：重庆出版集团、重庆出版社，2006年。

[10] 历年来出土的四川南朝佛教造像，均收入四川博物院、成都市文物考古研究所、四川大学博物馆编著《四川出土南朝佛教造像》一书，北京：中华书局，2013年，可参阅。

[11] 参见成都市文物考古研究所《成都下同仁路遗址南朝至唐代佛教造像坑》，《考古》2016年第6期，第55—81页。成都市文物考古研究院《成都下同仁路——佛教造像坑及城市生活遗址发掘报告》，北京：文物出版社，2017年。

[12] 龙泉驿大佛岩摩崖造像的编号，参见成都市文管会办公室、龙泉区文管所《石佛寺石刻简目》，《成都文物》1987年第3期，第8—20页。温玉成、张雪芬、刘雨茂《成都龙泉驿北周强独乐造像考察记》（《中原文物》2016年第2期，第89—93页）一文认为：编号34号龛的佛道合龛造像正是北周文王碑中提到的"强独乐为文王造像"。此说甚是。但原有编号者将北周文王碑（第38号）及龛像（第34号）分编为两个号，显然不妥。

[13] 《北周文王碑》见于多种金石文字著录，丁明夷则公布了年代稍早的拓片，对碑文相关内容进行了研究，参见丁明夷《从强独乐建周文王佛道造像碑看北朝道教造像》，《文物》1986年第3期，第52—62页。但丁明夷误以为强独乐建周文王佛道造像碑龛已经不存。关于文王碑的考察，还可参见赵纯义，王家佑《北周文王碑考查报告》，《成都文物》1987年第3期，第1—7页；刘节《北周强独乐为文王造佛道二像碑记跋》，《成都文物》1987年第3期，第26—29页。

[14] 温玉成认为："从造像上观察，龛内所有造像均双肩宽厚，佛的大衣下部羊肠纹疏朗，是北齐、北周时代特有的风格。"（前引温玉成等《成都龙泉驿北周强独乐造像考察记》，第92页）实际上，北周造像更多地受到来自成都南朝造像的影响，如菩萨一腿直立，一腿微曲，身姿扭动的造型，多见于成都地区出土的南朝萧梁时期的菩萨样式。

[15] 胡文和《四川邛崃石笋山唐代摩崖造像》，《文博》1990年第6期，第17—23页。

[16] 四川省文物考古研究院、四川省茂县博物馆《四川茂县点将台唐代佛教摩崖造像调查简报》，《文物》2006年第2期，第40—53页。

[17] 陈明达《四川巴中、通江两县石窟介绍》，《文

物》1955年第2期，第102页。陶鸣宽《通江县的摩崖造像》，《文物》1957年第11期，第70—71页。

[18] 曹恒钧《四川夹江千佛岩造像》，《文物参考资料》1958年第4期，第31页。

[19] 王熙祥、曾德仁《四川夹江千佛岩摩崖造像》，《文物》1992年第2期，第58—66页。

[20] 参见四川省文物考古研究院、西安美术学院、乐山市文物局、夹江县文物管理所（于春、王婷）《夹江千佛岩：四川夹江千佛岩古代摩崖造像考古调查报告》，北京：文物出版社，2012年。相关的研究，可以参见于春《四川夹江千佛岩摩崖造像初步研究》，《考古与文物》2014年第3期，第85—96页。

六 剑川石窟

剑川石窟位于剑川县城西南30.4千米的石宝山，分为沙登箐、石钟寺和狮子关三区。其中，沙登箐区现存窟龛5处，石钟寺区9处，狮子关区3处。由于石窟主要分布在石钟山，所以通称石钟山石窟（图8-69）。石窟最早开凿于南诏王劝丰祐天启十一年（850年），大理国“盛德”前后（1176—1180年），剑川石窟的开窟达到了高峰。由于剑川石窟地处偏僻、交通不便，20世纪40年代以前鲜为人知。1939年，李霖灿（1913—1999）调查了石钟山，应是近代学人对这处石窟遗迹所做的第一次学术考察[1]。1951年宋伯胤受中央人民政府文化部文物局委派，对剑川石窟进行了全面调查。这次调查结果先以简报形式刊布，后以专书发行[2]。近年来，国内外学者又在此基础上做了多次报道和论述，如陈兆复编著的《剑川石窟》[3]、张楠的《南诏大理的石刻艺术》[4]。现存于台北故宫博物院的大理国时期画工张胜温所绘的《梵像卷》[5]，其绘画内容因与剑川石窟一些造像题材有密切关系，而备受关注[6]。1999年，北京大学与云南大学共同组成“云南省剑川石窟联合考古队”，对剑川石窟进行了长达两个月的考古调查，作了文字记录、龛像实测图、照相和墨拓工作，并对剑川石窟进行了初步的分期研究[7]。近来，有罗世平主编的《云南剑川石钟山石窟》一书正式出版[8]。

图 8-69 剑川石钟寺

剑川石窟最早开凿的是沙登箐区第1号摩崖，造像分上下两层，上层

图 8-70 狮子关“全家福”

图 8-71 石钟山第 2 窟南诏王窟外观

为浅浮雕龛，下层为深龛。造像题材比较单纯，有成组合的弥勒和阿弥陀佛，如第1—7龛内雕造两身佛像，右为倚坐弥勒佛，左为结跏趺坐的阿弥陀佛，阿弥陀佛像下阴刻有南诏天启十一年（850年）“敬造弥勒佛、阿弥陀佛”的题记。第1—2龛题材比较特殊，龛内雕出三身像，中央为倚坐弥勒佛，左侧为结跏坐的阿弥陀佛，右侧为持柳枝、净瓶的观世音菩萨像。另有一佛二弟子三身像、单身观世音菩萨立像。造像样式大体相同，佛像面相方圆，身着双领下垂式大衣。观世音菩萨像头戴冠，面相方正，上身袒露，下身着裙；右手持柳枝，左手持净瓶，身体有扭动之感。南诏时期的造像题材和造像样式颇与北方北周至隋造像以及四川初唐摩崖造像相似，其来源应属汉地佛教造像系统。石钟寺与狮子关年代稍晚，为大理国时期开凿，地方特色浓厚，如狮子关区第2号梵僧像，这是观音化现的梵僧，其左侧浮雕一条狗。沙登箐区第2号的阿嵯耶观音像，具有独特的风格，表现了观音信仰在大理国的盛行。狮子关区第9号南诏国王及王后的“全家福”雕刻（图8-70）。石钟山第1、2号龛为帐形龛（图8-71），龛内正壁雕王者（图8-72）、诸大臣群像及仪仗（图8-73），两侧壁各雕一清平官（图8-74），具有显著的地方特色。石钟寺第3窟的地藏和第4窟的华严三圣，可能与四川地区的佛教造像有密切关系。第6号是一组规模宏大的摩崖造像，居石钟山窟群中心位置，主尊一坐佛（图8-75），佛像榜题作“大日遍照佛”，两侧二弟子像及八大明王（图8-76），也均有题名。最外侧为成组合的大黑天（图8-77）和毗沙门天王像[9]。大黑天和毗沙门天王像也见于剑川石窟的甲子寺摩崖中（图8-78）。石钟山第9号摩崖则绘制一列7身菩萨立像，这是剑川石窟唯一的壁画题材。南诏和大理国时期佛教十分兴盛，剑川石窟正是为研究这一时期的佛教提供了实物史料。

图 8-72 石钟山第 2 窟南诏王

图 8-73 石钟山第 2 窟仪仗人物

图 8-74 石钟山第 1 窟清平官

图 8-75 石钟山第 6 窟大日遍照佛

图 8-76 石钟山第 6 窟东方六足尊明王

图 8-77 石钟山第 6 窟大黑天

图 8-78 沙登箐甲子寺毗沙门天王

注释：

[1] 李霖灿《剑川石宝山石刻考察记》，收入李霖灿《中国名画研究》上，台北：艺文印书馆，1971年。

[2] 宋伯胤不但详细记述了剑川石窟当时的遗存，而且拍摄黑白照片115张，墨拓铭刻19张。同时发现了狮子关"全家福"雕刻。参见宋伯胤《记剑川石窟》，《文物参考资料》1957年第4期，第46—54页；宋伯胤《剑川石窟》，北京：文物出版社，1958年。

[3] 陈兆复《剑川石窟》，昆明：云南人民出版社，1980年。

[4] 张楠《南诏大理的石刻艺术》，云南省文物管理委员会编《南诏大理文物》，北京：文物出版社，1992年。

[5] 李霖灿《南诏大理国新资料综合研究》，台北：台北故宫博物院，1982年。李玉珉《〈梵像卷〉作者与年代考》，《故宫学术集刊》第23卷第1期（2005年），第333—366页。该文认为：《梵像卷》绘画风格并不统一，应是一件多人合作的画卷，制作年代为大理国利贞元年（1172年）至盛德元年（1176年）。

[6] 侯冲《南诏大理汉传佛教绘画艺术——张胜温绘〈梵像卷〉研究》，《民族艺术研究》1995年第2期，第64—73页。李玉珉《大理国张胜温〈梵像卷〉罗汉画研究》，《美术史研究集刊》第29期，2010年，第113—140页。

[7] 北京大学考古学系、云南大学历史系剑川石窟考古研究课题组《剑川石窟——1999年考古调查简报》，《文物》2000年第7期，第71—84页。

[8] 罗世平主编《云南剑川石钟山石窟》，太原：三晋出版社，2020年。

[9] 罗炤《剑川石窟石钟山第六窟考释》，《宿白先生八秩华诞纪念文集》编辑委员会编《宿白先生八秩华诞纪念文集》，北京：文物出版社，2002年，第475—520页。罗炤并没有看到主尊佛像原有的题名，不过仍然根据上海博物馆收藏的大理国盛明二年（1163年）所造的大日遍照佛（杭侃《大理国大日如来鎏金铜佛像》，《文物》1997年第7期，第61—63页），予以认定，并且确定大日遍照佛和八大明王是按照《大妙金刚佛顶经》雕造的。

七
桂林摩崖造像

广西桂林山川优美、景色秀丽，素有“桂林山水甲天下”（南宋王正功）之称，在山水之间最引人注目的是桂林摩崖造像。它位于桂林市城区中心区域，主要分布于桂林西山的龙头峰、立鱼峰、观音峰、千山；伏波山的还珠洞、千佛岩；叠彩山的风洞及溜马山等地，现存摩崖造像160龛、603尊（据最新调查为217龛、大小719尊）。主要龛像雕造于唐代，少量为宋代。早在1940年，罗香林（1906—1978）对桂林摩崖造像就进行了较全面的考察，1941年写成了《唐代桂林摩崖造像考》一文，并提出桂林摩崖造像是主要受南传佛教影响所致的观点[1]。1977年，桂林市文物管理委员会调查和整理了1911年以来的桂林石刻铭文资料，所录石刻共计1569件，其中包括了唐宋时期的摩崖龛像造像记，但其编著的《桂林石刻》一书仅作为内部资料发表[2]。20世纪90年代，也有一些文章发表，如蒋廷瑜《桂林唐代摩崖造像》一文对桂林摩崖造像作了较为系统的介绍[3]；2000年，由刘长久主编《中国石窟雕塑全集·9·云南、贵州、广西、西藏，重庆》图录也著录了桂林西山、伏波山、叠彩山和骝马山摩崖造像的图片三十余幅[4]。桂林市文物工作队则对桂林伏波山摩崖石刻作了叙述[5]。

桂林石刻以西山和伏波山唐代造像为代表。西山共有95龛、241尊，大多因山就崖雕刻，流行一佛二菩萨坐像，菩萨莲座下有莲茎与佛座相连，造像衣纹很少（图8-79），与南亚和东南亚佛像十分相似。也有一铺五尊式，即一佛二弟子二菩萨像。最著名的就是位于西山观音峰的初唐李实造像，为一铺三尊式（图8-80）。主尊坐佛高1.2米，肉髻低平宽大，面相长圆，长耳垂肩。身着袒右式大衣，无衣纹，大

图 8-79 桂林西山一佛二菩萨像

图 8-80 桂林西山石刻李实造像

衣紧裹身体。右手抚膝，施触地印；左手至腿上，施禅定印。结跏趺坐于束腰须弥座上。佛像身后有舟形背光。这种形象两侧胁侍菩萨头戴三珠宝冠，颈下戴环饰，肩宽腰细，上身斜披僧祇支，均侧身向佛，结跏趺坐于仰莲台上，莲台下莲茎与佛座相连。在像龛的左下方为发愿文题记："大唐调露元年（679年）十二月八日，随太师太保申明公孙、昭州司马李寔（实）造像一铺"[6]。可知，李寔（实）为隋太师太保申明公李穆之孙[7]。

伏波山共有45龛、239尊，主要集中在市区还珠洞内，为晚唐时期作品，有释迦牟尼佛、华严三圣、西方三圣、双观音像等。如伏波山第1号龛为一铺五身式（图8-81），主尊佛像肉髻宽大，面相浑圆，身着双领下垂式大衣，右肩有偏衫，大衣下摆覆于座前。结跏趺坐于束腰须弥座上，佛座两侧各有一狮子。主尊两侧有二菩萨立像和二力士。菩萨发髻较低，梳着缕缕的发辫，面相浑圆，颈下戴圆环形

图 8-81　桂林伏波山第 1 号龛

图 8-82　桂林伏波山第 25 号观音像

项圈，上身斜披僧祇支，下身着裙，一手上举抚胸，另一手下垂似持一净瓶，立于仰莲台上。右侧力士残存下半身，左侧力士头束高发髻，面残，左手上举于头上，右手置腰部下，上身袒露，下身着袍，立式。第15号龛为双观音像，造像右侧有双手合十的供养人。另外还有一铺五身式，主尊坐佛，两侧各一弟子和一菩萨像，龛两侧各雕一世俗供养人，均合十跪姿。在临江的崖壁上，有较大的浅雕观音菩萨像（第25号龛），头戴化佛宝冠，冠两侧宝缯下垂至肩。面形长圆，体态修长，身披璎珞，上身斜披僧祇支，下身着裙，右手下垂提净瓶，左手上举，立于仰莲台上。造像旁有“桂管监军使、赐绯鱼袋宋伯康，大中六年（852年）九月二十六日镌”的题记（图8-82）。

西山摩崖造像在艺术风格上具有较明显的印度造像的特征，显示出桂林在佛教艺术的传播路线上占有极重要的地位。伏波山摩崖造像则更多地显示了中原地区唐代造像的影响。

注释：

[1] 罗香林《唐代桂林摩崖造像考》，《唐代文化史研究》，上海书店据商务印书馆，1946年版影印本，第73—126页。

[2] 桂林市文物管理委员会编《桂林石刻》，内部资料，1981年。

[3] 蒋廷瑜《桂林唐代摩崖造像》，《东南文化》1992年第5期，第107—111页。蒋廷瑜《广西唐宋时期佛教遗迹述略》，广西壮族自治区博物馆编《广西博物馆文集（第五辑）》，南宁：广西人民出版社，2008年，第250—264页。

[4] 刘长久主编《中国石窟雕塑全集·9·云南、贵州、广西、西藏，重庆》，重庆：重庆出版社，2000年，第109—141页。

[5] 桂林市文物工作队《广西桂林伏波山摩崖石刻》，广西文物考古研究所编《广西考古文集（第四辑）》，北京：科学出版社，2010年，第288—299页。

[6] 山名伸生《桂林の調露元年銘摩崖佛について》，《佛教藝术》第198号，1991年，第85—108页。

[7] 按《隋书》卷37《李穆传》记载：李穆卒于开皇六年（586年），其嫡孙李筠袭爵。筠卒，穆第十子李浑为"申国公，以奉穆嗣"，浑后被隋炀帝诛杀，"自余无少长，皆徙岭外"。故李实大概是李浑之子，而被徙岭外。

第九章

西藏地区石窟寺

公元7世纪，在雪域高原的西藏，松赞干布建立了吐蕃王国。松赞干布曾先后迎娶了尼泊尔国的尺尊公主和唐朝文成公主，是她们将佛教信仰带到了神秘的藏区，在拉萨建立了大小昭寺，开凿了最早的石窟。以后佛教逐步取代了吐蕃的原始宗教——苯教，而成为“国教”。随着印度密教的传入，并与原始宗教信仰融合，发展成为具有西藏特色的藏传佛教——喇嘛教。公元8—9世纪，吐蕃王朝发展到了鼎盛时期，并且利用唐朝安史之乱，西北地区军备空虚之际，据有了陇右及天山南麓的广大区域。公元9世纪中叶，吐蕃发生内乱，国势衰落，以后内部分裂。公元10世纪，吐蕃王室的一支后裔在西藏的西部阿里地区建立了古格王国，都城就在札达县城西面的札布让。从芒扎石窟发现的藏文题记记载：古格“王族系为释迦后裔，……于火猪年亲临此地，并净化建寺”，可知古格王室自己认为是释迦的后裔。因此，在古格王国时期，西藏阿里地区佛教很盛，塔寺林立，如著名的托林寺（图9-1）等。围绕着都城，古格王室及信众又开凿了许多石窟寺。

图 9-1 西藏托林寺萨迦大殿

在西藏地区，开窟凿像始于吐蕃时期，一直延续到公元15—16世纪，是中国晚期石窟寺分布主要区域之一。其中拉萨、日喀则、山南、林芝、昌都地区多为摩崖造像，西部阿里地区主要开凿石窟寺。西藏地区石窟寺调查和研究工作起步较晚，早年主要侧重于佛寺的调查，如20世纪30年代意大利著名学者图齐（Giuseppe Tucci）曾先后八次到西藏中部和西部地区寺庙和佛塔进行调查，留下了大量珍贵的实物史料，至今仍然是我们研究西藏佛教遗迹必不可少的重要参考书[1]。1959年，中央文化部组织了西藏文物调查工作组，亦主要侧重于寺院及寺院遗迹的调查。20世纪80年代以来，文物考古部门和科研单位加强了对本地区石窟寺的调查工作，收获巨大。如1986—1987年陕西援藏文物普查队在拉萨、日喀则、山南、林芝、昌都地区的调查，发现了摩崖造像20余处[2]；又如四川大学等单位在西藏西部的阿里地区也发现了规模宏大的石窟寺[3]。西藏地区最重要的当数拉萨查拉路甫石窟和阿里东嘎·皮央石窟。此外，在藏东地区，即青海、西藏和四川三省区交界的广大地域，近年来，对吐蕃时期佛教遗存的调查与研究也成果丰硕。上述调查工作，极大地丰富了西藏地区石窟寺的分布区域和佛教艺术的内涵，为进一步研究这一地区的洞窟构造、造像样式、艺术特点以及它的渊源等问题，提供了实物资料。

一 拉萨查拉路甫石窟

查拉路甫石窟位于拉萨市布达拉宫西南0.5千米药王山东麓。根据明《贤者喜宴》记载：“松赞干布又要……茹雍妃在查拉路甫雕刻大梵天等佛像……由是在崖上雕凿成转经堂。”似可推知这座石窟是由吐蕃王松赞干布的藏妃茹雍主持开凿，这是西藏最早的石窟。1984年，西藏文管会文物普查队对该石窟及药王山其他摩崖造像作了调查[4]。1996年又有专刊出版[5]。该石窟坐西向东，依山而凿。洞窟形制为平面略呈方形的塔庙窟，围绕中心柱为券顶式的转经廊，类似于中原地区围绕中心柱的礼拜道。中心柱四面均雕刻佛像。东面为释迦佛及二弟子二菩萨像，南北面雕一佛二菩萨，西壁雕一佛二弟子。转经廊南北西三面分上下雕刻造像，南壁共32尊，题材有释迦、阿弥陀佛、弥勒菩萨、藏传佛教宁玛派祖师喜饶扎巴像、金刚力士等。西壁共6尊，有三世佛、被宁玛派尊为祖师的印度僧人莲花生像。北壁共19尊，有菩萨像和吐蕃时期的人物像，包括吐松赞干布、文成公主、尼泊尔的尺尊公主、松赞干布的大臣禄东赞和吞米桑布扎等。从造像题材可知查拉路甫石窟并不是一个时期雕刻完成的。吐蕃时期最早完成的是中心柱四壁，其次为传经廊三面下排造像，其他包含宁玛派祖师造像者应是11世纪以后续刻的。《西藏王统记》记载：“（松赞干布）王又于札拉鲁浦修建神庙。此庙主神为吐巴札拉贡布（释迦现明王身之神像），其右旁自现舍利弗，左旁目犍连，又右弥勒，左观世音，主从共五尊。虽然在岩石已自然现出，但为未来众生培积德福，复由尼婆罗匠师将其刻缕更加显明。在转经堂岩壁上，所有雕刻均由藏民竣其功。”[6]现中心柱正壁五尊造像正与此条记载相合，由此被认为是公元7世纪雕造的，但也有学者指出造像明显具有印度后期波罗王朝佛像的特征，年代上不应早于公元8世纪[7]。而石窟中所表现的造像样式明显具有印度和尼泊尔佛教艺术的特点，也与该文献记载的所谓“尼婆罗匠师”参与雕刻一事是相吻合的。因此，查拉路甫石窟是研究西藏早期佛教的传入，西藏与印度、尼泊尔佛教艺术以及与中原地区石窟的关系具有重要意义[8]。

除查拉路甫石窟外，拉萨市还有许多摩崖造像，雕造年代为元明时期。主要有药王山、帕邦喀、曲布桑、东嘎、尼塘哲朴（聂唐）、色拉寺、哲蚌寺、甘丹寺等摩崖造像[9]。药王山摩崖造像与布达拉宫所在红山相连，摩崖分南崖、东崖和北崖三区，南崖有3000余尊，均直接依崖雕刻，造像题材有不动佛、强巴佛、佛母、依当贡佛、十一面八臂观音、十一面千手千眼观音、三世佛（释迦、弥勒、强巴佛）、三怙主（观音、文殊、金刚手）一佛二弟子、一佛二供养人、莲花生而夫人、持琵琶天王等。东崖以千佛为主，另有释迦说法图、一佛二弟子、无量寿佛、四臂观音、度母、莲花生、护法神和仲·敦巴等祖师像。北崖以千佛为主，千佛均为不动佛，其他造像有释迦、无量寿、尊胜佛母、度母、十一面千手千眼观音等。帕邦喀摩崖造像位于拉萨北郊乌都日南麓，有14尊造像，在三怙主殿内后部崖面上雕刻三怙主，中尊为四臂观音、左侧为文殊与观音，右侧为金刚手，另有释迦、度母、强巴佛、罗桑确吉坚赞（扎什伦布寺寺主，四世班禅）。曲布桑摩崖造像位于拉萨北郊7千米的德母党山南麓的巨石上，西距帕邦喀1千米，东距色拉寺1.5千米。现存造像25尊，包括释迦佛、强巴佛、药师佛、不动佛；四臂观音、文殊菩萨；尊胜佛母、绿度母、白度母；宗喀巴等祖师像，雕造年代约公元11—14世纪[10]。东嘎摩崖造像位于拉萨西9千米东嘎山麓，有造像2尊，为释迦佛和哲蚌寺创始人绛央曲吉（寺院为1417年建[11]）。尼塘哲朴摩崖造像位于拉萨市西南40千米的尼塘哲朴山下，有造像7尊，分布在山之南北。北麓为一尊摩崖释迦坐佛，高达9.83米，是西藏最大的摩崖造像，身着袒右式大衣，右手施降魔印；左手持钵。山之南麓雕无量寿佛和药师佛并坐像等，无量寿佛手捧花瓶，药师佛持药钵。色拉寺摩崖造像位于拉萨市北郊5千米的色拉乌孜山南麓的色拉寺林廓旁，摩崖造像40余尊，有佛、菩萨、度母、宗教领袖、护法神等。哲蚌寺摩崖造像位于拉萨西10千米处的根碚乌孜山南坡上，面对哲蚌寺，造像20余尊，主要突出格鲁派高僧，包括宗喀巴及其弟子绛央曲吉。另外有三怙主（观音、文殊、金刚手菩萨）、释迦、强巴佛、文殊等。甘丹寺摩崖造像位于拉萨市东47千米的达孜区甘丹寺林廓内侧，有造像33尊。甘丹寺是宗喀巴于1409年创建的第一所格鲁派寺院。因此，摩崖造像突出表现了宗喀巴的形象，主要造像有释迦佛、无量寿佛、三怙主、吉祥天母、阿底峡等。上述摩崖造像都是研究藏传佛教的重要资料。

另外，在日喀则地区还有乃甲切木石窟、恰姆石窟和林恩摩崖造像等。

乃甲切木石窟寺位于日喀则市岗巴县昌龙乡纳加村，共有洞窟5座[12]，开凿年代约为11世纪。其中第1、2、5窟为修行窟，第3、4窟为礼拜窟。第3窟窟顶残存有壁画，窟外有三个相连的佛龛，龛内雕坐佛像。第4窟主尊像及其胁侍似正好组成金刚界曼荼罗五佛，主尊像下的坐骑分别为狮、象、马、孔雀和金翅鸟。其中北壁正中为大日如来像，佛像长脸高髻，菩萨装，双手结于胸前，手已残，似施智拳印，结跏趺坐于狮子座上，身后有椭圆形头光和圆形背光，周围饰以金刚、交杵和摩尼宝等。

恰姆石窟位于日喀则地区定结县琼孜乡恰姆村南3千米[13]。这是一处规模较大的石窟群。洞窟分为三个区，约有105座，其中Ⅰ区29座、Ⅱ区35座、Ⅲ区41座。2008年第三次文物普查中发现，2011年，西藏自治区文物保护研究所、中国藏学研究中心西藏文化博物馆对石窟群进行了调查，并重点对Ⅰ区三个洞窟（ⅠK1-K3及其附属洞窟）作了测绘、记录。其中K1保存较好，约公元9—11世纪开凿。洞窟平面马蹄形，平顶。东壁开门，其他三壁采用泥塑和壁画相结合的形式制作。泥塑神像均已毁，主尊以及胁侍像的头光和身光则全部保留了，这为推定三壁的尊像题材提供了有力的证据。西壁（正壁）现存一主尊像和八身胁侍像的头光，主尊似可推定为大日如来。北壁现存二主尊九胁侍像的头光。壁面正中主尊佛座塑有金翅鸟，可推定为不空成就佛。壁面西侧主尊佛座塑孔雀，应为无量光佛。南壁与北壁对称，现存二主尊十胁侍像的头光。西侧主尊佛座塑对马；东侧主尊佛座塑对象，分别为宝生佛和阿閦佛（或不动佛）。据此，窟内主尊组合应为金刚界曼荼罗五部部主及其胁侍。供养和礼佛图像则绘于壁面空白处，有头戴大檐帽、着翻领长袍的骑马和牵马等人物，形象生动。

林恩摩崖造像位于西藏日喀则市昂仁县达居乡林恩村，共有2幅巨型摩崖浮雕佛像。第一幅为一佛二菩萨，下有藏文题记。主尊佛像高10.22米，二菩萨高4米。佛像肉髻顶部装饰一座佛塔，身着袒右大衣，右手禅定印、上托宝瓶，左手施与愿印，结跏趺坐于莲座上。第二幅单尊释迦牟尼像，高9米。佛身着袒右肩大衣，右手触地印，左手托钵，结跏趺坐于仰莲座上。按座下藏文题记提到：卡且班钦释迦室利教法的继承者森格贝，即释迦室利教法继承者“四部”之一“根敦岗巴”部的第10任或第11任堪布森格贝（1411—1418年或1414—1421年）。可知，林恩摩崖造像的雕造时间为1411—1418年或1414—1421年。

近年来，藏东地区吐蕃时期佛教遗存的不断发现，已经成为海内外学术界关注的一个热点[14]。根据发表的资料，这些遗存主要以佛教摩崖造像为主，其中有多处石刻附有藏文和汉文题记。照阿拉姆摩崖造像位于四川省石渠县城南约70千米处的洛须镇[15]，为一铺三身像，主尊大日如来戴高冠结禅定印，左右为观世音与金刚手二胁侍菩萨，附有藏文题记及汉文工匠名等。雕刻年代约为吐蕃赞普赤松德赞（755—794年）至赤德松赞（804年）。2013年在石渠县长沙干马乡和洛须镇陆续又发现3处吐蕃时期石刻群遗存，分别为须巴神山石刻群（14幅，约凿刻于赤松德赞在位期间）、白马神山石刻群（3幅）、洛须村石刻（1幅），总计石刻18幅，题材有五方佛、大日如来像、菩萨像、度母像以及早期密宗的双身题材，还有古藏文题记等。以证该处石刻群如此多的吐蕃时期摩崖的发现，说明石渠县是唐蕃古道上的一个重要节点。

西藏昌都地区近年来在考古调查中发现多处吐蕃时期的摩崖造像，与四川地区发现的吐蕃时期摩崖造像沿横断山脉一线从北至南分布。位于昌都察雅县旺部乡的仁达摩崖造像，雕刻于赤德松赞猴年（804年），题材为大日如来佛像及八大菩萨、二飞天等，也有藏文题记及汉文工匠名等[16]。位于昌都芒康县纳西乡查果西沟内的查果西沟摩崖造像约雕刻于公元8世纪晚期至9世纪初期，为大日如来佛及二菩萨像，主尊饰高筒状头巾，结禅定印。位于昌都芒康县邦达乡让堆村境内的朗巴朗则拉康（意为大日如来佛殿）有圆雕石刻大日如来佛和八大菩萨像[17]。位于工布江达县西北20千米的江达村附近的洛哇傍卡摩崖造像，主要有一佛二胁侍菩萨和功德主造像，主尊可能为大日如来佛[18]。青海玉树结古镇附近目前发现的摩崖造像主要有贝纳沟、勒巴沟口及勒巴沟内的三处地点[19]。贝纳沟摩崖造像赤德松赞狗年（806年）大日如来佛和八大菩萨像，有藏文题记及汉文工匠名；勒巴沟口摩崖造像有礼佛图与说法图，分刻于两处崖壁，雕刻于赤德松赞马年（841年）或赤祖德赞在位期间（826—838年）。礼佛图中主尊为释迦牟尼佛立像，说法图中主尊为释迦牟尼佛、手结转法轮印的大日如来佛与左右观世音及金刚手胁侍菩萨像。

上述藏东地区发现的摩崖石刻造像，与“唐蕃古道”有着密切的关系，从题材上看，主要供奉大日如来，大概与唐代流行的密宗有关，是研究唐与吐蕃佛教文化交流的重要资料。

注释：

[1] 参见图齐（G. Tucci）著，魏正中、萨尔吉主编《梵天佛地》（该书原名Indo-Tibetica，即《印度与西藏》分别于1932、1935、1936、1941年出版），上海古籍出版社，2009年。另外，魏正中、萨尔吉编译（《探寻西藏的心灵——图齐及其西藏行迹》，上海：上海古籍出版社，2009年）亦可参考。

[2] 陈建彬《西藏摩崖造像调查简报》，《考古与文物》1990年第4期，第81—93页。

[3] 西藏自治区文物局、四川联合大学考古专业《西藏阿里东嘎、皮央石窟考古调查简报》，《文物》1997年第9期，第6—22页。

[4] 西藏文管会文物普查队《拉萨查拉路甫石窟调查简报》，《文物》1985年第9期，第51—64页。

[5] 张虎生、翟跃飞编著《药王山摩崖石刻》，拉萨：西藏人民出版社，1996年。

[6] 宿白认为：《西藏王统记》所记主从五尊像与札拉鲁浦中心柱正壁一铺五身像相符，应是最早开凿的。参见宿白《西藏拉萨地区佛寺调查记》“三、札拉鲁浦石窟寺”，文载宿白《藏传佛教寺院考古》，北京：文物出版社，1996年，第24—25页。

[7] 前引西藏文管会文物普查队《拉萨查拉路甫石窟调查简报》一文认为，中心柱造像雕造于7世纪。霍巍《吐蕃第一窟——拉萨市药王山札那路甫石窟的几个问题》（《考古与文物》2003年第1期，第51—55页）一文则认为：“札那路甫石窟早期的造像，应当是与石窟同期开凿的中心柱四面的‘一佛二弟子二菩萨’题材雕像，这些造像的衣饰、造型具有印度后期波罗王朝佛像的特征，所以其年代不太可能早过公元8世纪。”

[8] 前引霍巍《吐蕃第一窟——拉萨市药王山札那路甫石窟的几个问题》一文认为：“当时参加这些佛寺石窟建造的工匠中，可能既有来自汉地，也有来自尼泊尔、印度、甚至中亚一带的，因而札那路甫石窟当中或许便杂糅了这些不同地区、不同艺术风格的佛教文化因素在内，从而构成了它多元而丰富的文化面貌。”（第54页）

[9] 陈建彬《西藏摩崖造像调查简报》，《考古与文物》1990年第4期，第81—93页。

[10] 陈建彬《西藏拉萨曲布桑摩崖造像初探》，《文博》1992年第3期，第56—58页。

[11] 参见宿白《西藏拉萨地区佛寺调查记》“哲蚌寺”条，文载宿白《藏传佛教寺院考古》，北京：文物出版社，1996年，第30页。

[12] 何强《西藏岗巴县乃甲切木石窟》，《南方民族考古（第四辑）》，成都：四川科学技术出版社，1992年，第179—186页。

[13] 西藏自治区文物保护研究所、中国藏学研究中心西藏文化博物馆《西藏定结县恰姆石窟》，《考古》2012年第7期，第68—82页。

[14] 相关的研究，可参见霍巍《青藏高原东麓吐蕃时期佛教摩崖造像的发现与研究》，《考古学报》2011年第3期，第353—384页。张建林《西藏东部吐蕃佛教造像：芒康、察雅考古调查与研究报告》，北京：社会科学文献出版社，2018年。

[15] 故宫博物院、四川省文物考古研究院《四川石渠县洛须“照阿拉姆”摩崖石刻》，《四川文物》2006年第3期，第26—30页。

[16] 西藏自治区文物保护研究所、陕西省考古研究院《西藏察雅县丹玛札摩崖造像考古调查简报》，《考古与文物》2014年第6期，第7—14页。

[17] 查果西沟摩崖造像和朗巴朗则造像的调查情况，可参见陈建彬《西藏摩崖造像调查简报》，《考古与文物》1990年第4期，第81—93页。西藏自治区文物保护研究所、陕西省考古研究院《查果西沟摩崖造像2009年考古调查简报》，《考古与文物》2012年第3期，第16—21页。张建林《西藏东部吐蕃佛教造像：芒康、察雅考古调查与研究报告》，北京：社会科学文献出版社，2018年。霍巍《试析西藏东部新发现的两处早期石刻造像》，《敦煌研究》2003年第5期，第9—15页。

[18] 西藏自治区文物保护研究所《西藏工布江达县洛哇傍卡摩崖造像考古调查简报》，《考古与文物》2014年第6期，第26—31页。

[19] 张宝玺《青海境内丝绸之路及唐蕃故道上的石窟》，《段文杰敦煌研究五十年纪念文集》，北京：世界图书出版社公司北京公司，1996年，第150—158页。汤惠生《青海玉树地区唐代佛教摩崖考述》，《中国藏学》1999年第1期，第114—124页。王尧《青海玉树地区贝考石窟摩崖吐蕃碑文释读》，《唐研究》第十卷，北京：北京大学出版社，2004年，第493—500页。

二
阿里皮央·东嘎石窟

在西藏西部阿里地区札达县札布让乡的象泉河畔有一座规模宏大的古城遗址，即古格王国的都城所在[1]。这里曾是古格王朝的政治中心。古格王朝的统治者崇信佛教，特别是公元1042年，迎请印度高僧阿底峡来此弘法，使阿里成为佛教中心和复兴之地。围绕着古城分布着许多佛教石窟寺遗迹，但长久以来并不为世人所知。直到20世纪90年代，四川大学、西藏文管会等单位开始在阿里地区作大量的调查工作，才揭开了这一区域石窟寺神秘的面纱。其中1992年联合考察时发现的札达县皮央·东嘎石窟最为重要。石窟群分布在札达县古格故城附近的皮央村和东嘎村周边，数量多达一千余座，是国内最大的晚期石窟寺[2]。一些洞窟还保存着古格时期大量精美的壁画，这一惊人的发现，轰动了学术界。1994年至2001年，联合考古队又持续7个年度对该石窟寺以及相关佛寺遗址进行了调查与发掘，获得了重要收获[3]。1994年以来，四川大学等单位联合调查组在札达县札布让乡境内与古格故城隔河相望的象泉河南岸地区的考古调查中，还发现吉日、岗察、芒扎三个地点，洞窟数量较少；在札达县卡孜乡发现了帕尔嘎尔布石窟、帕尔宗遗址坛城窟；在札达县香孜乡发现了卡尔普与西林衮石窟，以及札达县境内的其他石窟[4]。此外，陕西省考古研究院等单位在阿里日土县发现了丁穹拉康石窟。上述石窟寺的考古发现，使得学术界的目光再次投向了西藏西部阿里地区这片神秘的土地上。

皮央·东嘎石窟位于札达县北约40千米处，皮央村与东嘎村相距约2千米，故统称皮央·东嘎石窟，现有编号洞窟1022座（图9-2）。其中皮央村是一处由寺院建筑、城堡遗址与石窟群组成的规模宏大的佛教遗迹。现有编号洞窟872

图 9-2 西藏皮央 · 东嘎石窟群远景

座，共分为四区，第Ⅰ区在前山，第Ⅱ、Ⅲ区位于后山，分布在山顶的洞窟则编为第Ⅳ区。还有一些分散的洞窟未纳入编号中。东嘎村150座，分为五区，主要分为两个地点：第一地点位于东嘎村北面断崖上，第二地点位于东嘎村东面山沟中，两个地点相距较远。其中第一地点Ⅰ区第1、2号窟及第二地点第1号窟均是较大型的礼佛窟，第Ⅲ区山顶还有佛寺遗址[5]。

皮央 · 东嘎石窟的洞窟构造形式多样，根据使用功能的不同，主要有礼佛窟（包括佛殿窟或佛坛窟）、僧房窟、禅窟、仓库窟或厨房窟等，约开凿于公元11—16世纪，是研究藏传佛教的重要实物资料。礼佛窟的数量较少，洞窟形制可分为方形窟、方形佛坛窟、方形三壁三龛窟等，窟内均有壁画或有塑像。方形窟均为单室窟，一般壁面绘有壁画，不开龛，有的在窟内两侧壁或后壁开龛。窟顶形制，窟内四壁前设有较窄的低坛基。年代稍晚的方形窟出现两面坡的窟顶。方形佛坛窟一般在窟内中央设佛坛，有的坛上还残存佛塔塔基。窟顶形制有多种形式，有斗四式套斗顶，共有四层相叠（图9-3），也有顶部为四重同心圆层层叠套的圆形套斗顶（图9-4），还有穹隆顶式。有的顶部方形的四边绘制成坛城的四边，这样整个窟顶表现的是一种坛城的形制。除了佛坛外，有的洞窟后壁及左右壁后部开佛龛，龛内塑像。方形三壁三龛窟为单室，有长长的甬道，甬道凿成斜坡式，主室窟顶为纵券顶。左右后三壁各开一龛。后壁龛内残存有供置佛像的遗迹。

图 9-3 西藏东嘎第 1 窟窟顶

图 9-4 西藏东嘎第 2 窟窟顶

禅窟的形制也有多种，有的为单室，有的为多室。窟顶一般有纵券顶、平顶等。比较典型的有皮央遗址山顶部第Ⅳ区第10号窟，洞窟形制为三室，前室平面横长方形，前室后部左右各有一小室，平面略成圆形，其中右侧小室内的左右壁各开一个1—2平方米左右的耳室。这类洞窟窟内一般不绘壁画，亦无任何生活设施，但常常可以发现一些佛经、唐卡等与修行活动有关的遗物。

僧房窟的洞窟形制有单室、双室及多室多种类型。平面形制有方形、长方形、圆形、椭圆形及不规则形等。窟顶有券顶、平顶等。窟内有灶、烟道、水井、灯龛、壁洞、睡炕等日常生活设施，而且有烟熏的痕迹。这类洞窟当作僧人生活起居使用。

仓库或厨房窟的规模较大，一般有前后室，平面圆形和方形等。窟内无灶洞、睡炕等生活设施，但有用土坯砌筑出储藏用的沟槽等，这类洞窟可能是作仓储使用的。另有一类洞窟，在窟内设多个灶坑，窟门上方有宽大的烟道，有的窟内还砌有大型的储水池，可能是作为厨房使用的。

礼佛窟中塑像一般都已不存，但保存了大量色彩鲜艳的壁画。早期的壁画流行晕染法，主色调为青、蓝色，有较强的立体感。较晚的壁画一般采用单线平涂法，主色调为红、黄、绿。壁画的布局大致分为窟顶、四壁、门楣几个部分，根据位置的不同绘制不同内容的壁画。套斗顶和覆斗顶中心一般绘出大莲花，平顶窟则先绘出套斗顶图案，中心再绘莲花。个别洞窟整个窟顶绘成曼荼罗形式。窟顶中心再绘制藏密神像（图9-5）。有的窟顶还绘有各种动物，如龙、凤、狮子、牛、马、羊、鸭、雁、鹿、象、狮虎逐羊等（图9-6）。流行联珠纹对兽图案，如双龙、对鹿、对

图 9-5 西藏东嘎第 2 窟顶

图 9-6 西藏东嘎第 1 窟顶

图 9-7　西藏东嘎第 1 窟观音

凤等。稍晚的洞窟两面坡的窟顶中央绘制梵文字母组成的图案，周边绘有凤鸟、孔雀、迦陵频迦、龙等图案。此外，窟顶还绘有各种几何形的装饰图案。四壁多分层绘制，上层主要位置都绘各种佛、菩萨（图9-7）、曼荼罗（图9-8）、护法神像（图9-9、图9-10），以及各种说法、礼佛和人物形象的场面（图9-11）。在这些图像的边侧绘有比丘、飞天（图9-12）、供养人。下层环壁一般绘有佛传故事画。有的壁面分成方格，每格内绘一幅佛传故事画，颇似连环画形式。窟门门楣上方多绘制供养人以及藏地所奉的神像。年代稍晚的洞窟则出现藏传佛教"后宏期"各宗派的高僧像。

佛像的组合有一佛二弟子二菩萨像，三世佛、五方佛、七佛、十方佛、三十五佛等。主尊有释迦佛（包括苦修像）、无量

图 9-8　西藏东嘎第 1 窟曼荼罗

图 9-9　西藏东嘎第 1 窟杂尊像

图 9-10 西藏东嘎第 1 窟忿怒尊

图 9-11 西藏东嘎第 1 窟人物像

图 9-12 西藏东嘎第 1 窟飞天

寿佛、无量光佛、大日如来佛、不动佛、月明佛（达瓦珍玛佛）、吉祥精华之光佛（白吉宁布朗瓦佛）等。大乘显教的佛像多作佛装，有高肉髻，面呈卵形，身着袒右式大衣，右肩有偏衫衣角，坐式或立式。密教佛像一般多为菩萨装。此外还有一种莲花佛，这是西藏西部藏传佛教艺术中比较特殊的佛像，多绘制在莲花中。菩萨像中有文殊菩萨、观音菩萨、十一面观音以及名号繁多的供养菩萨像。另外，各类女神像姿态优美，形象生动，有度母、佛母以及金刚女、各式供养天女等，一般头戴宝冠，颈佩项饰，身披披巾，上身或全身裸露，手结法印或持法器。曼荼罗是藏传佛教最为重要的内容，一般都占据壁面中心位置。说法图都以佛像为中心，佛双手施说法印，结跏趺坐于莲花台上，周有祥云、宝树环绕。佛像两侧为众弟子听法。佛传故事绘于壁面下部，大多采用“十二相图”，主要表现释迦从乘象入胎到涅槃的十二场面，如东嘎第1窟[6]。护法神主要有各类明王和金刚像。东嘎第2窟窟顶曼荼罗周边的护法神中有狮面人身、羊面人身、牛面人身、鹿面人身等。这些兽面人身像可能与藏地固有的宗教——苯教信仰有关。飞天头戴冠，身着天衣，或袒露上身，双手持乐器或供品。供养人都为吐蕃贵族装束，男子一般头戴宽檐帽，女子则梳发辫，发辫分成数股盘于头顶。身着大翻领的长袍，腰束宽带，足穿翘头长筒靴。高僧像有噶当派世系的高僧画像，如皮央第Ⅰ区第351窟。也有萨迦派世系的高僧画像，如皮央第Ⅳ区第32窟窟内绘有萨迦派五祖贡嘎宁布（第一祖）、扎巴坚赞（第三祖）、萨班·贡嘎坚赞（第四祖）等高僧。

吉日地点石窟位于札达县札布让乡境内，与古格故城隔河相望的象泉河南岸，洞窟总数约为50座[7]，大多为修行洞窟，其中两座石窟（编号为ZJK1、2）内残存有壁画，当系礼佛窟。ZK1位于象泉河谷一条呈东西的山崖底部，现存后壁（即北壁）及东西两壁残余部分石窟平面为方形单室，面阔5米，石窟的北、东西三面壁上，均残存有壁画，三面壁的上方均绘有垂幔一周。北壁垂幔之下正中一佛二菩萨像，三尊像顶部绘出楼阁式的佛塔五座，塔中各有一佛像，可能表现密宗的金刚界五佛，佛塔左右两侧上方各绘有6尊小像，各绘有一大型曼荼罗图像。东壁和西壁垂幔之下残存一排小像，其下有大型曼荼罗图像。ZK2位于一较为低平的山坡呈南北向延伸的坡麓前端，窟前为一平缓的山沟，南面为象泉河谷。山下距离石窟约3千米处有一座已经废弃的早期寺院遗址，遗址所在地名为察岗。“察”在藏语中即“盐”的意思。洞窟朝东，平面为方形单室。窟内四壁及窟顶均绘有壁画，但残毁严重。四壁的上方均绘垂幔一周，北壁中央绘一主尊二菩萨装胁侍像，主尊头光一侧有一身小型骑象女像。西壁和南壁除了壁顶垂幔外，大部分剥落不存。东壁窟门北侧残存一多面护法神。窟顶绘套斗顶，套斗中心绘一莲花。根据壁画题材和风格，这两座洞窟开凿年代公元11—13世纪。壁画绘制不是很精，表明供养人身份和地位一般。

帕尔嘎尔布石窟位于札达县卡孜乡帕尔村东北1千米的夏季牧场，推测洞窟总数约十余座[8]。在崖面上暴露的洞口可分为上下四层，下面三层（第一层牧民改造为羊圈）大约也为修行类洞窟，最上一层有4个洞窟（ZKPK1-4号窟）。其中K1为绘有壁画的礼拜窟，窟口朝南，平面略呈方形，窟外西、北、东三面均有转经甬道。窟内壁画保存状况完好，色彩鲜明。四壁壁画布局分三层，最上层为连续的兽首衔垂帐纹饰；中层为壁画的主体部分，绘佛教曼荼罗、主尊像、小像等；最下层为连续的菱形边饰纹带。北壁前中央设有一佛台，台上原应塑有佛像，是该窟供奉的主尊。佛像身后的背光、台座靠背及二胁侍菩萨则绘于壁面中央。北壁左右侧各绘有上下两尊高僧坐像。东西壁壁画题材布局左右对称，壁面均分左右两个单元。内侧单元分上下两组，每组绘三尊，有佛像和女神像。外侧单元绘有一幅曼荼罗（坛城），刚墙内绘有贤劫十六尊、金刚女神像等。参与该石窟调查的张长虹则根据这两幅曼荼罗的尊像组合，与记录西藏早期曼荼罗图像的文献《究竟瑜伽鬘》作比较，认为西壁北半部图像为金刚界曼荼罗，南半部为药师如来中的前四位和般若佛母与龙尊王佛。东壁北半部图像为净除恶趣清净曼荼罗，南半部为药师如来中的后三位和释迦牟尼、四臂观音和绿度母[9]。前壁窟门两侧分为上下两组，上组绘有两尊护法神像，下组左侧为一大师像，窟门上方原绘有一行骑马人像。K1窟的开凿年代约在公元13—14世纪，壁画绘制精美，题材丰富，是研究西藏西部古格佛教艺术遗存的重要资料。

帕尔宗遗址坛城窟位于札达县卡孜乡帕尔村附近的仲丹沟东北面山崖上，与帕尔嘎尔布石窟相距约1千米[10]。它是像泉河流域古格王国境内的一处佛教遗存，包括石窟以及地面建筑等。洞窟均开凿在崖壁近顶处，大体绕山顶分布。由于窟前道路崩塌严重，大部分洞窟很难登临。在山顶和山腰处还保存有地面建筑基址。1996年和1999年的调查只披露了保存有壁画的“坛城窟”。“坛城窟”是因窟内绘坛城（曼荼罗）而命名。该窟为帕尔宗石窟遗址中规模较大的一座洞窟。平面方形，略带弧形的平顶。面宽、进深5.7、高3.5米。窟内正壁前两侧各建一座小型十字折角形佛塔，用土坯砌筑。窟门甬道、窟内各壁和窟顶均绘有壁画。甬道有妇人骑马等形象。正壁中央绘二尊大师像，两侧各绘有圆形曼荼罗。大师像和曼荼罗上方还绘附有藏文题名的四尊高僧或大师坐像。西壁主要绘五座曼荼罗，以及高僧、大师小像和男女礼拜供养人等。东壁与西壁对称，也绘五座曼荼罗等。南壁绘护法神像，还有高僧、大师、修行者小像等。窟顶绘有双龙双凤图案。窟内还发现了大量佛教遗物，包括木板彩绘小像、绘画经卷、纸质神画等。该窟壁画的绘制年代大约在公元15、16世纪，即古格王国的中晚期。

卡尔普与西林衮石窟是四川大学等单位于2001年调查时发现的，2004年作了复查[11]。卡尔普石窟位于札达县香孜乡香巴村东5千米处，共有洞窟20余座，大部分为修行窟，其中1座保存有早期壁画的礼拜窟，另外1座为灵塔窟。早期壁画窟平面方形平顶，壁画保存较为完整。正壁（北壁）中央绘一幅金刚界曼荼罗，曼荼罗内城中心绘大日如来，四周分别绘阿閦（东）、宝生（南）、阿弥陀（西）和不空成就（北）四佛及其眷属四金刚女等，外坛城则绘明妃、金刚女、护法忿怒神等。东西壁也各绘一幅曼荼罗；南壁壁画残毁严重，可见世俗装束的人物，大概是本窟的供养人群像。窟顶壁画剥落。属于古格王国早期开凿的一座石窟，年代下限不晚于公元13世纪。西林衮石窟在香巴村东0.5千米处山崖上，距地表11米。共有4座洞窟，其中K1和K2保存有壁画。K1平面方形，弧形拱顶。窟内残存有壁画。北壁（正壁）绘三尊多面多臂主尊神像，均手持各种法器，当胸双臂拥抱明妃。壁面其他部位绘高僧、祖师小像等。东西壁与正壁布局相同，也绘三尊拥抱明妃的多臂护法神像；南壁窟门两侧各绘上下两组尊像。K2调查者未能登临，通过望远镜观察，西壁（正壁）绘一佛二胁侍；南壁为一幅金刚界曼荼罗；北壁绘两幅并列的曼荼罗。西林衮石窟两座壁画窟的年代大约在15—16世纪。卡尔普与西林衮石窟保存较好，壁画绘制精美，反映了古格王国不同历史时期的绘画题材和风格，为研究其发展演变提供了重要实物资料。

阿里地区日土县还有丁穹拉康石窟[12]。该石窟日土县多玛乡乌江村境内的诺藏布河谷内，共计4座石窟，其中1号窟为礼拜窟，2—4号窟为禅修窟，构成一完整的洞窟组合。1号窟平面呈不规则梯形，窟顶中心内凹呈穹顶。面宽3.1—3.84、进深3.1—3.5、高3.64米。窟内四均绘有壁画，内容丰富。正壁和左右壁各绘一圆形曼荼罗，其中正壁残存有字体古朴的藏文题记，可能是发愿文。曼荼罗下有一排面向内斜跪戴帽着翻领袍服的供养人图像。左壁五方佛曼荼罗；右壁单主尊曼荼罗。前壁有地方护法神、尸林修行、地狱变、披发舞蹈人物等。该石窟的曼荼罗图像与皮央·东嘎石窟早期洞窟十分接近，时代约为公元10—12世纪，是西藏西部后弘初期最重要的石窟群之一。

阿里地区石窟寺主要位于古格王国故都附近，它的开凿应与古格王室与贵族有关。这一地区石窟寺表现了浓厚的地方特色，如壁画题材大都属藏密系统，尤其是反映藏地固有的苯教各种神祇和藏传佛教各宗派的高僧像，身着吐蕃贵族装束的人物在藏地寺院中是十分常见的。同时，阿里地区的石窟寺也明显受到外来文化的影响，如克什米尔艺术、西域及河西走廊佛教艺术，这一切说明古格王朝在本民族传统的艺术的基础上，大量吸收和融合了其他民族的先进文化，形成了具有地方特色的中国晚期石窟寺艺术。因此，古格佛教艺术各个不同发展阶段的艺术特点、文化传播路径以及与境内外不同佛教文化艺术之间的相互联系，是一批非常重要的资料。

注释：

[1] 西藏自治区文物管理委员会编《古格故城》，北京：文物出版社，1991年。

[2] 西藏自治区文物局、四川联合大学考古专业《西藏阿里东嘎、皮央石窟考古调查简报》，《文物》1997年第9期，第6—22页。四川大学历史文化学院考古学系、四川大学中国藏学研究所、西藏自治区文物事业管理局《西藏札达皮央—东嘎遗址1997年调查与发掘》，《考古学报》2001年第3期，第397—426页。另外，彭措朗杰等编《中国西藏阿里东嘎壁画》（北京：中国大百科全书出版社，1998年）一书亦可参考。

[3] 四川大学中国藏学研究所、四川大学历史文化学院考古学系、西藏自治区文物事业管理局编著《皮央·东嘎遗址考古报告》，成都：四川出版集团、四川人民出版社，2008年。简报原称东嘎·皮央石窟，该报告则根据皮央、东嘎两个地点规模和重要性，改称为皮央·东嘎石窟。除了洞窟之外，报告还详细地记录了寺院建筑、城堡遗址等遗迹的考古发掘。

[4] 霍巍《近年来西藏西部佛教石窟美术考古的发现与研究》，中国考古学会编《中国考古学会第十次年会论文集·1999》，北京：文物出版社，2008年，第171—184页。该文提到了包括皮央·东嘎石窟在内的10处石窟。

[5] 四川大学中国藏学研究所、四川大学历史文化学院、西藏自治区文物事业管理局《西藏阿里东嘎佛寺殿堂遗址的考古发掘》，《文物》2002年第8期，第34—49页。

[6] 该窟佛传故事画的解读，可参见霍巍《试析东嘎石窟壁画中的佛传故事画——兼论西藏西部早期佛传故事画的式样及其源流》，《西藏研究》2000年第4期，第62—70页。

[7] 四川大学中国藏学研究所、四川大学历史文化学院考古系、西藏自治区文物事业管理局《西藏阿里札达县象泉河流域发现的两座佛教石窟》，《文物》2002年第8期，第63—69页。此报告有些地方交代不清。如称为吉日地点调查，ZJK1、2似乎是2个地点，不宜统一编号。ZJK2附近3千米处有地名为岗察的早期寺院遗址。

[8] 四川大学中国藏学研究所、四川大学历史文化学院考古系、西藏自治区文物局、西藏阿里地区文化广播电视局《西藏阿里札达县帕尔嘎尔布石窟遗址的调查》，《文物》2003年第9期，第42—59页。

[9] 张长虹《西藏阿里札达县帕尔嘎尔布石窟的两幅曼荼罗图像及相关问题研究》，《西藏大学学报（社会科学版）》第28卷第4期（2013年12月），第95—106页。该文还认为，洞窟的开凿年代应该在13世纪。

[10] 四川大学中国藏学研究所、四川大学历史文化学院考古系、西藏自治区文物局、西藏阿里地区文化广播电视局《西藏阿里札达县帕尔宗遗址坛城窟的初步调查》，《文物》2003年第9期，第60—73页。

[11] 四川大学中国藏学研究所、四川大学历史文化学院考古系、西藏自治区文物局《西藏阿里札达县象泉河流域卡尔普与西林衮石窟地点的初步调查》，《文物》2007年第6期，第49—68页。

[12] 陕西省考古研究院、西藏自治区文物保护研究所、阿里地区文物局、日土县文物局《西藏日土县丁穹拉康石窟群考古调查简报》，《考古与文物》2014年第6期，第32—40页。

参考文献

著作类

中文

艾米塔什博物馆《千佛洞：俄罗斯丝绸之路探险（纪念亚洲博物馆190周年）》，2008年版。

巴图吉日嘎拉、杨海英《阿尔寨石窟：成吉思汗的佛教纪念堂兴衰史》，〔日本〕风响社，2005年版。

白志谦《云冈石窟寺记》，中华书局，1936年版。

北京大学考古学系、克孜尔千佛洞文物保管所《新疆克孜尔石窟考古报告》，文物出版社，1997年版。

伯希和著、耿昇译《伯希和西域探险记》，云南人民出版社，2001年版。

伯希和著、耿昇译《伯希和敦煌石窟笔记》，甘肃人民出版社，2007年版。

伯希和著、耿昇译《伯希和西域探险日记（1906—1908）》，中国藏学出版社，2014年版。

薄小莹《敦煌莫高窟六世纪末至九世纪中叶的装饰图案》，《敦煌吐鲁番文献研究文集（第五辑）》，北京大学出版社，1990年版。

常盘大定、关野贞著，复旦大学文史研究院编《中国文化史迹》（全译本），上海辞书出版社，2017年版。

常青《彬县大佛寺造像艺术》，北京现代出版社，1998年版。

陈万里《北京大学研究所国学门实地调查报告——西行日记》，（北京）朴社，1926年版。

陈兆复《剑川石窟》，云南人民出版社，1980年版。

成都市文化局等《四川大邑县药师岩石窟寺和摩崖造像考古报告》，四川科学技术出版社，2014年版。

成都市文物考古研究院《成都下同仁路——佛教造像坑及城市生活遗址发掘报告》，文物出版社，2017年版。

重庆大足石刻艺术馆、重庆出版社《大足石刻雕塑全集》，重庆出版社，1999年版。

董玉祥《炳灵寺一六九窟》，海天出版社，1994年版。

俄罗斯艾尔米塔什博物馆、西北民族大学、上海古籍出版社《俄藏龟兹艺术品》，上海古籍出版社，2018年版。

杜斗城、王亨通主编《炳灵寺石窟内容总录》，兰州大学出版社，2006年版。

敦煌文物研究所《敦煌莫高窟内容总录》，文物出版社，1982年版。

敦煌文物研究所《中国石窟·敦煌莫高窟》5卷，文物出版社，1982—1987年版。

敦煌研究院《敦煌莫高窟北区石窟》第1—3卷，文物出版社，2000—2004年版。

敦煌研究院《敦煌莫高窟第268—275窟考古报告》，文物出版社，2011年版。

敦煌研究院《敦煌莫高窟供养人题记》，文物出版社，1986年版。

敦煌研究院《敦煌石窟内容总录》，文物出版社，1996年版。
敦煌研究院《中国石窟·安西榆林窟》，文物出版社，1997年版。
敦煌研究院、甘肃省博物馆《武威天梯山石窟》，文物出版社，2000年版。
敦煌研究院、甘肃省文物局、肃南裕固族自治县文物局《肃南马蹄寺石窟群》，科学出版社，2020年版。
峰峰矿区文物保管所、芝加哥大学东亚艺术中心《北响堂窟刻经洞——南区1、2、3号窟考古报告》，文物出版社，2013年版。
冯国瑞《麦积山石窟志》，1941年陇南丛书编印社出版，1989年天水报社印刷厂重印版。
甘肃北石窟寺文物保护研究所《庆阳北石窟寺内容总录》，文物出版社，2013年版。
甘肃省文物工作队、炳灵寺文物保管所《中国石窟·炳灵寺石窟》，文物出版社，1989年版。
甘肃省文物工作队、庆阳北石窟寺文管所《庆阳北石窟寺》，文物出版社，1985年版。
甘肃省文物工作队、庆阳北石窟文物保管所《陇东石窟》，文物出版社，1987年版。
甘肃省文物考古研究所《河西石窟》，文物出版社，1987年版。
甘肃省文物考古研究所、麦积山石窟艺术研究所、水帘洞石窟保护研究所《水帘洞石窟群》，科学出版社，2009年版。
高念华主编，杭州市历史博物馆、杭州市文物保护管理所、杭州市文物考古所编《飞来峰造像》，文物出版社，2002年版。
格伦威德尔著，赵崇民、巫新华译《新疆古佛寺——1905—1907年考察成果》，中国人民大学出版社，2007年版。
宫大中《龙门石窟艺术》，上海人民出版社，1981年版。
关百益《伊阙石刻图表》，河南博物馆影印本，1935年版。
广元市千佛崖石窟艺术博物馆《广元石窟研究文集》，四川美术出版社，2018年版。
国家文物局教育处《佛教石窟考古概要》，文物出版社，1993年版。
河南省文化局文物工作队《巩县石窟寺》，文物出版社，1963年版。
河南省文物研究所《中国石窟·巩县石窟寺》，文物出版社，1989年版。
何士骥、刘原滋《南北响堂及其附近石刻目录》，北平研究院，1936年版。
黄文弼《塔里木盆地考古记》，科学出版社，1958年版。
黄文弼《吐鲁番考古记》，中国科学院印行，1954年版。
贾应逸《新疆佛教壁画的历史学研究》，中国人民大学出版社，2010年版。
靳之林《延安石窟艺术》，人民美术出版社，1982年版。
京都大学人文科学研究所、中国社会科学院考古研究所《云冈石窟》，科学出版社，2014、2016、2018年版。
兰登·华尔纳著，姜洪源、魏宏举译《在中国漫长的古道上》，新疆人民出版社，2001年版。
勒柯克著、陈海涛译《新疆的地下文化宝藏》，新疆人民出版社，1999年。
勒柯克著、赵崇民译《高昌——吐鲁番古代艺术珍品》，新疆人民出版社，1998年版。
黎方银主编、大足石刻研究院编《大足石刻全集》，重庆出版集团、重庆出版社，2017、2018年版。
李崇峰《佛教考古——从印度到中国》，上海古籍出版社，2013年版。
李霖灿《南诏大理国新资料的综合研究》，台北故宫博物院，1982年版。
李淞《长安样式与宗教文明》，中华书局，2002年。
李淞《陕西古代佛教美术》，陕西人民教育出版社，2000年版。

李裕群《北朝晚期石窟寺研究》，文物出版社，2003年版。
李裕群、李钢《天龙山石窟》，科学出版社，2003年版。
廖旸《克孜尔石窟壁画年代学研究》，社会科学文献出版社，2012年版。
林立《西域古佛寺——新疆古代地面佛寺研究》，科学出版社，2018年版。
刘长久《中国西南石窟艺术》，四川人民出版社，1998年版。
刘长久、胡文和、李永翘《大足石刻研究》，四川省社会科学出版社，1985年版。
刘建华《义县万佛堂石窟》，科学出版社，2001年版。
刘景龙《宾阳洞：龙门石窟第104、140、159窟》，文物出版社，2010年版。
刘景龙《古阳洞：龙门石窟第1443窟》，科学出版社，2001年版
刘景龙《莲花洞：龙门石窟第172窟》，科学出版社，2002年版。
刘景龙、杨超杰《龙门石窟总录》，中国大百科全书出版社，1999年版。
刘景龙、赵会军《偃师水泉石窟》，文物出版社，2006年版。
龙门文物保管所、北京大学考古系《中国石窟·龙门石窟》2卷，文物出版社，1991—1992年版。
龙门石窟研究所《龙门流散雕像集》，上海人民美术出版社，1993年版。
龙门石窟研究所、中央美术学院美术史系《龙门石窟窟龛编号图册》，人民美术出版社，1994年版。
龙门石窟研究院、北京大学文博学院、中国社会科学院世界宗教研究所《龙门石窟考古报告——东山擂鼓台区》，科学出版社、龙门书局，2018年版。
卢丁、雷玉华、肥田路美《中国四川唐代摩崖造像——蒲江·邛崃地区调查研究报告》，重庆出版社，2006年版。
罗世平主编《云南剑川石钟山石窟》，三晋出版社，2020年版。
罗未子《北朝石窟艺术》，上海出版公司，1955年版。
木下杢太郎著、赵明杰译《云冈日录》，中国画报出版社，2017年版。
宁夏回族自治区文物管理委员会、北京大学考古系《须弥山石窟内容总录》，文物出版社，1997年版。
宁夏回族自治区文物管理委员会、中央美术学院美术史系《须弥山石窟》，文物出版社，1988年版。
宁夏文物考古研究所、浙江大学文化遗产研究院、须弥山石窟文物管理所《须弥山石窟考古报告·[壹]圆光寺区》，文物出版社，2020年版。
潘絜兹《敦煌莫高窟艺术》，上海人民出版社，1957年版。
潘玉闪、马世长《莫高窟窟前殿堂遗址》，文物出版社，1985年版。
彭措朗杰等《中国西藏阿里东嘎壁画》，中国大百科全书出版社，1998年版。
彭明浩《云冈石窟的营造工程》，文物出版社，2017年版。
秦臻、张雪芬、雷玉华《安岳卧佛院考古调查与研究》，科学出版社，2015年版。
青州市博物馆《青州龙兴寺佛教造像艺术》，山东美术出版社，1999年版。
龟兹石窟研究所等《克孜尔石窟志》，上海人民美术出版社，1993年版。
山西省文物局《厚重山西——山西省第三次全国文物普查重要新发现选编》，科学出版社，2010年版。
《陕西石窟内容总录》编纂委员会所《陕西石窟内容总录》，陕西人民出版社，2017年版。
上海古籍出版社、法国国家图书馆《法国藏敦煌西域文献》，上海古籍出版社，1997年版。
沙武田《吐蕃统治时期敦煌石窟研究》，中国社会科学出版社，2013年版。
石建刚《延安宋金石窟调查与研究》，甘肃教育出版社，2020年版。
石璋如《莫高窟形》，“中研院”历史语言研究所，1996年版。
史岩《敦煌石室画像题识》，成都比较文化研究所石印本，1947年版。

斯坦因著、中国社会科学院考古研究所译《西域考古图记》5卷本，广西师范大学出版社，2019年修订版。

四川博物院、成都市文物考古研究所、四川大学博物馆《四川出土南朝佛教造像》，中华书局，2013年版。

四川大学中国藏学研究所等《皮央·东嘎遗址考古报告》，四川出版集团、四川人民出版社，2008年版。

四川省文物管理局、成都文物考古研究所、北京大学中国考古学研究中心、巴州区文物管理所《巴中石窟内容总录》，巴蜀书社，2006年版。

四川省文物管理局、成都文物考古研究所、北京大学中国考古学研究中心、广元市文物管理所《广元石窟内容总录》，巴蜀书社，2008年版。

四川省文物考古研究院、达州市博物馆《四川散见唐宋佛道龛窟总录·达州卷》，文物出版社，2017年版。

四川省文物考古研究院、绵阳市文物局《绵阳窟龛：四川绵阳古代摩崖造像考古调查研究报告集》，文物出版社，2010年版。

四川省文物考古研究院、西安美术学院、乐山市文物局、夹江县文物管理所《夹江千佛岩：四川夹江千佛岩古代摩崖造像考古调查报告》，文物出版社，2012年版。

四川省文物考古研究院、西北大学文化遗产学院、广元市文物局《四川散见唐宋佛道龛窟总录·广元卷》，文物出版社，2018年版。

四川省文物考古研究院、自贡市文化广播影视新闻出版局《四川散见唐宋佛道龛窟总录·自贡卷》，文物出版社，2017年版。

宋伯胤《剑川石窟》，文物出版社，1958年版。

宿白《藏传佛教寺院考古》，文物出版社，1996年版。

宿白《中国石窟寺研究》，文物出版社，1996年版。

汤用彤《汉魏两晋南北朝佛教史》，中华书局，1983年再版本。

汤用彤《隋唐佛教史稿》，中华书局，1982年版。

唐长孺《魏晋南北朝史论拾遗》，中华书局，1983年版。

天水麦积山石窟艺术研究所《中国石窟·麦积山石窟》，文物出版社，1998年版。

铜川市考古研究所、西安美术学院中国艺术与考古研究所《药王山摩崖造像》，三秦出版社，2015年版。

图齐（G. Tucci）著，魏正中、萨尔吉主编《梵天佛地》，上海古籍出版社，2009年版。

王炳华主编《新疆文物考古新收获（续）1990—1996》，新疆美术摄影出版社，1997年版。

魏文斌《麦积山石窟初期洞窟调查与研究》，读者出版传媒有限公司、甘肃教育出版社，2017年版。

魏正中《区段与组合——龟兹石窟寺院的考古学探索》，上海古籍出版社，2013年版。

文化部社会文化事业管理局《麦积山石窟》，北京，1954年版。

西北大学考古专业、日本赴陕西佛教遗迹考察团、麟游县博物馆《慈善寺与麟溪桥——佛教造像龛调查研究报告》，科学出版社，2002年版。

向达《唐代长安与西域文明》，生活·读书·新知三联书店，1957年版。

谢继胜等《江南藏传佛教艺术——杭州飞来峰石刻造像研究》，中国藏学出版社，2014年版。

谢稚柳《敦煌艺术叙录》，古典文学出版社，1957年版。

新疆龟兹石窟研究所《克孜尔石窟内容总录》，新疆美术摄影出版社，2000年版。

新疆龟兹石窟研究所《克孜尔尕哈石窟内容总录》，文物出版社，2009年版。
新疆龟兹石窟研究所《库木吐喇石窟内容总录》，文物出版社，2008年版。
新疆龟兹石窟研究所《森木塞姆石窟内容总录》，文物出版社，2008年版。
新疆维吾尔自治区博物馆《吐鲁番伯孜克里克石窟》，新疆人民出版社、上海人民出版社，1996年版。
新疆维吾尔自治区文物管理委员会、拜城县克孜尔千佛洞文物保管所、北京大学考古系《中国石窟·克孜尔石窟》3卷本，文物出版社，1989—1996年版。
新疆维吾尔自治区文物管理委员会、库车县文物保管所、北京大学考古系《中国石窟·库木吐喇石窟》，文物出版社，1992年版。
新疆维吾尔自治区文物局《新疆维吾尔自治区第三次全国文物普查成果集成——新疆佛教遗址》，科学出版社，2015年版。
延安地区群众艺术馆《延安宋代石窟艺术》，陕西人民出版社，1983年版。
阎文儒主编《麦积山石窟》，甘肃人民出版社，1984年版。
阎文儒、常青《龙门石窟研究》，书目文献出版社，1995年版。
姚崇新《巴蜀佛教石窟造像初步研究——以川北地区为中心》，中华书局，2011年版。
殷光明《北凉石塔研究》，财团法人觉风发掘艺术文化基金会，1999年版。
云冈石窟文物保管所《中国石窟·云冈石窟（二）》2卷，文物出版社，1991—1994年版。
云南省文物管理委员会《南诏大理文物》，文物出版社，1992年版。
张宝玺《河西北朝石窟》，上海古籍出版社，2016年版。
张大千《张大迁先生遗著莫高窟记》，台北故宫博物院，1985年版。
张虎生、翟跃飞《药王山摩崖石刻》，西藏人民出版社，1996年版。
张建林《西藏东部吐蕃佛教造像：芒康、察雅考古调查与研究报告》，社会科学文献出版社，2018年版。
张明远《太原龙山道教石窟艺术研究》，山西科学技术出版社，2002年版。
张焯《云冈石窟编年史》，文物出版社，2006年版。
赵莉、荣新江主编，新疆龟兹研究院、北京大学中国古代史研究中心、中国人民大学国学院合编《龟兹石窟题记》，中西书局，2020年版。
浙江省文物管理委员会《西湖石窟艺术》，浙江人民出版社，1956年版。
浙江省文物考古研究所《雷峰塔遗址》，文物出版社，2005年版。
浙江省文物考古研究所《西湖石窟》，浙江人民出版社，1986年版。
郑岩、刘善沂《山东佛教史迹——神通寺、龙虎塔与小龙虎塔》，法鼓文化，2007年版。
中国石窟雕塑编辑委员会《中国石窟雕塑全集》，重庆出版社，2000年版。

日文

八木奘三郎《錦州省の古蹟》，国書刊行会，1929年版。
長廣敏雄《雲岡石佛藝術論》，高桐書院，1946年版。
常盤大定《支那佛教史蹟踏查記》，龍吟社，1938年版。
常盤大定、關野貞《支那佛教史蹟》7卷本，佛教史蹟研究會，1926年版。
常盤大定、關野貞《支那文化史蹟》12卷本，法藏館，1939—1940年版。
池田溫《中國古代寫本識語集錄》，東京大學東洋文化研究所，1990年版。
村田治郎《滿洲の史蹟》，座右寶刊行會，1944年版。

大村西崖《支那美術史雕塑篇》，佛書刊行會圖像部，1915年版。
道端良秀《中國の石佛・石經》，法藏館，1972年版。
岡村秀典《雲岡石窟・遺物篇》，朋友書店，2006年版。
高楠順次朗、渡邊海旭監修《大正新修大藏經》，東京：大正一切經刊行會印刷所，1924—1934年版。
京都大學人文科學研究所《雲岡石窟續補・第十八洞實測圖・西曆五世紀における中國北部の佛教窟院》，京都：京都大學人文科學研究所，1975年。
綿邊元三《山中定次郎傳》，大阪：1939年版。
名取洋之助《麥積山石窟》，岩波書店，1957年版。
木下杢太郎《大同石佛寺》，座右宝刊行会，1938年版。
木下杢太郎、木村莊八編著《大同石佛寺》，日本美術學院，1921年版。
山中定次郎《天龍山石仏集》，山中商會，1928年版。
上原芳太郎編《新西域記》，有光社，1937年版。
水野清一《雲岡石窟とその時代》，富山房，1939年版。
水野清一《雲岡石佛群》，朝日新聞大阪本社，1944年版。
水野清一、长廣敏雄《龍門石窟の研究》，座右寶刊行會，1941年版。
水野清一、長廣敏雄《響堂山石窟》，東方文化學院京都研究所1937年版。
水野清一、长廣敏雄《雲岡石窟——西曆五世紀におけゐ中國北部佛教窟院の考古學的調查報告》16卷本，日本写真印刷株式會社，1951—1956年版。
松本榮一《燉煌畫の研究》，同朋舍，1936年版。
香川默識《西域考古図譜》，國華社，1915年版。
小川晴旸《大同雲岡の石窟》，日光書院，1944年版。
小野玄妙《大乘佛教藝術史の研究》，金尾文淵堂，1944年再版本。
塚本善隆《支那佛教史蹟研究》，弘文堂，1912年版。

西文

Albert Grünwedel, *Altbuddhistische Kultstätten in Chinesisch-Turkistan: Bericht über archäologische Arbeiten von 1906 bis 1907 bei Kuča, Qarašahr und in der Oase Turfan*, Berlin: Georg Reimer, 1912.
Albert Grünwedel, *Bericht über Archäeologische Arbeiten in Idikutschari und Umgebung im Winter 1902-1903*, Munich, 1906.
Albert Le Coq, *Chotscho: Facsimile-Wiedergaben der Wichtigeren Funde der Ersten Koniglichen Preussischen Expeditions*, Berlin: Dietrich Reimer, 1913.
Albert Le Coq, *Die Buddhistische Spatantike in Mittelasien*, Berlin: Dietrich Reimer, 1922-1933.
Aurel Stein, *Ancient Khotan: Detailed Report of Archaeological Explorations in Chinese Turkestan*, Oxford: Clarendon Press, 1907.
Aurel Stein, *Innermost Asia: Detailed Report of Archaeological Explorations in Central Asia, Kan-su and Eastern Iran*, Oxford: Clarendon Press, 1928.
Aurel Stein, *Serindia: Detailed Report of Archaeological Explorations in Central Asia and Westernmost China*, Oxford: Clarendon Press, 1921.
D.A. Klementz, *Nachrichten uber die von der Kaiserlichen Akademie der Wissenschaften zu St. Petersburg in*

Jahre 1898 ausgerustete Expedition nach Trufan, St. Petersburg, 1899.
Édouard Chavannes, *Mission Archéologique dans La Chine Septentrionale*, Paris: Ernest Leroux, 1909-1915.
Joy Lidu Yi, *Yungang*: *Art*, *History*, *Archaeology*, *Liturgy*, Routledge, 2017.
Langdon Warner, Buddhist Wall-Paintings: *A Study of a Ninth-Century Grotto at Wan Fo Hsia*. Cambridge, Massachusetts: Harvard University Press, 1938.
Langdon Warner, *The Long Old Road in China*, New York: Doubleday Page & Company 1926.
Osvald Siren, *Chinese Sculpture - from the Fifth to the Fourteenth Century*, London, 1925.
Paul Pelliot, *Les Grottes de Touen-houang*, Paris: Librairie Paul Geuthner, 1920-1926.
S. F. Oldenburg, *Russkaya Turkestanskaya Ekspetsiya 1909-10*, St. Petersburg, 1914.
Victor Segalen, Gilbert de Voisins et Jean Lartique, *Mission Archeologique en Chine* (*1914 et 1917*), Paris: Geuthner, 1923-1924.

论文类

中文

八木春生《巴中地区佛教造像龛之研究——以初唐时期到开元初期为中心》，《美术史研究集刊》第45期，2018年。
八木春生《河西石窟群年代考——兼论云冈石窟与河西石窟群的关系》，《美术史研究集刊》第4期，1997年。
八木春生著，何红岩、魏文斌译《麦积山石窟第74、78窟的建造年代》，《敦煌研究》2003年第6期。
八木春生著、李梅译《天水麦积山石窟编年论》，《石窟寺研究（第二辑）》，文物出版社，2011年版。
巴中市文物管理所《巴中西龛石窟调查记》，《文物》1996年第3期。
白中培《安岳毗卢洞》，《四川文物》1987年第3期。
北京大学考古学系、云南大学历史系剑川石窟考古研究课题组《剑川石窟——1999年考古调查简报》，《文物》2000年第7期。
炳灵寺石窟勘察团《炳灵寺石窟第一次勘察报告》，《文物参考资料》1953年第1期。
曹丹、赵昤《安岳毗卢洞石窟调查研究》，《四川文物》1994年第3期。
长广敏雄《云冈石窟第9、10双窟的特征》，《中国石窟·云冈石窟（二）》，文物出版社，1994年版。
常青《炳灵寺169窟塑像与壁画题材考释》，《汉唐与边疆考古研究（第一辑）》，科学出版社，1994年版。
常青《炳灵寺169窟塑像与壁画的年代》，《考古学研究（一）》，文物出版社，1992年版。
常青《陕西麟游慈善寺石窟的初步调查》，《考古》1992年第10期。
晁华山《克孜尔石窟的洞窟分类与石窟寺院的组成》，《纪念北京大学考古专业三十周年论文集》，文物出版社，1990年版。
晁华山《库木吐喇石窟初探》，《中国石窟·库木吐喇石窟》，文物出版社，1992年版。
晁华山《新疆焉耆锡格星石窟》，《十世纪前的丝绸之路和东西文化交流——沙漠路线考察乌鲁木齐国际讨论会》，新世界出版社，1996年版。
陈建彬《西藏拉萨曲布桑摩崖造像初探》，《文博》1992年第3期。

陈建彬《西藏摩崖造像调查简报》，《考古与文物》1990年第4期。
陈明达《四川巴中、通江两县石窟介绍》，《文物参考资料》1955年第11期。
陈明光《大足石篆山石刻“鲁班龛”当为“志公和尚龛”》，《文物》1987年第1期。
陈习删《宝顶雕像年代问题》，《文物参考资料》1956年第5期。
陈垣《记大同武州山石窟寺》，《东方杂志》第16卷第2、3号，1919年。
陈悦新《河南浚县大佛的年代》，《文物》2013年第9期。
陈悦新《须弥山早期洞窟的分期研究》，《华夏考古》1994年第4期。
初师宾《石窟外貌与石窟研究之关系——以麦积山石窟为例略谈石窟艺术断代的一种辅助方法》，《西北师院学报》1983年第4期。
邓健吾《麦积山石窟的研究及早期石窟的两三个问题》，《中国石窟·麦积山石窟》，文物出版社，1998年版。
邓健吾《庆阳寺沟石窟“佛洞”介绍》，《文物》1963年第7期。
邓仲元、高俊英《仁寿县牛角寨摩崖造像》，《四川文物》1990年第5期。
丁明夷《北朝佛教史的重要补正——析安阳三处石窟的造像题材》，《文物》1988年第4期。
丁明夷《川北石窟札记——从广元到巴中》，《文物》1990年第6期。
丁明夷《从强独乐建周文王佛道造像碑看北朝道教造像》，《文物》1986年第3期。
丁明夷《记两处典型的龟兹石窟——森木塞姆与克孜尔尕哈石窟》，《龟兹佛教文化论集》，新疆美术摄影出版社，1993年版。
丁明夷《龙门石窟唐代造像的分期与年代》，《考古学报》1979年第4期。
丁明夷《云冈石窟研究五十年》，《中国石窟·云冈石窟（二）》，文物出版社，1994年版。
丁明夷、马世长、雄西《克孜尔石窟的佛传壁画》，《中国石窟·克孜尔石窟（一）》，文物出版社，1989年版。
董广强《麦积山王子洞窟区调查简报》，《敦煌研究》2005年第6期。
董玉祥《炳灵寺石窟的分期》，《中国考古学会第一次年会论文集·1979》，文物出版社，1980年版。
董玉祥《麦积山石窟的分期》，《文物》1983年第6期。
董玉祥、臧志军《甘肃武山水帘洞石窟群》，《文物》1985年第5期。
敦煌文物研究所《安西榆林窟勘察简报》，《文物参考资料》1956年第10期。
樊锦诗、关友惠、刘玉权《莫高窟隋代洞窟分期》，《中国石窟·敦煌莫高窟（二）》，文物出版社，1984年版。
樊锦诗、刘玉权《莫高窟唐前期洞窟的分期》，《敦煌学研究文集·敦煌石窟考古编》，甘肃人民出版社，2000年版。
樊锦诗、马世长、关友惠《敦煌莫高窟北朝洞窟的分期》，《中国石窟·敦煌莫高窟（一）》，文物出版社，1982年版。
樊锦诗、赵青兰《吐蕃占领时期莫高窟洞窟的分期研究》，《敦煌研究文集·敦煌石窟考古篇》，甘肃民族出版社，2000年版。
冯国瑞《炳灵寺石窟勘察记》，《炳灵寺石窟研究论文集》，炳灵寺文物保管所，1998年版。
奉先寺遗址发掘工作队《洛阳龙门奉先寺遗址发掘简报》，《中原文物》2001年第2期。
傅成金、唐承义《四川安岳石刻普查简报》，《敦煌研究》1993年第1期。
傅熹年《麦积山石窟中所反映出的北朝建筑》，《文物资料丛刊（4）》，文物出版社，1981年。
甘肃省博物馆《甘肃泾川南石窟寺调查报告》，《考古》1983年第10期。

甘肃省博物馆《甘肃泾川王母宫石窟调查报告》，《考古》1984年第10期。
甘肃省文化局文物工作队《调查炳灵寺石窟的新收获——第二次调查（1963年）简报》，《文物》1963年第10期。
甘肃省文物工作队《马蹄寺、文殊山、昌马诸石窟调查简报》，《文物》1965年第3期。
故宫博物院、四川省文物考古研究院《四川石渠县洛须“照阿拉姆”摩崖石刻》，《四川文物》2006年第3期。
顾森《巴中南龛摩崖造像形成年代初探》，《美术史论丛刊》1983年第3期。
广元市文物管理所《广元观音岩石窟调查记》，《四川文物》2002年第3期。
广元市文物管理所、中国社会科学院宗教所佛教室《广元皇泽寺石窟调查记》，《文物》1990年第6期。
广元市文物管理所、中国社会科学院宗教所佛教室《广元千佛崖石窟调查记》，《文物》1990年第6期。
桂林市文物工作队《广西桂林伏波山摩崖石刻》，《广西考古文集（第四辑）》，科学出版社，2010年版。
郭相颖《宝顶山摩崖造像是完备而有特色的佛教密宗道场》，《四川文物》1986年第1期。
邯郸市峰峰矿区文管所、北京大学考古实习队《南响堂石窟新发现窟檐遗迹及龛像》，《文物》1992年第5期。
邯郸市文物保管所《邯郸鼓山水浴寺石窟调查报告》，《文物》1987年第4期。
杭侃《大理国大日如来鎏金铜佛像》，《文物》1997年第7期。
杭侃《云冈第20窟西壁坍塌的时间与昙曜五窟最初的设计》，《文物》1994年第10期。
何强《西藏岗巴县乃甲切木石窟》，《南方民族考古（第四辑）》，四川科学技术出版社，1992年版。
河南省古代建筑保护研究所《河南安阳灵泉寺石窟及小南海石窟》，《文物》1988年第4期。
河南省古代建筑保护研究所《河南新安西沃石窟勘测报告》，《文物》1997年第10期。
河南省古代建筑保护研究所《鸿庆寺石窟》，《中原文物》1987年第4期。
河南省文物考古研究所、鹤壁市博物馆《鹤壁五岩寺石窟》，《中原文物》1989年第2期。
贺世哲《浙江新昌千佛岩三世十方佛造像》，《敦煌研究》2008年第3期。
贺世哲、孙修身《瓜沙曹氏与敦煌莫高窟》，《敦煌研究文集》，甘肃人民出版社，1982年版。
洪惠镇《杭州飞来峰“梵式”造像初探》，《文物》1986年第1期。
洪惠镇《杭州飞来峰杨琏真伽龛及其他》，《文物》1989年第3期。
胡文和《四川安岳卧佛沟唐代石刻造像和佛经》，《文博》1992年第2期。
胡文和《四川邛崃石笋山唐代摩崖造像》，《文博》1990年第6期。
胡文和《四川唐代摩崖造像中的“西方净土变”》，《四川文物》1989年第1期。
胡文和、李官智《安岳卧佛院唐代石经》，《四川文物》1986年第2期。
湖北省文物考古研究所、鄂州市博物馆《湖北鄂州市塘角头六朝墓》，《考古》1996年第11期。
黄伯厚《荣县大佛》，《四川文物》1984年第2期。
黄理他《合川涞滩摩崖石刻造像》，《四川文物》1989年第3期。
霍巍《近年来西藏西部佛教石窟美术考古的发现与研究》，《中国考古学会第十次年会论文集·1999》，文物出版社，2008年版。
霍巍《青藏高原东麓吐蕃时期佛教摩崖造像的发现与研究》，《考古学报》2011年第3期。
霍巍《试析东嘎石窟壁画中的佛传故事画——兼论西藏西部早期佛传故事画的式样及其源流》，《西藏研究》2000年第4期。
霍巍《试析西藏东部新发现的两处早期石刻造像》，《敦煌研究》2003年第5期。

霍巍《吐蕃第一窟——拉萨市药王山札那路甫石窟的几个问题》，《考古与文物》2003年第1期。
霍旭初《敦煌佛教艺术的西传——从新发现的新疆阿艾石窟谈起》，《敦煌研究》2002年第1期。
季羡林《弥勒信仰在新疆的传布》，《文史哲》2001年第1期。
姜怀英、员海瑞、解廷凡《云冈石窟新发现的几处建筑遗址》，《中国石窟·云冈石窟（一）》，文物出版社，1991年版。
蒋廷瑜《桂林唐代摩崖造像》，《东南文化》1992年第5期。
金维诺《敦煌本生图的内容与形式》，《美术研究》1957年第3期。
金维诺《敦煌窟龛名数考》，《文物》1959年第4期。
靳之林《陕北发现一批北朝石窟和摩崖造像》，《文物》1989年第4期。
雷玉华、王剑平《试论四川的“菩提瑞像”》，《四川文物》2004年第1期。
雷玉华、王剑平《再论四川的菩提瑞像》，《故宫博物院院刊》2005年第6期。
黎方银、王熙祥《大足北山佛湾石窟的分期》，《文物》1988年第8期。
李崇峰《敦煌莫高窟北朝晚期洞窟的分期与研究》，《敦煌研究文集——敦煌石窟考古篇》，甘肃民族出版社，2000年版。
李崇峰《关于鼓山石窟中的高欢柩穴》,《佛教考古——从印度到中国》,上海古籍出版社,2014年版。
李崇峰《克孜尔主室正壁画塑题材及有关问题》，《汉唐之间的宗教艺术与考古》，文物出版社，2000年版。
李崇峰《龙门石窟唐代窟龛分期试论》,《佛教考古——从印度到中国》,上海古籍出版社,2014年版。
李崇峰《僧璨、定禅师与水浴寺石窟》，《石窟寺研究（第二辑）》，文物出版社，2011年。
李静杰《陕北宋金石窟佛教图像的类型与组合分析》，《故宫学刊》2014年第1期。
李静杰《云冈第9、10窟的图像构成》，《艺术史研究（10）》，中山大学出版社，2008年。
李清泉《济南地区石窟、摩崖造像调查与初步研究》，《艺术史研究（2）》，中山大学出版社，2000年。
李少兵、索秀芬《阿尔寨石窟》，《内蒙古文物考古》2010年第2期。
李巳生《合川涞滩鹫峰禅窟内容探疑》，《法鼓佛学学报》第一期，2007年。
李凇《彬县大佛寺开凿时间新考》，《文博》1995年第4期。
李文生《龙门石窟的新发现及其它》，《文物》1980年第1期。
李文生《响堂山石窟造像的特征》，《中原文物》1984年第1期。
李雪芹《云冈石窟新编窟号说明》，《文物》1988年第4期。
李逸友《内蒙古巴林左旗前后召庙的辽代石窟》，《文物》1961年第12期。
李玉昆《龙门石窟新发现王玄策造像题记》，《文物》1976年第11期。
李玉珉《宝山大住圣窟初探》，《故宫学术季刊》第16卷第2期，1998年。
李玉珉《金塔寺石窟考》，《故宫学术季刊》第22卷第2期，2004年。
李玉珉《四川菩提瑞像窟龛研究》，《2005年重庆大足石刻国际学术研讨会论文集》，文物出版社，2007年版。
李裕群《从平城到洛阳——古代交通路线上的北魏石窟》，《云冈石窟（第十八卷）》，科学出版社，2018年版。
李裕群《大足宝顶山广大宝楼阁图像考》，《2005年重庆大足石刻国际学术研讨会论文集》，文物出版社，2007年版。
李裕群《封龙山石窟开凿年代与造像题材》，《文物》1998年第10期。

李裕群《关于安阳小南海石窟的几个问题》，《燕京学报》新六期，北京大学出版社，1999年版。
李裕群《晋阳西山大佛和童子寺大佛的初步考察》，《文物季刊》1998年第1期。
李裕群《灵泉寺北齐娄睿〈华严经碑〉研究》，《考古学报》2012年第1期。
李裕群《麦积山北魏晚期洞窟分期研究——兼论与洛阳石窟造像的关系》，《麦积山石窟研究》，文物出版社，2010年版。
李裕群《麦积山石窟东崖的崩塌与隋代洞窟判定》，《考古》2013年第2期。
李裕群《山西静乐净居寺石窟研究》，《考古、艺术与历史——杨泓八秩华诞纪念文集》，文物出版社，2018年版。
李裕群《神王浮雕石佛座拓本考释》，《文物》2010年第7期。
李裕群《天龙山石窟调查报告》，《文物》1991年第1期。
李裕群《天龙山石窟分期研究》，《考古学报》1992年第1期。
李裕群《吐鲁番吐峪沟石窟考古新发现——试论5世纪高昌佛教图像》，《艺术史中的汉晋与唐宋之变》，石头出版社，2014年版。
李裕群《驼山石窟开凿年代与造像题材考》，《文物》1998年第6期。
李裕群《邺城地区石窟与刻经》，《考古学报》1997年第4期。
李裕群《浙江新昌千佛岩南朝龛像——南朝忏法流行的实物例证》，《文物》2021年第2期。
李裕群《左权石佛寺石窟与"高欢云洞"石窟》，《文物》1995年第9期。
李裕群、常一民、李爱国《山西太原蒙山开化寺佛阁遗址》，《2016中国重要考古发现》，文物出版社，2017年版。
李裕群、Lidu Yi《山西高平大佛山摩崖造像考——"云冈模式"南传的重要例证》，《文物》2015年第2期。
李裕群、衣丽都（Lidu Yi）《山西高平石堂会石窟》，《文物》2009年第5期。
李裕群、张庆捷《山西高平高庙山石窟的调查与研究》，《考古》1999年第1期。
李治国、刘建军《北魏平城鹿野苑石窟调查记》，《中国石窟·云冈石窟（一）》，文物出版社，1991年版。
梁思成《敦煌壁画中所见的中国古代建筑》，《文物参考资料》1951年第2卷第5期。
梁思成、林徽因、刘敦桢《云冈石窟中所表现的北魏建筑》，《中国营造学社汇刊》第4卷3、4期，1933年。
梁志祥、丁明夷《新疆库木吐喇石窟新发现的几处洞窟》，《文物》1985年第5期。
林蔚《栖霞山千佛崖的新发现》，《文物》1996年第4期。
林蔚《栖霞山千佛岩区南朝石窟的分期研究》，《燕京学报》新十九期，北京大学出版社，2005年版。
林蔚《须弥山唐代洞窟的类型和分期》，《考古学研究（三）》，文物出版社，1997年版。
刘东光《有关安阳两处石窟的几个问题及补充》，《文物》1991年第8期。
刘东光《试论北响堂石窟的凿建年代及性质》，《世界宗教研究》1997年第4期。
刘东光《响堂山石窟的凿建年代及分期》，《华夏考古》1994年第2期。
刘合心、段双印《洛川县寺家河唐代密宗造像石窟》，《文博》1992年第5期。
刘慧达《北魏石窟与禅》，《考古学报》1978年第3期。
刘慧达《北魏石窟中的"三佛"》，《考古学报》1958年第1期。
刘建华《河北曲阳八会寺隋代刻经龛》，《文物》1995年第5期。
刘建华《河北张家口下花园石窟》，《文物》1998年第7期。

刘建华《万佛堂北魏石窟分期研究》，《考古学报》2001年第2期。
刘建军《鹿野苑石窟调查报告——关于新发现禅窟的问题》，《石窟寺研究（第一辑）》，文物出版社，2010年版。
刘节《北周强独乐为文王造佛道二像碑记跋》，《成都文物》1987年第3期。
刘永生《武乡勋环沟良侯店石窟调查简报》，《文物世界》2008年第1期。
刘玉权《敦煌莫高窟和安西榆林窟西夏洞窟分期》，《敦煌研究文集》，甘肃民族出版社，2000年版。
刘玉权《关于沙州回鹘洞窟的划分》，《敦煌研究文集》，甘肃民族出版社，2000年版。
柳洪亮《柏孜柯里克石窟年代试探——根据回鹘供养人像对洞窟的断代分期》，《敦煌研究》1986年第3期。
柳洪亮《柏孜柯里克新发现的〈杨公重修寺院碑〉》，《敦煌研究》1987年第1期。
柳洪亮《雅尔湖千佛洞考察随笔》，《敦煌研究》1988年第4期。
龙门文物保管所《洛阳龙门东山香山寺遗址的调查与试掘》，《考古》1986年第1期。
罗孟汀《〈嘉州凌云寺大佛像记〉的发现及其考析》，《四川文物》1986年第4期。
罗世平《巴中石窟三题》，《文物》1996年第3期。
罗世平《广元千佛崖菩提瑞像考》，《故宫学术季刊》第9卷第2期，1991年。
罗世平《千佛崖利州毕公及造像年代考》，《文物》1990年第6期。
罗香林《唐代桂林摩崖佛教考》，《唐代文化史研究》，上海书店据商务印书馆，1946年版影印本。
罗炤《宝山大住圣窟刻经中的北方礼忏系统》，《石窟寺研究（第一辑）》，文物出版社，2010年版。
罗炤《剑川石窟石钟山第六窟考释》，《宿白先生八秩华诞纪念文集》，文物出版社，2002年版。
马丰《赴磁县武安县南北响堂寺及其附近工作报告》，《北平研究院院务汇报》第7卷第4期。
马世长《敦煌石窟考古的回顾与反思》，《文物》2000年第8期。
马世长《克孜尔中心柱窟主室券顶与后室的壁画》，《中国石窟·克孜尔石窟（二）》，文物出版社，1996年版。
马世长《库木吐喇的汉风洞窟》，《中国石窟·库木吐喇石窟》，文物出版社，1992年版。
马世长《龙门皇甫公窟》，《中国石窟·龙门石窟（一）》，文物出版社，1991年版。
马忠理、张沅、程跃峰、江汉卿《涉县中皇山北齐佛教摩崖刻经调查》，《文物》1995年第5期。
麦积山勘察团《麦积山勘察团工作报告》，《文物参考资料》1954年第2期。
麦积山文物保管所《麦积山石窟的新通洞窟》，《文物》1972年第12期。
孟凡人《新疆柏孜克里克窟寺流失域外壁画述略》，《考古与文物》1981年第4期。
宁强《巴中摩崖造像中的佛教史迹故事初探》，《四川文物》1987年第3期。
宁强《巴中南龛第93号毗沙门天王造像龛新探》，《敦煌研究》1989年第2期。
彭家胜《四川安岳卧佛院调查》，《文物》1988年第8期。
彭金章、沙武田《敦煌莫高窟北区洞窟清理简报》，《文物》1998年第10期。
青州市博物馆《青州龙兴寺佛教造像窖藏清理简报》，《文物》1998年第2期。
冉万里《陕西安塞云山品寺石窟调查报告》，《考古与文物》2005年第4期。
山西省古建筑保护研究所、北京大学考古学系石窟调查组《山西平定开河寺石窟》，《文物》1997年第1期。
山西省考古研究所、云冈石窟研究院、大同市考古研究所《云冈石窟窟顶二区北魏辽金佛教寺院遗址》，《考古学报》2019年第1期。
陕西省博物馆、陕西省文管会《鄘县石泓寺、阁子头寺石窟调查简报》，《文物》1959年第12期。

陕西省考古研究院等《西藏日土县丁穹拉康石窟群考古调查简报》,《考古与文物》2014年第6期。
陕西省考古研究院、延安市考古所、安塞县文物旅游局《陕西安塞县大佛寺石窟调查简报》，《考古》2013年第12期。
陕西省文物管理委员会《陕西麟游的摩崖造像和石窟》，《文物参考资料》1958年第11期。
上原和著，于冬梅、赵声良译《龙门石窟古阳洞开凿的年代（上）（下）》，《敦煌研究》2006年第6期、2007年第1期。
石劲松、王玲秀《炳灵寺第171龛唐代大佛史事钩沉》，《敦煌研究》2012年第4期。
史岩《酒泉文殊山的石窟寺院遗迹》，《文物参考资料》1956年第7期。
史岩《关于广元千佛崖造像的创始时代问题》，《文物》1961年第2期。
史岩《杭州南山区雕刻史迹初步调查》，《文物参考资料》1956年第1期。
史岩《凉州天梯山石窟的现状和保存问题》，《文物参考资料》1955年第2期。
史岩《龙山石窟考察报告》，《新美术》1980年第2期。
史岩《麦积山石窟北朝雕塑的两大风格体系及其流布情况》，《美术研究》1957年第1期。
史岩《散布在祁连山区民乐县境的石窟群》，《文物参考资料》1956年第4期。
四川大学历史文化学院考古学系等《西藏札达皮央—东嘎遗址1997年调查与发掘》，《考古学报》2001年第3期。
四川大学中国藏学研究所等《西藏阿里东嘎佛寺殿堂遗址的考古发掘》，《文物》2002年第8期。
四川大学中国藏学研究所等《西藏阿里札达县帕尔嘎尔布石窟遗址的调查》,《文物》2003年第9期。
四川大学中国藏学研究所等《西藏阿里札达县帕尔宗遗址坛城窟的初步调查》,《文物》2003年第9期。
四川大学中国藏学研究所等《西藏阿里札达县象泉河流域发现的两座佛教石窟》，《文物》2002年第8期。
四川大学中国藏学研究所等《西藏阿里札达县象泉河流域卡尔普与西林衮石窟地点的初步调查》，《文物》2007年第6期。
四川省文物管理委员会、巴中县文物管理所《四川巴中水宁寺唐代摩崖造像》,《文物》1988年第8期。
四川省文物考古研究院、四川省茂县博物馆《四川茂县点将台唐代佛教摩崖造像调查简报》，《文物》2006年第2期。
宋朗秋《大足石刻分期述论》，《敦煌研究》1996年第3期。
宿白《参观敦煌第285窟札记》，《文物参考资料》1956年第2期。
宿白《〈大金西京武州山重修大石窟寺碑〉校注—新发现的大同云岗石窟寺历史材料的初步整理—》，《北京大学学报·人文科学》1956年第1期。
宿白《东阳王与建平公（二稿）》，《敦煌吐鲁番文献研究论集（第四辑）》，北京大学出版社，1987年版。
宿白《克孜尔部分洞窟阶段划分与年代等问题的初步探索——代序》，《中国石窟·克孜尔石窟（一）》，文物出版社，1989年版。
宿白《凉州石窟遗迹和“凉州模式”》，《考古学报》1986年第4期。
宿白《洛阳地区北朝石窟的初步考察》,《中国石窟·龙门石窟（一）》，文物出版社，1991年版。
宿白《〈莫高窟记〉跋》，《文物参考资料》1955年第2期。
宿白《莫高窟现存早期洞窟的年代问题》，《中国文化研究所学报》第20卷，1989年。
宿白《南朝龛像遗迹初探》，《考古学报》1989年第4期。
宿白《平城实力的集聚和“云冈模式”的形成与发展》，《中国石窟·云冈石窟（一）》，文物出版社，1991年版。
宿白《石窟寺考古的回顾》，《文物》1979年第10期。
宿白《四川钱树和长江中下游部分器物上的佛像——中国南方发现的早期佛像札记》，《文物》2004年第10期。
宿白《武威天梯山早期石窟参观记》，《燕京学报》新八期，北京大学出版社，2000年版。
宿白《元代杭州的藏传密教及其有关遗迹》，《文物》1990年第10期。
宿白《云冈石窟分期试论》，《考古学报》1978年第1期。
汤惠生《青海玉树地区唐代佛教摩崖考述》，《中国藏学》1999年第1期。
唐长寿《乐山大佛试探》，《四川文物》1992年第1期。
陶鸣宽《四川巴中南龛的摩岩造像》《文物参考资料》1956年第5期。
吐鲁番地区文物管理所《伯孜克里克千佛洞遗址清理简记》，《文物》1985年第8期。
王伯敏《西湖飞来峰的石窟艺术》，《文物参考资料》1956年第1期。
王红娟《陕北佛教石窟寺研究的回顾与展望》，《佛学研究》2011年第1期。
王惠民《北山245窟的图像与源流》，《2005年重庆大足石刻国际学术研讨会论文集》，文物出版社，2007年版。
王惠民《肃北五个庙石窟内容总录》，《敦煌研究》1994年第1期。
王家祐《安岳石窟造像》，《敦煌研究》1989年第1期。
王建浩《济南神通寺发现古代建筑基址》，《文物》1965年第4期。
王建浩《山东济南市神通寺殿堂遗址的清理》，《考古》1996年第1期。
王庆煜《资阳县半月山大佛》，《四川文物》1993年第4期。
王去非《参观三处石窟笔记》，《文物参考资料》1955年第10期。
王去非《关于龙门石窟的几种新发现及其有关问题》，《文物参考资料》1955年第2期。
王熙祥、曾德仁《四川夹江千佛岩摩崖造像》，《文物》1992年第2期。
王毅《北凉石塔》，《文物资料丛刊（1）》，文物出版社，1977年。
王振国《关于邯郸水浴寺石窟的几个问题》，《中原文物》2002年第2期。
王振国《关于河南省林州市洪谷寺千佛洞的造像与刻经》，《敦煌研究》2003年第5期。
王振国《河南沁阳悬谷山隋代千佛洞石窟》，《敦煌研究》2000年第4期。
王子云《新疆拜城赫色尔石窟》，《文物参考资料》1955年第2期。
王作宾《天龙山石窟佛像调查报告》，《古物保护委员会工作汇报》，北平大学出版社，1935年。
韦正《炳灵寺169窟第6龛的年代问题——兼及有关佛经的形成和流传时间》，《华林国际佛学学刊》第一卷第二期（2018）。
魏文斌《甘肃华亭石拱寺石窟调查简报》，《敦煌研究》2007年第3期。
魏正瑾、白宁《南京栖霞山南朝石窟考古概要》，《石窟寺研究（第二辑）》，文物出版社，2011年。
魏正中《克孜尔谷西的石窟寺院》，《燕京学报》新十六期，北京大学出版社，2004年版。
温玉成《龙门北朝纪年小龛的类型、分期与洞窟排年》，《中国石窟·龙门石窟（一）》，文物出版社，1991年版。
温玉成《龙门古阳洞研究》，《中原文物》1985年特刊。
温玉成《龙门石窟的创建年代》，《文博》1985年第2期。
温玉成《龙门石窟造像的新发现》，《文物》1988年第4期。
温玉成《龙门唐窟排年》，《中国石窟·龙门石窟（二）》，文物出版社，1992年版。

温玉成《洛阳市偃师县水泉石窟调查》，《文物》1990年第3期。
温玉成、张雪芬、刘雨茂《成都龙泉驿北周强独乐造像考察记》，《中原文物》2016年第2期。
吴觉非《四川安岳县的石刻》，《文物参考资料》1956年第5期。
武伯伦《新疆天山南路的文物调查》，《文物参考资料》1954年第10期。
西藏文管会文物普查队《拉萨查拉路甫石窟调查简报》，《文物》1985年第9期。
西藏自治区文物保护研究所《西藏工布江达县洛哇傍卡摩崖造像考古调查简报》，《考古与文物》2014年第6期。
西藏自治区文物保护研究所、陕西省考古研究院《西藏察雅县丹玛札摩崖造像考古调查简报》，《考古与文物》2014年第6期。
西藏自治区文物保护研究所、中国藏学研究中心西藏文化博物馆《西藏定结县恰姆石窟》，《考古》2012年第7期。
西藏自治区文物局、四川联合大学考古专业《西藏阿里东嘎、皮央石窟考古调查简报》，《文物》1997年第9期。
夏鼐《漫谈敦煌千佛洞和考古学》，《文物参考资料》1951年第2卷第5期。
向达《莫高、榆林二窟杂考》，《文物参考资料》1951年第5期。
新疆龟兹研究所《库车阿艾石窟第1号窟清理简报》，《新疆文物》1999年第3期。
新疆龟兹研究院《库车玛扎伯哈石窟调查简报》，《吐鲁番研究》2010年第1期。
新疆龟兹研究院《托乎拉克艾肯石窟考古勘察简报》，《吐鲁番研究》2010年第1期。
新疆龟兹研究院《新疆拜城温巴什石窟调查简报》，《新疆文物》2008年第1期。
新疆文物考古研究所《新疆柏孜克里克千佛洞窟前遗址发掘简报》，《文物》2012年第5期。
新疆文物考古研究所《新疆吐鲁番胜金口石窟发掘报告》，《考古学报》2016年第3期。
新疆文物考古研究所《新疆吐鲁番胜金口石窟考古发掘新收获》，《西域研究》2012年第3期。
邢军《广元千佛崖初唐密宗造像析》，《文物》1990年第6期。
徐炳昶《唐王峧及宝山调查报告》，《北平研究院院务汇报》第7卷第4期，1936年。
徐苹芳《中国石窟寺考古学的创建历程——读宿白先生〈中国石窟寺研究〉》，《文物》1998年第2期。
许宛音《克孜尔新1窟试论》，《文物》1984年第12期。
许宛音《台台尔石窟踏察记》，《中国石窟·克孜尔石窟（一）》，文物出版社，1989年版。
延安地区文化馆姬乃军《延安地区的石窟寺》，《文物》1982年第10期。
延安地区文物普查队、子长县文物管理所《子长钟山石窟调查记》，《考古与文物》1982年第6期。
阎文儒《安西榆林窟调查报告》，《历史与考古》1946年第1期。
阎文儒《辽西义县万佛堂石窟调查及其研究》，《文物参考资料》1951年第9期。
阎文儒《莫高窟的石窟构造及其塑像》，《文物参考资料》1951年第2卷第4期。
阎文儒《龟兹境内汉人开凿汉僧住持最多的一处石窟——库木吐喇》，《现代佛学》1962年第4期。
阎文儒《四川广元千佛崖与皇泽寺》，《江汉考古》1990年第3期。
阎文儒《新疆天山以南的石窟》，《文物》1962年第7、8期合刊。
阎文儒《云门山与驼山》，《文物参考资料》1957年第10期。
颜娟英《北齐禅观窟的图像考——从小南海石窟到响堂山石窟》，《东方学报》第七十册，京都大学人文科学研究所，1998年版。
颜娟英《河北南响堂石窟寺初探》，《考古与历史文化——庆祝高去寻先生八十大寿论文集（下）》，正中书局，1991年版。

颜娟英《天龙山石窟的再省思》，《中国考古学与历史学之整合研究》，“中研院”历史语言研究所，1997年版。
杨宏明《安塞县石窟寺调查报告》，《文博》1990年第3期。
杨泓《跋鄂州孙吴墓出土陶佛像》，《考古》1996年第11期。
杨烈《宝岩寺明代石窟》，《文物》1961年第12期。
姚桂兰、张善庆《马蹄寺石窟群千佛洞地神图像研究》，《敦煌研究》2010年第5期。
于春《四川夹江千佛岩摩崖造像初步研究》，《考古与文物》2014年第3期。
袁希涛《洛阳龙门石窟石像记》，《东方杂志》第17卷23号，1920年。
云冈石窟文物研究所、山西省考古研究所、大同市博物馆《云冈石窟第3窟遗址发掘简报》，《文物》2004年第6期。云冈石窟研究院、山西省考古研究所、大同市考古研究所《云冈石窟窟顶西区北魏佛教寺院遗址》，《考古学报》2016年第4期。
贠安志《安岳石窟寺调查记要》，《考古与文物》1986年第6期。
贠安志《彬县大佛寺石窟的调查与研究》，《中国考古学研究论集——纪念夏鼐考古五十周年》，三秦出版社，1987年版。
贠安志《陕西富县石窟寺勘察报告》，《文博》1986年第6期。
贠安志《四川巴中县石窟调查记》，《考古与文物》1986年第1期。
曾德仁《四川安岳县玄妙观道教摩崖造像》，《四川文物》2014年第4期。
张宝玺《炳灵寺的西秦石窟》，《中国石窟·炳灵寺石窟》，文物出版社，1989年版。
张宝玺《炳灵寺石窟第1、16、99、133窟的清理与研究》，《炳灵寺石窟学术会议论文集》，甘肃民族出版社，2003年版。
张宝玺《东千佛洞西夏石窟艺术》，《文物》1992年第2期。
张宝玺《河西北朝中心柱窟》，《1987年敦煌石窟研究国际讨论会文集·石窟考古》，辽宁美术出版社，1990年版。
张宝玺《麦积山石窟开凿年代及现存最早洞窟造像壁画》，《中国考古学会第一次年会论文集》，文物出版社，1980年版。
张伯元《东千佛洞调查简记》，《敦煌研究》创刊号（总第三期），甘肃人民出版社，1983年版。
张长虹《西藏阿里札达县帕尔嘎尔布石窟的两幅曼荼罗图像及相关问题研究》，《西藏大学学报（社会科学版）》第28卷第4期（2013年12月）。
张华《陕西富县柳园石窟调查及相关内容分析》，《考古与文物》2018年第3期。
张惠明《响堂山和驼山石窟造像风格的过渡特征》，《敦煌研究》1989年第2、3期。
张明远《龙山石窟考察报告》，《文物》1996年第11期。
张庆捷、李裕群、郭一峰《山西高平羊头山石窟调查报告》，《考古学报》2000年第1期。
张若愚《伊阙佛龛之碑和潜溪寺、宾阳洞》，《文物》1980年第1期。
张圣奘《大足安岳的石窟艺术》，《西南文艺》1953年第7期。
张砚、王福民《陕西耀县药王山摩崖造像调查简报》，《中原文物》1994年第2期。
张增午《林县洪谷寺千佛洞造像调查记》，《中原文物》1983年第4期。
张智《黄陵万佛寺、延安万佛洞石窟寺调查记》，《文物》1965年第5期。
张总《山东历城黄石崖摩崖龛窟调查》，《文物》1996年第4期。
张总、王宝平《陕西淳化金川湾三阶教刻经石窟》，《文物》2003年第5期。
赵殿增、袁曙光《四川忠县三国铜佛像及研究》，《东南文化》1991年第5期。

赵立春《河北涉县林旺隋代石窟调查》,《石窟寺研究(第二辑)》,文物出版社,2011年。
赵莉《俄罗斯国立艾米塔什博物馆藏克孜尔石窟壁画》,《文物》2018年第4期。
郑国穆、魏文斌《甘肃合水保全寺石窟调查简报》,《石窟寺研究(第二辑)》,文物出版社,2011年。
中国社会科学院考古研究所边疆考古研究中心、山西省考古研究所、太原市文物考古研究所《太原市龙山童子寺遗址发掘简报》,《考古》2010年第7期。
中国社会科学院考古研究所边疆考古研究中心、吐鲁番学研究院《新疆鄯善县吐峪沟沟西区中部回鹘佛寺发掘简报》,《考古》2019年第4期。
中国社会科学院考古研究所边疆民族考古研究室、吐鲁番学研究院、龟兹研究院《新疆鄯善县吐峪沟东区北侧石窟发掘简报》,《考古》2012年第1期。
中国社会科学院考古研究所边疆民族考古研究室、吐鲁番学研究院、龟兹研究院《新疆鄯善县吐峪沟西区北侧石窟发掘简报》,《考古》2012年第1期。
中国社会科学院考古研究所西安唐城队、麟游县博物馆《陕西麟游慈善寺南崖佛龛与〈敬福经〉的调查》,《考古》1997年第1期。
中国社会科学院考古研究所浙江工作队《杭州慈云岭资贤寺摩崖龛像》,《文物》1995年第10期。
朱希元《宁夏须弥山圆光寺石窟》,《文物》1961年第2期。
朱英荣《新疆拜城克孜尔千佛洞新1号窟》,《文物》1984年第12期。

日文

八木春生《北響堂山石窟北洞に關する一考察》,築波大學藝術學系研究報告第43輯《藝術研究報》24,2004年。
八木春生《南響堂石窟に關する一考察》,《中國考古學》第6號,2006年。
八木春生《天龍山石窟唐代の編年研究》,明治大學石刻文物研究所《隋唐佛教社會の基層構造の》,汲古書院,2015年。
八木奬三郎《萬佛堂》,《錦州省の古蹟》,国書刊行会,1929年。
八木宣諦《涇川の石窟寺—北魏の南石窟寺碑について》,《印度學佛教學研究》第29卷第1號,1980年12月。
長廣敏雄《宿白氏の雲岡分期論を駁す》,《東方學》第60輯,1980年。
長廣敏雄《雲岡石窟の謎》,《佛教藝術》第134號,1981年。
長廣敏雄《雲岡石窟に於ける佛像の服制について》,《東方學報》(京都)第15卷第4冊,1947年。
春山武松《佛像発生問題より見たるマツラー派の彫刻》,《東洋美術》創刊號,1929年4月。
村田治郎《義縣の萬佛堂石窟》,《满洲の史蹟》,東京:座右寶刊行會,1944年。
道端良秀《山西省祁縣六朝石佛》,《佛教史學》3:4,1953年12月。
町田甲一《麥積山石窟の北魏佛について》,《佛教藝術》第35號,1958年。
福山敏男《炳靈寺石窟の西秦造像銘について》,《美術研究》第276號,1971年。
福山敏男《敦煌石窟編年試論》,《佛教藝術》第197號,1953年。
福山敏男《麥積山石窟寺》,《美術史》第9號,1953年。
岡村秀典《雲岡石窟における大型窟の編年》,《國華》第1451號,2016年。
岡田健《北齊様式の成立とその特質》,《佛教藝術》第159號,1985年。
關野貞《北支那古代文化の蹟》,《禪宗》第25卷281號,1918年。

關野貞《滿州義縣萬佛洞》，《支那の建築と藝術》，岩波書店，1938年。
關野貞《天龍山石窟》，《佛教學雜誌》第3卷第4號，1922年。
關野貞《印度の佛教美術に就て》，《建築雜誌》第34卷第400號，1920年。
吉村恒《曇曜五窟造營工事の檢討》，《國華》第1155號，1992年。
吉村憐《曇曜五窟論》，《佛教藝術》第73號，1969年。
吉村憐《雲岡石窟編年論—宿白・長廣學說批判》，《國華》第1140號，1993年。
林良一、鈴木潔《天龍山石窟の現狀》，《佛教藝術》第141號，1981年。
鈴木潔《天龍山唐朝洞窟編年試論》，町田甲一古稀紀念會編《佛教美術史論叢》，吉川弘文館，1986年。
气賀澤保規《四川樂山淩雲大佛の歷史と現況——世界第一の石佛》，《佛教藝術》第179號，1988年。
山名伸生《桂林の調露元年銘摩崖佛について》，《佛教藝術》第198號，1991年。
勝木言一郎《小南海中窟の三仏造像と九品往生圖浮雕に關する一考察》，《美術史》第139號，1996年。
水野清一《半跏思惟像について》，《東洋史研究》第1卷第4號，京都，1940年。
松本文三郎《大同の佛像》，《藝文》第9卷第6號，京都，1918年。
松本文三郎《佛像の美術史研究》，《哲學研究》第1卷第1號，京都，1916年。
松井等《遼西調查の概況》，《史學雜誌》第二十編第十號，1909年。
田村節子《天龍山石窟第十六窟、十七窟について》，《佛教藝術》第145號，1982年。
田村節子《響堂山石窟の現狀》，《佛教藝術》第153號，1984年。
田中俊逸《天龍山石窟調查報告》，《佛教學雜誌》第3卷第4號，1922年。
小野勝年《新昌・石城寺とその弥勒像—江南巨大石仏の史的遍歷—》，《佛教藝術》第163號，1985年。
小野勝年《右金吾衛將軍勿部珣功德記についてちちち》，《史林》71:3，1985年。
熊坂聡美《雲岡石窟曇曜五窟開鑿期の仏龕について》，《佛教藝術》第332號，2014年。
伊東忠太《北清建築調查報告》，《建築雜誌》第189號，1902年。
伊東忠太《支那山西雲岡の石窟寺》，《國華》第17編第197號、第198號，1906年。
曾布川寬《龍門石窟における北朝造像の諸問題》，京都大學人文科學研究所《中國中世の文物》，1993年。
曾布川寬《龍門石窟における造像の研究》，《東方學報》（京都）第60册，1988年。
曾布川寬《響堂山石窟考》，《東方學報》（京都）第62冊，1990年。
曾布川寬《雲岡石窟再考》，《東方學報》（京都）第83冊，2008年。
塚本靖《清國內地旅行談》，《東洋學藝雜誌》第25、26卷，1908年。

西文

Albert Grunwedel, Die Archaologische Ergebnisse der Dritten Turfan Expeditiong, *Zeitschift Fur Ethnologie*, Berlin, 1909.
Albert Le Coq, Bericht Uber Reise und Arbeiten in Chinesischen Turkistan, *Zeitschrift Fur Anthropologie Ethnologie und Urgeschichte*, Berlin, 1907.

Alexander Soper, Imperial Cave-Chapels of the Northern DynastiesDonors, Beneficiaries, Dates, *Artibus Asiae*, Vol.28, 1966.

Angela F. Howard, Tang Buddhist Sculpture of Sichuan: Unknowen and Forgotten, *Bulletin of Far Eastern Antiquities*, Vol.60, 1988.

Ernst Boerschmann, Die Kultstätte des T'ien Lung Shan. Nach einem Besuch am 7. Mai 1908, *Artibus Asiae*, Vol.1, No.4, 1926.

Harry Vanderstappen and Marylin Rhie, The Sculpture of T'ien Lung Shan: Reconstruction and Dating, *Artibus Asiae*, Vol.27, 1965.

Langdon Warner, Chinese Expedition 1923-24, *Notes* (*Fogg Art Museum*), Vol.2, No.1, Apr., 1925.

Leprince Ringuet, Voyage dans Les Provinces du Nord La Chine, *Le Tour Du*, Monde 9, Serie tome 20, 1902.

Marylin Rhie M, A Tang Period Stele Inscription and Cave ＸＸＩ at Tien-lung Shan, *Archives Asian Art*, Vol. 28, 1974-1975.

后　记

笔者所撰《古代石窟》，是2003年由国家文物局主编、文物出版社出版的《二十世纪中国文物考古发现与研究丛书》之一，主要阐述了20世纪中国石窟寺考古的发现与研究的基本概况。该书的出版迄今已有十九年了。由于整部丛书的编撰体例、字数和图版要求所限，书中仅仅罗列了中国石窟寺发展演变的主体部分，有些对石窟寺的论述偏于简略，也缺少相关的图片资料，还有许多比较重要的中小型石窟并未纳入其中。因此，对原书进行较大的修订和增补亦势在必行。

进入21世纪以来，在石窟寺考古方面已经有了许多新的发现和研究进展。如新的石窟寺地点被不断发现，与石窟寺相关遗迹的发掘，石窟寺资料的刊布以及在石窟寺考古的理论与方法上的突破。归纳起来有：

（1）第三次全国文物普查，始于2007年4月，止于2011年12月，为时近五年。在文物普查中，新的石窟寺地点被发现，如山西省文物局《厚重山西——山西省第三次全国文物普查重要新发现选编》（科学出版社2010年版）、新疆维吾尔自治区文物局《新疆维吾尔自治区第三次全国文物普查成果集成——新疆佛教遗址》（科学出版社2015年版）等都著录了石窟寺的新发现。近年来，在西藏阿里地区不断有新的地点发现，如四川大学等单位组成的联合组在札达县札布让乡境内与古格故城隔河相望的象泉河南岸地区的考古调查中，发现了吉日、岗察、芒扎三处石窟；在札达县卡孜乡发现了帕尔嘎尔布石窟、帕尔宗遗址坛城窟；在札达县香孜乡发现了卡尔普与西林衮石窟，以及札达县境内的其他石窟。

（2）相关科研单位更加注重石窟寺及相关遗址的清理与发掘，如大同云冈石窟窟顶寺院遗址及相关遗迹的发掘，使我们认识到：云冈地面佛寺遗址与洞窟一样都是石窟寺的重要组成部分，大型石窟寺具有分区与功能的不同，大型洞窟的开凿次序、过程还有综合利用等问题。太原蒙山大佛和童子寺大佛的佛阁遗址的发掘，表明了这两座中原地区最大的摩崖佛像受南朝龛像的影响，龛前都有佛阁建筑。吐鲁番吐峪沟石窟的清理与发掘，揭示了早期洞窟的壁画风格与题材的渊源问题。大同鲁班窑石窟及窟顶遗迹和洛阳龙门擂鼓台窟前遗址的发掘，表现了洞窟与窟前遗址的密切关系。这些发掘成果，对于我们重新认识石窟寺的性质、功能、礼仪有了很大的帮助，也为我们提供了崭新的资料和新的研究思路。

（3）资料的刊布也更加全面，石窟寺的考古报告、内容总录以及各种调查研究报告亦相继出版。如《敦煌莫高窟第268—275窟考古报告》（文物出版社2011年版）、《龙门石窟考古报告——东山擂鼓台区》（科学出版社2018年版）、《大足石刻全集》（重庆出版社2017、2018年版）、《皮央·东嘎遗址考古报告》（四川人民出版社2008年版）等石窟寺考古报告。《克孜尔石窟内容总录》（新疆美术摄影出版社2000年版）、《库木吐喇石窟内容总录》（文物出版社2008年版）、《森木塞姆石窟内容总录》（文物出版社2008年版）、甘肃北石窟寺文物保护研究所《庆阳北石窟寺内容总录》（文物出版社2013年版）、《炳灵寺石窟内容总录》（兰州大学出版社2006年版）、《陕西石窟内容总录》（陕西人民出版社2017年版）、《巴中石窟内容总录》（巴蜀书社2006年版）、《广元石窟内容总录》（巴蜀书社2008年版）等内容总录。《绵阳窟龛：四川绵阳古代摩崖造像考古调查研究报告集》（文物出版社2010年版）、《夹江千佛岩：四川夹江千佛岩古代摩崖造像考古调查报告》（文物出版社2012年版）、《中国四川唐代摩崖造像——蒲江·邛崃地区调查研究报告》（重庆出版社2006年版）、《西藏东部吐蕃佛教造像：芒康、察雅考古调查与研究报告》（社会科学文献出版社2018年版）等调查报告。诸多报告的出版，也为我们全面深入了解这些石窟起到了关键作用。

（4）在理论与方法论方面，取得了不少进展。如魏正中《区段与组合——龟兹石窟寺院的考古学探索》（上海古籍出版社2013年版）一书，提出了石窟寺的区段概念，即遗址中同类洞窟或洞窟组合集中分布的区域。一个典型的区段仅包含一种类型的洞窟或洞窟组合，其他类型洞窟或洞窟组合的出现多来自于后世的续凿和改建。基于这一概念，比较全面地探讨了包括克孜尔石窟、库木吐喇石窟在内的龟兹石窟，是一部值得参考的书。又如Joy Lidu Yi，*Yungang*：*Art*，*History*，*Archaeology*，*Liturgy*（Routledge，2017）一书，对石窟寺的功能与礼忏仪式进行了探讨。作者除了对云冈石窟的分期提出了独到的见解外，还根据窟前和窟顶寺院遗址考古发掘的新资料，对皇家石窟寺院整体功能作了深入的论述，指出昙曜五窟是作为皇室家庙而使用的，第二期洞窟则是皇家和高僧作礼仪使用的，尤其是对第12窟的功能作了新的诠释，观点十分新颖，这对于我们重新认识石窟寺的题材与功能之间的联系与作用有很大的启发。李玉珉《宝山大住圣窟初探》（《故宫学术季刊》第16卷第2期）一文探讨了大住圣窟及其刻经问题，认为：大住圣窟具有礼忏的功能。李裕群《北朝晚期石窟寺研究》（文物出版社2003年版）一书，从区域研究的角度出发，以北朝时期邺城附近诸石窟、太原附近诸石窟、固原须弥山石窟、天水麦积山、敦煌莫高窟五个典型区域的石窟寺为切入点，探讨了各自的分期以及东西部地区石窟寺的关系。这样，可以将我们的研究视野扩展到更加广泛的范围中。彭明浩《云冈石窟的营造工程》（文物出版社2017年版）则从营造学的角度对云冈大型洞窟的营造过程进行了探讨，尽管不一定准确，但扩展了我们对云冈石窟的认识。姚崇新《巴蜀佛教石窟造像初步研究——以川北地区为中心》（中华书局2011年版）一书作为区域性石窟寺研究成果，主要对四川石窟寺最早开凿的川北地区进行了综合研究。凡此种种，都反映了石窟寺研究在理论与方法上的进展。

除了补充上述内容外，还新增加了相关的图片共440余帧，力求图文并茂，以适应不同层次读者的需求。图片的选用，除了标注出处以外，许多是本人实地调查时所拍摄，效果不一定好。虽然说这是增订本，大的体例没有多大改变，但实际上文字总量早已超过原书的一倍，除了增补主流石窟寺的相关内容以外，主要是2006年以来被国务院列为全国重点文物保护单位（第六批至第八批）名录的石窟寺。这些非主流石窟寺是各个区域内中小型石窟寺的代表，更多地反映了古代社会民间宗教信仰与宗教活动的状况。有些未被列入国保者，我们视石窟寺内容的重要性，予以叙述。另外，原书相关的文字作了较大的改动，以冀给读者提供更加全面、完整的中国石窟寺的发展脉络和研究状况。

李裕群

2022年6月